科创板
企业上市
知识产权指南

主　编　马天旗
副主编　王军雷　杨毅宁　寿晶晶　郝政宇
　　　　郭　亮　盛　磊　赵礼杰　胡　帅

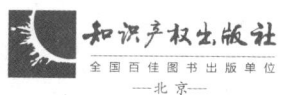
知识产权出版社
全国百佳图书出版单位
——北京——

图书在版编目（CIP）数据

科创板企业上市知识产权指南/马天旗主编；王军雷等副主编. —北京：知识产权出版社，2021.10（2022.8重印）

ISBN 978-7-5130-7775-0

Ⅰ.①科… Ⅱ.①马… ②王… Ⅲ.①创业板市场-上市公司-知识产权-中国-指南 Ⅳ.①D923.4-62

中国版本图书馆CIP数据核字（2021）第203920号

内容提要

本书按先政策解读、后数据分析、再诊断体检、最后实践应对的结构进行布局，在全方位政策调研和全样本案例数据统计分析的基础上，针对科创板企业上市前、上市中及上市后面临的重点、难点知识产权问题，制定上市前知识产权诊断体检问题清单，并结合案例提出知识产权风险诉讼应对措施、高价值专利（组合）的培育与布局技巧、科创板上市知识产权规范化管理建议，最后深入剖析三个典型案例。

本书适合拟上市、已上市的科创板企业的知识产权管理人员、专利工程师、科创板上市企业保荐咨询机构及其他相关咨询与服务机构人员阅读。

责任编辑：徐家春	责任印制：刘译文
执行编辑：吴烁	封面设计：北京乾达文化艺术有限公司

科创板企业上市知识产权指南
KECHUANGBAN QIYE SHANGSHI ZHISHICHANQUAN ZHINAN

主　编　马天旗

副主编　王军雷　杨毅宁　寿晶晶　郝政宇　郭　亮　盛　磊　赵礼杰　胡　帅

出版发行：知识产权出版社有限责任公司	网　　址：http://www.ipph.cn
电　　话：010-82004826	http://www.laichushu.com
社　　址：北京市海淀区气象路50号院	邮　　编：100081
责编电话：010-82000860转8763	责编邮箱：laichushu@cnipr.com
发行电话：010-82000860转8101	发行传真：010-82000893
印　　刷：三河市国英印务有限公司	经　　销：各大网上书店、新华书店及相关专业书店
开　　本：787mm×1092mm　1/16	印　　张：17.75
版　　次：2021年10月第1版	印　　次：2022年8月第2次印刷
字　　数：370千字	定　　价：88.00元

ISBN 978-7-5130-7775-0

出版权专有　侵权必究

如有印装质量问题，本社负责调换。

编委会

主　编：马天旗

副主编：王军雷　杨毅宁　寿晶晶　郝政宇　郭　亮
　　　　盛　磊　赵礼杰　胡　帅

编　委：张昭昭　梁德华　王　楠　于丽君　马　圆
　　　　张　斌　江湾湾　姚梓轩　关晓萌

序 言

十分高兴为马天旗同志的新著《科创板企业上市知识产权指南》作序。天旗是一位专家型的知识产权高管,现任北京智专北斗知识产权咨询有限公司总经理、中国知识产权研究会高校知识产权管理与大数据中心副主任等职。他担任的行业职务甚多,专业著述颇丰。近些年,天旗围绕专利实务方面写了一系列书籍,主要围绕专利信息分析、专利布局与挖掘、高价值专利筛选与培育等方面构建了体系化的专利实务知识和技能,获得了企业和高校专利管理人员的广泛认可。我国在知识产权方面的理论探索和实务研究还有许多工作要做,天旗的新作无疑是有益的思想贡献。

2018年11月5日,国家主席习近平在上海举行的首届中国国际进口博览会开幕式上宣布,将在上海证券交易所设立科创板并试点注册制。2019年11月3日,习近平在考察上海时进一步强调,设立科创板并试点注册制要坚守定位,提高上市公司质量,支持和鼓励"硬科技"企业上市。科创板的这一战略导向需要科创板上市企业坚守"硬科技"定位,直接关系到我国从科技大国到科技强国的转变能否实现,关系到关键核心技术能否突破。

科创板的战略定位对科创板上市企业提出了针对性的要求。首当其冲的是,科创板上市企业对知识产权的原创性、领先性、硬核性及专利保护水平都有极高的要求。然而,相当数量的科创板申报企业在知识产权与专利技术的原创性、领先性和硬核性上明显不足,不少企业还存在专利侵权、专利权失效等情况。还有一些企业本身具备较强的科创属性,但对其科创属性信息的披露不到位,没能充分揭示科创含量,缺少针对上市审核问询的答复经验和论证技巧。为此,有必要加强对科创板拟上市企业在知识产权的原创性和领先性、专利的保护水平与布局能力及上市审核问询过程中知识产权问题的答复技巧等方面的指导。

根据上海证券交易所2019年3月3日发布的《上海证券交易所科创板企业上市推荐指引》,优先考虑属于新一代信息技术、高端装备、新材料、新能源、节能环保及生物医药等高新技术产业和战略性新兴产业,以及互联网、大数据、云计算、人工智能和制造业深度融合的科技创新企业。这些产业的共同特点是聚集了大量的知识产权,在首次公开募股(Initial Public Offering, IPO)期间遭遇到专利权、商标权、著作权和商业秘密等知识产权方面的诉讼及信息披露风险极大。因此知识产权问题，尤其是专利权问题，作为悬在科创板上市企业头上的"达摩克利斯之剑"，势必成为企业在迈入科创板之前、进入审核和上市后最关键的问题。

本书是为拟上市或已上市的科创板企业提供的知识产权实务书籍，具有重要的应用价值，应能满足一些现实需求。另外，本书的撰写团队有来自科创板上市企业的知识产权负责人，还有来自知识产权保护、企业知识产权管理体系构建与运行、高价值专利培育等方面的专家和学者，他们共同搭建了科创板上市企业在知识产权方面的实务技能拼图。

相信本书一定会为科创板企业的知识产权管理人员、相关咨询与服务机构人员提供较为全面的决策支撑和实务能力指导。

是为序。

吴汉东
中国知识产权法学研究会名誉会长
中南财经政法大学文澜资深教授
腾讯讲席教授
2021年7月于武汉

自 序

2018年11月5日，国家主席习近平宣布将在上海证券交易所设立科创板并试点注册制。2019年6月13日，上海证券交易所（以下简称上交所）科创板正式开板，科创板的定位是实现资本市场对科技创新的融合，通过"国家战略资本+市场和社会资本+技术资本"的混合动力模式，来实现市场机制下的国家创新战略驱动。2019—2021年，科创板这块中国资本市场改革的"试验田"已走过两年。上交所官网数据显示，截至2021年7月21日，科创板上市公司已达311家，总市值突破4.7万亿元。

科创板上市企业的科创属性越来越被重视。据不完全统计，在已经被问询过的超过500个项目当中，涉及核心技术及知识产权相关的问题个数超过3500个。关于说明技术先进性和竞争力情况的问题，平均每个项目中大约有6个，而关于知识产权的风险披露相关问题平均接近3.5个。围绕着科创板定位的符合性展开问询的问题，首先是现有技术的先进性和竞争力的情况，再而引申到技术的来源和权属，技术的知识产权是否得到有效保护，以及是否存在知识产权方面的（失效）风险问题。其次问题再往外扩散到技术的稳定性和未来可持续性上，即包括核心技术人员的情况及稳定性，项目研发投入和成果产业化，与行业技术发展趋势关系等。最后问题会关注在企业的知识产权工作制度和体系上面，这部分是和知识产权相关一切活动的基础。

从2021年开始仅不到5个月时间里，终止的项目就有43个，绝大部分是企业主动撤回了申请。就数量而言，已经超过了2020年全年的终止项目数量总和（41个）。项目撤回的原因并没有完整地进行公开披露。结合招股说明书对问询相关的公开信息进行分析，企业是否符合科创板的定位问题很可能占了比较大的因素比例。具体来看，科技属性不足、商业化前景不明朗、核心技术的竞争能力不足和可持续经营能力不足等问题，很可能是相关项目撤回的主要原因。

本书的目的是解决拟上市科创板的企业在上市前、上市中及上市后需要注意的知识产权问题，避免科创板（拟）上市的企业因知识产权储备不足、知识产权信息披露准备不足、知识产权问题问询方面答复不足、知识产权风险应对不足、知识产权管理能力不足等问题而折戟。

本书首先对科创板相关的知识产权政策进行了详细的梳理和解读、重点对知识产权有关问询问题分析与答复技巧进行了全样本数据整理和分析，紧接着针对这些问题的分析结果制定了上市前知识产权诊断体检问题清单，并结合案例归纳了"科学应对、治现病"的知识产权风险诉讼应对措施和"练内功、治未病"的高价值专利组合培育与布局技巧、科创板上市知识产权规范化管理，最后深入剖析了成功上市、艰难上市、未能上市的三个代表性案例。

  本书中，北京智专北斗知识产权咨询有限公司总经理马天旗承担了框架设计、统稿、审稿及修订工作，并执笔完成了第五章的内容；中汽信息科技有限公司战略研究与知识产权部知识产权经理张昭昭执笔完成了绪论的内容，并承担了初稿的统稿工作；佛山市质量和标准化研究院知识产权服务中心高级工程师梁德华执笔完成了第一章的内容；中汽信息科技有限公司党委委员、副总工程师、战略研究与知识产权部部长王军雷执笔完成了第二章的内容；中国知识产权研究会咨询部副部长、北京国威知识产权司法鉴定中心主任寿晶晶执笔完成了第三章第一节和第二节的内容，该中心王楠执笔完成了第三章第三节内容；北京观韬中茂律师事务所合伙人郝政宇律师执笔完成了第四章的内容；中规（北京）认证有限公司副总经理马圆执笔完成了第六章的内容；中国（宁波）知识产权保护中心副主任盛磊承担了第七章第一节长阳科技案例的选材、调研、部分内容整理及统稿工作，张斌、江湾湾执笔完成了该节案例；北京瀛和律师事务所知识产权中心主任赵礼杰律师执笔完成了第七章第二节的内容；中科寒武纪科技股份有限公司知识产权总监胡帅执笔完成了第七章第三节的内容，知识产权部姚梓轩和关晓萌负责了该部分中数据、图表的整理及部分文字的撰写等工作。

  感谢佛山市知识产权保护促进会的专利代理师王宇在数据统计和案例分析中给予的帮助；感谢北京观韬中茂律师事务所于丽君律师对第四章案例的收集和整理工作；感谢中规（北京）认证有限公司技术总监张馨芳对第六章内容的文字校对工作；感谢宁波长阳科技股份有限公司副总经理李辰、总裁办秘书李诗澌对案例撰写的全力支持；感谢墨丘科技（宁波）有限公司李菲、高建华的联络帮助和审稿协助；感谢陆彩云、吴烁、徐家春编辑的辛苦付出；感谢董新蕊提供的联络帮助。

  本书虽倾尽编者们的智慧和心血，然仍难免有所疏漏，望广大读者批评指正。

马天旗
2021 年 7 月

目 录

绪 论　科创板知识产权政策解读

002 | 第一节　科创板概述
007 | 第二节　科创板上市基本门槛政策规定
010 | 第三节　科创板知识产权政策规范体系

第一章　知识产权有关问询问题分析与回复

029 | 第一节　知识产权问询基本情况
030 | 第二节　知识产权问询特点
049 | 第三节　知识产权相关问询问题的答复技巧

第二章　科创板上市前知识产权诊断

070 | 第一节　科创板上市信息披露要求
080 | 第二节　体检诊断问题清单
091 | 第三节　知识产权应对措施

第三章　知识产权风险分析

094 | 第一节　知识产权风险分析的认识
096 | 第二节　专利风险分析及防控
107 | 第三节　其他知识产权风险分析及防控

第四章　科创板上市中知识产权诉讼应对

117 | 第一节　科创板上市中知识产权诉讼概述
124 | 第二节　专利侵权诉讼的应对
130 | 第三节　商业秘密侵权诉讼的应对
134 | 第四节　科创板知识产权权属诉讼的应对
140 | 第五节　其他知识产权诉讼的应对
144 | 第六节　科创板上市中知识产权诉讼的整体应对策略

第五章　高价值专利组合培育与布局

153 | 第一节　科创板上市对专利的要求
160 | 第二节　高价值专利组合培育
167 | 第三节　高价值专利组合布局

第六章　科创板上市知识产权规范化管理

181 | 第一节　科创板上市知识产权战略规划
197 | 第二节　科创板上市知识产权内控相关制度
223 | 第三节　知识产权规范化管理科创板上市应用

第七章　实际案例分析

234 | 第一节　长阳科技
244 | 第二节　木瓜移动
252 | 第三节　寒武纪科技

附　录

266 | 附录1　科创板政策规范体系表
269 | 附录2　常用专利加速审查方式

绪 论

科创板知识产权政策解读

2018年11月5日，习近平总书记在首届中国国际进出口博览会开幕式主旨演讲中宣布"将在上海证券交易所设立科创板并试点注册制，支持上海国际金融中心和科技创新中心建设，不断完善资本市场基础制度"，并将该任务作为上海新时代发展的三大重要任务之一。❶ 2019年1月28日，经党中央、国务院同意，中国证券监督管理委员会（以下简称证监会）公布《关于在上海证券交易所设立科创板并试点注册制的实施意见》（以下简称《实施意见》）。2019年3月，证监会与上海证券交易所（以下简称上交所）出台关于科创板试点注册制的相关规定，建立科创板证券发行与上市交易的基础制度。2019年6月13日，科创板正式开板，7月22日，首批科创板企业发行上市。2019年11月3日，习近平总书记在考察上海时进一步强调"设立科创板并试点注册制要坚守定位，提高上市公司质量，支持和鼓励'硬科技'企业上市，强化信息披露，合理引导预期，加强监管"。

截至2021年5月14日，科创板上市公司已达274家，总市值超3.5万亿元，合计融资3477.19亿元。❷ 科创板的成功开市，是中国建立多层次资本市场的一件大事，主板（含中小板）、创业板、科创板、新三板共同构成一个完整的金字塔式的结构，科创板起到承上启下的作用。科创板放宽了发行上市条件，为嗷嗷待哺的科技企业与资本市场之间架起桥梁。科创板的开市，顺应了我国创新驱动战略。本章将从科创板的设立背景出发，分析科创板特点，并在此基础上解读科创板相关政策中关于知识产权方面的规定，以期对科创板企业知识产权要求做全面梳理，指导科创板企业上市做好充分、全面的知识产权准备工作。

---

❶ 新华社. 重磅！习近平在首届中国国际进口博览会开幕式上的主旨演讲（全文）[EB/OL]. [2018-11-05]. https://baijiahao.baidu.com/s? id=1616283069651795249&wfr=spider&for=pc.

❷ 新浪财经. 科创板2020年"成绩单"：融资能力排名第一，七成公司实现增长[EB/OL]. [2021-5-19]. https://baijiahao.baidu.com/s? id=1700141078232124823&wfr=spider&for=pc.

第一节　科创板概述

一、设立背景

（一）政策背景

2013年11月，十八届三中全会通过的《中共中央关于全面深化改革若干重大问题的决定》中首次提出"推进股票发行注册制改革"；2018年11月，国家主席习近平在首届中国进口博览会上宣布"将在上海证券交易所设立科创板并试点注册制"；2018年12月，中央经济工作会议❶指出，推动在上交所设立科创板并试点注册制尽快落地；2019年3月1日，证监会和上交所发布一系列部门规章和制度规则，初步确立了科创板制度框架；2019年12月28日，第十三届全国人大常委会第十五次会议第二次修订《中华人民共和国证券法》（以下简称《证券法》），并宣布于2020年3月1日起开始正式实施，新修订的《证券法》第九条规定，我国公开发行证券实施注册制。❷这意味着，在我国资本市场全面推行注册制已经是势在必行。

（二）时代背景

自2019年以来，中美之间的贸易摩擦逐渐升温，但从更长期的视角来看，中美双方的核心诉求不在贸易，而在科技领域的角力和竞赛。中美贸易摩擦事件促进中国自主创新提速，科创板、创业板将承接"中国制造2025"侧重的重点领域。

2020年以来蔓延的新冠肺炎疫情对全球各国的经济均造成较大的打击。在国内经济转型升级期，特别是降低疫情对经济负面影响的背景下，科创板注册制试行将推动更多优质企业登陆资本市场，提升资本服务实体经济的能力。

（三）资本行业背景

我国证券市场起步较晚，20世纪90年代上交所与深圳证券交易所（以下简称深交所）成立，我国证券市场才开始发展，2004年5月深交所成立中小企业板市场，2009年10月深交所推出创业板，2013年面向全国接受挂牌申请的"新三板"开始运行；2019年科创板正式开市以来，中国多层次资本市场才形成包括主板（含中小板）、创

---

❶ 新华社. 中央经济工作会议举行 习近平李克强作重要讲话[EB/OL]. [2018-12-21]. http://www.gov.cn/xinwen/2018-12/21/content_5350934.htm.
❷ 张来茜. 注册制背景下科创板差异化信息披露研究[D]. 上海：华东政法大学，2020.

业板、科创板、新三板和区域性股权市场等在内的完整融资体系，如图0-1所示❶。

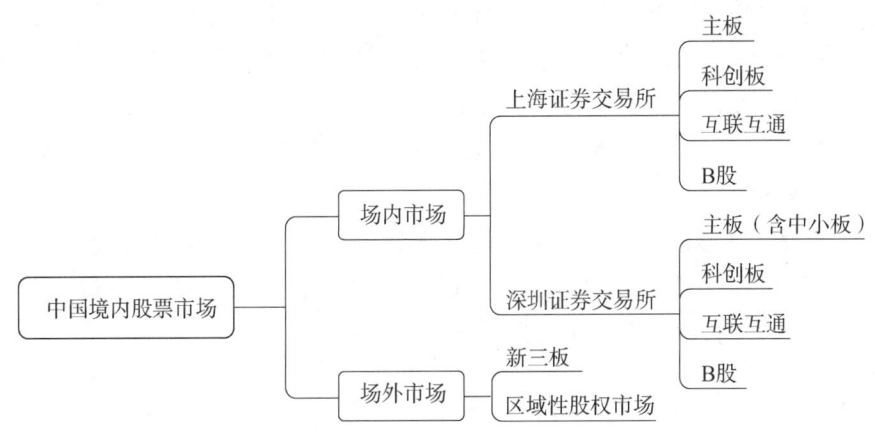

图0-1　中国多层次资本市场

科创板是我国资本市场的重要组成部分，同时又独立于其他板块，这里的"独立"有两层含义：一是科创板作为注册制的试点，独立于目前其他板块的核准制；二是科创板在IPO与股票上市两个环节也有其独立适用的法律依据。从科创板入手到创业板改革，稳步试点注册制，最终目的是统筹推进发行、上市、信息披露、交易、退市等基础度的改革，以此充分发挥资本市场对提升科技创新能力和实体经济竞争的支持，更好地服务高质量发展。

二、设立意义

作为新设立的独立板块，科创板从"增量改革"的思路出发，在制度设计上与原有板块建立有效的隔离机制，成为改革试验田，为创新创业者提供一个全新的融资渠道。科创板的设立对于投资者、科创企业以及资本市场均有十分重要的意义。

一是科创板为中美贸易摩擦升级背景下境内企业上市提供新的选择。科创板设立前，纽约证券交易所和纳斯达克（NASDAQ）是中国企业在不能满足境内上市条件（如盈利指标、行业限制、股权架构）下较好的上市选择，但是，美国严格的信息披露以及集体诉讼制度导致中国企业心有余悸。❷科创板设置了多元、包容的上市条件，弱化了对企业盈利的要求，允许尚未盈利或存在累计未弥补亏损的企业、符合相关要求的特殊股权结构企业和红筹企业上市，为境内企业上市提供了新的选择。

二是科创板拓宽高技术企业融资渠道。科技创新企业一般规模较小，主要依靠无

---

❶ 何诚颖，张立超，戴丹苗. 设立科创板并试点注册制对提高上市公司质量的影响研究[C]//创新与发展：中国证券业2019年论文集. 北京：中国财经出版传媒集团，中国财政经济出版社，2020.

❷ 吴秀波. 科创板试点注册制改革的成效与挑战——写于科创板开市一周年之际[J]. 价格理论与实践，2020，433（07）：29-33，49.

形资产，许多企业甚至没有产生稳定的现金流，无法通过抵押从银行获得足够贷款，造成科技创新企业融资困难。同时，创新企业投入大，研发周期长，科技成果面临不确定性。一些企业账面长期亏损，很难在A股市场融资。科创板对公司盈利能力没有具体限制，意味着符合科创板定位、尚未盈利或存在累计未弥补亏损的企业在完成了相应的信息披露后，也可以完成上市，极大地帮助了那些处于高速发展期又急于融资的科技创新企业。❶

三是为A股市场形成可复制可推广的注册制经验。A股市场基础性制度改革的推进，需要在市场化和法治化方面有更大突破。科创板首先要让股票发行注册制落地，在这块增量市场的试验田，形成可复制可推广的经验。

三、主要特点

（一）上市发行适用注册制

2020年3月1日生效的最新修订的《证券法》，正式确立了要在科创板实行股票发行注册制。在注册制下，符合条件的发行人将发行申请的相关文件报上交所审核，上交所报证监会履行注册手续，注册后，发行人即可发行证券。目前科创板的上市公司公开发行证券需经过发行上市审核与发行注册两大核心流程，上交所负责审核申请人的注册申请文件，证监会在上交所发行上市审核工作的基础上，履行发行注册程序。

注册制的好处在于：一是明确了证监会与上交所之间的职责分工。上交所负责科创板发行上市审核，证监会负责科创板股票发行注册，证监会对上交所审核工作进行监督，强化证监会对事前事中事后的全过程监管。二是注册制以信息披露为核心。在注册制管理模式中，监管机构不再担保企业的盈利能力，而是让市场主体自主根据企业披露的信息作出投资判断，让市场定价等博弈机制发挥约束作用，科创板以信息披露为核心的理念贯穿于发行上市审核、发行承销定价、上市后持续监管、退市、并购重组、再融资等重点环节，而监管的重点是企业将生产经营中的重要事项真实、充分、及时披露出来。

（二）上市财务指标更具包容性

科创板面向的企业往往都是掌握了关键、尖端或者核心技术的企业，这类企业在科研方面投入了大量的资金，公司可能存在缺乏资金、经营状况不佳或缺乏盈利能力的问题。针对这种现象，科创板制定了包容性较高的上市条件，这种包容性主要体现在市值与财务指标上，区别于核准制下拟上市企业必须严格满足盈利指标要求，试点

---

❶ 陈婉. 科创板一周年交易秩序良好，科创"底色"鲜明[J]. 环境经济，2020 (14)：20-23，1.

注册制的科创板为上市设立5套财务标准❶，允许拟上市企业通过盈利或者市值标准自主申请上市，呈现出"轻盈利、重市值、重业务"的特点，同时科创板在新股定价和前五个交易日不设涨跌幅限制等方面也比核准制更为宽松，有利于资本市场的发展。

（三）上市效率更高，速度更快

由于主板上市条件严苛，有上市需求的公司数量多，发行审核委员会任务繁重，因此公司在主板上市花费的时间普遍较长，且过会率较低，2019年申请首发上市的公司有154家，但过会的只有8家，过会率只有5%。❷ 而科创板将发行审核权下放上交所，审核时间大幅缩短，从受理到成功上市发行平均165天，而同期采取核准制的创业板为583天，主板为645天，中小板为714天。❸ 实践中最快实现上市目标的中芯国际集成电路制造有限公司（以下简称中芯国际)❹，从2020年6月1日申请被受理到2020年6月30日注册生效仅用了29天的时间。

（四）上市审核更关注知识产权合规问题

一是科创板聚焦知识产权密集型产业。科创板以"优先支持符合国家战略，拥有关键核心技术，科技创新能力突出的企业"为基本定位，重点支持新一代信息技术、高端装备、新材料、新能源、节能环保及生物医药六大类高新技术和战略性新兴产业。二是科创板重点关注企业的知识产权实力。科创板对上市企业发明专利数量有明确的要求，同时要求知识产权储备能够支撑核心技术的实施和经营。三是重点关注核心技术人员。科创板将核心技术人员提至与高级管理人员一样的高度，并且关注核心技术人员流失和变动带来的不利影响。四是科创板更加关注知识产权及风险信息披露。招股说明书明确要求披露无形资产信息、技术风险、法律风险及诉讼纠纷等信息。五是科创板强化知识产权督导工作。强调保荐机构和保荐代表人对核心技术、竞争力、核心人员流失、诉讼纠纷等知识产权相关问题的督导。

四、注册流程

《科创板首次公开发行股票注册管理办法（试行）》（以下简称《注册办法（试行）》）第三章（第十四条至第三十三条）和《上海证券交易所科创板股票发行上市

---

❶ 参见《上海证券交易所科创板股票发行上市审核规则》第二十二条，另外第二十三条和第二十四条给出了红筹企业和存在表决权差异安排的发行人上市财务标准。

❷ 发现网IPO盘点（一）：主板2019年仅8家首发上市证监会严把审核关[EB/OL]．(2020-01-19)[2020-01-26]．http://fi-nance.sina.com.cn/roll/2020-01-19/doc-iihnzhha3427216.shtml.

❸ 黄巧玲．科创板上市公司信息披露制度研究[D]．长沙：湖南师范大学，2020.

❹ 中芯国际集成电路制造有限公司[EB/OL]．http://kcb.sse.com.cn/renewal/xmxq/index.shtml?auditId=497&anchor_type=0.

审核规则（2020年修订）》（以下简称《上市审核规则》）第二章（第十一条至第十七条）、第五章（第三十八条至第六十三条）、第六章（第六十四条至第六十七条）明确了科创板上市企业的注册、审核程序，包括申报、受理、审核、上市委会议、报送证监会、证监会注册和发行上市七大步骤，具体如图0-2所示。

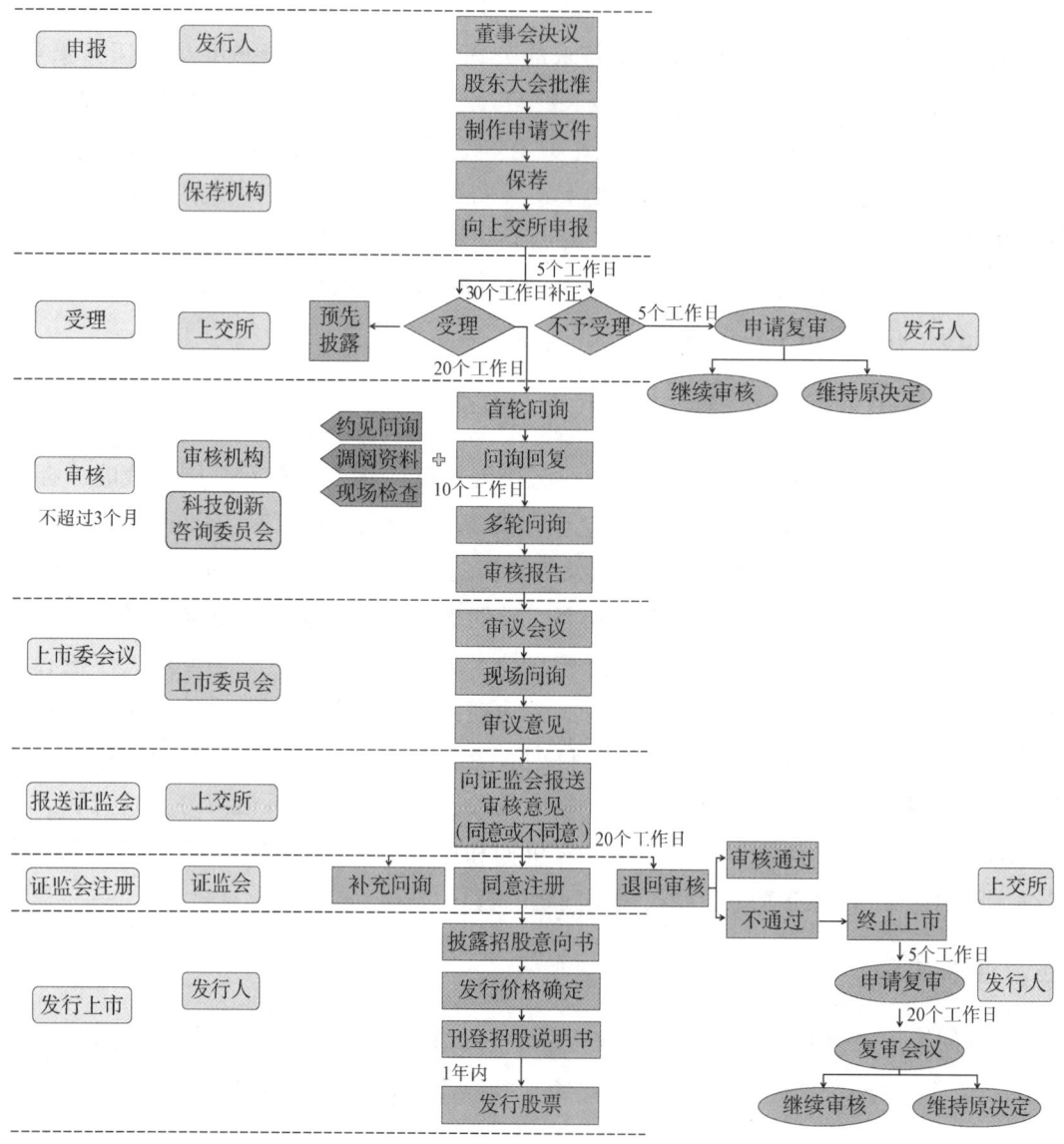

图0-2　科创板上市注册流程

科创板上市过程中，发行人经历上交所、证监会多轮问询，包括在线问询、约见问询、资料查阅、现场检查和补充问询多种问询方式，需要发行人和保荐机构进行完整、准确的答复，以便顺利注册、发行上市。

第二节 科创板上市基本门槛政策规定

一、历次修改

自 2019 年 3 月科创板推出以来，政策经过多次修订，上市标准也在不断提高，科创板上市标准修改历程简述如下。

（一）2019 年 3 月

《注册办法（试行）》《上海证券交易所科创板股票上市规则》（2020 年 12 月修订，以下简称《上市规则》）《上市审核规则》中对申请在科创板上市的企业提出"发行人需为持续经营满 3 年的股份有限公司"基本条件、符合 6 大行业要求、5 选 1 的市值与财务标准，强调应契合科创板定位，但对科创属性未提出明确具体的要求。

（二）2020 年 3 月

证监会发布《科创属性评价指引（试行）》，增加科创属性要求，并提出三项衡量科创属性的常规定量指标（包括研发投入、发明专利数量、营业收入）及五项例外情形指标（包括核心技术战略意义、核心技术获奖情况、核心技术参与国家重大专项、核心技术实现进口替代以及发明专利数量）。

（三）2021 年 4 月

证监会发布《关于修改〈科创属性评价指引（试行）〉的决定》（以下简称 2021 年《科创属性评价指引（试行）》）和《上海证券交易所科创板企业发行上市申报及推荐暂行规定（2021 年 4 月修订）》（以下简称《上市申报及推荐暂行规定》），形成"4+5"的科创属性评价指标。此次修订明确了限制和禁止的企业类型，并将"硬科技"明确写入政策文件，同时新增了研发人员占比的科创属性指标。

二、上市门槛

（一）基础条件

《注册办法（试行）》第十条规定，发行人是依法设立且持续经营 3 年以上的股份有限公司，有限责任公司按原账面净资产值折股整体变更为股份有限公司的，持续经营时间可以从有限责任公司成立之日起计算。

（二）行业领域

《上市申报及推荐暂行规定》要求科创板上市企业必须是下列行业领域的高新技术产业和战略性新兴产业，且不得为限制或禁止产业，如图0-3所示。

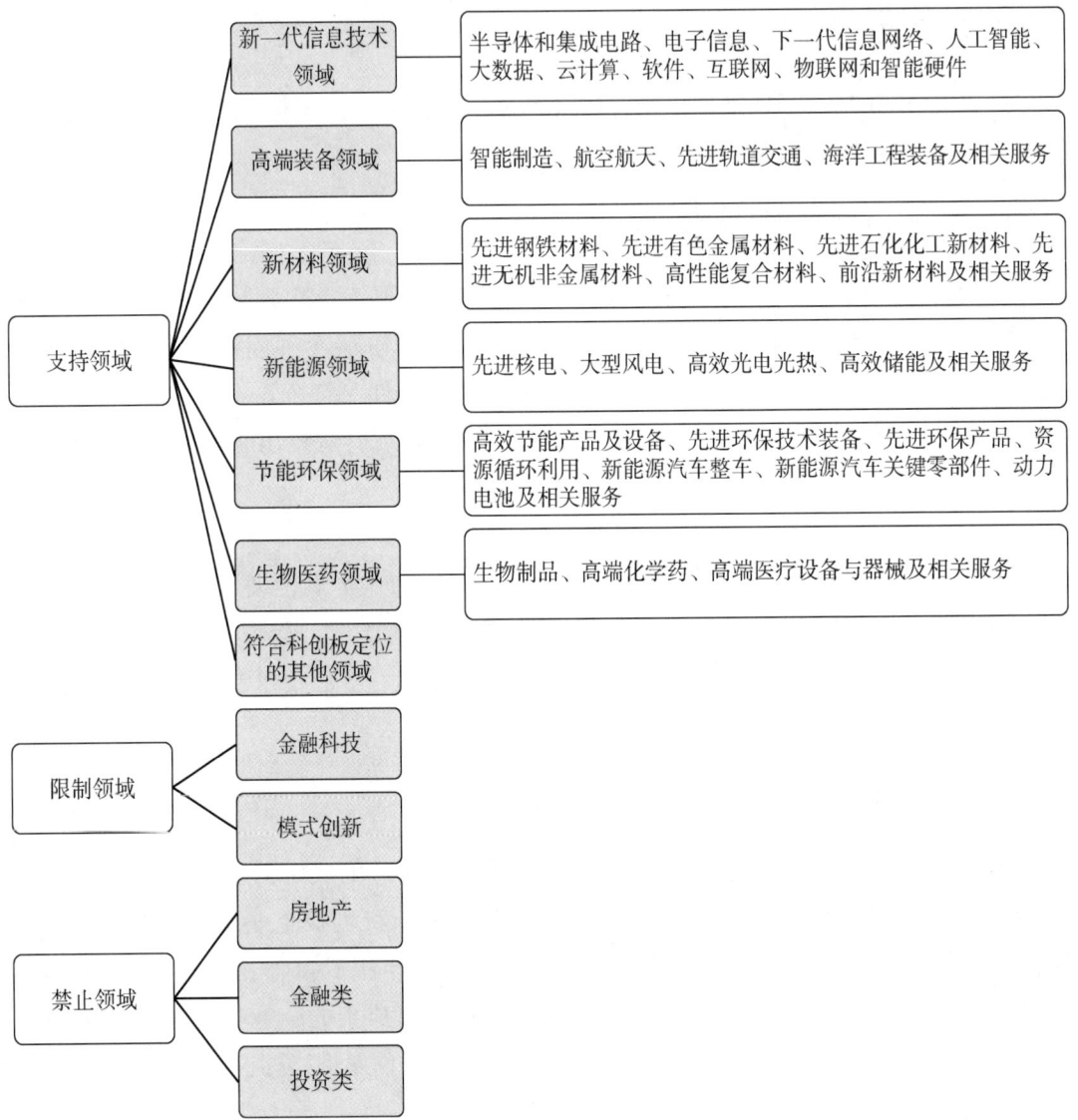

图0-3 科创板上市行业领域要求

（三）科创属性指标

科创板上市公司设有两套科创属性评价指标，不符合科创属性第一套评价标准（4项指标全部符合）的，应符合第二套评价标准（5项指标符合其中之一），尽管第二套标准未设置量化评价指标，但门槛其实更高，科创属性要求详见图0-4。

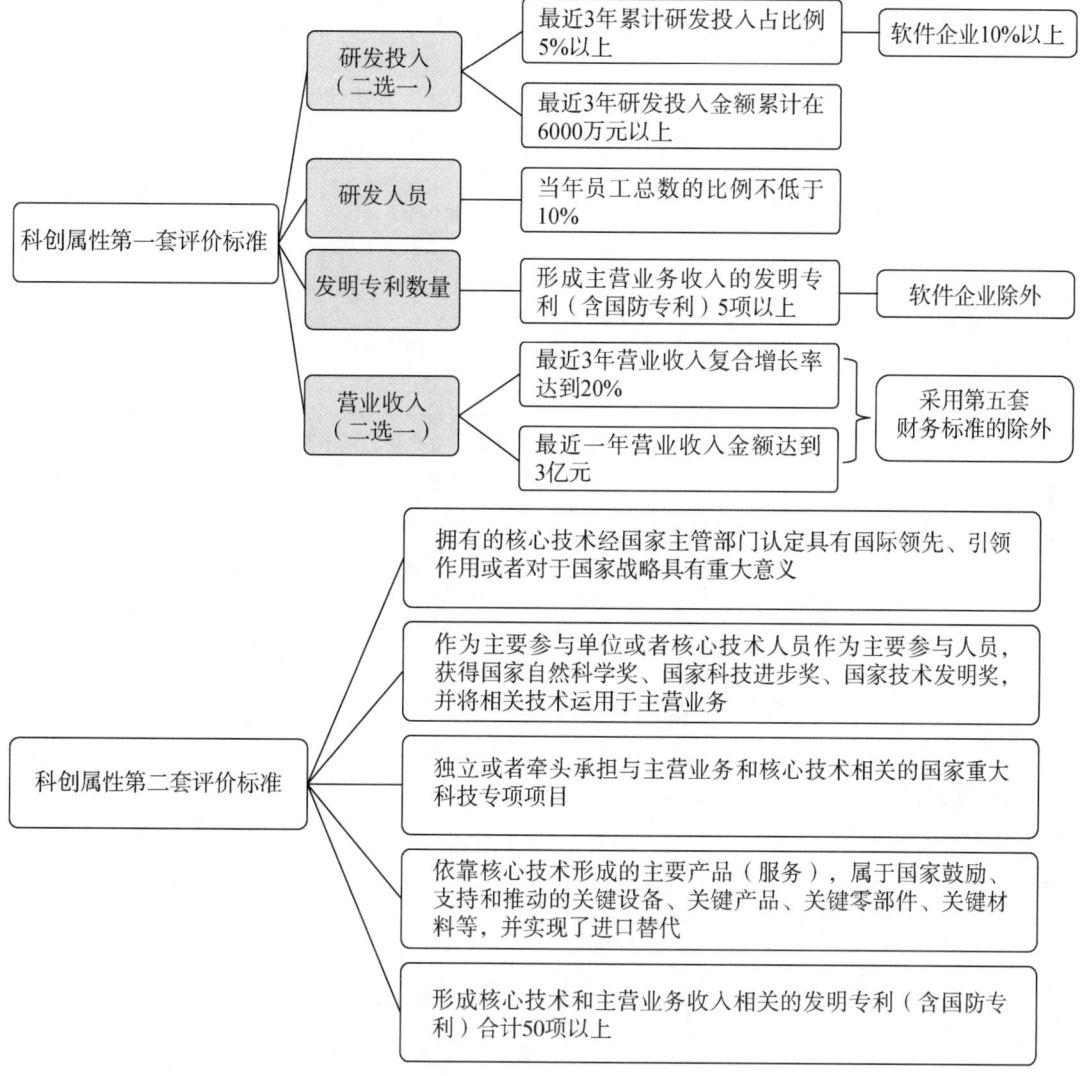

图0-4 科创板上市企业科创属性评价指标

(四) 财务指标

《上市规则》中，科创板为上市企业提供了5套财务指标，另外还规定了两种额外情形，发行人可根据自身情况任选其中一套作为上市申请财务指标，详见图0-5。

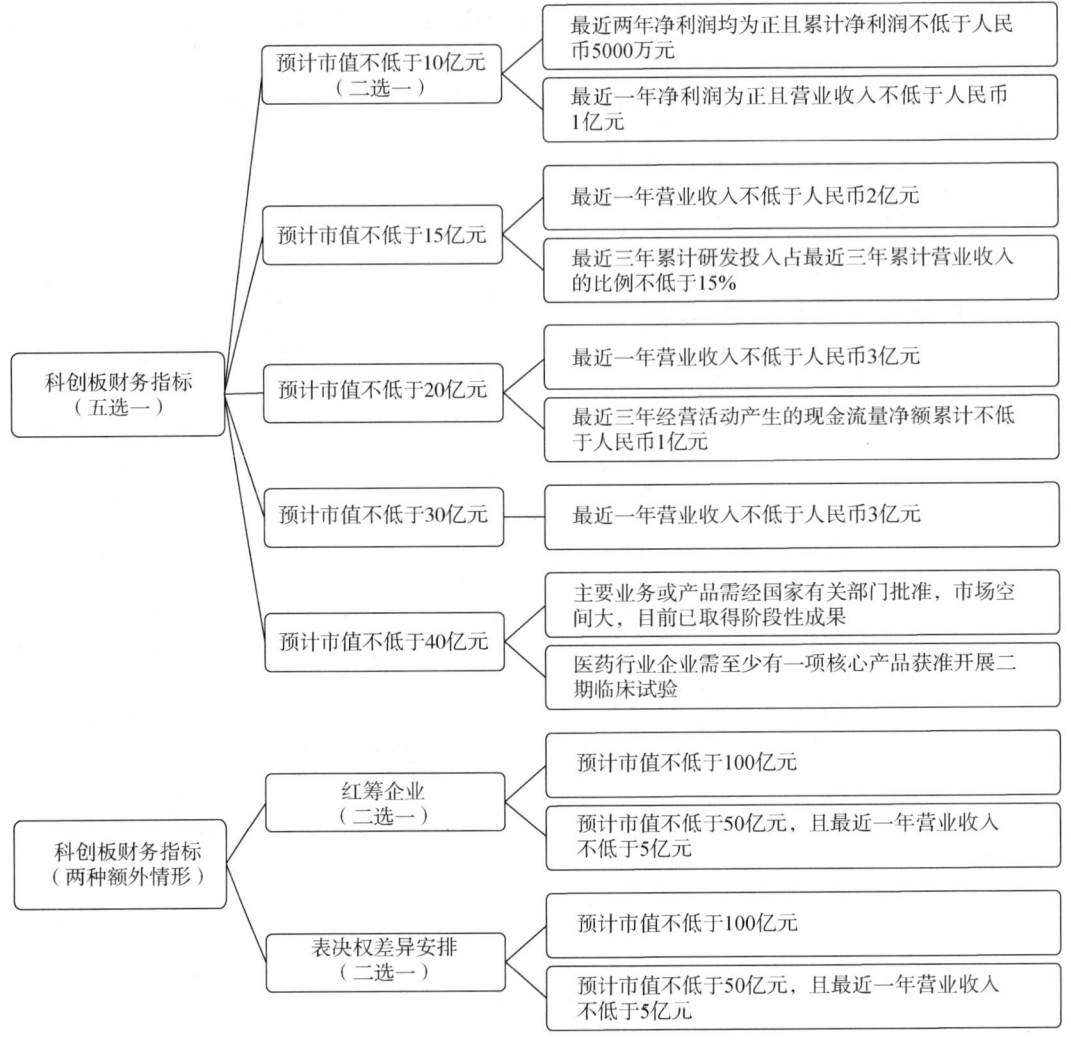

图 0-5 科创板上市企业财务指标

第三节 科创板知识产权政策规范体系

我国现行的证券信息披露规范体系主要分为四个层次：法律法规、部门规章、业务规则和业务指南，科创板亦遵循上述法律规范体系。法律法规包括《证券法》和《中华人民共和国公司法》（以下简称《公司法》），规定了上市公司发行的一般性原则；部门规章、业务规则和业务指南对《证券法》和《公司法》的原则性规定予以进一步细化，其中部门规章包括证监会发布的 2 项制度加 4 项公告，业务规则包括上交所发布的 19 项配套业务规则和 3 项监管问答文件，另外还有上交所发布的 3 项业务指南，科创板的政策规范体系如附录 1 所示。

科创板政策规范体系中与知识产权相关的包括 2 项法律法规：《证券法》和《公司法》；6 项证监会部门规章：《关于在上海证券交易所设立科创板并试点注册制的实施意见》）、《注册办法（试行）》、《科创板上市公司持续监督管理办法（试行）》（以下简称《监督管理办法》）、《公开发行证券的公司信息披露内容与格式准则第 41 号——科创板公司招股说明书》（以下简称《第 41 号准则》）、《公开发行证券的公司信息披露内容与格式准则第 42 号——首次公开发行股票并在科创板上市申请文件》（以下简称《第 42 号准则》）和 2021 年《科创属性评价指引（试行）》；4 项上交所业务规则：《上市规则》《上海证券交易所科创板企业上市推荐指引》（以下简称《上市推荐指引》）、《上市申报及推荐暂行规定》和《上市审核规则》；2 项监管问答：《上海证券交易所科创板股票发行上市审核问答》（以下简称《上市审核问答》）和《上海证券交易所科创板股票发行上市审核问答（二）》（以下简称《上市审核问答（二）》），相关知识产权条目如图 0-6 所示。

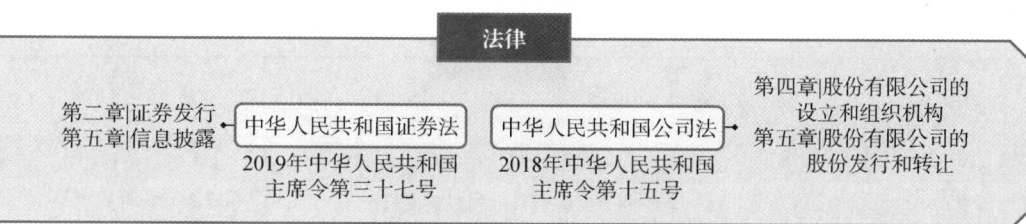

图 0-6（a） 科创板政策体系中知识产权相关规定

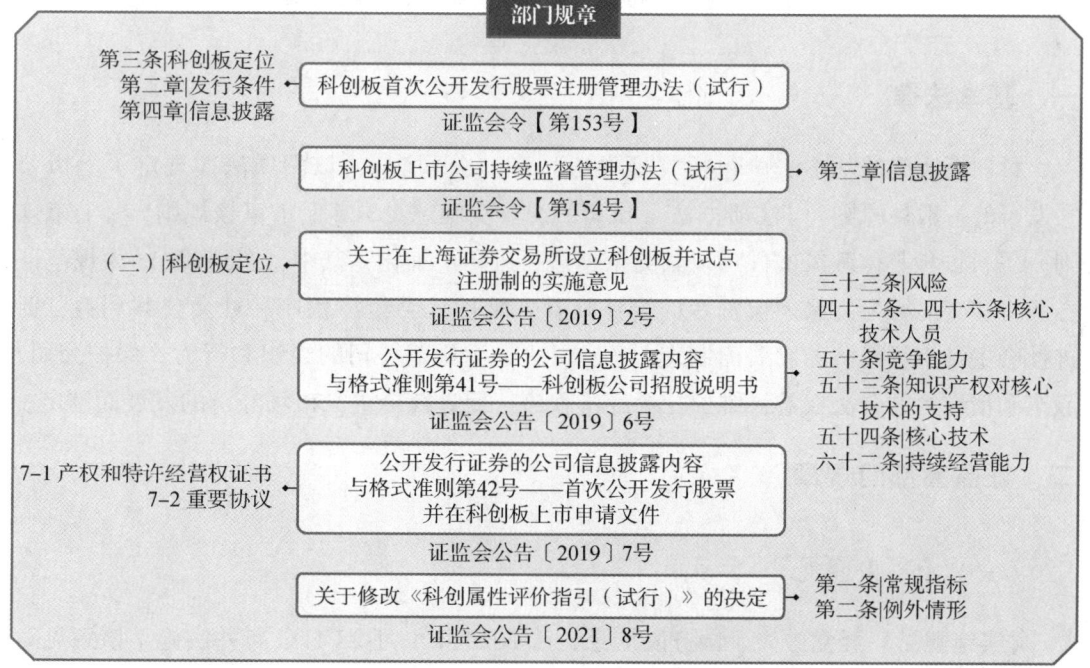

图 0-6（b） 科创板政策体系中知识产权相关规定

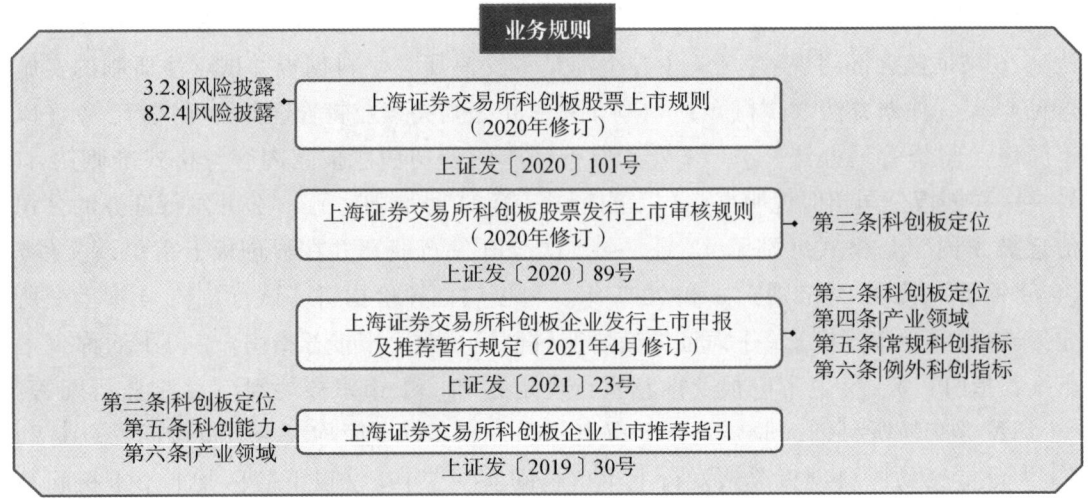

图 0-6（c） 科创板政策体系中知识产权相关规定

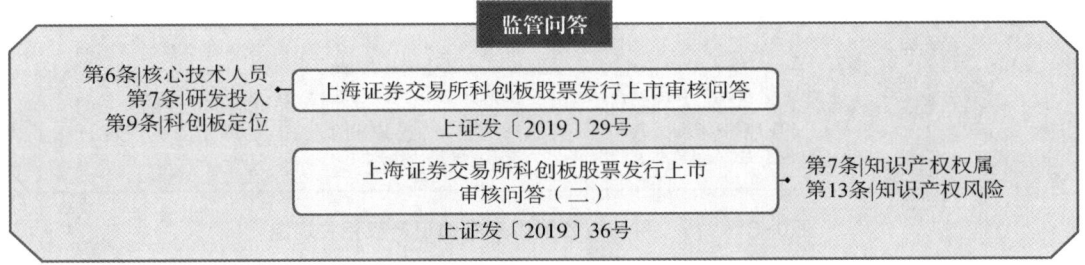

图 0-6（d） 科创板政策体系中知识产权相关规定

一、基本法律

科创板实施的基本法律包括《证券法》和《公司法》，该两项法律规定了上市公司发行的一般性原则，《注册办法（试行）》《实施意见》《上市审核规则》《上市规则》等科创板具体政策文件均以其为依据进行进一步细化，其中，《证券法》为规范证券发行和交易行为，保护投资者的合法权益，维护社会经济秩序和社会公共利益，促进社会主义市场经济的发展而制定；《公司法》为规范公司的组织和行为，保护公司、股东和债权人的合法权益，维护社会经济秩序，促进社会主义市场经济的发展而制定。

二、证监会部门规章

（一）《实施意见》

《实施意见》经党中央、国务院同意，于 2019 年 1 月 28 日公布并实施。该意见对科创板定位、组织机构和信息披露做了相关规定。

> 【二（三）】科创板定位
>
> 准确把握科创板定位。在上交所新设科创板，坚持面向世界科技前沿、面向经济主战场、面向国家重大需求，主要服务于符合国家战略、突破关键核心技术、市场认可度高的科技创新企业。重点支持新一代信息技术、高端装备、新材料、新能源、节能环保以及生物医药等高新技术产业和战略性新兴产业，推动互联网、大数据、云计算、人工智能和制造业深度融合……

该条系对科创板定位的规定，首先明确了上市的科技创新企业需突破关键核心技术，其次还明确了重点支持的 6 大技术领域，与近 5 年以来 PCT 专利申请的最热点技术领域数字通信、计算机技术、医疗技术、高端装备、新能源等基本上保持一致❶，从侧面印证了科创板支持的产业领域为知识产权密集型产业。

> 【三（七）】组织机构
>
> 申请公开发行股票的公司，除符合科创板定位外，还应当符合下列基本发行条件：一是具备健全且运行良好的组织机构，具有完整的业务体系和直接面向市场独立经营的能力，不存在对持续经营有重大不利影响的情形。

该条系对科创板拟上市企业组织机构的规定，知识产权管理机构及制度的健全为其中一部分。上交所问询中通常会关注到知识产权管理体系及制度是否建立健全，如江西金达莱环保股份有限公司（以下简称江西金达莱），上市问询函中提到"相关商标、专利、软件著作权等知识产权管理的内部控制制度是否建立健全并有效运行"。

(二)《注册办法（试行）》

《注册办法（试行）》于 2019 年 3 月 1 日发布试行版，2020 年 8 月 21 日发布修正版。该办法对科创板定位、核心技术人员、知识产权权属纠纷、重大风险披露等做了相关规定，重点条目如下。

> 【第三条】 科创板定位
>
> 发行人申请首次公开发行股票并在科创板上市，应当符合科创板定位，面向世界科技前沿、面向经济主战场、面向国家重大需求。优先支持符合国家战略、拥有关键核心技术，科技创新能力突出，主要依靠核心技术开展生产经营，具有稳定的商业模式，市场认可度高，社会形象良好，具有较强成长性的企业。

该条为科创板定位，要求"拥有关键核心技术，科技创新能力突出"。知识产权是评价企业是否拥有关键技术，是否具备科技创新能力的重要指标，也是企业实施核心技术获得市场收益的重要保障❷，科创板上市企业应为知识产权密集型企业，知识产权

---

❶ 董新蕊，彭锐，王一．知识产权管理如何助力企业登陆科创板[J]．中国发明与专利，2019，016 (007)：18-21.

❷ 修红义，杨亚卓．科创板企业知识产权问题审核要点分析[J]．中国发明与专利，2019 (7)：22-27.

将是企业在科创板上市的重要"门槛"之一,大多数企业上市问询函中都会提及核心技术与知识产权的对应关系,如成都盟升电子技术股份有限公司(以下简称盟升电子)、江西金达莱等。

> **【第十条】 主体资格**
> 发行人是依法设立且持续经营3年以上的股份有限公司,具备健全且运行良好的组织机构,相关机构和人员能够依法履行职责。
> 有限责任公司按原账面净资产值折股整体变更为股份有限公司的,持续经营时间可以从有限责任公司成立之日起计算。

该条规定了科创板上市公司的基本门槛,即"持续经营3年以上的股份有限公司",同时明确了对于组织机构的要求,其中包括知识产权管理制度和体系的建立健全,与《实施意见》第三(七)条保持一致。

> **【第十二条(二)】核心技术人员**
> 发行人主营业务、控制权、管理团队和核心技术人员稳定,最近2年内主营业务和董事、高级管理人员及核心技术人员均没有发生重大不利变化。

该条系对核心技术人员的规定,核心技术人员是上交所对拟上市企业关注的问题中非常关键的因素,主要体现在如下三个方面。

一是关注度。将核心技术人员提高到了与管理团队、实际控制人一样的层次,说明上交所对上市企业中核心技术人员的关注度极高。

二是界定标准。核心技术人员的界定也是上交所问询关注重点,《上市审核问答》中给出如下解答:"通常包括公司技术负责人、研发负责人、研发部门主要成员、主要知识产权和非专利技术的发明人或设计人、主要技术标准的起草者等",在对深圳市贝思达医疗股份有限公司的首轮问询中,提出了"对核心技术人员的认定标准"的疑问。

三是核心技术人员技术成果的独立性。核心技术人员的背景还将对判断创造技术成果是否具有独立性造成影响。例如,邀请高校教师为兼职人员对企业的技术研发提供支持,如果需要将其认定为核心技术人员,企业应当对其兼职的合法性和独立性进行充分说明。上海克来机电自动化工程股份有限公司上市问询文件显示,其部分主要核心技术人员曾在或正在上海大学担任教师,股票发行审核委员会(以下简称发审委)要求其进一步说明相关技术成果的独立性。❶

四是可能引发的权属纠纷。核心技术人员的变化通常会引发专利权属纠纷,如企业依据技术人员作为发明人申请的专利,是否涉及该名技术人员在原供职企业的职务发明创造,或是否是该名技术人员在原供职企业时签署的竞业禁止中所涵盖的内容,

---

❶ 王红燕,仲丽慧,中伦视界. 当科创板遇到知识产权——核心技术及核心技术人员篇[EB/OL]. [2019-03-04]. https://mp.weixin.qq.com/s/1qQiDJcxL3QyJ8qQJIq0Dg.

是否会陷入与竞争对手的专利权权属纠纷中，上交所与投资者不仅会考虑企业行业竞争力、科技实力是否下降，还会对企业持续经营能力产生怀疑。❶ 在对杭州安杰思医学科技股份有限公司的上市问询中，上交所问询其中 5 项被认定为安瑞医疗相关职务发明创造的专利是否会影响安杰思的产品，是否存在潜在侵权纠纷可能，是否会对安杰思持续经营造成重大不利影响。

> **【第十二条（三）】权属纠纷**
> 发行人不存在主要资产、核心技术、商标等的重大权属纠纷，重大偿债风险，重大担保、诉讼、仲裁等或有事项，经营环境已经或者将要发生重大变化等对持续经营有重大不利影响的事项。

知识产权权属纠纷是否会对企业持续经营产生重大不利影响，表现在如下两个方面：一是财务方面。知识产权诉讼可能涉及巨额赔偿，而且若被判令要求企业停止侵权，对企业生产经营和发展战略都会产生严重影响。二是经营方面。因知识产权诉讼发生权利归属的变动，使企业丧失核心技术，这会对相应的主要产品产生重大影响，并且可能对企业未来面向市场的独立持续经营能力产生一定程度的不利影响。上交所关于知识产权诉讼的问询，主要包含"未解决"和"已解决"两方面的诉讼对于当前与未来生产经营的影响，如上交所在对安杰思医学科技股份有限公司进行问询时，询问了安杰思与安瑞医疗发生于 2013—2014 年的已决专利纠纷是否对安杰思持续经营造成重大不利影响。

（三）《监督管理办法》

《监督管理办法》已于 2019 年 3 月 1 日公布，规定了核心技术人员的相关要求。

> **【第十一条】核心技术人员**
> 科创公司应当结合所属行业特点，充分披露行业经营信息，尤其是科研水平、科研人员、科研投入等能够反映行业竞争力的信息以及核心技术人员任职及持股情况，便于投资者合理决策。

该条进一步明确了对核心技术人员的披露要点还包括其任职及持股情况，进一步说明上交所对核心技术人员的关注度。

（四）《第 41 号准则》

《第 41 号准则》为中国证券监督管理委员会公告，于 2019 年 3 月 1 日起发布实

---

❶ 卜祥凯. 隆天知识产权. 隆诺视界 | 拟登陆科创板企业的知识产权自我诊断[EB/OL]. [2020-07-02]. https://mp.weixin.qq.com/s/8bWjExopqsgctU_rmZfl0Q.

施,主要对知识产权风险披露、技术先进性、知识产权权属、核心技术人员流失风险等做了相关规定,并且明确了招股说明书的文件格式和具体内容。

> **【第三十三条】风险因素**
> 发行人应结合科创企业特点,披露由于重大技术、产品、政策、经营模式变化等可能导致的风险:
> (一)技术风险,包括技术升级迭代、研发失败、<u>技术专利许可或授权不具排他性</u>、技术未能形成产品或实现产业化等风险;
> (三)内控风险,包括管理经验不足,特殊公司治理结构,<u>依赖单一管理人员或核心技术人员</u>等;
> (五)法律风险,包括<u>重大技术、产品纠纷或诉讼风险,土地、资产权属瑕疵</u>,股权纠纷,行政处罚等方面对发行人合法合规性及持续经营的影响。

该条系对风险信息披露的规定,风险披露是上交所关注的重中之重,其中知识产权风险主要包括如下三个方面。

一是技术风险。包括受让专利或者被许可技术两方面的风险,其中受让专利涉及专利的来源,权属是否清晰、完整;转让方与公司是否存在可能导致利益输送的特殊关系,交易定价依据,是否公允,受让取得专利后是否与转让方保持持续技术服务交易;被许可技术涉及许可使用的专有技术、专利技术在公司产品中的使用情况;许可使用费及定价依据,是否合理;专利到期日,到期后对公司经营是否存在不利影响等。

二是内控风险。核心技术和公司管理对单一管理人员或核心技术人员的依赖,会引发由于相关人员变动引发的诉讼纠纷。

三是法律风险。包括诉讼纠纷和资产权属瑕疵,如广州方邦电子股份有限公司被问到"募投项目'两层法挠性覆铜板'核心技术路线是否存在侵犯他人专利的情形",深圳市宇驰检测技术股份有限公司被问到"与宇星科技是否存在共同开发或共享知识产权的情形,是否存在转移费用或成本的情形"。

> **【第五十条】竞争状况**
> 发行人应结合所处行业基本情况披露其竞争状况,主要包括:(三)所属行业在新技术、新产业、新业态、新模式等方面近三年的发展情况和未来发展趋势,发行人取得的科技成果与产业深度融合的具体情况;(四)发行人产品或服务的<u>市场地位</u>、技术水平及特点、行业内的主要企业、<u>竞争优势与劣势</u>、行业发展态势、面临的机遇与挑战,以及上述情况在报告期内的变化及未来可预见的变化趋势;(五)发行人与同行业可比公司在经营情况、市场地位、技术实力、衡量核心竞争力的关键业务数据、指标等方面的比较情况。

专利信息利用是分析新技术发展情况和未来发展趋势,产品或服务的技术水平及特点、竞争优势与劣势、行业发展态势、面临的机遇与挑战,以及衡量公司技术实力、核心竞争力等关键指标的重要手段,如何通过知识产权体现技术先进性和行业竞争力是科创板对上市企业考察的重点。

> **【第五十三条】无形资产**
>
> 发行人应披露对主要业务有重大影响的主要固定资产、<u>无形资产</u>等资源要素的构成,分析各要素与所提供产品或服务的内在联系,<u>是否存在瑕疵、纠纷和潜在纠纷,是否对发行人持续经营存在重大不利影响</u>。
> 发行人与他人<u>共享资源要素</u>的,如特许经营权,应披露共享的方式、条件、期限、费用等。

知识产权资产是公司的核心无形资产,本条一是明确了知识产权与产品、服务的内在联系是上市考察重点;二是明确了知识产权瑕疵、纠纷和潜在纠纷是否对发行人经营存在重大不利影响是上市考察重点;三是明确了与他人共有知识产权的,应该披露哪些信息。

> **【第五十四条】核心技术**
>
> 发行人应披露主要产品或服务的<u>核心技术及技术来源</u>,结合行业技术水平和对行业的贡献,披露发行人的技术先进性及具体表征。披露发行人的<u>核心技术是否取得专利或其他技术保护措施</u>、在主营业务及产品或服务中的应用和贡献情况。
> 与其他单位<u>合作研发</u>的,还应披露合作协议的主要内容,权利义务划分约定及采取的保密措施等。
> 发行人应披露<u>核心技术人员、研发人员占员工总数的比例</u>,核心技术人员的学历背景构成,取得的专业资质及重要科研成果和获得奖项情况,对公司研发的具体贡献,<u>发行人对核心技术人员实施的约束激励措施</u>,报告期内核心技术人员的主要变动情况及对发行人的影响。

拟上市企业应在招股说明书中披露其核心技术,包括如下四方面内容。

一是核心技术来源。技术研发属于原创型还是改进型,其知识产权来源是他人许可转让还是独立取得,是否依赖他人,以此评判技术的先进性和独立性。❶

二是核心技术与专利的对应关系。该对应关系为上交所关注重点,即专利技术对公司生产经营是否重要,核心技术是否采取了知识产权保护,能否有效对抗竞争对手,能否有效保护核心技术不被他人侵犯,如深圳贝斯达医疗股份有限公司第一轮问询被问到"发行人拥有核心技术取得专利、专有技术的明细,与主要产品的对应关系"。

三是合作研发。合作研发也是上交所问询过程中关注的重点,主要包括:①合作研发的披露,需披露合作方、合作模式、是否签署协议、协议主要内容、主要权利义务约定、费用承担与研发成果归属、各自发挥的作用等;②公司在合作研发中所起的作用,是否依赖于合作方,是否独立掌握上述项目的核心技术,相关技术的主要内容及其先进性水平,公司获得该技术的来源;③是否与其他单位存在技术权属方面的争议或潜在纠纷,对于公司共同完成的技术或发明的使用是否取得共同完成单位的许可,如在中联云港数据科技股份有限公司的上市过程中,上交所对中联云港与各院校合作模式、研究成果及知识产权的分配安排进行问询。

四是核心技术人员的界定及绑定。该条明确了科创板中对于核心技术人员的要求

---

❶ 许春明. 科创板上市制度中的知识产权要点[C]. //上海法学研究集刊, 2019 (6): 5.

应当是具备一定的技术背景和科研能力的人员；对核心技术人员的绑定体现在两方面，一方面是对其进行股权激励，另一方面是对其股份转让行为予以限制，在《注册办法（试行）》《上市规则》《监督管理办法》中均有说明。

> **【第六十二条】持续经营能力**
> 发行人应分析披露其具有直接面向市场独立持续经营的能力：
> （一）资产完整方面。生产型企业具备与生产经营有关的主要生产系统、辅助生产系统和配套设施，<u>合法拥有与生产经营有关的主要土地、厂房、机器设备以及商标、专利、非专利技术的所有权或者使用权</u>，具有独立的原料采购和产品销售系统；非生产型企业具备与经营有关的业务体系及主要相关资产；
> （六）发行人主营业务、控制权、管理团队和<u>核心技术人员稳定</u>，最近 2 年内主营业务和董事、高级管理人员及<u>核心技术人员均没有发生重大不利变化</u>；
> （七）发行人不存在主要资产、核心技术、商标的重大权属纠纷，重大偿债风险，重大担保、诉讼、仲裁等或有关事项，经营环境已经或将要发生的重大变化等对持续经营有重大影响的事项。

科创板上市重点关注企业是否具有直接面向市场独立持续经营的能力，与知识产权相关的主要体现在如下三个方面。

一是知识产权权属的合法性。包括技术来源的合法性，对于知识产权的所有权或者使用权的合法性，如深圳贝斯达医疗股份有限公司在首轮问询函中被问到"技术来源是否合法，拥有的技术权属是否清晰，是否存在侵犯第三方技术的潜在风险"。

二是核心技术人员的稳定性。与主板（包括中小板）及创业板相比，科创板首次将核心技术人员稳定性列为发行条件之一，可见核心技术人员的确定对于企业能否满足上市条件意义重大。

三是知识产权诉讼纠纷。包括专利侵权、无效等诉讼纠纷，如广州方邦电子股份有限公司被问到"发行人竞争对手拓自达起诉发行人侵害其发明专利诉讼的主要争议情况、案件审理情况及公司涉及的相关产品情况，案件二审胜诉后相关产品、专利是否还会存在其他潜在纠纷或争议"。

（五）《第 42 号准则》

《第 42 号准则》为中国证券监督管理委员会公告，由中国证监会于 2019 年 3 月 1 日发布并实施，该政策对于发行人针对知识产权应披露哪些信息做了详细规定。

> **【7-1】产权和特许经营权证书**
> 发行人拥有或使用的对其<u>生产经营有重大影响的商标、专利、计算机软件著作权等知识产权</u>以及土地使用权、房屋所有权等产权证书清单（需列明证书所有者或使用者名称、证书号码、权利期限、取得方式、是否及存在何种他项权利等内容）。

科创板要求对知识产权基本信息进行披露，主要包括权利期限、取得方式以及他项权利，其中权利期限涉及专利到期后是否会给公司生产经营带来重大不利影响，取得方式包括原始取得和外部取得，均要考虑是否会对公司的持续经营有影响。

> **【7-2】重要合同**
> 对发行人有重大影响的商标、专利、专有技术等知识产权许可使用协议（如有）。

科创板上市要求发行人对知识产权许可使用协议作出详细披露，明确许可费用、期限、是否合理以及避免发行人使用他人的知识产权造成侵权，陷入诉讼纠纷。

（六）《科创属性评价指引（试行）》

2020年3月，证监会出台了《科创属性评价指引（试行）》，2021年4月发布了《关于修改〈科创属性评价指引（试行）〉的决定》，形成"4+5"的科创属性评价指标。❶

> **【第一条】科创属性常规指标**
> 支持和鼓励科创板定位规定的相关行业领域中，同时符合下列4项指标的企业申报科创板上市：
> （1）最近三年研发投入占营业收入比例5%以上，或最近三年研发投入金额累计在6000万元以上；
> （2）研发人员占当年员工总数的比例不低于10%；
> （3）形成主营业务收入的发明专利5项以上；
> （4）最近三年营业收入复合增长率达到20%，或最近一年营业收入金额达到3亿元。

该条为科创属性评价指标体系的常规指标，突出发明专利作为科创属性的评价指标之一，能够更好地发挥资本市场对提升科技创新能力和知识产权竞争力的支持功能。❷ 拥有5个发明专利仅仅是最低标准，并不意味着企业在专利数量方面就一定不会被质疑。例如，赛赫智能设备（上海）股份有限公司的招股说明书中披露了6项发明专利，虽然满足了2021年《科创属性评价指引（试行）》的最低要求，但仍被上交所两次问询："结合产品或服务特点、所处产业链位置、同行业可比公司情况等，分析公司发明专利较少的原因及合理性"❸。

---

❶ 证监会. 证监会修订《科创属性评价指引（试行）》[EB/OL]. [2021-04-16]. http://www.csrc.gov.cn/pub/newsite/zjhxwfb/xwdd/202104/t20210416_396144.html.

❷ 程强，连慧，木禾知识产权. 木禾研究 | 科创板上市中的知识产权问题[EB/OL]. [2021-01-20]. https://mp.weixin.qq.com/s/ob6i294sVz_7jiCFuYxZEg.

❸ 基小律. 影响科创板IPO的十大专利问题及应对策略[EB/OL]. [2021-01-28]. https://mp.weixin.qq.com/s/hsqeWpyaQYYqTN0Jxayab3w.

> **【第二条】科创属性例外情形**
>
> 支持和鼓励科创板定位规定的相关行业领域中，虽未达到前述指标，但符合下列情形之一的企业申报科创板上市：
> (5) 形成核心技术和主营业务收入的发明专利（含国防专利）合计 <u>50 项以上</u>。

该条属于科创板企业上市条件的例外情形，将"发明专利（含国防专利）合计 50 项以上"作为 5 项替代指标之一，进一步突出了科创板上市中发明专利的重要性。

三、上交所业务规则

（一）《上市规则》

《上市规则》于 2019 年 3 月 1 日首次发布实施，2020 年 12 月 31 日发布修订版，该规则主要对核心技术人员、知识产权风险披露作出了相关规定。

> **【3.2.8】重大风险披露**
>
> 上市公司业务和技术出现下列情形的，保荐机构、保荐代表人应当就相关事项对公司核心竞争力和日常经营的影响，以及是否存在其他未披露重大风险发表意见并披露：
> (2) <u>核心技术人员离职</u>；
> (3) <u>核心知识产权</u>、特许经营权或者核心技术<u>许可丧失、不能续期或者出现重大纠纷</u>。

> **【8.2.4】持续经营能力**
>
> 上市公司发生下列重大风险事项的，应当及时披露其对公司核心竞争力和持续经营能力的具体影响：
> (3) <u>核心技术人员离职</u>；
> (4) <u>核心商标、专利、专有技术</u>、特许经营权或者核心技术<u>许可丧失、到期或者出现重大纠纷</u>。
> (6) <u>主要产品或核心技术丧失竞争优势</u>。

与传统企业相比，科创企业的模式、技术、产品更新快，但研发和经营失败的可能性也更高，普通投资者把握企业价值的难度更大。因此，在信息披露方面，科创板需要更加强调行业信息和经营风险的披露，同时，监管规则要求上市公司及保荐机构及时披露涉及核心技术人员离职、知识产权纠纷、产品研发失败等事项，做好充分的风险揭示。

（二）《上市审核规则》

《上市审核规则》由上交所于 2019 年 3 月 1 日发布实施，2020 年 12 月 4 日发布修订版。该政策主要对科创板企业定位进行了规定，与《注册办法（试行）》中的规定一致，进一步强调科创板企业的科创属性。

(三)《上市申报及推荐暂行规定》

《上市申报及推荐暂行规定》于 2020 年 3 月 27 日首次发布实施，2021 年 4 月 16 日发布实施修订版，该政策主要对科创板定位、上市指标做了相关规定。

其中第三条为对科创板定位的规定，在与《注册办法（试行）》保持一致的基础上，新增了对于"科技成果转化能力"的要求，科创板的科创属性中要求研发投入占比 5% 以上，如果公司的研发投入不能取得预期的技术成果并形成产品，或者新产品由于生产工艺、原材料供应等原因无法实现产业化，或者新产品不能得到市场认可并顺利导入市场，则公司的研发投入可能达不到预期的效益，公司存在一定的研发成果转化风险。如深圳市核达中远通电源技术股份有限公司在上市过程中被问到核心技术的产业化时间。

第五条和第六条分别为科创属性评价体系的常规指标和例外情形，与 2021 年《科创属性评价指引（试行）》基本一致，不同的是，在常规指标中，本政策对于发明专利的 5 项指标要求中可以包含国防专利，同时明确了不包括软件企业。

（四）《上市推荐指引》

《上市推荐指引》于 2019 年 3 月 4 日发布实施，规定了科创板企业定位、企业科技创新能力等。

> **【第五条】科技创新能力**
>
> 第五条 保荐机构应当准确把握科技创新企业的运行特点，充分评估企业科技创新能力，重点关注以下事项：
> （一）是否掌握具有自主知识产权的核心技术，核心技术是否权属清晰、是否国内或国际领先、是否成熟或者存在快速迭代的风险；
> （三）是否拥有市场认可的研发成果，包括但不限于与主营业务相关的发明专利、软件著作权及新药批件情况，独立或牵头承担重大科研项目情况，主持或参与制定国家标准、行业标准情况，获得国家科学技术奖项及行业权威奖项情况……

该条系对科创板上市企业科技创新能力的规定，企业通过针对性地开展知识产权开发、获权的管理，在相应技术领域中围绕自身核心技术进行专利申请和布局，可以明确和强化企业在国家重点推荐产业中的定位和战略布局，以此证明企业的科技创新能力。

四、上交所监管问答

（一）《上市审核问答》

根据审核实践，上交所于 2019 年 3 月 3 日发布了《上市审核问答》，主要对核心技术人员、研发投入、科创板定位等做了相关规定。

> **【第6问】核心技术人员**
>
> 对发行条件中发行人最近 2 年内"董事、高级管理人员及核心技术人员均没有发生重大不利变化",应当如何理解?
> 答:申请在科创板上市的企业,应当根据企业生产经营需要和相关人员对企业生产经营发挥的实际作用,确定核心技术人员范围,并在招股说明书中披露认定情况和认定依据。原则上,核心技术人员通常包括公司技术负责人、研发负责人、研发部门主要成员、主要知识产权和非专利技术的发明人或设计人、主要技术标准的起草者等。

该条规定在《注册办法(试行)》和《第 41 号准则》中均有明确规定,此条明确了核心技术人员包括主要知识产权和非专利技术的发明人或设计人,表明知识产权的发明人为上市审核中重点关注对象。

(二)《上市审核问答(二)》

2019 年 3 月 26 日,上交所发布了该政策,政策对于知识产权的信息披露和风险揭示提出了相关规定。

> **【第7问】无形资产来源**
>
> 发行人租赁控股股东、实际控制人房产或者商标、专利、主要技术来自于控股股东、实际控制人的授权使用,中介机构核查应当注意哪些方面?
> 答:二是发行人的核心商标、专利、主要技术等无形资产是由控股股东、实际控制人授权使用,中介机构应结合相关资产的具体用途、对发行人的重要程度、未投入发行人的原因、租赁或授权使用费用的公允性、是否能确保发行人长期使用、今后的处置方案等,充分论证该等情况是否对发行人资产完整和独立性构成重大不利影响,督促发行人做好信息披露和风险揭示,并就发行人是否符合科创板发行条件审慎发表意见。

该条主要是就发行人的知识产权等无形资产由控股股东授权使用,可能带来的风险和应对方案以及信息披露等方面,对中介机构提出了要求,重点关注无形资产的用途、对发行人的重要程度、使用费用的合理性、使用期限等。佰仁医疗科技股份有限公司的实际控制人为金磊,将本人名下的两项专利转让给公司,作价 8000 万元,上市过程中"转让专利的定价依据是否合理、公允,专利交易是否侵害公司利益,专利权属是否存在瑕疵,发行人使用上述专利是否合法合规,对发行人持续经营有何影响"成为上市委员会重点关注的焦点。

> **【第13问】持续经营能力**
>
> 13.影响发行人持续经营能力的重要情形有哪些?中介机构应当如何进行核查?
> 答:(九)对发行人业务经营或收入实现有重大影响的商标、专利、专有技术以及特许经营权等重要资产或技术存在重大纠纷或诉讼,已经或者未来将对发行人财务状况或经营成果产生重大影响;

根据科创板的定位,发行人应当主要依靠核心技术开展生产经营。如果发行人实施的核心技术遭遇大规模的重大的专利侵权诉讼,则发行人将面临停止使用核心技术、承担巨额损害赔偿等风险，企业的持续经营将可能遭受重大不利影响，企业的上市进程将可能因此被延缓甚至于终止。贵州白山云科技股份有限公司在上市过程中遭受到其竞争对手网宿科技发起的四案起诉状，面对集中爆发的重大诉讼，白山云主动要求中止审核，后又恢复发行上市审核，但审核问询仍主要聚焦于白山云的专利诉讼。

整体来看，科创板上市政策中关于知识产权的规定包括六大类，分别是知识产权权属清晰并能够有效应对知识产权风险诉讼纠纷、核心技术人员的稳定性、知识产权信息披露需充分准确、知识产权储备需支撑核心技术的实施和经营、知识产权需体现技术先进性和行业竞争力、知识产权管理体系和制度需完备且有效运行，具体如表0-1所示。

表 0-1 知识产权六类问题相关政策规定

序号	关注要点	政策名称	条目	具体规定
1	知识产权权属清晰并能够有效应对知识产权风险诉讼纠纷	科创板首次公开发行股票注册管理办法（试行）（2020年修正）	第十二（三）条	发行人不存在主要资产、核心技术、商标等的<u>重大权属纠纷</u>，重大偿债风险，重大担保、诉讼、仲裁等或有事项，经营环境已经或者将要发生重大变化等对持续经营有重大不利影响的事项
2		公开发行证券的公司信息披露内容与格式准则第41号——科创板公司招股说明书	第五十三条	发行人应披露对主要业务有重大影响的主要固定资产、<u>无形资产</u>等资源要素的构成，分析各要素与所提供产品或服务的内在联系，是否存在瑕疵、纠纷和潜在纠纷，是否对发行人持续经营存在重大不利影响。 发行人与他人<u>共享资源要素</u>的，如特许经营权，应披露共享的方式、条件、期限、费用等
3		公开发行证券的公司信息披露内容与格式准则第41号——科创板公司招股说明书	第五十四条	与其他单位<u>合作研发</u>的，还应披露合作协议的主要内容，权利义务划分约定及采取的保密措施等
4		公开发行证券的公司信息披露内容与格式准则第41号——科创板公司招股说明书	第六十二条（七）	发行人不存在<u>主要资产</u>、核心技术、商标的重大权属纠纷，重大偿债风险，<u>重大担保</u>、诉讼、仲裁等或有事项，经营环境已经或者将要发生的重大变化等对持续经营有重大影响的事项
5		上海证券交易所科创板股票发行上市审核问答（二）	第7条	<u>发行人租赁控股股东、实际控制人房产或者商标、专利、主要技术</u>来自于控股股东、实际控制人的授权使用，中介机构核查应当注意哪些方面？
6		上海证券交易所科创板股票发行上市审核问答（二）	第13条	影响发行人持续经营能力的重要情形有哪些？ （九）对发行人业务经营或收入实现有重大影响的<u>商标、专利、专有技术以及特许经营权等重要资产或技术存在重大纠纷或诉讼</u>

续表

序号	关注要点	政策名称	条目	具体规定
7	核心技术人员的稳定性	科创板首次公开发行股票注册管理办法（试行）（2020年修正）	第十二（二）条	发行人主营业务、控制权、管理团队和核心技术人员稳定，最近2年内主营业务和董事、高级管理人员及核心技术人员均没有发生重大不利变化
8		公开发行证券的公司信息披露内容与格式准则第41号——科创板公司招股说明书	第五十四条	发行人应披露核心技术人员、研发人员占员工总数的比例，核心技术人员的学历背景构成，取得的专业资质及重要科研成果和获得奖项情况，对公司研发的具体贡献，发行人对核心技术人员实施的约束激励措施，报告期内核心技术人员的主要变动情况及对发行人的影响
9		公开发行证券的公司信息披露内容与格式准则第41号——科创板公司招股说明书	第六十二条（六）	发行人主营业务、控制权、管理团队和核心技术人员稳定，最近2年内主营业务和董事、高级管理人员及核心技术人员均没有发生重大不利变化
10	知识产权信息披露需充分准确	科创板首次公开发行股票注册管理办法（试行）（2020年修正）	第三条	发行人应当根据自身特点……充分披露科研水平、科研人员、科研资金投入等相关信息，并充分揭示可能对公司核心竞争力、经营稳定性以及未来发展产生重大不利影响的风险因素
11		科创板上市公司持续监督管理办法（试行）	第十一条	科创公司应当结合所属行业特点，充分披露行业经营信息，尤其是科研水平、科研人员、科研投入等能够反映行业竞争力的信息以及核心技术人员任职及持股情况，便于投资者合理决策
12		关于在上海证券交易所设立科创板并试点注册制的实施意见	四（十三）	强化信息披露监管。明确要求发行人披露科研水平、科研人员、科研资金投入等相关信息，督促引导发行人将募集资金重点投向科技创新领域
13		公开发行证券的公司信息披露内容与格式准则第41号——科创板公司招股说明书	第三十三条	（一）技术风险，包括技术升级迭代、研发失败、技术专利许可或授权不具排他性、技术未能形成产品或实现产业化等风险；（五）法律风险，包括重大技术、产品纠纷或诉讼风险，土地、资产权属瑕疵，股权纠纷，行政处罚等方面对发行人合法合规性及持续经营的影响
14		公开发行证券的公司信息披露内容与格式准则第42号——首次公开发行股票并在科创板上市申请文件	7-1-1	发行人拥有或使用的对其生产经营有重大影响的商标、专利、计算机软件著作权等知识产权以及土地使用权、房屋所有权等产权证书清单（需列明证书所有者或使用者名称、证书号码、权利期限、取得方式、是否及存在何种他项权利等内容）
15		公开发行证券的公司信息披露内容与格式准则第42号——首次公开发行股票并在科创板上市申请文件	7-2-1	对发行人有重大影响的商标、专利、专有技术等知识产权许可使用协议

续表

序号	关注要点	政策名称	条目	具体规定
16		关于在上海证券交易所设立科创板并试点注册制的实施意见	二（三）	准确把握科创板定位。科创板主要服务于符合国家战略、突破关键核心技术、市场认可度高的科技创新企业
18		公开发行证券的公司信息披露内容与格式准则第41号——科创板公司招股说明书	第六十二条（一）	资产完整方面。具有……商标、专利、非专利技术的所有权或者使用权
20	知识产权储备需支撑核心技术的实施和经营	2021年《科创属性评价指引（试行）》	第一条	支持和鼓励科创板定位规定的相关行业领域中，同时符合下列4项指标的企业申报科创板上市： （3）形成主营业务收入的发明专利5项以上
21		2021年《科创属性评价指引（试行）》	第二条	支持和鼓励科创板定位规定的相关行业领域中，虽未达到前述指标，但符合下列情形之一的企业申报科创板上市： （5）形成核心技术和主营业务收入的发明专利（含国防专利）合计50项以上
23		上海证券交易所科创板企业发行上市申报及推荐暂行规定（2021年4月修订）	第五条	支持和鼓励科创板定位规定的相关行业领域中，同时符合下列4项指标的企业申报科创板发行上市： （三）形成主营业务收入的发明专利（含国防专利）5项以上，软件企业除外
24		上海证券交易所科创板企业发行上市申报及推荐暂行规定（2021年4月修订）	第六条	支持和鼓励科创板定位规定的相关行业领域中，虽未达到本规定第五条指标，但符合下列情形之一的企业申报科创板发行上市： （五）形成核心技术和主营业务收入相关的发明专利（含国防专利）合计50项以上
25	知识产权需体现技术先进性和行业竞争力	科创板首次公开发行股票注册管理办法（试行）（2020年修正）	第三条	优先支持符合国家战略，拥有关键核心技术，科技创新能力突出，主要依靠核心技术开展生产经营
		上海证券交易所科创板股票发行上市审核规则（2020年修订）	第三条	优先支持符合国家战略，拥有关键核心技术，科技创新能力突出，主要依靠核心技术开展生产经营
		上海证券交易所科创板企业发行上市申报及推荐暂行规定（2021年4月修订）	第三条	科创板优先支持符合国家科技创新战略、拥有关键核心技术等先进技术、科技创新能力突出、科技成果转化能力突出、行业地位突出或者市场认可度高等的科技创新企业发行上市

续表

序号	关注要点	政策名称	条目	具体规定
26	知识产权需体现技术先进性和行业竞争力	公开发行证券的公司信息披露内容与格式准则第41号——科创板公司招股说明书	第五十条	发行人应结合所处行业基本情况披露其竞争状况，主要包括：（三）所属行业<u>在新技术、新产业、新业态、新模式</u>等方面近三年的发展情况和未来发展趋势，发行人取得的科技成果与产业深度融合的具体情况；（四）发行人产品或服务的市场地位、<u>技术水平及特点</u>、行业内的主要企业、<u>竞争优势与劣势</u>、行业发展态势、面临的机遇与挑战，以及上述情况在报告期内的变化及未来可预见的变化趋势；（五）发行人与同行业可比公司在经营情况、市场地位、<u>技术实力</u>、衡量核心竞争力的关键业务数据、指标等方面的比较情况
27		公开发行证券的公司信息披露内容与格式准则第41号——科创板公司招股说明书	第五十四条	发行人应披露主要产品或服务的<u>核心技术及技术来源</u>，结合行业技术水平和对行业的贡献，披露发行人的<u>技术先进性及具体表征</u>。披露发行人的核心技术是否<u>取得专利</u>或其他技术保护措施、在主营业务及产品或服务中的应用和贡献情况
28		上海证券交易所科创板企业上市推荐指引	第五条	保荐机构应当准确把握科技创新企业的运行特点，充分评估企业科技创新能力，重点关注以下事项： （一）是否掌握<u>具有自主知识产权的核心技术</u>，核心技术是否<u>权属清晰</u>、是否国内或国际领先、是否成熟或者存在快速迭代的风险； （三）是否拥有<u>市场认可</u>的研发成果，包括但不限于与主营业务相关的<u>发明专利</u>、软件著作权及……
29	知识产权管理体系和制度需完备且有效运行	科创板首次公开发行股票注册管理办法（试行）（2020年修正）	第十条	发行人是……的股份有限公司，<u>具备健全且运行良好的组织机构</u>，相关机构和人员能够依法履行职责
30		关于在上海证券交易所设立科创板并试点注册制的实施意见	三（七）	申请公开发行股票的公司，除符合科创板定位外，还应当符合下列基本发行条件：一是<u>具备健全且运行良好的组织机构</u>……

第一章

知识产权有关问询问题分析与回复

按照科创板上市审核中心发行上市审核流程安排,上交所审核机构自受理之日起20个工作日内发出审核问询,发行人及保荐人应及时、逐项回复上交所问询。审核问询可多轮进行。审核机构认为不需要进一步问询的,将出具审核报告提交上交所科创板上市委员会(以下简称上市委)。由此可见,问询是一个必不可少的重要环节。问询环节所用的时长,也直接影响到项目注册成功的用时。

从2019年6月13日科创板正式开板以来,截至2021年4月8日,成功注册上市的项目一共有279个。科创板项目注册的整体情况如图1-1所示。

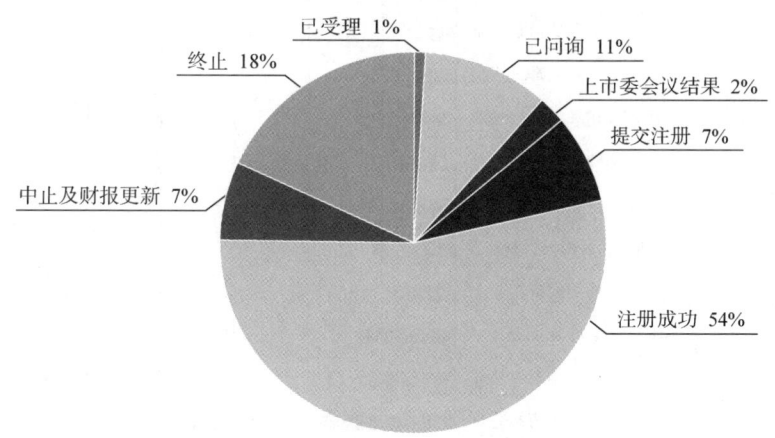

图1-1 科创板项目注册整体情况

科创板注册成功的项目,从申请获得受理开始,到注册成功,平均用了214天。从受理项目时间段进行统计分析,笔者发现,科创板注册成功的用时正在不断缩减,进程在不断加快。由于2021年上半年申请的项目,目前尚未有注册成功的项目案例,因此数据统计截至2020年年底,如图1-2所示。

科创板注册成功项目的行业分布如图 1-3 所示，项目数量占比排前五的行业分别是：①计算机、通信和其他电子设备制造业；②专用设备制造业；③软件和信息技术服务业；④医药制造业；⑤电气机械和器材制造业及化学原料和化学制品制造业（并列）。

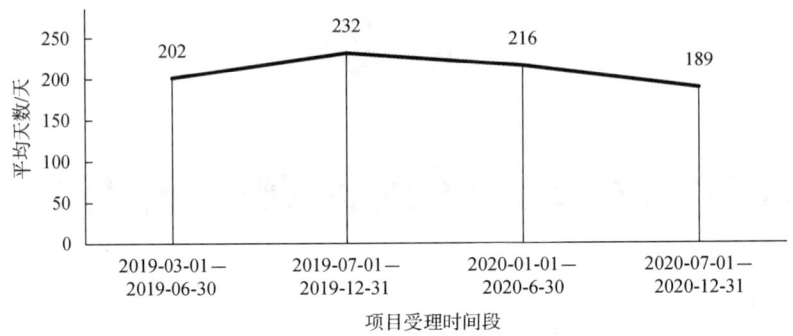

图 1-2 科创板项目上市用时趋势

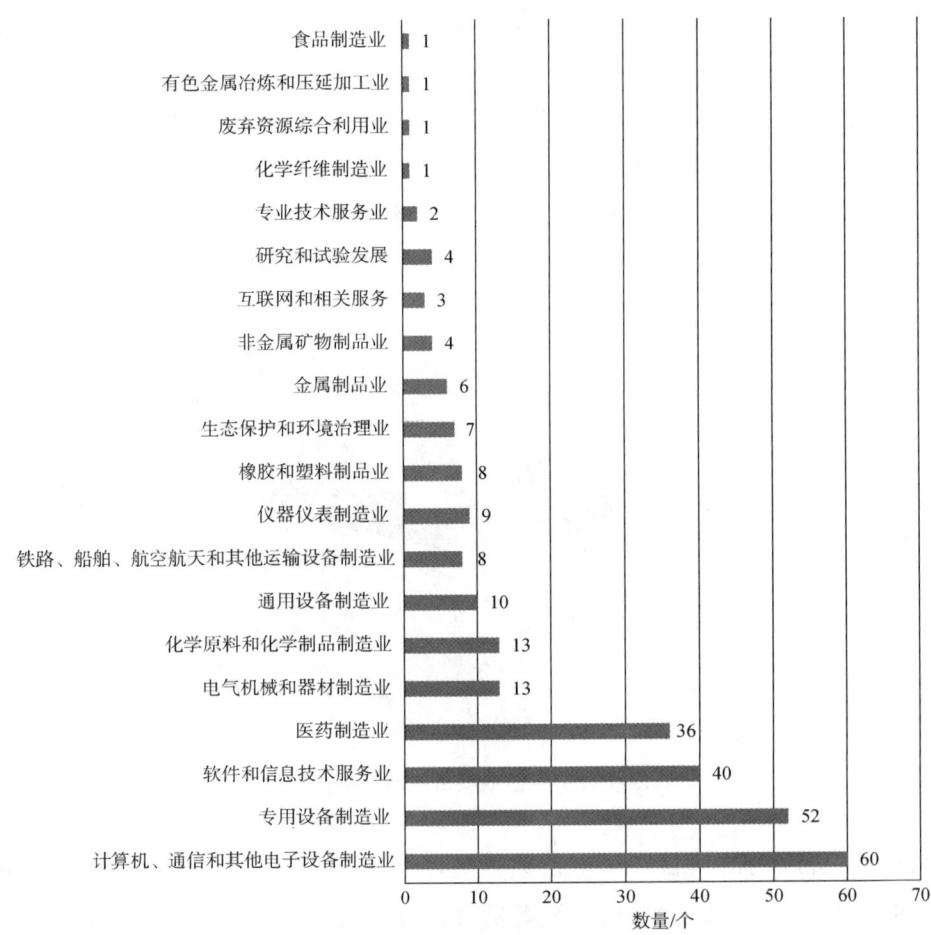

图 1-3 科创板项目注册成功行业数量分布

第一节 知识产权问询基本情况

一、问询轮次

注册生效的成功项目当中，问询轮次最少的，只经历了 1 轮，是 2020 年 6 月 1 日获得申请受理，同年 6 月 30 日注册成功的中芯国际，创造了科创板最快的上市纪录，历时仅 29 天。

注册生效的成功项目当中，问询轮次最多的为 6 轮，分别是青岛海尔生物医疗股份有限公司（以下简称海尔生物）、北京龙软科技股份有限公司（以下简称龙软科技）、北京天智航医疗科技股份有限公司（以下简称天智航医疗）、中科星图股份有限公司（以下简称中科星图）。这四家公司所属的行业分别是专用设备制造业（海尔生物、天智航医疗）与软件和信息技术服务业（龙软科技、中科星图）。

笔者在关注成功注册项目的时候，留意到了以下趋势，即问询的轮次在明显减少。统计是根据每年上半年和下半年受理的申请项目的进展情况进行的，具体数据如图 1-4 所示。

图 1-4　科创板注册项目平均问询轮次趋势

二、问询问题数量

在注册生效的成功项目当中，问询问题最少的是寒武纪和中芯国际，分别是两轮问询合计 28 个问题和一轮问询 29 个问题。这两家公司所属行业分别为集成电路设计和芯片制造，均属符合国家战略和科创板定位的重点行业。

此外，还有三家公司（上海泰坦科技股份有限公司、博众精工科技股份有限公司和成都苑东生物制药股份有限公司）经历了第一次项目注册申请失败之后，发起第二次申请并注册成功的。这三家公司第二次申请的过程,也都只经历了一轮的问询,问询的问题数量也分别仅是11个、13个和17个。

问询的问题数量,笔者通过数据统计,也发现有正在下降的趋势。具体的数据如图1-5所示。

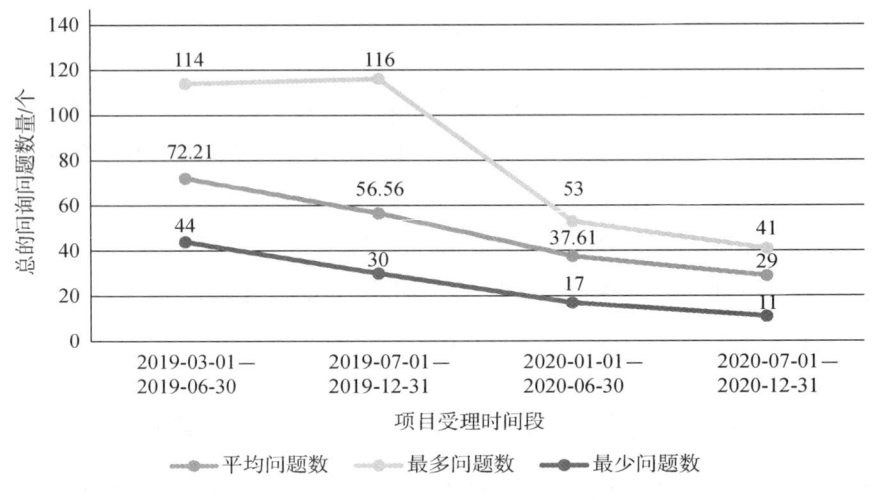

图1-5　科创板注册项目问询问题数量趋势

第二节　知识产权问询特点

一、知识产权相关问询问题的六大种类

通过梳理分析上交所针对申报科创板上市的企业发出的《关于××××公司首次公开发行股票并在科创板上市申请文件的审核问询函》,我们发现与知识产权相关的所有问题均包含在六个大类中。问询函的六大类问题如图1-6所示。

注册制改革是中国资本市场具有里程碑意义的变革,其以信息披露为核心、强调公开、透明及提交审批效率的发行机制,是为了"问出一个真企业"。因此,科创板上市进程中,问询环节的重要性便显得尤为重要。发行人和保荐机构对于审核问询函的回复质量,会影响到问询的轮次和问题的数量,甚至会直接影响到能否通过上市委会议的审核。科创板上市最需要体现的是其科创属性。至今在已经被问询过的500余个项目当中,有328个项目(约占全部项目的60%)会被问询到是否符合科创板定位的问题。上交所为此发布《科创属性评价指引(试行)》为拟在科创板上市的企业提供了指引。拟在科创板上市的企业应在提交科创板上市申请之前,根据这份评价指引对企业内部的情况进行自我检查和比对,确认是否能完全满足科创属性的条件。

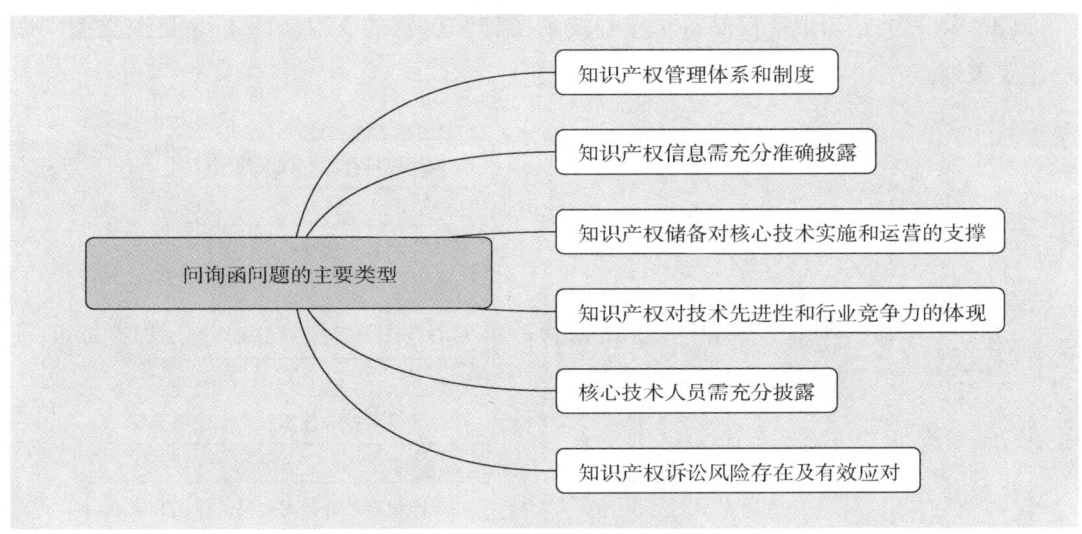

图1-6 问询函问题的主要类型

对于这六类大问题,笔者对每个类型问题中所涉及的关注点做了梳理和分类。

(1)第一类是知识产权管理体系和制度。在这一类问题当中,直接对发行人在知识产权方面的内控制度的提问,是比较少的。一般关注点是在"具备健全且运行良好的组织机构"上。但是通过对其他五个类型的问题进行问询的时候,会间接地被问及。例如,在提问关于发行人的研发能力情况的时候,会问及相关研发项目的管理制度、研发创新制度和持续创新的机制等;在提问关于发行人的核心技术人员的信息披露的时候,会问及内控制度上关于保持核心技术人员团队稳定性的措施等。

(2)第二类是知识产权信息充分准确披露。图1-7是该类型问题的主要关注点。

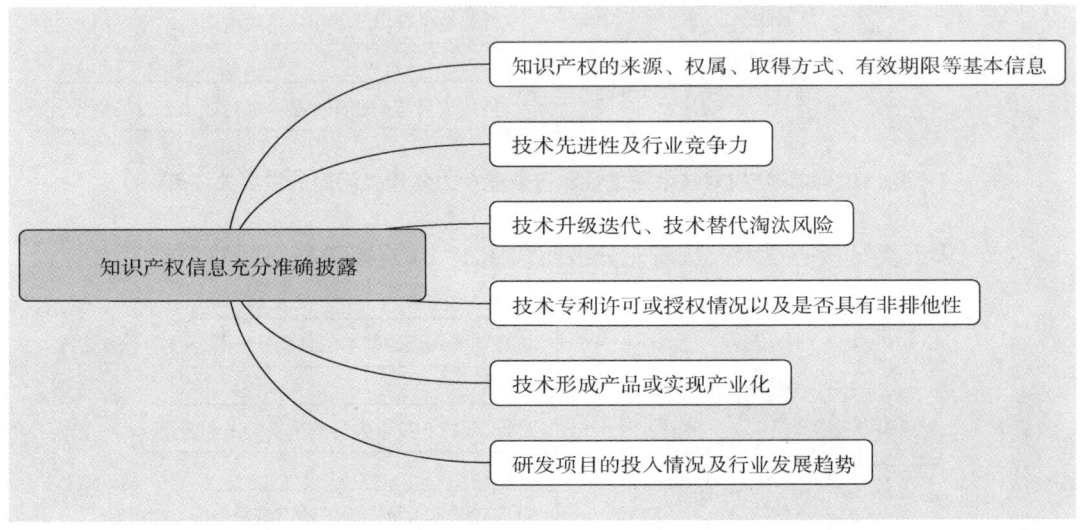

图1-7 知识产权信息充分准确披露类问题的主要关注点

（3）第三类是知识产权储备对核心技术实施和运营的支撑。图1-8是该类型问题的主要关注点。

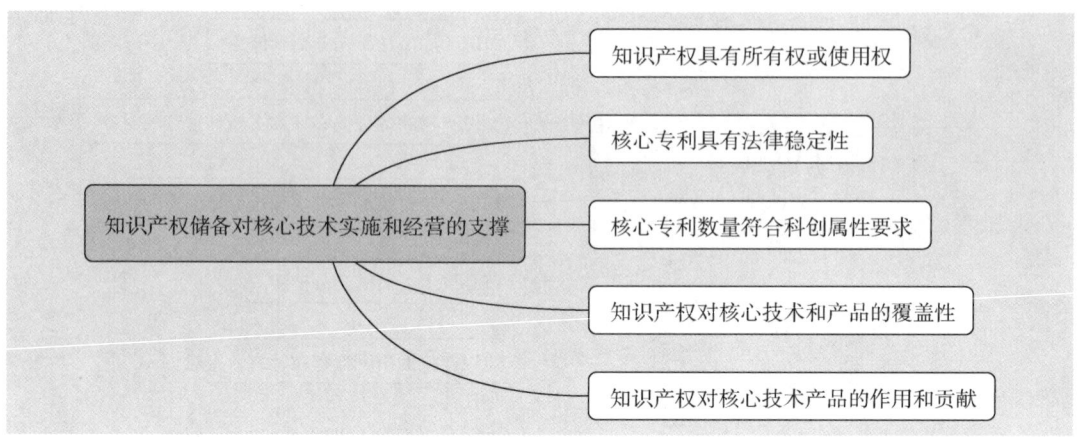

图1-8 知识产权储备对核心技术实施和运营支撑类问题的主要关注点

（4）第四类是知识产权对技术先进性和行业竞争力的体现。图1-9是该类型问题的主要关注点。

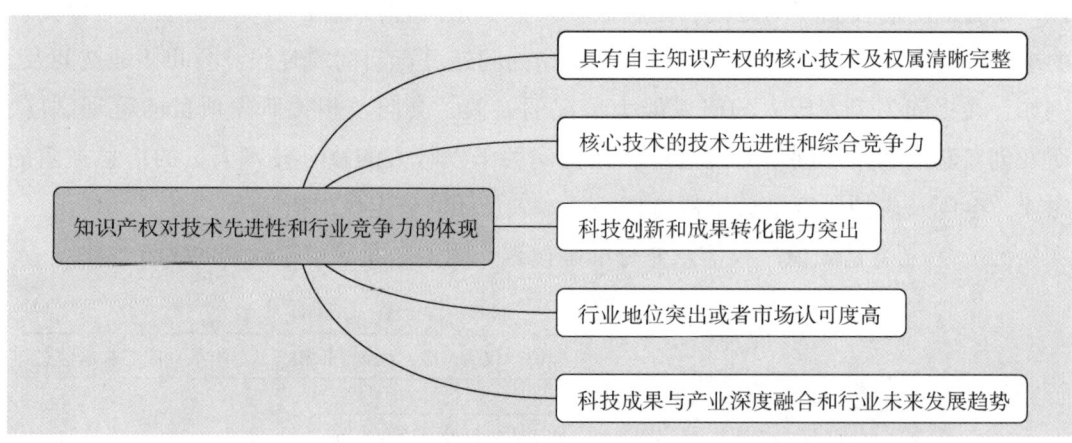

图1-9 知识产权对技术先进性和行业竞争力体现类问题的主要关注点

（5）第五类是核心技术人员需充分披露。图1-10是该类型问题的主要关注点。

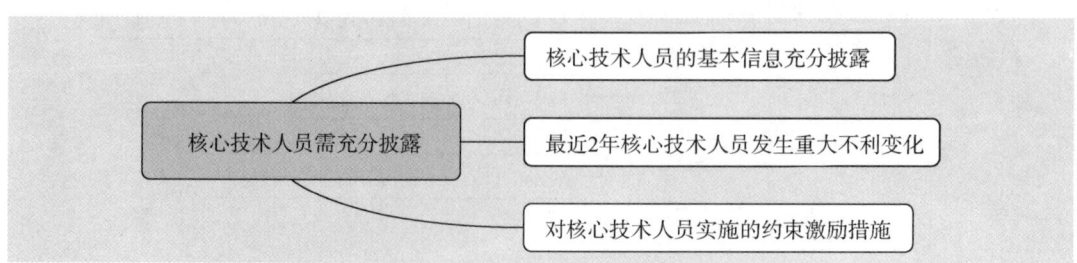

图1-10 核心技术人员充分披露类问题的主要关注点

（6）第六类是知识产权诉讼风险存在及有效应对。图1-11是该类型问题的主要关注点。

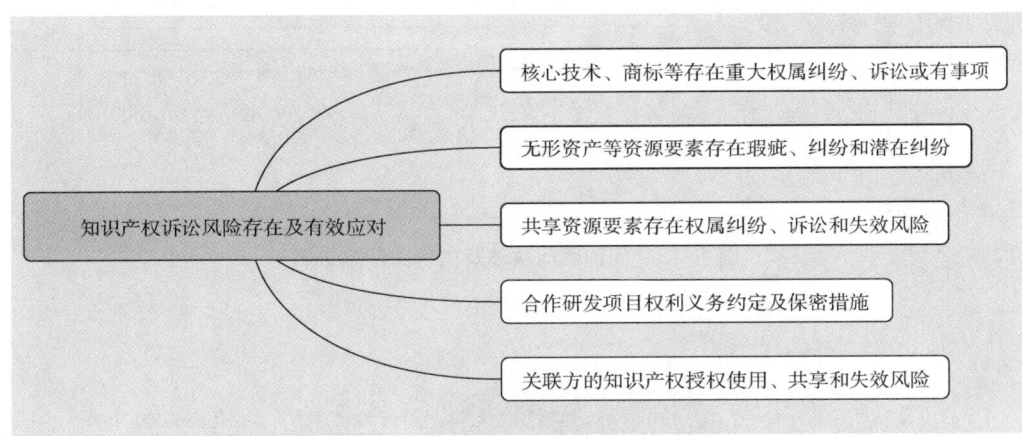

图1-11　知识产权诉讼风险存在及有效应对类问题的主要关注点

上述六个类型的问题关注点之间存在着很多相互交叉或者重叠的地方，因此，按照问询函的问题所涉及的内容进行了细分和梳理，共分为20余类子问题，如图1-12所示。

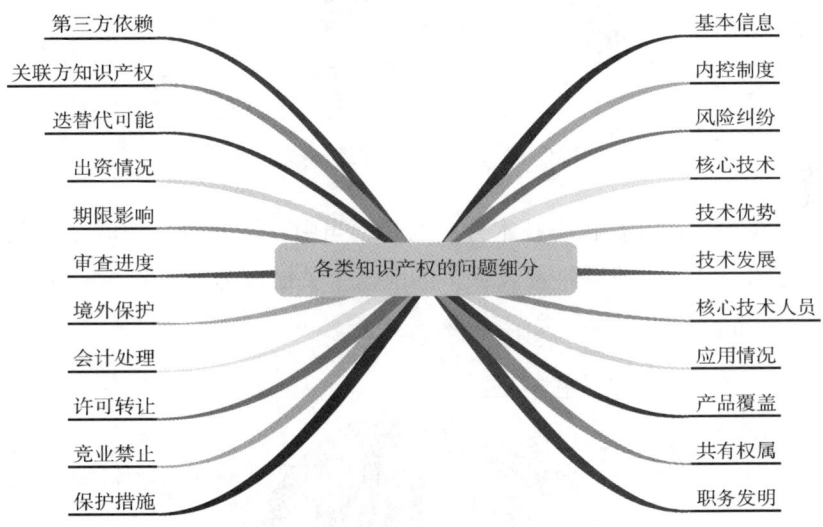

图1-12　问询函中各类知识产权问题细分

笔者对问询函中上述各个子类型问题进行了关注度方面的统计（图1-13），发现其中关注度最高的前五位分别是技术优势、核心技术、技术发展、核心技术人员和风险诉讼。

（1）技术优势。在涉及技术优势方面的问题当中，笔者对该类问题的关键词/短语进行了统计（图1-14），发现被提及最多的前三个关键词分别是："产品竞争力（竞争优势/劣势）""技术先进性（技术水平指标）""市场份额、市场占有率"。

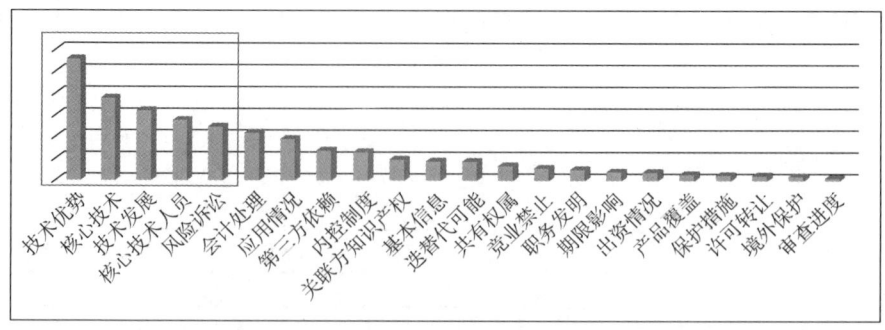

图 1-13　问询函问题涉及内容关注度排名

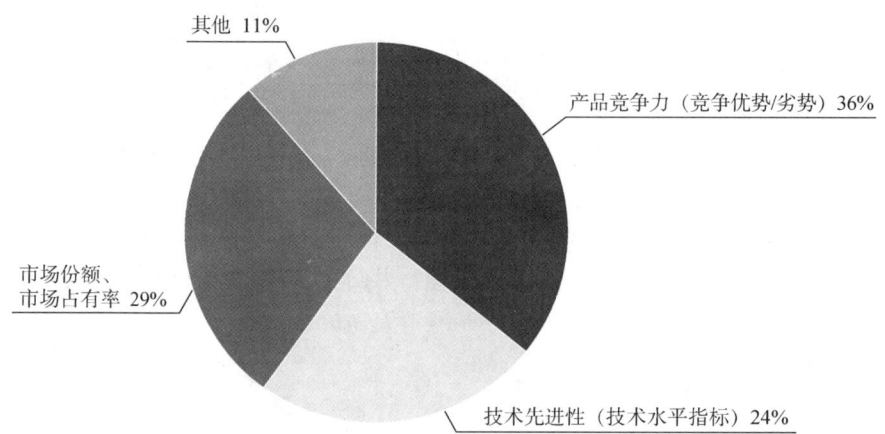

图 1-14　技术优势问题构成比例

（2）核心技术。在涉及核心技术方面的问题当中，笔者对该类问题的关键词/短语进行了统计（图 1-15），发现被提及最多的前三个关键词分别是："核心技术来源和权属""和主要产品、专利等匹配关系""补充披露核心技术"。

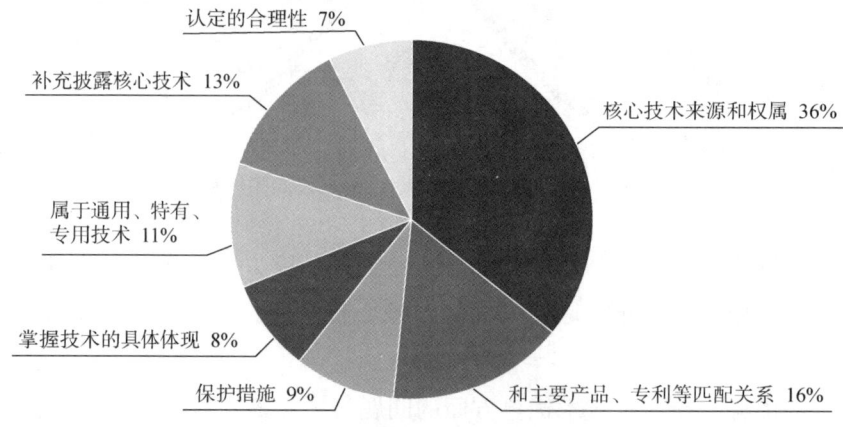

图 1-15　核心技术问题构成比例

(3)技术发展。在涉及技术发展方面的问题当中,笔者对该类问题的关键词/短语进行了统计(图1-16),发现被提起最多的前三个关键词分别是:"行业发展趋势""在研项目情况""研发投入水平"。

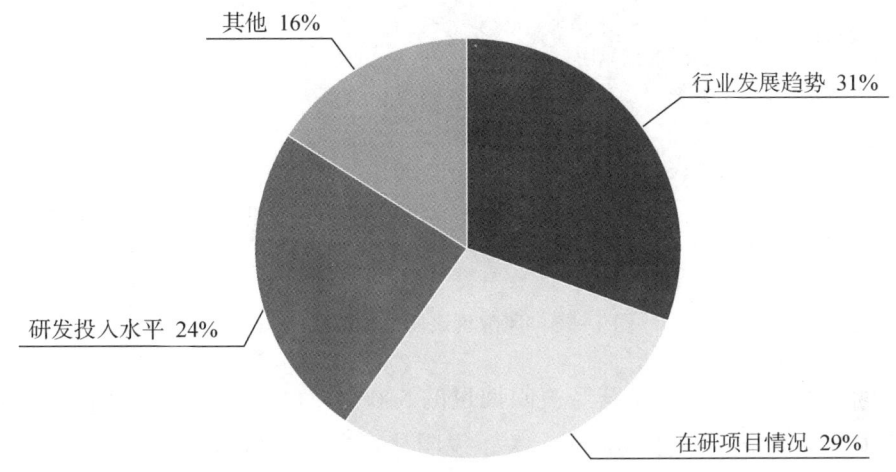

图1-16 技术发展问题构成比例

(4)核心技术人员。在涉及核心技术人员的问题当中,笔者对该类问题的关键词/短语进行了统计(图1-17),发现被提起最多的前三个关键词分别是:"基本情况""认定依据及贡献""近两年稳定性"。

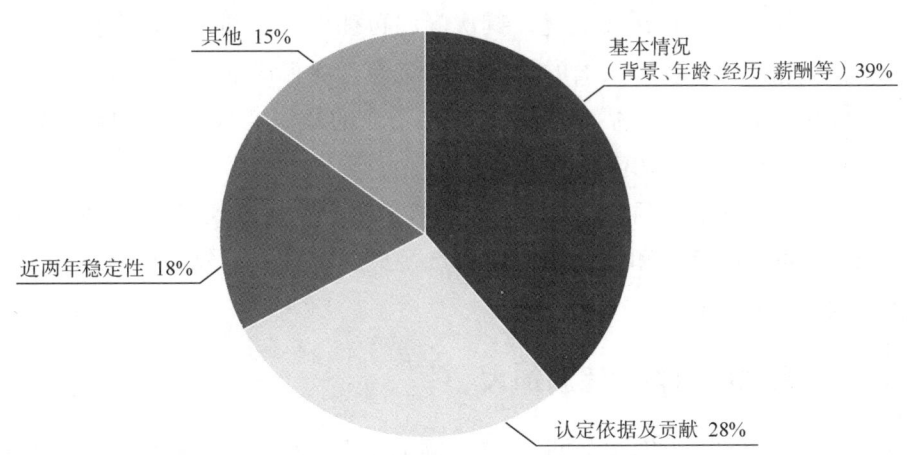

图1-17 核心技术人员问题构成比例

(5)风险诉讼。在涉及风险诉讼的问题当中,笔者对该类问题的关键词/短语进行了统计(图1-18),发现集中在以下三个关键词,分别是:"存在瑕疵、纠纷或潜在纠纷""诉讼进度情况""败诉风险及影响"。

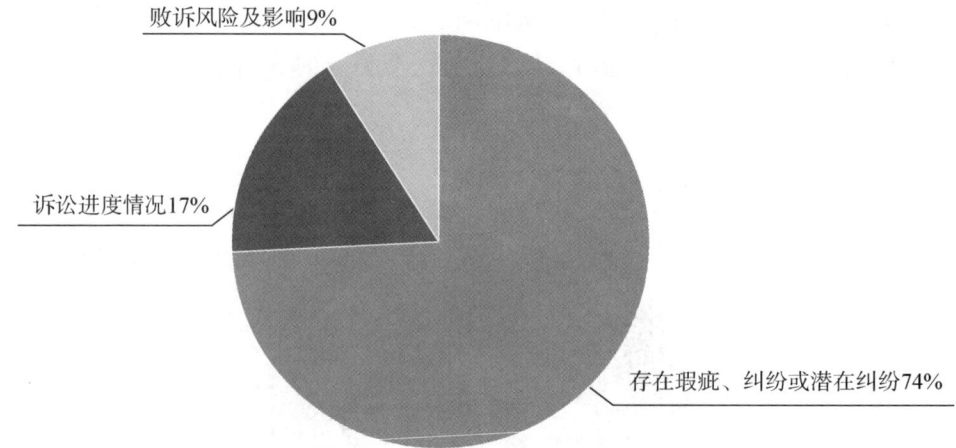

图 1-18　风险诉讼问题构成比例

据笔者的不完全统计，在已经被问询过的 500 余个项目当中，涉及核心技术及知识产权相关问题的个数超过 3500 个。关于说明技术先进性和竞争力情况的问题，平均每个项目中大约有 6 个问题，而关于知识产权的风险披露相关问题平均有接近 3.5 个问题。

由上述所有统计数据来看，不难发现，问询环节的核心是科创板定位问题。围绕着科创板定位的符合性展开问询，问询的问题首先是现有技术的先进性和竞争力的情况，再而引申到技术的来源和权属，技术的知识产权是否得到有效保护，以及是否存在知识产权方面的（失效）风险问题。其次问题再往外扩散到技术的稳定性和未来的可持续性上，即包括核心技术人员的情况及稳定性，项目研发投入和成果产业化，与行业技术发展趋势关系等。最后问题会关注在企业的知识产权工作制度和体系上面，这部分是和知识产权相关一切活动的基础。

概括来说，问询环节问题的特点是"从现在到未来，从点到面"。现在是现有技术的情况，未来是可持续经营和发展的情况；点是最具有核心竞争力的技术，面是企业整个内控制度的方方面面。

二、知识产权相关问询力度逐渐加大

从以上笔者统计的上市用时（图 1-2）、问询轮次（图 1-4）和问询题目数量（图 1-5）的数据趋势，可以得出以下推断：近三年问询的轮次、问题的数量、注册所用的时间都呈现明显的下降趋势。结合政策的调整，监管由原来的以通过层层深入问询来发现问题为主，变成加强"问询+现场检查"相结合的制度，逐步提高了抽查企业的比例和数量，加大了现场核实情况的力度。因此，问询方面所用的时间、轮数和问题数量都下降了。

尤其在 2021 年 1 月 29 日证监会出台了《首发企业现场检查规定》。该规定中写道:"在发行上市审核和注册阶段,首发企业存在与发行条件、上市条件和信息披露要求相关的重大疑问或异常,且未能提供合理解释、影响审核判断的,可以列为检查对象。"现场检查对底层的穿透式审核之细致、之严格可谓力度空前。以下是科创板申请项目终止的数量分布图(图1-19)。

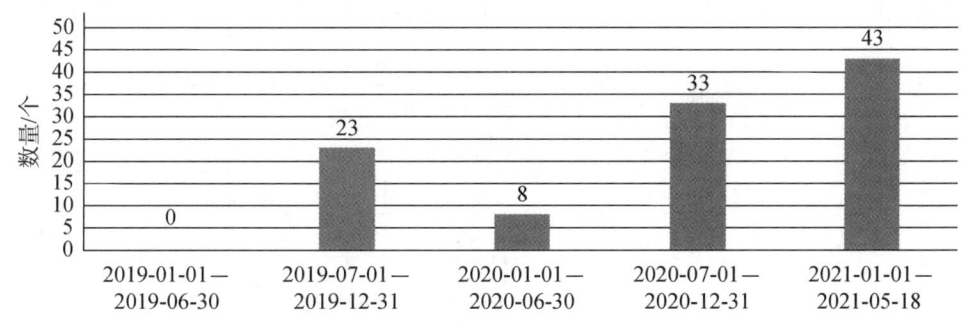

图1-19 科创板项目终止数量分布

从图中可以看出2021年开始仅不到5个月时间,终止的项目就已经有43个,绝大部分均是企业主动撤回了申请。就数量而言,已经超过了2020年全年终止项目的数量总和41个。

再进一步从科创板项目撤回的流程节点来看,多数企业的撤回时间出现在被抽中"现场检查"的关键环节上。造成这种现象,表面上看与现场检查的力度有所加强有关,其实质也许和企业并没有对真实情况进行充分披露有关,甚至有可能涉及造假瞒骗的行为。

项目撤回的原因,并没有完整地进行公开披露。通过结合招股说明书对问询相关的公开信息进行分析,笔者认为,企业是否符合科创板的定位问题很可能占有比较大的因素比例。具体来看,包括科技属性不足、商业化前景不明朗、核心技术的竞争能力不足和可持续经营能力不足等问题,这些很可能是相关项目撤回的主要原因。

三、专利问题是科创板知识产权问询的核心

知识产权信息披露当中包含专利、商标、软件著作权、作品版权、集成电路布图设计、非专利技术(商业秘密)等。其中,通过关键词的检索,笔者发现在问询函当中出现"专利"的词频是最高的,远远高于其他几个知识产权类型。专利和商标问题分别约占IPO企业知识产权问题的50%和30%,其次是技术秘密问题,约占15%;在企业并购重组审核中,专利和商标问题分别约占40%和30%,其次是著作权问题,约占20%。

关于知识产权方面的问题,分散包含在六大类型的问题当中,科创板上市首先需要关注的是企业的科创属性问题。笔者通过对首轮问询问题背后所隐含或者所指向的

问题进行了进一步观察,发现不同轮次的问询函的问题之间,是按一定的思路展开的。问询的问题随着轮次的增加,会层层深入,刨根问底,但所有问题的最终指向都是关于该事项对发行人的核心技术有何影响,是否会对发行人的持续经营构成风险。由此可见,整个问询审查的过程,始终关注的都是发行人的可持续发展能力。以下是笔者根据问询函的内容整理的与知识产权有关的问询问题思维导图(图1-20~图1-25)。

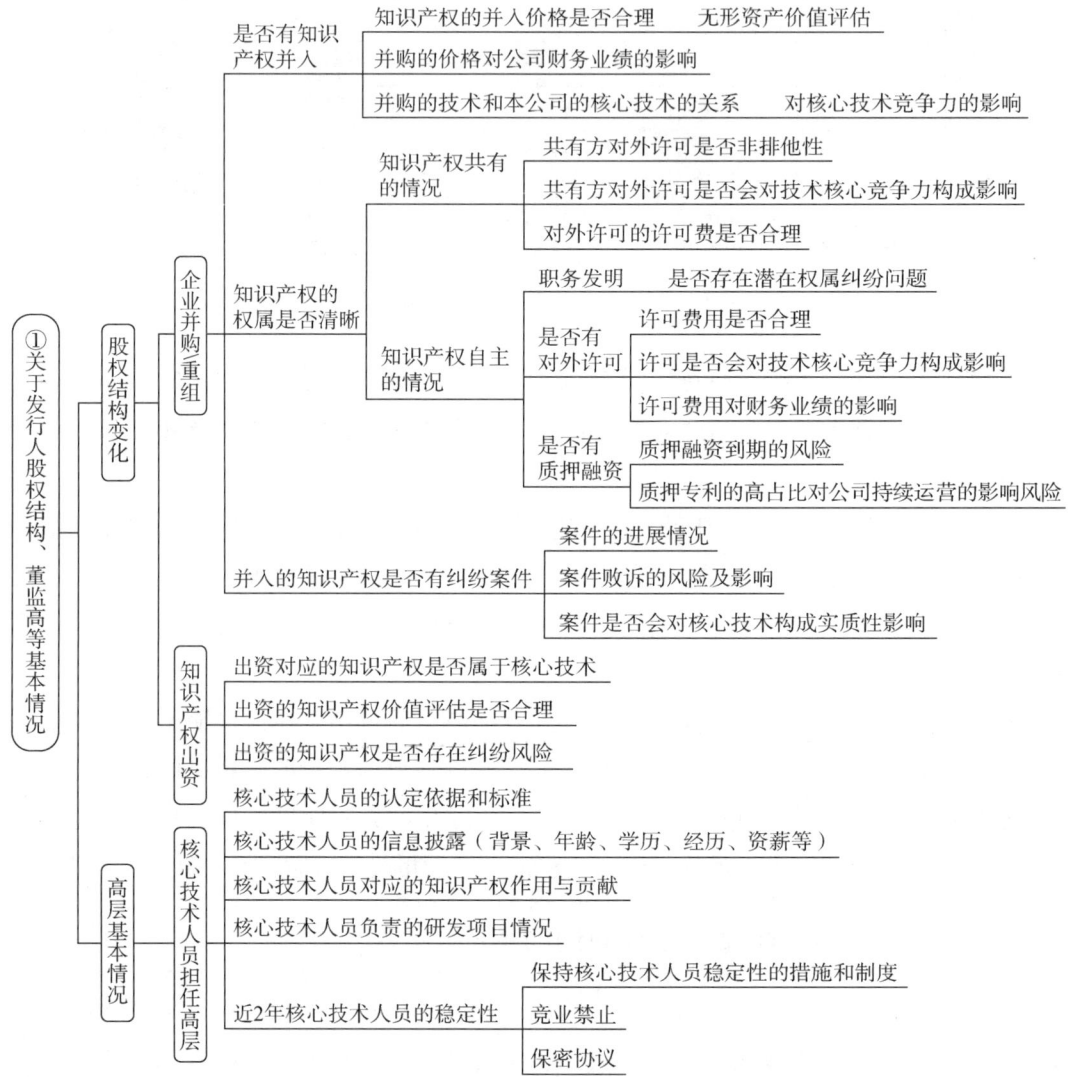

图1-20 关于发行人股权结构、董监高等基本情况的问询问题思维导图

第一章 知识产权有关问询问题分析与回复

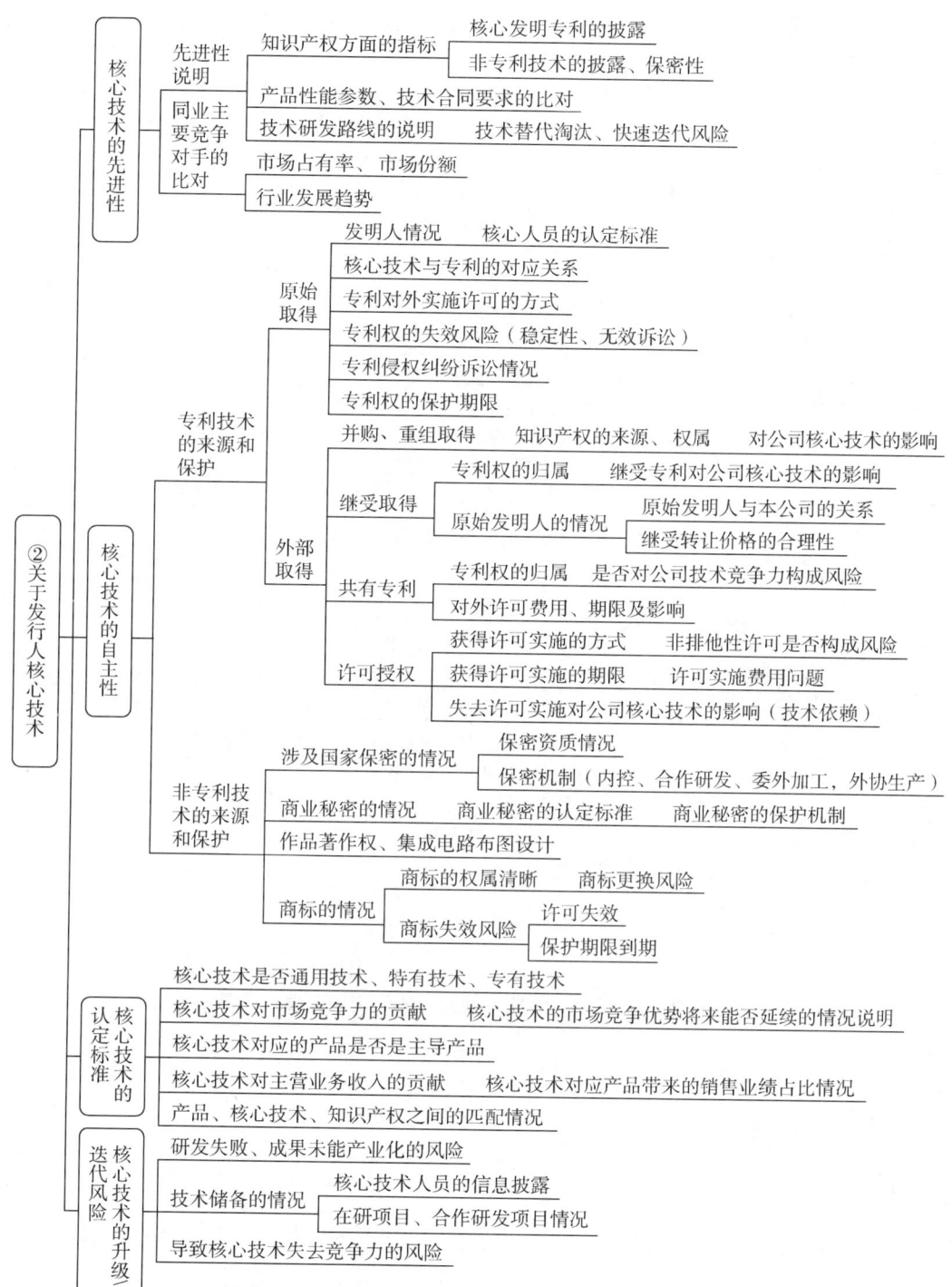

图1-21 关于发行人核心技术的问询问题思维导图

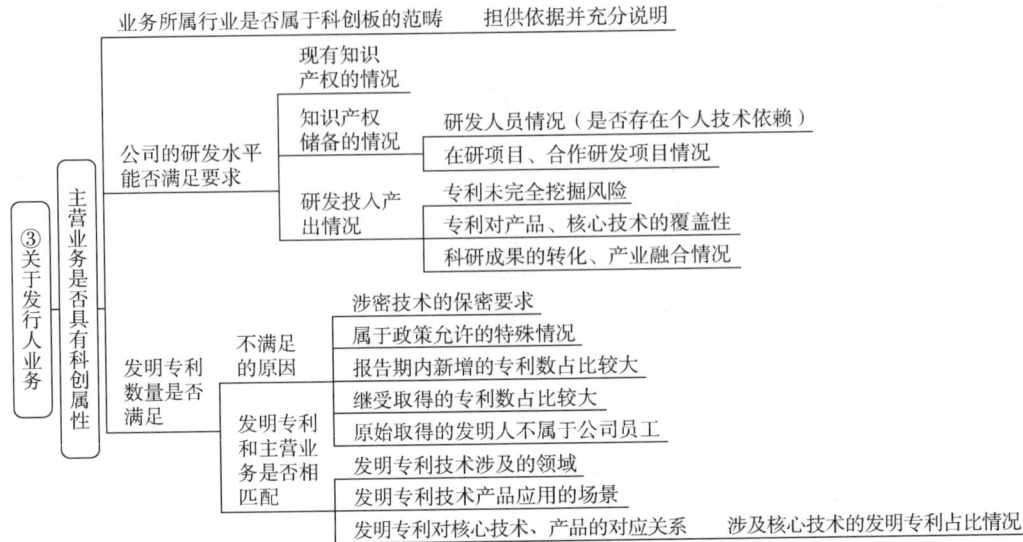

图 1-22 关于发行人业务的问询问题思维导图

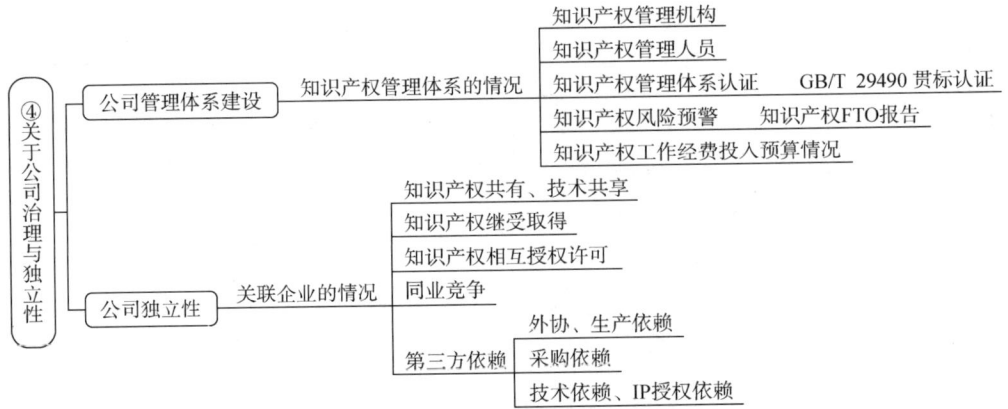

图 1-23 关于公司治理与独立性的问询问题思维导图

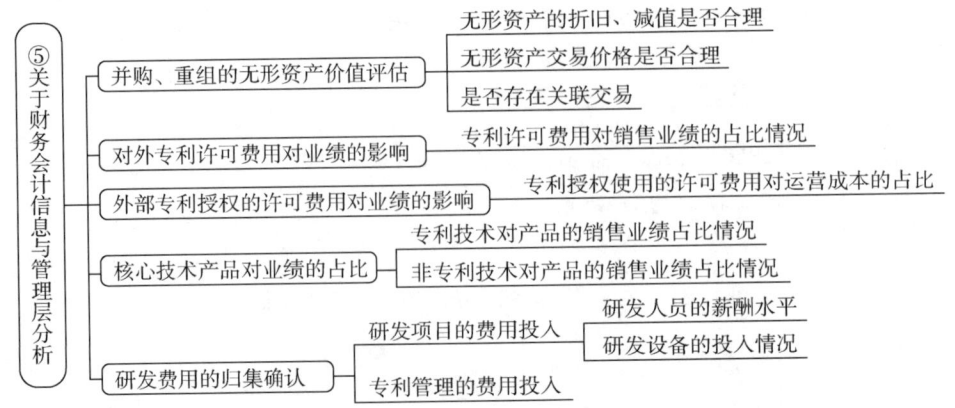

图 1-24 关于财务会计信息与管理层分析的问询问题思维导图

第一章　知识产权有关问询问题分析与回复　　41

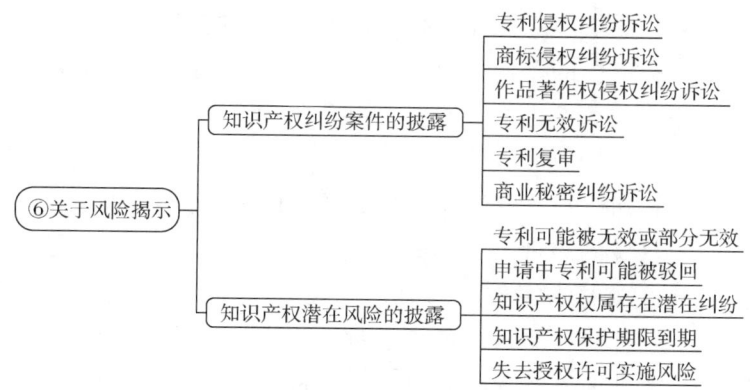

图 1-25　关于风险揭示的问询问题思维导图

四、知识产权问询呈现出行业化差异

在科创板所鼓励的行业当中，包括了新一代信息技术、高端装备、新材料、新能源、节能环保及生物医药等。总体而言，对于科创板的企业，科创属性的符合性和运营的可持续性都是最基本的要求，所有的问询问题都是围绕这两点来展开的。但是，除此之外，笔者留意到不同的行业之间，问询的问题所侧重的关注点又有细微的差异。

（一）新一代信息技术企业问询：高管和财会信息的问题会受到更多关注

在新一代信息技术企业的问询函中，关于公司高管的情况和公司报告期内的财会信息都经常会被提起。这两个方面的问题表面看起来和知识产权的关联性不大，但在笔者看来，其实不然。

在属于新一代信息技术行业的企业当中，很多公司的高层、股东都具有技术背景出身，甚至是作为公司初创时期以核心技术研发领头人的角色参与到公司的核心技术研发的，因此，在问询函当中，不乏公司股东、合伙人是通过技术入股的方式获得公司一定比例的股权的。于是，在问询问题中，关于董监高成员和核心技术的关系，是比较受关注的。例如，芯原微电子（上海）股份有限公司在第一轮问询中就被问到董事长及其团队对发行人核心技术开发、生产经营运行的具体影响，核查发行人是否实际受其控制或者受管理层控制，以及董事长及其团队相关人员发生变动对公司生产经营的稳定性影响。问题往往是问询具有技术背景的高管的工作经历，其技术的来源，是否与前任职公司有职务发明关系，是否存在潜在的知识产权纠纷风险，诸如，与前任职公司之间存在保密协议、同业竞争与潜在关联交易等。这些问题的背后，都是对公司的核心技术来源和潜在纠纷风险的关注。因此，对于新一代信息技术企业的问询，高管的情况会受到更多的关注度。例如，苏州敏芯微电子技术股份有限公司（以下简称敏芯微电子）在第一轮及第二轮问询中均被问及核心控制人的专利情况，技术来源以及专利与核心技术的关系。

财会数据也会受到比较多的关注。我们首先从企业的运营与财务指标之间的逻辑关系来看。符合科创板定位的企业，应该都拥有具有强大竞争力的技术和产品，其特征往往表现在研发投入较大，也就是研发支出占比较高，同时，因为其产品和服务在市场上具有较好的竞争力从而可以得到较多的溢价，销售的毛利率往往也是相对较高的，此外，作为一个快速成长又具有明显上升趋势的朝阳产业的企业，其主营业务的收入增长率也应该有良好的表现。上述研发投入较大与销售毛利率较高，两者的关系是相互驱动的，换言之就是有了较高的研发投入，其产品和服务有先进技术为基础，才具备较高竞争力，这样会带来较高的毛利率；有了较高的毛利率作为基础，企业有了良好的盈利能力，主营业务收入增长良好，反过来才可以确保较高研发投入的持续性。这是比较典型的"技术驱动型"企业的财务表征。例如，常州银河世纪微电子股份有限公司在第二轮问询中被问及报告期内境内外、不同经销商的毛利率差异及波动的问题，询问发行人说明销售毛利率的差异情况、波动原因及其合理性。杭州光云科技股份有限公司和江苏北人机器人系统股份有限公司均在第二轮问询中被问及与同行业可比公司的毛利率趋势差异的原因，进而从毛利率的角度来阐述发行人技术水平与同行业相比是否具有先进性。

我们再从企业发展的阶段与财务指标之间的逻辑关系来看。若企业研发的新技术、新产品可能是为企业开辟一个全新的市场的时候，能够对原来市场上的产品形成技术迭代或替代的话，这个时候企业的财务指标上应该有一段比较合理的高速增长期，通过对报告期内近三年的财务报表的指标趋势进行分析，再与企业披露的行业发展情况、技术升级迭代情况、未来企业发展空间等信息进行相互印证，可判断企业披露目前所处的发展阶段与其财务指标的表征是否相吻合。若企业研发的新技术、新产品只是为了使企业维持原来的市场份额和领先地位的话，这个时候企业的财务指标上所反映的趋势应该与企业的市场发展趋势相一致，有可能是缓慢地增长或保持在一个相对稳定的水平。

由于具体企业所处行业的市场特征不尽相同，产品所处的推广阶段不同，所以高研发投入与高营收增长的相关性并不强，企业的成长性需要进行具体分析。但利用财会数据指标结合企业的发展阶段特征进行相互印证，也可以对企业披露的核心技术和行业信息做评估参考。

(二) 医药企业问询的关注点：核心技术的先进性、关联交易的真实性问题

在科创板鼓励的六大行业里，医药企业在IPO过程中不确定性似乎相对大一些。截至目前，已经有18家医药/医疗公司被终止或者主动撤回了申请。从表面上看，这些药企折戟科创板的原因各种各样，但本质上都是医药行业普遍存在的问题造成的。这些问题包括核心技术的先进性和关联交易的真实性情况等。

核心技术的先进性问题，主要体现在医药企业要取得具有先进性的研发成果和技术是非常难的，甚至有部分医药企业依赖外部专利技术的许可授权，自身的研发能力和研发成果并不突出。创新药品的研发，对于研发技术的要求是很高的，开发难度比

较大，需要投入的研发费用非常多，周期也很长，同时研发过程的失败风险系数也比较高，还存在技术迭代和竞品竞争的风险。因此，对于医药企业来说，其所拥有的核心技术的先进性对于持续运营发展来说是尤为重要的。审查医药企业的时候，核心技术的先进性往往会成为重要的关注点之一。

关联交易的问题，主要是因为医药企业在发展前期主要是以研发投入为主，难以形成规模化收入，导致难以满足科创板最低条件。因此医药企业有可能通过关联方来做大交易额，利用账期推动采购客户加大采购额等手段去造成应收款比例激增的假象，以及存在涉嫌商业贿赂等行业性问题。因此，对于关联交易的情况，也是审查问询时的重点关注对象。

当然，上述情况并没有逃过相关监管部门的眼睛。2020年6月，财政部联合医保局对医药企业启动"穿透式"检查，也是为了核实医药企业销售费用的真实性、合规性，对医药企业销售环节开展监管，延伸检查关联方企业和相关销售、代理、广告、咨询等机构，必要时可延伸检查医疗机构。重点不在检查，而在"穿透式"。

（三）新材料企业问询的关注点：合作研发技术的权属问题，无专利覆盖产品的侵权可能性

新材料企业在IPO问询的问题中，除了较为常见的关于专利和非专利技术出资瑕疵、具体披露核心技术产品对应的发明专利等问题外，比较具有行业特点的是关于技术合作研发的研究成果的权属问题，以及无专利覆盖产品的侵权可能性。

当前，我国新材料产业的发展面临重大的战略机遇，以新一代信息技术、航天航空、物联网、新能源汽车和轨道交通等代表的战略性新兴产业快速发展对材料产业提出了更高的要求，新材料研发的迫切性前所未有。然而，我国的材料研发目前仍然存在外部技术依赖、自主研发能力较弱等问题，为了弥补新材料企业自身研发的能力不足，大部分新材料企业通过与国内行业内研发能力较高的科研院所合作开发，或者直接外购引进先进技术，帮助企业生产制造有市场竞争力以及技术先进性的产品。

在与科研院所合作开发时，如果新材料企业在协议中没有清楚地约定技术成果的权利归属，或者后期产出的知识产权存在权属纠纷，就会严重影响新材料企业在IPO的问询回复。例如，在西部超导材料科技股份有限公司（简称西部超导）的上市问询中就提到，由于存在公司与中国铁道科学研究院机车车辆研究所（简称铁科院）的合作开发，并约定项目研究成果由双方共享，因此需要对公司各核心技术研发过程的具体情况进行披露，包括主要承担的任务、专利申请的情况及相关归属、主营产品的技术是否归公司独占使用等问题。对此，西部超导补充披露了其核心技术产品的研究成果、主营产品的研发过程以及权利归属凭证。

湖南松井新材料股份有限公司（简称松井新材）在第一轮上市问询中也被问及了合作项目的情况，询问发行人在合作项目中参与的环节及发挥的作用，开展合作的原因，发行人是否具备独立研究能力，发行人在上述科研技术平台的地位及承担工作的

具体内容。另外,松井新材存在部分技术没有申请专利或者部分主营产品没有专利覆盖的情形,对此,审核部门进一步询问了没有申请专利的原因以及没有专利覆盖的产品是否存在侵犯他人知识产权的可能性,并因此对发行人的生产经营产生重大不利影响。

由此可见,我国的新材料企业在技术开发能力上可能仍然与科研院所和世界其他国家的研发企业存在较大差距,除了进一步加大研发投入和引进科研人才外,合作开发也是一个不错的选择,但在合作开发的过程中,企业应当对开发结构的权利归属做好约定;同时,主营产品的核心技术应当有相应的专利覆盖,对无专利覆盖的主营产品应当谨慎评估其侵权可能性。

(四) 新能源企业问询的关注点:核心技术的产业融合情况,专利出资或许可情况

新能源产业是我国在近几年积极鼓励发展的新兴产业之一,目前碳中和、碳达峰的概念日益受到政府和群众的关注和重视。国内新能源产业比较典型的企业是新能源电池上下游的企业,如宁德时代新能源科技股份有限公司、宁波容百新能源科技股份有限公司(简称容百新能源)、孚能科技(赣州)股份有限公司(简称孚能科技)等。

由于新能源产业在我国属于快速发展的阶段,各相关企业和科研院所均有从事该产业的各方面相关研究,也不乏从国外引进先进新能源技术的企业,因此,新能源企业的主要关注点在于研发出来的核心技术是否与产业深度融合。同时,从外方引进的先进技术以出资或许可的方式进入我国企业的程序是否合规合理。

关于核心技术的产业化融合,容百新能源和孚能科技在第一轮问询中均被提出了同一个问题,即"从核心技术、主要专利等在具体产品中的应用、产品具体性能突破、所处产业阶段等方面详细披露公司取得的科技成果与产业深度融合的具体情况",这实际上也是政府和群众比较关心的新能源技术何时落地、如何落地的问题,当然,核心技术的产业化也是科创板上市的基本要求之一。

在容百新能源的第二轮问询中,审核部门根据招股说明书补充了一个关于专利许可的问题,由于容百新能源与国际化工巨头巴斯夫公司签署了《专利再许可协议》,约定巴斯夫公司向容百新能源授予10项锂电池正极材料部分基础技术专利的非独占许可,审核部门要求容百新能源进一步披露这些专利的使用方向、授权期限,对公司收入、利润的影响。对此,容百新能源回复该专利许可的签署是出于前瞻性布局和国际客户开发的战略考虑,实际上并未向相关地区市场销售产品,同时对授权期限、具体用途、相关费用及影响申请了豁免披露。

类似地,孚能科技在上市过程中也被问询了关于涉外专利的问题,孚能科技与美国孚能关系密切,美国孚能提供了30件专利权及专利申请权作为出资,由于这些专利技术的出资额比较大,并且存在前后两次评估额差异较大的情况,因此审核部门在三轮问询中都提出了与出资专利相关的问题,包括是否构成虚假出资、差额较大的原因及合理性、后补出资的影响、美国临时申请的案件状态等。

在国家政策鼓励新能源企业发展的情况下，相信未来新能源企业上市申请会越来越多，为了能够顺利通过问询阶段，各企业应当注意自主研发技术的产业化应用情况，以及如果有使用涉外专利技术，应当厘清相关专利情况以及使用情况。

(五) 高端装备企业问询的关注点：合作研发的技术成果权利归属，技术保密的原因和具体措施

高端装备产业涉及多个二级分类和三级分类产业，如三级分类包括机器人与增材设备制造、智能测控装备制造、重大成套设备制造、铁路高端装备制造、城市轨道设备制造、航空器装备制造等。高端装备制造属于制造业的高端领域，其高端主要表现在技术含量高、附加值高以及处于产业链的核心位置，但由于单个企业的研发能力有限，因此高端装备企业同样会选择与科研机构合作开发技术。

一旦涉及较多的合作开发情况，审核部门都会对合作研发的技术成果权属问题加以关注，同时会对企业的自主研发能力提出疑问。例如，北京天宜上佳高新材料股份有限公司与中国铁道科学研究院机车车辆研究所签订过合作协议，共同合作开发研制闸片。对此，审核部门着重询问了公司各项核心技术研发的具体过程，包括公司及相关参与主体的主要承担任务、专利申请情况及相关权属，是否存在核心技术研发外包的情况，以及核心技术的获得方式。

苏州瀚川智能科技股份有限公司（简称瀚川智能）在报告期间，与南京大学建立了研发合作关系，开展了客体项目研究。在第一轮问询中，审核部门即要求发行人披露科研成果的权利归属，以及是否应用于发行人的产品及相关情况。此外，在瀚川智能的第二轮问询中，由于发行人的主营产品技术含量较高，并拥有大量核心技术，但现阶段主要通过技术秘密方式进行保护，对此，审核部门询问了核心技术未申请专利的原因，是否涉及权属纠纷，保密内控制度是否健全有效等相关问题。

(六) 节能环保企业问询的关注点：核心技术人员的认定依据，研究课题的技术成果

节能环保产业是我国加快培育和发展的战略性新兴产业和国民经济支柱产业，同时也是积极应对碳达峰和碳中和国家战略的重点发展产业。笔者对专注机动车尾气处理的山东奥福环保科技股份有限公司（简称奥福环保）、从事生物柴油研发的龙岩卓越新能源股份有限公司（简称龙岩卓越）和滤膜材料研发的三达膜环境技术股份有限公司（简称三达膜环境）的上市问询过程进行了研究，发现三家公司上市过程中被问及知识产权（包括专利、商标、著作权）情况的次数相对较少，问及的问题主要涉及核心技术人员的认定依据，以及合作研发成果的归属、研究课题的知识产权成果等。

随着我国节能环保企业对研发投入的逐步增加，我国在节能环保领域的研发程度已经达到国际较为前沿的水平，对国外的相关领域技术依赖程度不高，就算目前有产

品属于外购技术,仍然具有能够自产替代的产品(如三达膜环境被问及自产膜芯能否实现对外购膜芯替代的问题)。因此,问询的主要知识产权关注点被转移到了对核心技术人员的认定依据以及该技术人员在公司研发过程中发挥的具体作用。例如,龙岩卓越和奥福环保均被要求根据知识产权的取得、非专利技术的发明人情况对核心技术人员的认定依据进行披露。

由于节能环保的研究在高校和研究院开展得比较多,节能环保企业比较倾向于跟这些研究机构进行合作,如龙岩卓越与厦门大学、广州大学、江南大学、中科院广州能源所等多家科研院校均建立了研发合作关系。因此,审核机构也会对企业与各院校的合作模式、研究成果归属的分配等比较关心,如龙岩卓越就被要求披露与各院校的合作模式、研究成果归属的分配的具体安排,包括知识产权使用限制、使用费等,还被问及目前已有或正在申请的专利是否来源于高校合作的研究成果等问题。同时,我国也有相应节能环保领域的国家重点研发计划,其中奥福环保的核心技术人员就曾参与完成过多项科技攻关项目,奥福环保也在 5 项"十三五"期间国家重点研发计划课题中作为共同承担者参与了课题的研究,对此,审核机构要求奥福环保就相关研发课题披露知识产权成果的具体情况。

总体来说,节能环保企业在上市问询中需要重点关注的点在于内部核心人员的认定以及对外合作开发的知识产权成果的清单和归属梳理。

五、通过上交所问询审核后依然可能被问询

在通过上交所问询审核后,并不意味着项目可以顺利地注册成功上市了。上交所问询过会审核之后,项目依然有可能被问询。除对恒安嘉新(北京)科技股份有限公司直接出具"不予同意注册"的决定书外,其他 6 家公司都是在注册审查期间,以该公司及保荐机构撤回申请注册的名义不予注册。还有一家特殊的公司是蚂蚁科技集团股份有限公司,科创板上市委于 2020 年 9 月 18 日审核通过、证监会 2020 年 10 月 22 日公布同意注册,上交所将证券代码 688688 这个吉祥号都授予了公司,在申购前夕 IPO 却被叫停了。以下是除恒安嘉新(北京)科技股份有限公司外的其余 6 个项目的信息(表 1-1)。

表 1-1 科创板不予注册项目列表

发行人全称	审核状态	注册地	证监会行业	保荐机构	律师事务所	会计师事务所	更新日期	受理日期
广东利元亨智能装备股份有限公司	终止注册	广东	专用设备制造业	民生证券股份有限公司	北京国枫律师事务所	广东正中珠江会计师事务所(特殊普通合伙)	2019-10-18	2019-03-22

续表

发行人全称	审核状态	注册地	证监会行业	保荐机构	律师事务所	会计师事务所	更新日期	受理日期
二十一世纪空间技术应用股份有限公司	终止注册	北京	软件和信息技术服务业	中信建投证券股份有限公司	北京国枫律师事务所	信永中和会计师事务所（特殊普通合伙）	2019-10-25	2019-03-27
博众精工科技股份有限公司	终止注册	江苏	专用设备制造业	华泰联合证券有限责任公司	上海澄明则正律师事务所	立信会计师事务所（特殊普通合伙）	2020-04-27	2019-04-01
深圳市创鑫激光股份有限公司	终止注册	广东	专用设备制造业	海通证券股份有限公司	北京市中伦律师事务所	立信会计师事务所（特殊普通合伙）	2020-10-26	2019-04-02
宁波天益医疗器械股份有限公司	终止注册	浙江	专用设备制造业	国泰君安证券股份有限公司	上海市锦天城律师事务所	立信会计师事务所（特殊普通合伙）	2020-10-30	2020-03-26
慧翰微电子股份有限公司	终止注册	福建	计算机、通信和其他电子设备制造业	兴业证券股份有限公司	上海市瑛明律师事务所	容诚会计师事务所（特殊普通合伙）	2021-03-02	2020-04-08

在上述案例中，上市委会议提出问询的主要问题关注点各有不同。笔者对上市委会议提出问询的主要问题进行了整理（表1-2）。

表1-2 不予注册项目的问询问题主要关注点列表

发行人	问询问题的主要关注点
宁波天益医疗器械股份有限公司	1. 销售费用的核查过程及结论；潜在关联交易的情况 2. 研发投入较低；新增研发外协项目的必要性；研发费用归集准确性
深圳市创鑫激光股份有限公司	1. 关联交易的情况；重大信息披露遗漏 2. 补贴相关会计处理不符合《企业会计准则》
博众精工科技股份有限公司	1. 税务、财务问题被举报；治理水平应提升 2. 受专利排他性限制，对竞争优势的影响；面临现金流恶化压力 3. 质量问题导致毛利率低；存货跌价准备计提充分性

续表

发行人	问询问题的主要关注点
二十一世纪空间技术应用股份有限公司	1. 增加核心技术内容及应用的信息披露可理解性 2. 对商誉减值的理由和风险进行披露 3. 研发支出资本化的相关信息 4. 固定资产调整为无形资产的核算依据
广东利元亨智能装备股份有限公司	1. 新能源科技的重大依赖性、采购占比信息、未来投入信息的获知 2. 与同行可比公司存在的商品/服务差异及原因 3. 现金流低,对持续经营的影响 4. 股权代持的合理性 5. 核心技术的产品收入准确性;核心技术的通用性和可延展性
恒安嘉新(北京)科技股份有限公司	1. 收入确认的具体时点、会计政策的执行一致性,收入确认的《企业会计准则》符合性 2. 泄密项目的泄密风险,涉密项目的资质和法律规定符合性
慧翰微电子股份有限公司	1. 营收下滑,疑似关联交易的情况 2. 供应商单一依赖风险 3. 重要前供应商因专利使用费问题诉讼未决 4. 核心技术先进性说明、核心技术来源披露、产品市场占有率具体数据未提供、选择性披露竞争优势

从表1-2中可看出:①博众精工的问题中有专利许可排他性限制对竞争优势的影响,慧翰微电子的问题中有关于专利使用费问题诉讼未决的事项,这是和知识产权直接相关的。②宁波天益的研发投入和研发外协必要性,则体现了研发能力的不足,技术升级迭代的风险较大。和研发投入直接相关的是研发产出,也就是产品技术成果,以及相应的专利技术和非专利技术。③二十一世纪空间技术的问题与核心技术及内容的信息披露有关,广东利元亨智能装备的问题中也有核心技术的通用性和可延展性相关的,慧翰微电子的问题中也有与核心技术先进性说明、核心技术来源等相关的内容。而核心技术中包括了专利技术,也包括非专利技术,如商业秘密、软件著作权、作品版权等。④二十一世纪空间技术的无形资产价值的核算,也是和对知识产权等无形资产的价值评估有关的问题。

综上所述,以上的案例均与知识产权有着直接的或者间接的联系。此外,终止注册的项目中还主要包括了财务税务、涉嫌关联交易、项目涉密风险和竞争优势方面的问题。但最终所反映的均是证监会对企业的可持续性经营的关注,以及企业的科创属性。所以,虽然发行人有可能会顺利通过上市委会议的审核,但是,在项目成功注册之前,还是有可能受到证监会的抽查和问询。甚至,发行人的项目在科创板注册成功之后,都会有被抽查到现场进行检查。因此,发行人在提交科创板上市申请之前,应该先以始为终，苦练内功，做好自身的知识产权战略布局，一定要拥有与公司核心技术关联的专利（组合），持续保持核心技术及核心技术人员的稳定性，同时还应该做好上市前的核心技术侵权风险分析，需建立完善的企业知识产权管理体系和法律风险防范体系，避免产生重大不利的知识产权纠纷，确保企业的科创属性符合科创板的上市审核要求，以核心技术为基础提升市场竞争优势，逐步提高市场占有率，继而加强企业内控管理，提升财务运营效率，围绕企业可持续经营相关的各个方面进行上市前的准备。

第三节 知识产权相关问询问题的答复技巧

一、知识产权管理体系和制度需完善

（一）问询问题形式

关于知识产权管理体系和制度方面的问询问题，其常见提问形式如：相关商标、专利、软件著作权等知识产权管理的内部控制制度是否建立健全并有效运行？知识产权制度是否建立健全并有效运行？是否采取了防范和解决争议或潜在纠纷的有效措施？

（二）典型案例

案例1：江西金达莱环保股份有限公司

2019年4月15日，江西金达莱科创板IPO获上交所受理，招商证券担任其保荐机构。

招股说明书披露，发行人拥有注册商标42项、专利89项、软件著作权3项，其中较多专利为受让取得。江西金达莱前期在知识产权管理制度和管理体系方面比较薄弱，存在不完善的可能。笔者查阅了江西金达莱的招股说明书，发现其中并没有任何关于知识产权管理制度和体系建设方面的内容披露。

通过上交所于2019年4月25日出具的《关于江西金达莱环保股份有限公司首次公开发行股票并在科创板上市申请文件的审核问询函》中所提出的问题，从江西金达莱的回复函中果然看出在这方面存在不完善的地方。

> 问题22
> 招股说明书披露，发行人拥有注册商标42项、专利89项、软件著作权3项，其中较多专利为受让取得。北控中科成环保许可发行人使用1项专有技术；清华大学许可发行人子公司独占使用3项专利技术。

请发行人补充披露：……（3）相关商标、专利、软件著作权等知识产权管理的内部控制制度是否建立健全并有效运行……

江西金达莱关于问题 22 的第（3）点问题的回复内容如下。

公司已根据《中华人民共和国专利法》及其实施细则、《中华人民共和国商标法》及其实施条例、《中华人民共和国合同法》《企业内部控制基本规范》《企业内部控制应用指引——研究与开发》等法律法规，制定《知识产权管理制度》。同时，公司依据《企业知识产权管理规范》，结合自身的特点及实际情况编写了《企业知识产权管理工作手册》。根据上述内部管理文件，公司知识产权保护范围、责任人及附属制度如下。

（1）公司知识产权的保护范围：a. 专利权和技术秘密，主要指新产品、新技术等专利权和技术秘密；b. 商标权和商业秘密，主要指本公司的注册商标等，以及所拥有的未公开的工程、设计、市场、经营、服务、财务、管理等信息；c. 著作权（含计算机软件），主要指本公司的产品设计图纸及其说明、计算机软件及文档资料等；d. 国家法律规定保护的其他知识产权。

（2）公司的知识产权责任人：研发中心负责专利知识产权相关的各类制度建设。研发中心指定专人对公司专利申请文件进行管理。

（3）附属制度：知识产权查新、检索制度；知识产权工作备案制度；成果归属判定制度；知识产权档案集中管理制度；知识产权保密，知识产权保护承诺制度；知识产权合同制度；知识产权保护制度。公司同时于《企业知识产权管理规范》中制定了《商标管理制度》《知识产权奖惩制度》《专利管理制度》，对知识产权的管理进行了完善。

截至招股说明书签署日，发行人已建立健全了专利、商标等知识产权相关的内部控制制度，并严格依照相关制度有效运行。

除了管理制度体系、知识产权管理人员是否专业充足，管理机构是否设置合理也是审核机构的关注点。"具备健全且运行良好的组织机构"是《实施意见》中规定的上市发行基本条件之一，知识产权管理体系作为企业组织机构的重要组成部分理应受到充分关注。

从上述江西金达莱的回复内容来看：①"研发中心负责专利知识产权相关的各类制度建设。研发中心指定专人对公司专利申请文件进行管理。"由此可看出该公司并没有设立独立的知识产权管理机构，以及安排知识产权方面的专业人士进行管理。②"根据上述内部管理文件，公司知识产权保护范围、责任人及附属制度如下……"从该段回复的内容中可以看出该公司还缺乏保障知识产权工作有效开展的专项资金制度。③"附属制度：知识产权查新、检索制度；知识产权工作备案制度；成果归属判定制度……"从回复的内容中可以看出该公司虽然建立了知识产权检索、查新制度，但并没有设立知识产权侵权风险监视和预警制度，可见该公司在知识产权管理工作上还存在不完善的地方，知识产权管理体系建立起来了但并不够健全。

同时，笔者也从问题22的第（2）点问题的回复中看到以下方面（表1-3）。

表1-3 发行人自深圳金达莱继受取得及子公司继受取得的境内专利情况列表

序号	转让方	受让方/权利人	专利名称	专利类别	专利号	专利申请日	取得方式
1	深圳金达莱	发行人	板式压滤机快速压滤的方法	发明	ZL01122325.1	2001.06.26	受让取得
2	深圳金达莱	发行人	线路板废水中氨氮的生物氧化处理方法	发明	ZL03114053.X	2003.03.24	受让取得
3	深圳金达莱	发行人	防气体吸入之非电动自控排水阀	发明	ZL03114192.7	2003.04.08	受让取得
4	深圳金达莱	发行人	线路板废水中显影脱膜槽液的处理方法	发明	ZL200310111848.3	2003.10.17	受让取得
5	深圳金达莱	发行人	三级工业废水深度处理的预处理过滤装置	发明	ZL200510120828.1	2005.12.13	受让取得
6	深圳金达莱	发行人	三级工业废术深度处理的反渗透过滤装置	发明	ZL200510120827.7	2005.12.13	受让取得
7	深圳金达莱	发行人	一种压榨式污泥脱水装置	发明	ZL200610060194.X	2006.04.06	受让取得
8	深圳金达莱	发行人	一种去除废水中氟离子的方法	发明	ZL200610060473.6	2006.04.30	受让取得
9	深圳金达莱	发行人	一种垃圾渗滤液处理组合工艺	发明	ZL200610061830.0	2006.07.27	受让取得
10	发行人	发行人、新余金达莱	一种分散式污水处理设备管理方法	发明	ZL200810241690.4	2008.12.25	受让取得
11	发行人	发行人、新余金达莱	一种射流曝气装置及其射流曝气方法	发明	ZL200910115021.7	2009.03.09	受让取得
12	深圳金达莱	发行人	一种兼氧膜生物反应器工艺	发明	ZL200910115352.0	2009.05.15	受让取得
13	发行人	江苏金达莱	一种垃圾渗滤液的处理方法	发明	ZL200510035803.1	2005.07.04	受让取得

续表

序号	转让方	受让方/权利人	专利名称	专利类别	专利号	专利申请日	取得方式
14	发行人	新余金达莱	复合曝气式膜生物反应器	发明	ZL200610061358.0	2006.06.28	受让取得
15	发行人	新余金达莱	一种智能型中水回用设备	发明	ZL200610062687.7	2006.09.21	受让取得
16	发行人	新余金达莱	一种湖泊水体修复方法和装置	发明	ZL200010217437.5	2008.11.13	受让取得
17	发行人	新余金达莱	一种农村饮用水净化方法	发明	ZL200910115018.5	2009.03.09	受让取得
18	发行人	新余金达莱	一种无人值守的饮用水净化设备	发明	ZL200910115092.7	2009.03.20	受让取得
19	发行人	新余金达莱	一种污泥处理方法	发明	ZL200910115351.6	2009.05.15	受让取得

在问询函问到发行人补充关于通过继受取得专利的信息披露，发行人回复的却是发行人通过继受取得以及其子公司继受取得专利的记录，这其中有9条是发行人对外转让专利到其子公司的记录。由此可见，该公司的回答并没有和问询函的问题对应。该公司在专利的权属、专利的数据管理方面有可能存在混乱的情况，也从侧面印证了该公司在知识产权管理体系和制度建设方面的薄弱。

最终，江西金达莱因发行人撤回发行上市申请或者保荐人撤销保荐，其撤回原因并未对外公布。

二、知识产权信息披露需准确且充分

（一）问询问题形式

据笔者不完全统计，企业对知识产权基本信息，如取得时间、取得方式、有效期限等把握不清，未能全面完整地向监管机构和投资者展示。接近70%的IPO企业未能在招股意向书中对知识产权的基本状况作系统描述，近60%的企业并购重组申请报告缺少知识产权基本状况说明。

该类问询问题的常见提问形式如："近几年未申请专利的原因""国外专利情况""请发行人说明公司核心技术人员的专业背景、从业经历与其在公司核心技术研发、升级过程中发挥的作用的匹配性""关联方拥有和使用知识产权的情况，对关联方是否存在技术、研发等方面的依赖""专利受让自实际控制人的原因及潜在的纠纷"等。

(二) 典型案例

案例 2：无锡德林海环保科技股份有限公司

2019 年 6 月 3 日无锡德林海环保科技股份有限公司（以下简称德林海环保）科创板 IPO 获上交所受理，申港证券担任其保荐机构。德林海环保主要从事以湖库蓝藻水华灾害应急处置以及蓝藻水华的预防和控制为重点的蓝藻治理业务。本次拟募资用于湖库富营养化监控预警建设项目、蓝藻处置研发中心建设项目、补充流动资金等。

据招股说明书披露，公司共 221 人，研发人员仅 19 人，占比 8.6%。上述 19 个研发人员中还有 5 人同时属于公司行政人员，1 人属于公司销售人员。可见研发投入方面，是该公司的一个短板，有可能影响到企业的科创属性。因此在招股说明书当中，德林海环保对知识产权信息披露方面有夸大其专利技术情况的嫌疑。

通过上交所于 2019 年 7 月 2 日下发的《关于无锡德林海环保科技股份有限公司首次公开发行股票并在科创板上市申请文件的审核问询函》（上证科审（审核）〔2019〕358 号）的问题，我们可以看出其中的端倪。

问题 2

招股说明书披露，发行人一名独立董事为中国科学院水生生物研究所研究员。公司研发人员 19 人中有 5 人同时也属于公司行政管理人员，另有 1 人同时也属于公司销售人员。

请发行人说明公司核心技术人员的专业背景、从业经历与其在公司核心技术研发、升级过程中发挥的作用的匹配性。请发行人删除申请文件中未获授权专利的相关表述，避免对投资者形成误导。

请保荐机构和发行人律师核查公司董事、监事及高级管理人员是否符合相关法律法规和规范性文件的任职资格规定，是否取得必要的批准或确认，核心技术人员认定是否符合审核问答的相关规定，并发表意见。

德林海环保的回复函是这样答复的："已删除申请文件中未获授权专利的相关表述。"根据上交所发布的问题来看，有可能是德林海环保把尚未获得授权的专利列入相关表述，把存在获得授权可能的专利数量纳入统计数据当中，从而夸大了其拥有的专利权数量。

另外，根据《公司法》的相关规定，母公司和子公司是两个独立的公司，除非进行专利权转移，否则，母公司不拥有其子公司的专利权。因此，在招股说明书中母公司也绝不能写明拥有其子公司名下的专利。

信息披露是科创板的核心内容，证监会在审核中强调信息披露的真实性、准确性和完整性。

三、知识产权需对主营业务形成有效匹配和支撑

（一）问询问题形式

该类问询问题的常见提问形式如："公司核心技术是否具有先进性，是否属于通用技术""核心技术与专利形成过程，核心技术形成专利及非专利技术的先进性""核心技术与专利的对应情况，公司关键技术及专利布局情况""相关专利的保护范围是否覆盖所有产品和服务，以列表方式披露不同产品对应的核心技术、发明专利"等。

（二）典型案例

案例3：广州佛朗斯股份有限公司

2019年11月18日，上交所发布公告称，交易所在6月27日受理广州佛朗斯股份有限公司（以下简称佛朗斯）首次公开发行股票并在科创板上市的申请文件，并按照规定进行了审核。从上交所网站公开的问询函来看，该项目曾完成了两轮问询，共计70个问题。问询的问题层层深入，逐步变得尖锐，虽发行人及保荐机构也进行了逐条回复，但最终选择撤回申请。

第一轮问询函的问题12，主要关注点是发行人是否符合科创板定位，质疑其科创属性。佛朗斯披露的核心技术所对应的专利技术仅有3项，而且均是实用新型专利，没有发明专利。具体问询的内容如下。

问题12

12. 发行人披露核心技术为"F系列智能管理系统""租赁管理系统"。发行人存在3项实用新型专利，无发明专利。

请发行人说明：（1）核心技术的具体含义，上述两项系统是否属于发行人的业务管理系统，是否属于核心技术的范畴，请发行人准确披露核心技术；（2）上述两项系统的功能、技术来源、创新形式、在生产经营中的应用情况，来自自主研发、合作研发还是外部采购；（3）结合《公开发行证券的公司信息披露内容与格式准则第41号——科创板公司招股说明书》（以下简称《招股说明书准则》）的规定，充分披露发行人现有核心技术中能够衡量发行人核心竞争力或技术实力的关键指标、具体表征及与可比公司的比较情况等，请使用易于理解的语言及数据充分分析核心技术的先进性，在境内外发展水平中所处的位置；（4）获得的专业资质和重要奖项，核心技术人员研究的主要成果及获得的奖项、科研资金的投入情况、取得的研发进展及其成果等；（5）可比竞争对手的专利技术、所采用的技术路线，公司核心技术是否具有先进性，是否属于通用技术，是否存在快速迭代的风险。

请保荐机构对照《上海证券交易所科创板企业上市推荐指引》的规定逐项进行审慎核查,说明核查的方式、过程、依据及取得的证据,并发表明确意见,说明发行人是否符合科创板定位。

第一轮问询函的问题 13,主要关注点是研发人员、研发投入、研发设备和技术储备的情况,是否具备持续创新能力或技术持续创新的机制。具体问询的内容如下。

问题 13

13. 招股说明书披露,公司研发人员 116 名,人数占比为 9.47%。报告期内,公司研发费用占营业收入的比例分别为 2.86%、2.87%、3.11%。核心技术取得业务收入占比分别为 60.04%、65.02%、71.70%。

请发行人披露:(1) 报告期内研发人员的教育背景、年龄构成、主要研发经历、薪酬水平等情况;(2) 报告期各期研发人员的数量及占比情况,最近一期研发人员占比、研发费用占比不高的原因,与同行业可比公司的情况是否存在较大差异;(3) 结合研发管理、研发人员数量、研发团队构成及核心研发人员背景、研发投入、研发设备、技术储备等,补充披露发行人现有研发体系是否具备持续创新能力或技术持续创新的机制,在研项目的主要方向及应用前景、技术储备及技术创新的具体安排;(4) 发行人将维修业务收入作为核心技术对应收入的依据,维修业务是否来源于核心技术;(5) 结合研发投入、研发人员占比较低的现实情况,准确披露发行人的业务特征、技术水平。

请保荐机构根据《推荐指引》《问答》要求,对上述事项进行核查,说明核查的方式、过程、依据及取得的证据,并发表明确意见。

在首轮问询回复的基础之上,第二轮问询的问题 3 又进一步提出了关于科创板行业属性的符合性、研发人员的界定标准及依据、是否具有自主研发能力以及是否能掌握核心技术等多个方面的质疑。具体的问询内容如下。

问题 3 关于研发水平

根据首轮问询回复,报告期各期,发行人研发人员中电子信息、计算机技术、网络运营相关专业分别为 7 人、9 人、8 人、9 人,占比均不足 8%,其余人员为汽车、机械、电子技术相关专业或其他专业,本科以下学历占比接近 90%,30 岁以下人员占比半数以上。在比较研发人员占比及研发费用时,发行人选择的可比竞争对手为杭叉集团、安徽合力、华铁科技、建设机械。关于公司技术储备及在研项目,两项核心业务系统涉及的 7 项子项目中,只有 2 项为自主研发,其余均为合作研发。发行人多次因出租未经检验的场内物流设备被质量技术监督机关处罚。同行业可比竞争对手中,生产商多采用内嵌式智能终端设计,在拓展性、兼容性上较弱。发行人等租赁商部分采用外挂式智能终端设计,兼容性更好。

请发行人:(1)结合研发人员专业、学历、年龄现状,以及同行业物联网代表公司的情况,客观分析说明公司的研发能力及水平,公司是否具备与新一代信息技术行业、物联网行业相匹配的研发人员结构和研发能力,认定自身属于物联网企业的依据是否充分合理;(2)详细说明公司研发人员的具体岗位、职责、工作内容与公司核心技术的关系,关于研发人员的界定标准及依据,是否存在将非研发人员纳入研发人员数量的情况;(3)说明上述 4 家可比公司的行业定位是否与发行人相同,是否属于"新一代信息技术产业之新兴软件和新型信息技术服务",是否属于"物联网"领域,如不属于,是否说明发行人亦不属于上述行业或领域,发行人与上述 4 家公司是否具有可比性,请选择真正与发行人可比的公司进行对比分析,并说明为何可比或不可比;(4)上述储备技术及在研项目合作研发情况,包括但不限于发行人在合作研发中所起作用或贡献、合作研发的具体成果、专利申请情况及权利归属、研发成果运用及许可使用、合作研发费用、违约情形与违约责任,是否存在未申请专利的专有技术及该等专有技术的保密措施,是否拥有完整的知识产权,是否能独家使用,是否存在使用期限,发行人是否具有自主研发能力,是否能掌握上述核心技术;(5)请结合发行人因设备未经检验被质量技术监督机关处罚的事实,说明构成发行人核心技术的 F 系列智能管理系统和租赁管理系统是否能有效承担对租赁资产的状态管理功能,发行人关于该等管理系统的功能、技术水平相关信息披露是否真实、准确;(6)结合发行人现有主要叉车设备的品牌分布,说明叉车生产商采用内嵌式智能终端设计是否影响发行人设备感知层应用,是否存在特定品牌无法兼容的竞争劣势。

佛朗斯因其业务模式和业务实质、核心技术及技术先进性以及核心知识产权在主营业务中的应用情况披露不充分、不准确、不一致,特别是在科创板相关业务规则的符合性方面多次受到了上交所的询问。最终该项目主动撤回科创板上市申请,撤回原因并未公布。

四、知识产权需体现技术先进性和行业竞争力

(一)问询问题形式

IPO 企业的核心知识产权对保持企业技术竞争优势,保障主营业务运行至关重要。因此,知识产权对主营业务的支撑作用受到监管部门的密切关注。据笔者不完全统计,接近 50% 的 IPO 企业被要求说明知识产权与核心技术先进性的关系以及知识产权的应用情况。

该问询问题主要出现在第二类（关于发行人核心技术）和第三类（关于发行人业务）情况中。常见的问题形式如："公司所处行业的基本情况""按照《第41号准则》第49条规定，简要披露设立以来主营业务、主要产品或服务等演变情况；按照××××产品类别，清晰披露发行人主要产品的工艺流程、主要或关键工序""披露同类型不同细分产品在主要用途、应用领域、技术门槛等方面的异同点""××××产品领域在境内外市场上的主要竞争格局，发行人的主要竞争对手及其对应市场份额概况""竞争对手与发行人在××××产品上的竞争优势与劣势，并提供关键业务数据、技术指标作为论证依据"等。

（二）典型案例

案例4：成都盟升电子技术股份有限公司

盟升电子首次在科创板提交上市申请并于2019年12月25日获得受理。据了解，盟升电子主要专注于卫星应用技术领域相关产品的研发及制造，产品主要包括卫星导航、卫星通信等系列产品。

上交所于2020年1月17日下发了《关于成都盟升电子技术股份有限公司首次公开发行股票并在科创板上市申请文件的审核问询函》（上证科审（审核）〔2020〕30号）（以下简称《问询函》）。盟升电子于2020年4月24日作出了首轮问询函的回复。其中首轮问询函的第二部分关于发行人核心技术的问题14针对发行人的专利进行了比较尖锐的提问。

问题14 关于专利

根据申报文件，发行人拥有64项专利，其中发明专利5项、其中报告期内申请2项，且与同行业可比公司在数量上差距较大。发行人卫星通信领域的主要核心技术大部分已通过专利的方式进行保护；卫星导航领域的主要核心技术均未申请专利。

请发行人说明：（1）发行人专利与主要核心技术的对应情况，在发行人主营业务及产品或服务中的应用和贡献；（2）卫星导航领域的主要核心技术均未申请专利的背景下是否存在其他技术保护措施；（3）专利均属卫星通信领域而卫星导航领域未申请专利，同时卫星通信领域研发人员投入远超卫星导航领域的原因及合理性；（4）结合发明人专利与同行业可比公司数量差距较大、报告期内仅申请2项的情况，说明发行人技术先进性的依据、保持技术先进性的措施，发行人是否具有持续创新能力。

在盟升电子的回复函中，对上述问题进行了详尽的回复。在问题（1）中，回复了发行人专利与主要核心技术的对应情况，披露了主要属于卫星通信领域，发行人专利与主要核心技术的对应情况，而其中的技术来源一栏披露了所有的主要核心技术的来源均是该公司自主研发,体现了该公司的研发实力,对外部的技术依赖性比较低。表1-4为回复函的部分披露内容的节选。

表1-4 发行人专利与主要核心技术的对应情况

序号	技术名称	所处阶段	技术来源	对应专利情况
1	动中通高精度伺服跟踪算法	批量生产	自主研发	1. 发明专利号 ZL201510002053.1:卫星跟踪系统中跟踪精度的测量方法; 2. 发明专利号 ZL201510001930.3:一种基于AGC电平寻星的快速锁定方法; 3. 实用新型专利号 ZL201520002499.X:用红外通信代替滑环的卫星跟踪系统; 4. 实用新型专利号 ZL201520003533.5:基于DVB解调的卫星跟踪系统; 5. 实用新型专利号 ZL201520005006.8:基于波束扫描天线的跟踪系统; 6. 实用新型专利号 ZL201420761591.X:一种天线伺服控制装置; 7. 实用新型专利号 ZL201120183736.9:一种两轴卫星跟踪系统; 8. 实用新型专利号 ZL201120167917.2:用于信号接收器的变速控制装置; 9. 实用新型专利号 ZL201120167919.1:应用于跟踪系统的俯仰定位装置; 10. 实用新型专利号 ZL201120167918.7:一种信号接收器
2	动中通惯导零偏估计	批量生产	自主研发	专利申请中
3	船载两级齿轮传动	批量生产	自主研发	1. 实用新型专利号 ZL201621458850.7:用于船载动中通的两级齿轮传动系统; 2. 实用新型专利号 ZL201520012169.9:一种减速器转轴的保护结构
4	螺旋阵列圆极化技术	批量生产	自主研发	1. 实用新型专利号 ZL201621444027.0:S/L波段圆极化阵列螺旋天线组; 2. 实用新型专利号 ZL201520002515.5:K波段信道和差网络; 3. 实用新型专利号 ZL201520016019.5:微波模块组件的小面积射频信号连接结构
5	宽频微带天线技术	批量生产	自主研发	1. 实用新型专利号 201520002819.1:宽频带微带贴片天线; 2. 实用新型专利号 ZL201621443899.5 宽频带 RFID 读写器微带天线; 3. 实用新型专利号 ZL201420602907.0:一种TE21模耦合器合成网络

续表

序号	技术名称	所处阶段	技术来源	对应专利情况
6	多频微带天线技术	批量生产	自主研发	1. 实用新型专利号 ZL201621444613.5：多频微带天线； 2. 实用新型专利号 ZL201621455635.1：波段开关结构； 3. 实用新型专利号 ZL201420613807.8：一种 K 波段低噪声放大器
7	三频段波纹喇叭技术	批量生产	自主研发	1. 实用新型专利号 ZL201621477186.0：三频馈源波纹喇叭； 2. 实用新型专利号 ZL201621448877.8：K 波段小体积宽带波导带通滤波器
8	Ku 频段帽式馈源技术	试生产	自主研发	1. 实用新型专利号 ZL201621443958.9：Ku 频段天线帽子馈源
9	车载有源相控阵技术	试生产	自主研发	1. 实用新型专利号 ZL201921083353.7：一种 S 频段环形微带相控阵天线

在问题（2）的回复中，披露了发行人专利在多款卫星通信产品中均有应用，对主营业务及产品或服务中均具体体现了应用和贡献。体现了该公司的专利技术对该公司产品或服务的覆盖程度较高，对知识产权进行了系统性的布局和保护，也体现了该公司知识产权对主营业务具有重大贡献和价值。表 1-5 是回复函的部分披露内容的节选。

表 1-5 发行人专利对主营业务的应用和贡献

专利类型	专利名称	业务类型	具体产品名称
发明	卫星跟踪系统中跟踪精度的测量方法	卫星通信	各类型卫星通信动中通产品、天线跟踪伺服转台、卫通卫导一体化天线
	一种基于 AGC 电平寻星的快速锁定方法	卫星通信	各类型卫星通信动中通产品、天线跟踪伺服转台、卫通卫导一体化天线
	一种频谱分析仪自动搜索未知信号的方法	卫星通信	各类型卫星通信动中通产品
	一种测距、测速方法及系统	卫星导航	自主式卫星信号模拟器
	雷达微变测试工装及其控制方法	卫星通信	各类型卫星通信动中通产品
	机载天线波导管穿舱结构	卫星通信	Ku/Ka 双频机载动中通

续表

专利类型	专利名称	业务类型	具体产品名称
实用新型	Ka/Ku 双频动中通方位转动平台	卫星通信	双频机载平板动中通
	Ku 波段双通道低噪声放大器	卫星通信	Ku 频段车载平板动中通、双频机载平板动中通、双通道低噪声放大器
	Ku 频段天线帽子馈源	卫星通信	Ku 频段车载动中通
	K 波段小体积宽带波导带通滤波器	卫星通信	Ku/Ka 双频车载、机载动中通
	K 波段信道和差网络	卫星通信	Ku/Ka 双频车载动中通
	S/L 波段圆极化阵列螺旋天线组	卫星通信	L 频段车载、船载动中通、S 频段车载、船载动中通、L 波段双模船载卫星天线
	波段开关结构	卫星通信	Ku/Ka 双频车载、船载动中通
	采用外置钢丝绳的动中通整机用减震系统	卫星通信	Ku 频段车载动中通
	船载动中通同频带内抗干扰放大滤波系统	卫星通信	Ku 频段船载动中通、Ku/Ka 双频船载动中通
	多频微带天线	卫星通信	S 频段船载动中通、卫通卫导一体化天线
	基于 DVB 解调的卫星跟踪系统	卫星通信	车载、船载动中收
	基于波束扫描天线的跟踪系统	卫星通信	各类型卫星通信动中通产品、天线跟踪伺服转台、卫通卫导一体化天线
	宽频带 RFTD 读写器微带天线	卫星导航	拾取仪设备
	宽频带微带贴片天线	卫星通信	卫通卫导一体化天线
	卫星通信设备的防水结构	卫星通信	S 频段船载动中通
	一种天线伺服控制装置	卫星通信	各类型卫星通信动中通产品、天线跟踪伺服转台、卫通卫导一体化天线、大扭矩稳定转台、微型伺服子系统转台专用 SC 天线伺服分机
	用于船载动中通的两级齿轮传动系统	卫星通信	各类型船载动中通、船载卫星天线
	用于介质滤波器印制板的焊接定位工装	卫星通信	Ku 波段 0/π 调制器
	船载动中通的除湿装置	卫星通信	Ku/Ka 双频船载动中通
	隔直连接器	卫星通信	专用 SC 天线伺服分机
	可调搭扣天线罩	卫星通信	微波车载动中通天线伺服转台
	利用红外通信代替滑环的卫星跟踪系统	卫星通信	Ku/Ka 双频船载动中通

续表

专利类型	专利名称	业务类型	具体产品名称
实用新型	三频馈源波纹喇叭	卫星通信	Ku/Ka 双频船载动中通
	卫星通信设备视频信号线缆的方位旋转绕线组件	卫星通信	Ku 频段船载动中收
	一种 TE21 模耦合器合成网络	卫星通信	Ku/Ka 双频车载动中通
	一种基于 RS485 总线的天线遥控系统	卫星通信	Ku/Ka 双频车载动中通
	一种耐腐蚀天线罩	卫星通信	Ku/Ka 双频船载动中通
	一种直线导轨式换馈机构	卫星通信	Ku/Ka 双频车载动中通
	一种微带天线	卫星导航	多类型卫星导航接收机
	一种 S 频段环形微带相控阵天线	卫星通信	0.25 米车载相控阵天线
	一种发射天线	卫星导航	导航卫星信号模拟器
外观设计	车载平板动中通天线（0.3m）	卫星通信	地面及车载卫星通道系统
	船载动中通结构（Ka 频段 1.2m）	卫星通信	Ku/Ka 双频船载动中通
	卫星电视广播接收天线结构	卫星通信	Ku 频段船载动中收
	Ku 频段车载平板动中收（0.2m）	卫星通信	0.2 米平板动中收
	Ku 频段船载动中收结构（0.6m）	卫星通信	0.6 米船载动中收
	Ku 频段船载动中通（1m）	卫星通信	1.0 米船载动中通
	Ku 频段船载动中通结构（0.6m）	卫星通信	0.6 米船载动中通
	Ku 频段动中收（0.45m）	卫星通信	0.45 米船载动中收
	S 频段车载动中通	卫星通信	0.25 米车载动中通
	船载动中通（Ku/Ka1.2m）	卫星通信	1.05 米 Ku/Ka 双频船载动中通
	船载动中通结构（0.25m）	卫星通信	0.25 米船载动中通

从上述列表可看出，结合该公司披露的主要产品类型进行对比，其专利技术与主要技术产品之间的覆盖性比较好，基本上做到了主要技术的覆盖和保护。

对于该公司所拥有的发明专利数量较少的情况，盟升电子进行了关于国家秘密的安全保密要求方面的合理解释。同时，还从其他技术保护措施的角度提供了该公司核心技术有效保护的证据，包括了公司内部技术资料的涉密管理、全员接受保密教育、建立完善的《知识产权管理制度》进行规范、商业秘密予以保护等多种方式和制度。以下是回复函中披露的部分节选内容。

一方面，公司作为二级保密资格单位，日常生产经营管理需要符合国家有关安全保密要求。由于国家秘密的安全保密要求较高，因此发行人在日常生产经营管理中建立了严格的文件、技术资料流转传递规范。

公司相关核心技术参数、图纸以及有武器型号、代号的资料均保存于公司涉密计算机中，涉密计算机受到更为严格的物理隔离以及技术隔离……此外公司新入职员工均需要接受保密教育，提高员工保密意识。公司通过切实做到人防、物防、技防，除了保障国家秘密的安全外，还有效防范了公司技术秘密的泄露。

另一方面，为进一步管理公司知识产权，公司还建立了《知识产权管理制度》，对包括技术秘密在内的各项知识产权的管理进行了规范……对于不宜采取上述措施但有商业价值的智力劳动成果，应先作为公司商业秘密予以保护，在确定知识产权保护方式前，不发表成果论文，也不得以委托鉴定、展览、广告、试销、赠送产品等任何方式向社会公开。

在问题（3）的回复中，盟升电子从保障国家秘密的安全性出发，解释了公司未将相关核心技术申请专利，用公开专利技术信息为条件去换取保护。以下是部分回复内容的节选。

……主要系公司卫星导航业务主要服务于国防领域，作为军品，其直接关系到国家国防安全，相关产品技术参数等信息有可能涉及国家秘密，有着较高的保密要求，而专利申请过程中需要经过审查、公示等程序，需公开部分技术细节、技术关键点及技术具体实施方法，被公开的信息可能被反向破解，造成技术泄密。

在问题（4）中被要求"结合发明人专利与同行业可比公司数量差距较大、报告期内仅申请2项的情况，说明发行人技术先进性的依据、保持技术先进性的措施，发行人具有持续创新能力"。盟升电子通过与可比上市公司的专利数量进行具体的数据比对，说明与同行业上市公司申请上市时的数量基本可比，处于中游水平，较好地证明了发明专利数量偏少，是该公司所处行业的普遍特点，同时也从侧面证明了该公司与同行上市公司相比，是处于基本可比的水平。对于说明发行人技术先进性的依据，盟升电子通过产品的技术、性能指标和客户最终应用的平台来从侧面证明该公司的技术先进性。以下是关于技术先进性依据的说明内容节选。

发行人的卫星导航、卫星通信终端设备作为复杂系统，涉及数学、力学、光学、原子物理学、电子技术、计算机技术等多学科、多领域技术，技术集成度高，往往客户需求的解决更考验的是业内企业在已有技术条件下的方案设计能力和优化能力……对已有技术的综合应用、产品的调试能力和优化能力也是技术先进性的一种体现。

方案的设计和技术的优化最终将体现在其形成产品的技术、性能指标和客户最终应用的平台上，因此，通过了解发行人产品的应用情况可以有效地反证其技术的先进性……

在第二轮问询函中，盟升电子进一步通过产品应用的具体数据证明了该公司在军工领域内的市场份额较高，具有一定的竞争优势。

> ……根据已披露的我国导弹装备弹型情况，在火箭军 11 型已披露导弹中，公司产品已列装 8 型；在空军/海军 4 型已披露导弹中，公司产品已列装 1 型。基于此，在火箭军配备的弹道导弹、巡航导弹，公司市场份额较高，具有一定的竞争优势。

虽然盟升电子所拥有的发明专利数量仅为 5 个，但是通过上述回复内容的简单分析，可发现该公司在回复函的应答中很好地从多个方面展现了该公司的核心技术能力，包括了研发能力、核心技术自主性、核心技术的多重保护机制、产品对应的市场竞争力、在特定领域内较高的市场份额，合理地解释了专利申请数量较少的原因，利用产品的设计调试、技术参数和性能指标等从侧面提供了技术先进性的佐证。

最终，盟升电子在经历了两轮问询之后成功过会，于 2020 年 7 月 7 日在科创板注册生效。

五、核心技术人员情况需充分披露

（一）问询问题形式

关于核心技术人员情况的披露问题，一般出现在首轮问询函的第一部分（关于发行人股权结构、董监高等基本情况）。问询问题的形式通常如："核心技术人员×××、×××报告期内曾就职于××××公司，担任研发总监。请发行人说明：×××、发行人与××××公司之间是否存在法律纠纷或潜在争议。""请发行人在招股说明书中补充披露核心技术人员的认定标准及依据。"

（二）典型案例

案例 5：深圳市贝思达医疗股份有限公司

2019 年 3 月 27 日，深圳市贝思达医疗股份有限公司（以下简称贝思达）在科创板上市申请正式获得受理。

在本章第二节当中，曾提到过医药企业问询的关注点：核心技术的先进性和关联交易的真实性问题。在本次上交所出具的"上证科审（审核）〔2019〕10 号问询函"当中，也充分体现了这两点。

问题 8 是关于核心技术人员在广东威达公司任职的情况，核心技术和主要专利是否与该公司有关联或纠纷。

问题 8

发行人核心技术人员陈某波、罗某斌、张某斌和彭某锋均曾经在广东威达医疗器械集团任职。

请发行人充分披露核心技术人员在广东威达任职的起始时间,披露发行人核心技术和主要专利是否源于广东威达,技术和专利是否存在纠纷,发行人相关专利和技术是否存在同广东威达共同获得的情况。

贝思达公司的回复函中仅仅披露了:①陈某波等 4 人曾在广东威达任职的期间和职务。②陈某波等 4 人从广东威达离职时间间隔较长,且不存在劳动纠纷、侵权纠纷,均在离职 4 年以上才申请取得专利、计算机软件著作权;贝思达公司产品与广东威达在技术上存在明显差异;陈某波等 4 人没有与广东威达签署过保密协议、竞业禁止协议或类似协议,不存在任何纠纷及潜在纠纷。

贝思达公司的回复比较简短,上述内容从回复函 8-1-61 页下端开始,到 8-1-62 页下端结束,连同上述人员在广东威达公司任职期间的表格,一共才 800 字。信息披露并不充分,不禁让人会产生如下几个疑问。

①据披露内容显示:"陈某波等 4 人在广东威达公司曾任职期间,3 人担任工程师,1 人担任副经理。"该 3 人在任职工程师期间,负责的技术研发方向、研发项目、研发成果,均没有披露。技术研发具有可延续性,在现有技术或底层技术的基础上,有可能不断进行扩充和创新。因此,无法判断其 3 人此前工作经历所研发的技术是否与在贝思达公司研发的产品技术有延续性的关联。据笔者的调查发现,广东威达公司所有申请过的专利发明人中,均不包含上述陈某波等 4 人。据此可见,陈某波等 4 人在广东威达公司任职期间即使参与过研发项目,也不是主要参与者的身份,甚至可推断与该公司主要技术研发关系不大。但以上信息,并没有在回复函中被披露。②据披露内容显示:"广东威达的主要产品为电磁型磁共振产品,磁场强度低于 0.2T,贝思达目前的主要产品为永磁型、超导型磁共振产品,磁场强度在 0.2T 以上,两类产品在技术上存在明显差异。"磁场强度 0.2T 是否就是不同技术水平的分界线呢?同类型产品按技术手段或者按功能效用,目前分为多少个等级分类,两者产品是否处于完全不同的分类或者等级呢?两者产品之间在性能参数指标或产品实现的技术路线上是否还存在其他具体的差异呢?上述描述均没有进一步进行详细说明和比对,这里披露的内容明显是不符合招股说明书的要求,既不清晰也不充分,一般投资者是无法通过上面简短的描述,对其技术差异作出准确的判断的。

根据《第 41 号准则》的说明,第一章第四条规定:"发行人作为信息披露第一责任人,应以投资者投资需求为导向编制招股说明书,为投资者作出价值判断和投资决策提供充分且必要的信息,保证相关信息的内容真实、准确、完整。"第十条规定:"招股说明书应便于投资者阅读,浅白易懂、简明扼要、逻辑清晰,尽量使用图表、图片或其他较为直观的披露方式,具有可读性和可理解性:(一)应客观、全面,使用事实描述性语言……"面对上交所的首次审核问询函的第8个问题的提问,贝思达公司的回复函所披露的是不充分的。

问题17 关于在研项目主要参与人员未被认定为核心技术人员的情况。

问题17

公司在研项目主要参与人员,除陈某波、罗某斌、张某斌、彭某锋、张某外,卞某等6人均未被认定为核心技术人员。

请发行人说明:(1)卞某等6人基本情况,是否为公司员工及其担任的具体职务,是否直接或间接持有发行人股份;(2)未认定为核心技术人员的原因;(3)在研项目是否涉及与高校、科研院所的合作,是否签署技术合作协议,各方关于权利义务、科研成果归属、利益分享方式等的具体约定。

请保荐机构、发行人律师对上述事项进行核查,并根据《上市审核问答》问题6的要求,就发行人对核心技术人员的认定情况和认定依据是否符合公司实际情况,最近2年内董事、高级管理人员及核心技术人员是否发生重大不利变化发表明确意见,说明依据和理由。

贝思达对于问题17的回复,也是显得含糊不清,没有做到详尽、客观。其回复如下。

(二)卞某等6人未认定为核心技术人员的原因

公司核心技术人员的认定标准如下:为公司技术负责人、研发负责人、研发部门主要成员、主要知识产权和非专利技术的发明人或设计人,同时综合考虑该员工在医学影像和放疗设备领域的技术创新能力、承担科研项目的情况、对公司的贡献度等因素。该6人尚不能完全符合公司认定核心技术人员的标准,因此未被认定为公司核心技术人员。

上述回复笼统,对于核心技术人员认定的标准没有作出具体的说明。认定标准当中相关的认定条件、评分标准、各个因素所占的权重比例、具体绩效指标等均没有作进一步的说明。因此,上面提供的回复,显得认定标准就是一套比较虚的标准,甚至有可能是比较主观的认定。前面所披露的该公司4个在研项目,一共涉及12个人员名单,其中6人被认定为核心技术人员,6人则没有。在没有被认定核心技术人员的6人当中,2人通过智合慧间接持有公司股份。剩下4人既没有被认定为核心技术人员,也不持有公司股份,占在研人员总数的1/3。换而言之,贝思达未来研发的项目当中,参与研发人员在研发期间离职的风险是较高的。项目研发失败的风险，也会对公司未来持续经营、获取长久盈利能力带来较多不确定的因素。这点在问询审查过程中也是非常被看重的。

最终贝思达科创板上市项目经历了3轮问询之后，主动撤回了上市申请，其撤回原因并未公布。

六、是否存在知识产权诉讼风险及是否能够有效应对

（一）问询问题形式

知识产权风险纠纷，尤其是影响主营业务的风险是上交所关注的重中之重。据笔者的不完全统计，超过70%的IPO企业会被问及知识产权风险纠纷问题。

关于知识产权诉讼是否存在及能否有效应对的问题，一般出现在第二部分（关于发行人核心技术）和第六部分（关于风险揭示）。问询问题的形式通常如，"上述与××××公司诉讼或专利争议的最新进展情况""发行人是否已如实完整披露与××××公司的全部诉讼或争议情况""详细分析上述争议对发行人生产经营的影响，包括但不限于涉诉知识产权或非专利技术情况、对应产品情况、所占营业收入的比例情况、在研产品使用上述涉诉知识产权的情况等，上述诉讼或争议是否对发行人生产经营造成重大不利影响，是否构成本次发行的实质障碍"。

（二）典型案例

案例6：科美诊断技术股份有限公司

2020年6月8日，科美诊断技术股份有限公司（以下简称科美诊断）科创板上市申请正式获得受理。

引起广泛关注的是，科美诊断在招股书中披露了共计7起与成都爱兴生物科技有限公司（以下简称爱兴生物）的纠纷，均与知识产权相关，其中科美诊断及其子公司博阳生物科技（上海）有限公司（以下简称博阳生物）作为原告的诉讼有5起，请求金额合计超过7000万元。

上海证券交易所于2020年7月7日向科美诊断出具了上证科审（审核）〔2020〕423号《关于科美诊断技术股份有限公司首次公开发行股票并在科创板上市申请文件的审核问询函》（以下简称《问询函》）。科美诊断公司于2020年8月4日提交了《关于科美诊断技术股份有限公司首次公开发行股票并在科创板上市申请文件审核问询函之回复报告》。从该首轮问询回复函的公开材料当中可以得知，关于爱兴公司发布的相关声明引起了上交所审核委员会的重点关注。

其中问询函中的第六部分关于其他事项的问题30的内容如下。

30.1 成都爱兴生物科技有限公司与发行人存在诉讼、仲裁事项。成都爱兴生物科技有限公司认为发行人及博阳生物某项专利的说明书附图侵犯了北京贝泰科技有限公司、成都爱兴生物科技有限公司的著作权,认为发行人的某项外观设计专利的图片和图形界面侵犯了成都爱兴生物科技有限公司的著作权。请发行人说明是否就相应诉讼事项计提预计负债。

30.6 根据招股书披露及举报信反映,发行人与成都爱兴生物存在知识产权的系列诉讼及争议。请发行人说明:(1)上述与成都爱兴诉讼或专利争议的最新进展情况;(2)发行人是否已如实完整披露与成都爱兴的全部诉讼或争议情况;(3)详细分析上述争议对发行人生产经营的影响,包括但不限于涉诉知识产权或非专利技术情况、对应产品情况、所占营业收入的比例情况、在研产品使用上述涉诉知识产权的情况等,上述诉讼或争议是否对发行人生产经营造成重大不利影响,是否构成本次发行的实质障碍。

科美诊断对于竞争对手此时提起的知识产权纠纷诉讼,应对是很迅速的。仅仅在上交所首轮问询函发出后的第三天,提供了关于该公司知识产权侵权风险分析(FTO)的材料报告。通过北京观韬中茂律师事务所于2020年7月10日出具的《关于科美诊断技术股份有限公司与成都爱兴生物科技有限公司知识产权维权系列诉讼及争议专项法律意见书》(以下简称《法律意见书》)。这份《法律意见书》在中介机构的核查过程中成为重要的证据材料,有力地支撑了回复函当中关于上述侵权纠纷案件对科美诊断的生产经营活动不会构成实质障碍的结论。

上海证券交易所于2020年8月12日向科美诊断出具了上证科审(审核)〔2020〕574号《关于科美诊断技术股份有限公司首次公开发行股票并在科创板上市申请文件的第二轮审核问询函》。科美诊断和保荐机构于9月4日提交了第二轮问询的回复函。从该份第二轮问询回复函的公开材料当中可以得知,虽然在第一轮问询回复函中科美诊断已作出了详细的回答,但上述知识产权侵权纠纷诉讼案件仍引起了上交所审核委员会的重点关注,在第二轮问询函中做了进一步的提问。

问题5 关于专利诉讼

根据问询回复披露,发行人部分专利存在无效情形。请发行人说明:上述专利被无效的具体内容及无效的原因,是否涉及发行人现有技术路线并对发行人的生产经营、在研产品推出形成重大不利影响。请发行人就上述事项作重大事项提示及风险揭示。

科美诊断的回复披露了如下信息。

专利号为ZL201821143766.5和ZL201821143729.4的两项实用新型专利保

护的是一种均相化学发光 POCT 检测装置，不涉及发行人现有技术路线、在售产品或在研产品。上述专利被部分宣告无效不会对在研产品的后续测试、取证以及正式生产销售造成影响，该等纠纷不会对发行人生产经营、在研产品推出造成重大不利影响，不会构成本次发行的实质障碍。

专利号为 ZL201930055002.4 的外观设计专利设计要点在于测定仪显示的图形用户界面，不涉及发行人现有技术路线、无在售产品或在研产品。如果该专利被宣告无效，发行人可以调整设计方案以构建未来产品的外观设计专利。该等纠纷不会对发行人生产经营、在研产品推出造成重大不利影响，不会构成本次发行的实质障碍。

科美诊断还按问询函的要求在招股说明书中对上述事项作出重大事项提示及风险揭示。

截至本招股说明书签署日，发行人及子公司拥有的专利号为 ZL201821143766.5 和 ZL201821143729.4 的两项实用新型专利因第三方向国家知识产权局申请宣告无效，被部分无效或对权利要求进行了调整；发行人所有的专利号为 ZL201930055002.4 的外观设计专利已被第三方向国家知识产权局提出无效宣告请求，存在被全部或部分宣告无效的风险。

由于科美诊断能够迅速应对竞争对手提起的知识产权侵权纠纷诉讼，通过律师事务所出具《法律意见书》，提供了有力的证据材料，证明了上述纠纷不会对该公司生产经营、在研产品、核心技术造成重大不利影响，不会对本次发行构成实质性障碍，顺利于 2020 年 10 月 26 日在上市委会议通过，同年 12 月 30 日完成项目提交注册，最终于 2021 年 2 月注册生效。

从上述案例当中，我们可以推断得知：①科美诊断在科创板提交上市申请之前，已进行了知识产权侵权风险分析（FTO）的工作，对公司所拥有的专利技术、技术秘密、作品著作权等做了详细完善的风险排查，同时对主要竞争对手的知识产权情况也做了详细的分析，做到知己知彼。面对竞争对手提起的知识产权纠纷诉讼，能够作出迅速而有效的应对，从而没有对上市的进程构成实质性的障碍。②科美诊断通过并购博阳生物，形成了技术互补，完善了该公司的产品技术链条覆盖，对核心专利技术，尤其是发明专利进行有效的保护。爱兴生物有意在科美诊断进行上市的关键节点上提起知识产权纠纷诉讼，但没有对核心发明专利技术提起诉讼，只选择了关于作品著作权、实用新型专利和外观设计专利的纠纷。可推断，科美诊断在核心技术的保护方面是做得比较好的，没有给竞争对手留下太多可乘之机。③科美诊断及其子公司博阳生物在爱兴生物提起知识产权纠纷诉讼之前，已经作为原告对爱兴生物提出 5 项知识产权纠纷诉讼。可见科美诊断在知识产权的保护方面十分重视,能主动通过法律途径去保护其权利。同时,在科创板上市进程当中,还可将主动掌握的对外诉讼案件作为谈判筹码,从而与主要竞争对手达成迅速和解,为成功上市扫清障碍。

七、问询问题答复技巧

在笔者看来,在"问询+现场检查"的严格审查机制下,要想顺利通过审查环节,仅靠对问询函的问题很好地作出回答是远远不够的。企业需要做的是扎实的基础工作,在提交上市申请之前,应进行知识产权的全面诊断,梳理清楚企业的知识产权状况,查漏补缺,提前对潜在的风险做好应对预案。在上市的问询过程中,只需把企业在知识产权方面的真实情况进行充分披露说明即可。在越来越严格的现场核查的趋势下,企业若是想通过弄虚作假,花言巧语去应付的话,恐怕会前后矛盾,欲盖弥彰,多费心思而又得不偿失。

第二章

科创板上市前知识产权诊断

第一节 科创板上市信息披露要求

一、招股说明书要求

与主板的审核制不同，科创板采用了以信息披露为中心的注册制，对于一家上市公司而言，第一份"信息披露"就是招股说明书。招股说明书是上市委员会对科创板上市企业审核问询的重要依据，《第41号准则》中明确了招股说明书的格式、内容和相关要求，从中可以看出审核问询的关注重点和前后顺序，本小节结合上市问询关注重点和《关于切实提高招股说明书（申报稿）质量和问询回复质量相关注意事项的通知》（以下简称《相关注意事项通知》），整理了招股说明书中与知识产权信息披露相关的部分，如图2-1所示。

二、自查表要求

2021年2月1日，上交所特制定发布了《上海证券交易所科创板发行上市审核业务指南第2号——常见问题的信息披露和核查要求自查表》（以下简称《自查表》）。《自查表》全面梳理了科创板股票发行上市信息披露和核查把关中的常见共性问题和薄弱环节，确定了77个关键性问题，包括两大部分，其中第一部分是科创板审核问答落实情况，共有29个问题，自查内容涉及尚未盈利或最近一期存在累计未弥补亏损、重大违法行为、重大不利影响的同业竞争、持续经营能力、研发投入等。第二部分则是首发业务若干问题解答以及常见审核问题落实情况，共计5大类48个问题，自查内容涉及发行人股权结构、董监高等基本情况、发行人业务与技术、公司治理与独立性、财务会计信息与管理层讨论等，其中与知识产权相关的内容（画线部分）如表2-1所示。

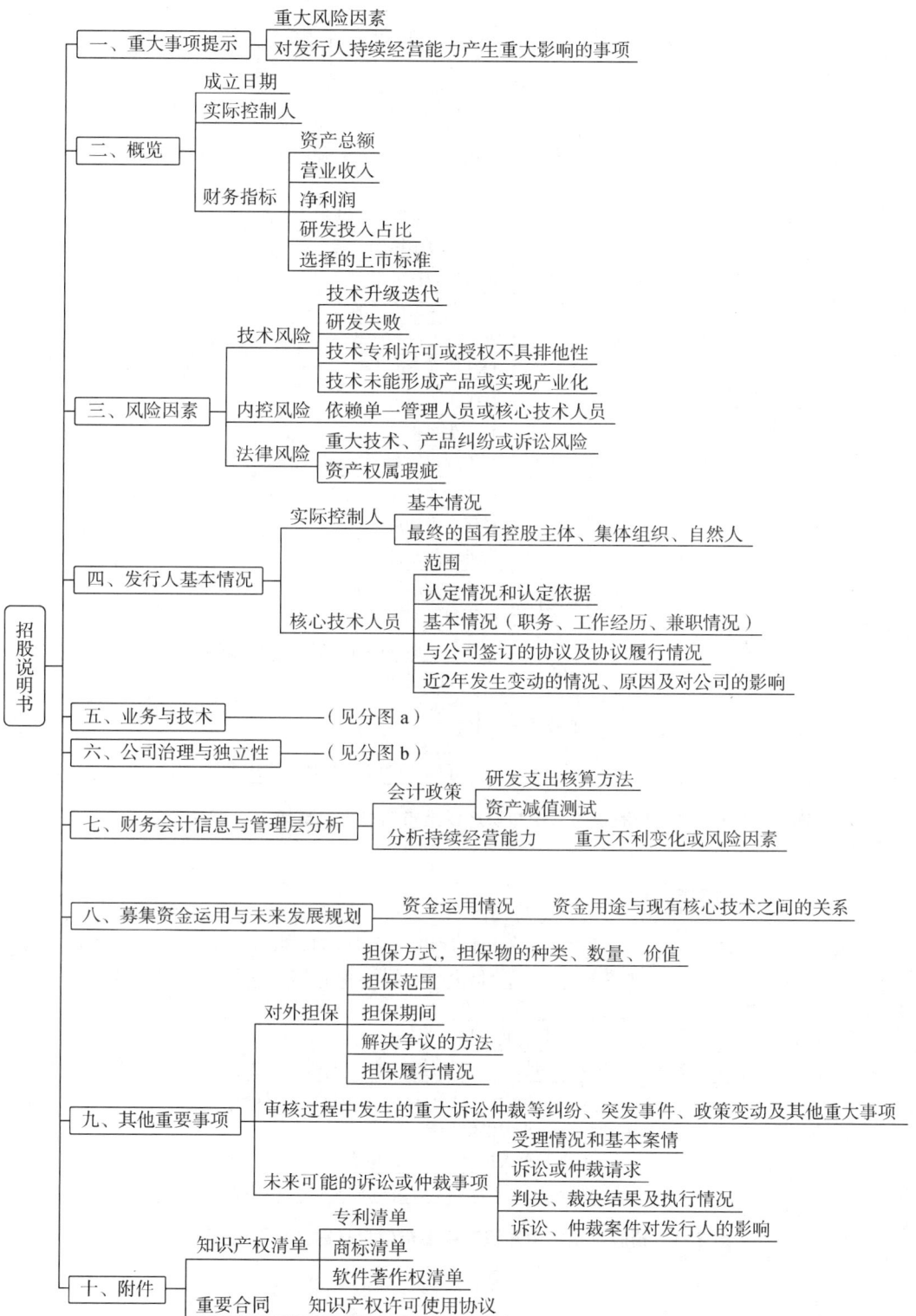

图 2-1 招股说明书中知识产权上市信息披露要求（总图）

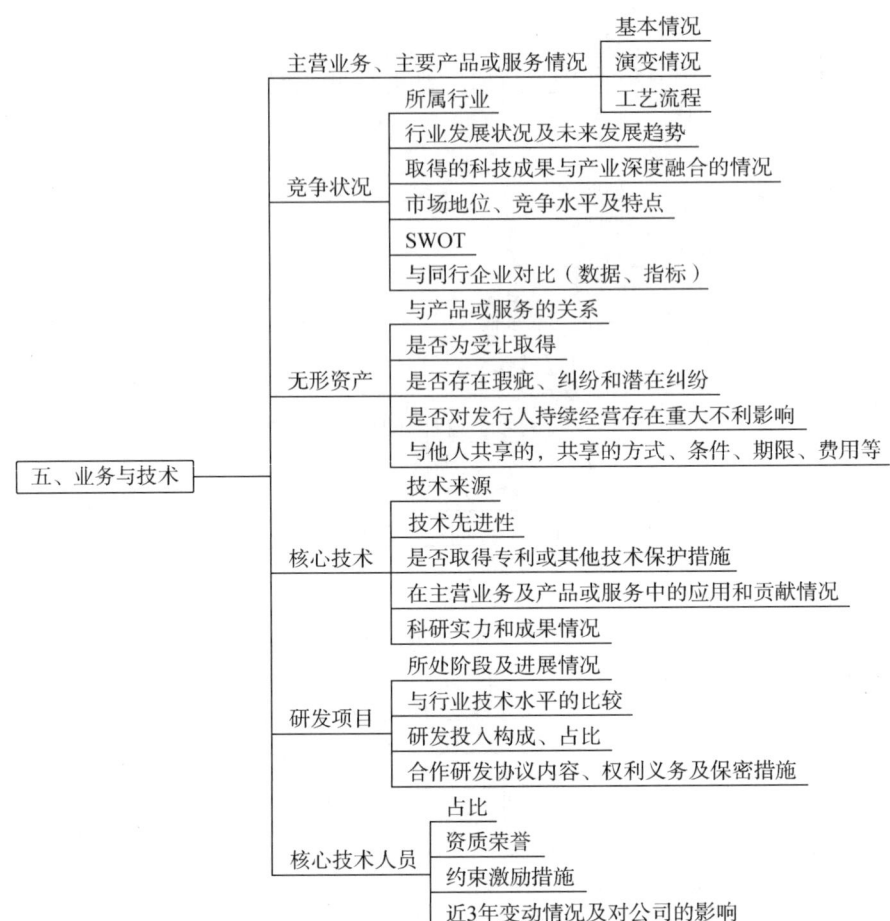

图 2-1　招股说明书中知识产权上市信息披露要求（分图 a）

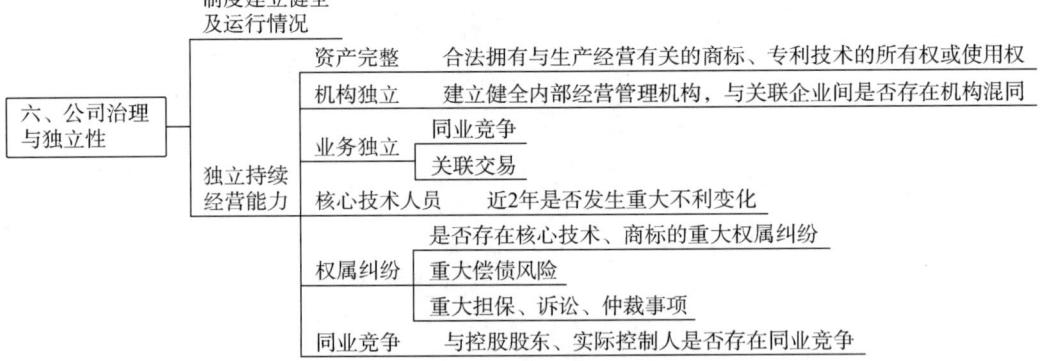

图 2-1　招股说明书中知识产权上市信息披露要求（分图 b）

第二章 科创板上市前知识产权诊断

表 2-1 科创板上市企业知识产权相关问题自查表

一、科创板审核问答答落实情况

序号	问题	披露要求	核查要求	参考规范
1-3	重大不利影响的同业竞争	发行人应根据科创板招股书准则第六十二条（五）、第六十三条、第八十三条的要求进行披露。发行人应在招股说明书中披露在存在同业竞争的情况及发行人律师和发行人律师针对同业竞争对发行人构成重大不利影响的核查意见和认定依据。	对于发行人是否存在同业竞争，保荐机构和发行人律师应就以下事项进行核查：（1）核查范围应包括发行人控股股东（或实际控制人）及其近亲属全资或控股的企业；（2）按照实质重于形式的原则，结合相关企业历史沿革、产权、资产、人员、主营业务（包括但不限于产品服务的具体特点、技术、商标商号、销售方面与发行人的关系，是否有利益冲突，是否在同一市场范围内销售等，不能简单以产品销售地域不同、产品的档次不同等认定不构成同业竞争；（3）对于控股股东、实际控制人控制的与发行人从事相同或相似业务的公司，未对于相关资产、业务的安排，以及避免上市后新增同业竞争的承诺。对于发行人同业竞争情形是否存在重大不利影响，保荐机构和发行人律师应就以下事项进行核查：（1）竞争方与发行人同类业务收入或毛利占发行人该类业务收入或毛利的比例以及占发行人营业收入或毛利总额的比例；（2）结合竞争方与发行人的经营地域、产品或服务的定位，同业竞争是否会导致竞争方与发行人之间非公平竞争，是否会导致竞争方与发行人之间相互或单方让渡商业机会情形，对未来发展的潜在影响等方面，核查并出具明确意见	《科创板审核问答》问题 4《首发业务若干问题解答》问题 15
1-5	最近 2 年内董事、高管及核心技术人员的重大不利变化	发行人应按要求进行披露。发行人应当在招股说明书中披露：（1）核心技术人员的范围、认定情况和认定依据；（2）董事、高级管理人员变动情况	发行人最近 2 年内存在董事、高级管理人员及核心技术人员的变动人数比例较大或上述人员中的核心技术人员发生变化，保荐机构和发行人律师应就上述事项是否对发行人的生产经营产生重大不利影响并发表核查意见	《科创板审核问答》问题 6

一、科创板审核问答落实情况

序号	问题	披露要求	核查要求	参考规范
1-7	主要依靠核心技术开展生产经营	发行人应在招股说明书中披露：(1) 报告期内通过核心技术开发产品（服务）的情况，报告期内核心技术产品（服务）的产生和销售数量、核心技术产品（服务）在细分行业的市场占有率；(2) 报告期内营业收入中，发行人依靠核心技术开展生产经营所产生收入、占比、变动情况及原因等	保荐机构应当结合发行人所处的行业、技术水平和产业应用前景、重点核查以下事项并发表明确意见： (1) 发行人的研发投入是否主要围绕核心技术及其相关产品（服务）； (2) 发行人营业收入是否主要来源于依托核心技术的产品（服务），营业收入中是否存在较多的与核心技术不具有相关性的贸易等易受能否支持公司的持续成长； (3) 发行人核心技术产品（服务）收入的主要内容和计算方法是否适当，是否为偶发性收入，是否来源于显失公平的关联交易； (4) 其他对发行人利用核心技术开展生产经营活动产生影响的情形	《科创板审核问答》问题10
1-11	研发支出资本化	发行人应在招股说明书中披露： (1) 与资本化相关研发项目的研究内容、进度、成果、完成时间（或预计完成时间），经济利益产生方式，主要支出构成，期初和累计资本化金额，与研发支出资本化的起始时点，(2) 与研发支出资本化相关的无形资产的预计使用寿命、推算方法、减值等情况，并说明是否符合相关规定；(3) 结合研发项目推进和研究成果运用时可能发生的内外部不利变化，与研发支出资本化相关的无形资产规模等风险，充分披露相关无形资产的减值风险及其对公司未来业绩可能产生的不利影响。 发行人应根据科创板招股书准则第七十一条、第七十七条(六)的要求进行披露。	保荐机构和申报会计师对下述事项进行核查并发表明确意见： (1) 逐项核对无形资本化的开发支出是否同时满足资本化五个条件； (2) 研究阶段和开发阶段的划分是否合理，是否与研发活动的流程相联系，研究阶段和开发阶段的划分依据与开发阶段规划的划分依据是否充分完整，准确披露； (3) 研发支出资本化的条件是否均已满足，是否具有内外部证据支持。重点从技术上的可行性、预期产生经济利益的方式、财务资源和其他支持等方面进行关注； (4) 研发支出的成本费用归集范围是否恰当，研发支出的发生的是否真实，是否与研发活动切实相关，是否存在为申请高新技术企业认定及企业所得税费用加计扣除项目的虚增研发支出的情形； (5) 研发支出资本化的会计处理与同比公司是否存在重大差异	《科创板审核问答》问题14

第二章 科创板上市前知识产权诊断

续表

一、科创板审核问答落实情况

序号	问题	披露要求	核查要求	参考规范
1-20	发行人租赁控股股东、实际控制人房产或商标、专利、主要技术来自于控股股东、实际控制人的授权使用	发行人应根据科创板招股书准则第五十三条、第五十四条的要求进行信息披露	如发行人存在租赁控股股东、实控人资产或发行人专利、商标来自控股股东、实控人授权的情形,保荐机构和发行人律师应就以下事项进行核查: (1)相关授权使用费用目的公允性,对发行人资产完整性构成独立性重大不利影响; (2)如发行人存在以下情形之一的,保荐人及发行人律师应当重点关注,充分核查论证并发表意见:一是生产经营所必需的主要厂房、机器设备等固定资产系向控股股东、实际控制人租赁的,二是发行人的核心商标、专利、主要技术无形资产是由控股股东、实际控制人授权使用	《科创板审核问答(二)》问题7
1-21	发行人与控股股东、实际控制人等关联方共同投资	发行人应当披露相关信息披露。发行人应当披露的信息包括但不限于公司的基本情况,包括但不限于公司名称、成立时间、注册资本、住所、经营范围、股权结构,最近一年又一期主要财务数据及简要历史沿革。如发行人与共同设立的公司存在业务交易的,还应当披露相关交易内容、交易金额、交易背景以及相关交易与发行人主营业务之间的关系	发行人如存在与控股股东、实际控制人直接或者间接共同设立公司情形,保荐机构和发行人律师应对以下事项核查并发表核查意见: (1)发行人与上述主体共同设立公司存在的背景、原因和必要性,说明发行人出资是否合法合规,出资价格是否公允; (2)如发行人与共同设立的公司存在业务往来的,应当核查相关交易的真实性、必要性、合理性及公允性,是否存在损害发行人利益的行为; (3)如公司共同投资方为董事、监事、高级管理人员及其近亲属的,是否符合《公司法》第148条规定	《科创板审核问答(二)》问题8
1-26	持续经营能力	发行人应根据科创板招股书准则第七十八条(六)的要求进行信息披露	如发行人存在《上市审核问答(二)》问题13所述情形,保荐机构和申报会计师应充分获取依据,详细分析评估有关情形的具体表现、影响程度和预期结果,就有关情形是否对发行人的持续经营能力构成重大不利影响审慎发表明确意见,并督促发行人充分披露有关信息	《上市审核问答(二)》问题13

续表

二、首发业务若干问题解答以及常见审核问题落实情况

序号	事项	披露要求	核查要求	参考规范
			关于发行人业务与技术	
2-7	引用第三方数据	发行人应根据科创板招股说明书准则第十一条（二）的要求进行信息披露	如发行人在公开披露文件中引用发行人及其交易对手之外的第三方数据，保荐机构应当核查： (1) 招股说明书及其他申报文件中引用的第三方数据是否注明资料来源； (2) 直接或间接引用的第三方数据是否有充分、客观、独立的依据	《首发业务若干问题解答》问题45
2-11	合作研发	发行人应根据科创板招股说明书准则第五十四条的要求进行信息披露	保荐机构和发行人律师应就以下事项进行核查： (1) 合作研发的内容和范围； (2) 合作各方的权利和义务； (3) 风险责任的承担方式； (4) 合作研发成果分配和收益分成约定； (5) 合作研发的保密措施。 保荐机构和发行人律师应在上述核查内容的基础上，论证该等合作研发的重要性及其对发行人生产经营的具体影响	
2-12	重要专利系继受取得或与他人共有	发行人应根据科创板招股说明书准则第五十三条的要求进行信息披露	发行人的部分专利系继受取得或与他人共有的，保荐机构和发行人律师应就以下事项进行核查： (1) 继受取得或与他人共有专利的重要性、与所提供产品或服务的内在联系； (2) 继受取得或与他人共有专利的背景、过程、是否存在瑕疵、纠纷和潜在纠纷； (3) 原权利人、共有人，保荐机构和发行人律师应在上述核查内容的基础上，分析相关情形是否对发行人持续经营存在重大不利影响，涉及控股股东、实际控制人或其控制的其他企业的，还应分析对独立性的具体影响	

第二章 科创板上市前知识产权诊断

续表

二、首发业务若干问题解答以及常见审核问题落实情况

序号	事项	披露要求	核查要求	参考规范
			关于发行人业务与技术	
2-16	同行业可比公司的选取	发行人应根据科创板招股说明书准则第五十条（五）的要求进行信息披露	保荐机构应对下列事项进行核查并发表明确意见： （1）同行业可比公司的选取是否客观，选取的同行业可比公司是否客观，是否存在选择性选取对标产品及指标比性； （2）选取竞品及相关指标比对的依据，相关比较结果是否客观、公允； （3）如果所选可比公司主营业务、产品、经营规模等与发行人差异较大，请核查并充分说明选择理由	《首发业务若干问题解答》问题16
2-17	技术先进性的客观依据	发行人在披露核心技术或市场地位使用"领先""先进"等定性描述的，请提供客观依据	对招股说明书中是否有"国际领先""国内先进""行业领先""业内首家"及类似表述，保荐机构核查是否有充分的依据，相关表述是否客观、准确	
			关于公司治理与独立性	
2-18	关联交易	发行人应根据科创板招股书准则第六十一条（五）、第六十四条、第六十五条、第六十六条、第六十七条的要求进行信息披露	对于关联交易，保荐机构、发行人律师和申报会计师应就以下事项进行核查： （1）发行人是否按照《公司法》《企业会计准则》和中国证监会的相关规定认定并披露关联方； （2）关联交易的必要性、合理性和公允性，实际控制人与发行人之间关联交易对应的收入、成本费用或利润总额占发行人相应指标的比例（如达到30%）的关联交易是否影响发行人的独立性，是否可能对发行人产生重大不利影响，已发生关联交易已履行关联交易决策程序； （3）公司章程对关联交易决策程序的规定，已发生关联交易审议过程是否与章程相符，关联股东或董事回避表决，以及独立董事和监事会成员是否发表不同意见； （4）对于关联交易方和关联交易的具体核查程序	

续表

二、首发业务若干问题解答以及常见审核问题落实情况

关于财务会计信息与管理层讨论

序号	事项	披露要求	核查要求	参考规范
2-33	无形资产认定与客户关系		如发行人存在企业合并中识别并确认无形资产,以及对外购买客户资源或客户关系等事项,保荐机构和申报会计师应就以下事项进行核查: (1) 对于无形资产的确认,是否符合《企业会计准则第6号——无形资产》的相关规定;是否存在虚构无形资产情形,是否存在估值风险和减值风险; (2) 对客户资源或客户关系,是否取得合同或其他法定权利支持,确保企业在较长时期内获得稳定收益且能够核算价值	《首发业务若干问题解答》问题31
2-35	委托加工业务		如发行人存在客户提供或指定原材料供应,生产加工后向客户销售,或向加工商提供原材料,加工后再予以购回的业务,保荐机构和申报会计师应当核查以下因素认定有关业务实质,判断发行人的会计处理是否合理: (1) 双方签订合同的属性类别,合同中主要条款,如价款确定基础和出产归属方式,物料转移风险归属,控制权归属的具体规定; (2) 生产加工方是否完全或主要承担了原材料生产产品加工中的保管和灭失、价格波动等风险; (3) 生产加工方是否具备对最终产品的完整销售定价权; (4) 生产加工方是否承担了最终产品销售对应账款的信用风险; (5) 生产加工方对原材料加工的复杂程度,加工物料在形态、功能等方面变化程度等	《首发业务若干问题解答》问题32

续表

二、首发业务若干问题解答以及常见审核问题落实情况

序号	事项	披露要求	核查要求		参考规范
			其他事项		
2-40	重大诉讼或仲裁	发行人应根据科创板招股书准则第九十六条的要求进行信息披露	保荐机构和发行人律师应当全面核查报告期内发生或在报告期外发生但仍对发行人产生重大影响的诉讼或仲裁的相关情况，包括案件受理情况和基本案情、诉讼或仲裁请求，判决、裁决结果及执行情况，诉讼或仲裁事项对发行人的影响等。发行人控股股东、实际控制人、控股子公司，董事、监事、高级管理人员和核心技术人员涉及诉讼或仲裁的比照上述核查要求执行。涉及重要产品、核心商标、专利、技术等方面的诉讼或仲裁，或者其他可能导致发行人不符合发行条件的情形，保荐机构和发行人律师应在提出明确依据的基础上，充分论证该等诉讼、仲裁事项是否构成障碍并审慎发表意见		《首发业务若干问题解答》问题13
2-48	科创板定位中的例外条款——科技创新能力突出	发行人应当在招股说明书中，就属于《上市申报及推荐暂行规定》第五条规定情形的有关事项进行相应的信息披露	若发行人未达到《上市申报及推荐暂行规定》第四条科创属性指标要求，认定自身存在《上市申报及推荐暂行规定》第五条所列情形，保荐机构应当根据发行人所符合的具体情形，在《科创板定位专项意见》中详细说明核查内容、核查方法、核查过程及核查取得的证据。(1) 认定符合第一项情形，保荐机构应当认定意见是否系有关部门出具；(2) 认定符合第二项情形，保荐机构应当核查奖项取得的时间、有关认定意见的作出时间，保荐人或保荐人员在奖项中所起的作用，以及奖项收入占比；(3) 认定符合第三项情形，保荐机构应当核查相关承担项目任务合同书等法律文书、发行人在项目中所起的作用，发行人或相关人员取得项目的时间与报告期内的关系、核查项目是否属于国家重大科技专项项目；(4) 认定符合第四项情形，保荐机构应当核查服务国家战略、关键核心技术、支持推动国家战略，以及实现进口替代等方面的具体依据，有关产品或服务所承担项目属于国家主管部门或相关机构明确的关键依据、核心技术或关键设备；(5) 认定符合第五项情形，保荐机构应当核查发行人有关专利是否与发行人核心技术和主营业务相关		《上市申报及推荐暂行规定》第二条、第七条、第十条

第二节 体检诊断问题清单

一、基本门槛

根据本章第一节总结的科创板上市标准，对拟上市的企业设置基本门槛问题清单，主要包括基础要求、行业领域、科创属性和财务指标四大项，具体问题见表 2-2。

表 2-2 科创板上市企业基本门槛体检问题清单

一、基础要求				
序号	问题	回答	最低要求	依据
1	企业成立日期		营业满 3 年	《注册办法（试行）》
2	企业性质		股份有限公司	《注册办法（试行）》

二、所属行业领域				
序号	问题	回答	最低要求	依据
3	公司所属行业领域： □新一代信息技术 □高端装备 □新材料 □新能源 □节能环保 □生物医药 □符合科创板定位的其他领域		应属于六大类高新技术产业和战略性新兴产业领域之一	《上市申报及推荐暂行规定》
4	公司是否属于限制行业 □金融科技企业 □模式创新企业	□是 □否	不属于	《上市申报及推荐暂行规定》
5	公司是否属于禁止行业 □房地产企业 □金融类企业 □投资类企业	□是 □否	不属于	《上市申报及推荐暂行规定》

三、科创属性指标				
序号	问题	回答	最低要求	依据
6	最近 3 年累计研发投入占最近 3 年累计营业收入比例≥5%，或最近 3 年累计研发投入金额≥6000 万元 是否符合	□是 □否 指标值	同时符合 4 项	《上市申报及推荐暂行规定》
7	研发人员占当年员工总数的比例≥10% 是否符合	□是 □否 指标值		

续表

			三、科创属性指标		
序号	问题	回答		最低要求	依据
8	形成主营业务收入的发明专利（含国防专利）≥5项 是否符合	□是 □否 指标值		同时符合4项	《上市申报及推荐暂行规定》
9	最近三年营业收入复合增长率≥20%，或最近一年营业收入金额≥3亿 是否符合	□是 □否 指标值			
10	拥有的核心技术经国家主管部门认定具有国际领先、引领作用或者对于国家战略具有重大意义 是否符合	□是 □否 依据		如不能同时满足上述4项，则至少符合其中1项	《上市申报及推荐暂行规定》
11	作为主要参与单位或者核心技术人员作为主要参与人员，获得国家自然科学奖、国家科技进步奖、国家技术发明奖，并将相关技术运用于公司主营业务 是否符合	□是 □否 依据			
12	独立或者牵头承担与主营业务和核心技术相关的国家重大科技专项项目 是否符合	□是 □否 依据			
13	依靠核心技术形成的主要产品（服务），属于国家鼓励、支持和推动的关键设备、关键产品、关键零部件、关键材料等，并实现了进口替代 是否符合	□是 □否 依据			
14	形成核心技术和主营业务收入相关的发明专利（含国防专利）合计50项以上 是否符合	□是 □否 指标值			

续表

| 四、财务指标 ||||||
序号	问题	回答	最低要求	依据
15	选择第几套财务指标： （一）预计市值不低于人民币 10 亿元，最近两年净利润均为正且累计净利润不低于人民币 5000 万元，或者预计市值不低于人民币 10 亿元，最近一年净利润为正且营业收入不低于人民币 1 亿元； （二）预计市值不低于人民币 15 亿元，最近一年营业收入不低于人民币 2 亿元，且最近三年累计研发投入占最近三年累计营业收入的比例不低于 15%； （三）预计市值不低于人民币 20 亿元，最近一年营业收入不低于人民币 3 亿元，且最近三年经营活动产生的现金流量净额累计不低于人民币 1 亿元； （四）预计市值不低于人民币 30 亿元，且最近一年营业收入不低于人民币 3 亿元； （五）预计市值不低于人民币 40 亿元，主要业务或产品需经国家有关部门批准，市场空间大，目前已取得阶段性成果。医药行业企业需至少有一项核心产品获准开展二期临床试验，其他符合科创板定位的企业需具备明显的技术优势并满足相应条件。	□（一） □（二） □（三） □（四） □（五） 指标值	至少符合其中一套	《上市规则》

根据科创板上市政策法规相关要求，上市企业必须同时符合基础条件、行业领域、科创属性、财务指标四大基本门槛，才有资格申请上市，否则不进入下一体检环节。

二、重大事项提醒

《第 41 号准则》第二十二条规定，发行人应在招股说明书首页作"重大事项提示"，以简要语言提醒投资者需特别关注的重要事项，《相关注意事项通知》中第一条又明确了重大事项包括"重大风险因素"和审核过程中发现的"对发行人持续经营能力产生重大影响等事项"，据此设置该部分的体检问题清单，如表 2-3 所示。

表 2-3　科创板上市企业重大事项体检问题清单

一、重大风险因素

序号	问题	回答	最低要求	依据
16	企业是否存在对投资者作出价值判断和投资决策有重大影响的风险因素	□是　□否	完整披露	《第41号准则》
17	风险因素罗列（要求语言简要） □技术风险 □内控风险 □法律风险			《第41号准则》

二、对发行人持续经营能力产生重大影响的事项

序号	问题	回答	最低要求	依据
18	存在下列哪些事项： □资产完整方面 □人员独立方面 □业务独立方面 □人员稳定方面 □重大诉讼纠纷方面		完整披露	《上市申报及推荐暂行规定》

三、风险因素

《第41号准则》第三十三条明确了科创板上市审核关注的九类风险因素，并明确了要对上述风险做定量分析。本部分针对与知识产权相关的三类风险设置体检问题清单，从是否存在的角度进行排查，细节问题将在后续部分进一步深入，如表2-4所示。

表 2-4　科创板上市企业风险因素体检问题清单

一、技术风险

序号	问题	回答	最低要求	依据
19	【受让专利】公司由他人授权或转让取得的专利清单，包括授权方或转让方的基本信息，以及关于权利归属、利益分配等的具体约定			《第41号准则》
20	【受让专利】专利来源，权属是否清晰、完整	□是　□否	具有排他性	《第41号准则》
21	【受让专利】是否存在纠纷及潜在纠纷	□是　□否	具有排他性	《第41号准则》

续表

	一、技术风险			
序号	问题	回答	最低要求	依据
22	【被许可技术】被许可专利清单及许可方式： □独占实施许可 □排他实施许可 □普通实施许可 □分许可 □交叉许可		具有排他性	
23	【被许可技术】是否存在纠纷及潜在纠纷	□是 □否	具有排他性	《第41号准则》
24	【被许可技术】许可使用的专有技术、专利技术在公司产品中的使用情况			
25	【被许可技术】许可使用费及定价依据，是否合理	□是 □否		
26	【被许可技术】专利到期日，到期后对公司经营是否存在不利影响	□是 □否		
27	【产业化】专利实施率		技术形成产品或产业化	《第41号准则》
	二、内控风险			
序号	问题	回答	最低要求	依据
28	【核心技术人员】公司核心技术和管理是否对单一技术人员有依赖	□是 □否		《第41号准则》
	三、法律风险			
序号	问题	回答	最低要求	依据
29	是否存在技术、产品纠纷或诉讼风险	□是 □否		《第41号准则》
30	是否存在资产权属纠纷	□是 □否		

四、发行人基本情况

《第41号准则》第三十七条至第四十八条对发行人基本情况的信息披露做了详细的规定，本部分重点对与知识产权问题相关的实际控制人和核心技术人员设置体检问题清单，如表2-5所示。

表 2-5　科创板上市企业发行人基本情况体检问题清单

一、实际控制人

序号	问题	回答	最低要求	依据
31	基本情况，包括国籍、是否拥有永久境外居留权、身份证号码			《第41号准则》
32	公司实际控制人及主要经营管理团队是否存在竞业禁止协议、保密协议，是否存在违反上述协议的情形，是否存在纠纷或潜在纠纷	□是　□否		
33	公司专利中是否有来源于实际控制人的职务发明	□是　□否		
34	公司核心技术、专利、商标等无形资产是否有来自控股股东、实际控制人授权使用的	□是　□否		《上市审核问答(二)》
35	上述专利是否存在所有权纠纷或纠纷风险、是否同他人共有	□是　□否		
36	实际控制人向公司转让专利的定价依据及公允性，采用的评估方法是否适当	□是　□否		
37	上述专利在公司生产经营中的应用情况			
38	上述关联专利交易是否合法合规，是否侵害公司利益	□是　□否		
39	公司核心技术是否存在对实际控制人的依赖	□是　□否		

二、核心技术人员

序号	问题	回答	最低要求	依据
40	核心技术人员数量、占比和范围，是否包括所有股东和所有在研项目参与人员			《上市审核问答》
41	核心技术人员的认定情况和认定标准			
42	核心技术人员的基本情况（职务、工作经历、兼职情况）			
43	核心技术人员的与公司签订的协议及协议履行情况			
44	近2年核心技术人员发生变动的情况、原因及对公司的影响			

续表

二、核心技术人员					
序号	问题	回答	最低要求	依据
45	公司专利中是否有来源于核心技术人员的职务发明	□是 □否		
46	核心技术人员是否曾在竞争对手公司任职,核心技术和主要专利是否源于竞争对手,与上述竞争对手是否存在共同获得专利权的情况,是否存在纠纷	□是 □否		
47	是否存在核心技术人员流失风险	□是 □否		
48	是否存在核心技术秘密泄露风险	□是 □否		

五、业务与技术

该部分与知识产权相关性最大,《第41号准则》中第四十九条至第五十五条对包括主要产品与服务、竞争情况、无形资产、核心技术、在研项目和核心技术人员作出了相关的信息披露要求,其中与知识产权相关的体检问题清单设置如表2-6所示。

表2-6 科创板上市企业业务与技术体检问题清单

一、主要业务、主要产品或服务情况					
序号	问题	回答	最低要求	依据
49	简要介绍公司主要业务、产品或服务的基本情况,演变情况和工艺流程			《第41号准则》

二、竞争情况					
序号	问题	回答	最低要求	依据
50	公司是否掌握具有自主知识产权的核心技术,是否权属清晰、是否国内或国际领先、是否成熟或者存在快速迭代的风险	□是 □否		《第41号准则》
51	知识产权能否作为公司在细分领域具备竞争优势的重要依据	□是 □否		《第41号准则》
52	近三年专利申请增量和增速,及其对持续创新能力的影响			
53	取得的科技成果是否能够与产业深度融合	□是 □否		《第41号准则》

续表

三、无形资产

序号	问题	回答	最低要求	依据
54	与产品或服务的内在联系是否紧密	□是 □否		《第41号准则》
55	是否存在瑕疵、纠纷和潜在纠纷，是否对发行人持续经营存在重大不利影响	□是 □否		《第41号准则》
56	是否与他人共享，共享的方式、条件、期限、费用是否合理	□是 □否		《第41号准则》

四、核心技术

序号	问题	回答	最低要求	依据
57	核心技术来源	□自主研发 □合作开发		
58	主要核心技术是否均申请专利，未申请专利的原因，是否采取其他保护方式	□是 □否		
59	列明每项专利与主要核心技术的对应关系			
60	列明每项专利在核心业务中的贡献和应用情况			
61	核心技术对应专利中原始取得、受让取得专利占比，专利到期日，是否对公司持续经营有影响	□是 □否		
62	核心技术是否存在对核心技术人员的依赖，是否与其他机构或研发人员存在纠纷及潜在纠纷	□是 □否		
63	公司拥有核心专利的发明人是否为公司员工，如何证明为原始取得	□是 □否		
64	核心技术对应的知识产权是否存在纠纷或潜在纠纷	□是 □否		
65	自有专利、商标、软件著作权等知识产权目前的法律状态，是否存在权利提前终止等异常情况	□是 □否		

续表

五、研发项目					
序号	问题	回答	最低要求	依据
66	是否具有先进性	□是 □否		《第41号准则》
67	项目立项、研发过程中是否开展知识产权分析评议和跟踪检索	□是 □否		《第41号准则》
68	【合作研发】是否有与其他单位合作研发的项目,是否约定合作模式、是否签署协议、协议主要内容、主要权利义务约定、费用承担与研发成果归属、各自发挥的作用等	□是 □否		《第41号准则》
69	【合作研发】技术来源,公司在合作研发中所起的作用,是否依赖于合作方,是否独立掌握上述项目的核心技术,相关技术的主要内容及其先进性水平	□是 □否		《第41号准则》
70	【合作研发】是否与其他单位存在技术权属方面的争议或潜在纠纷,对于公司共同完成的技术或发明的使用是否取得共同完成单位的许可	□是 □否		《第41号准则》
71	【委托开发】委托开发的具体内容、金额、成果,与受托方权利、义务划分是否清晰,是否会引发诉讼纠纷	□是 □否		《第41号准则》

六、核心技术人员					
序号	问题	回答	最低要求	依据
72	公司对核心技术人员是否采取了约束激励措施	□是 □否		《第41号准则》

六、公司治理与独立性

《第41号准则》第五十六条至第六十七条对公司治理与独立性进行了相关规定,该部分选择制度建立健全及运行情况和独立持续经营能力两方面与知识产权相关性较强的内容设置体检问题清单,详见表2-7。

表 2-7 科创板上市企业公司治理与独立性体检问题清单

一、制度建立健全及运行情况

序号	问题	回答	最低要求	依据
73	公司是否设立了知识产权管理机构	□是 □否		
74	公司是否建立了知识产权管理制度，简单列举	□是 □否		

二、独立持续经营能力

序号	问题	回答	最低要求	依据
75	是否拥有与生产经营有关的全部商标、专利技术的所有权或使用权，列举无所有权或使用权的	□是 □否		《第41号准则》
76	是否建立健全内部经营管理机构，与关联企业间是否存在机构混同	□是 □否		《第41号准则》
77	是否与关联公司存在同业竞争和关联交易，是否会带来知识产权风险	□是 □否		《第41号准则》
78	知识产权及核心技术与公司是否存在共有或重叠的情形	□是 □否		
79	核心技术人员是否独立，是否与关联公司存在混同	□是 □否		
80	【权属纠纷】是否存在核心技术、商标的重大权属纠纷	□是 □否		《第41号准则》
81	【权属纠纷】是否存在重大偿债风险	□是 □否		《第41号准则》
82	【权属纠纷】公司拟生产、上市的产品是否存在侵权风险，是否已完成FTO	□是 □否		
83	【专利权质押】是否为核心竞争能力专利，在公司核心产品、业务中的作用，及所带来的收入占比情况	□是 □否		
84	【专利权质押】是否有实现质权的风险	□是 □否		
85	【专利权质押】质权的实现是否会对公司生产经营产生重大不利影响	□是 □否		

七、财务会计信息与管理层分析

《第 41 号准则》第六十八条至第七十二条对财务会计信息与管理层分析需要披露的信息作了详细规定,本部分主要针对与知识产权相关的研发支出资本化和无形资产减值风险等内容设置体检问题清单,如表 2-8 所示。

表 2-8 科创板上市企业财务会计信息与管理层分析体检问题清单

研发支出资本化-无形资产				
序号	问题	回答	最低要求	依据
86	无形资产的确认是否符合会计准则的规定	□是 □否		
87	无形资产资本化项目,是否有对应的研发成果,成果产业化情况如何	□是 □否		
88	与研发支出资本化相关的无形资产的预计使用寿命、摊销方法、减值等情况,是否符合会计准则规定	□是 □否		
89	相关无形资产的减值风险对公司未来业绩是否会产生不利影响,请说明	□是 □否		

八、其他重要事项

《第 41 号准则》第九十四条至第九十七条规定了科创板上市中关注的其他重要事项,本部分主要针对对外担保和重大诉讼纠纷等内容设置体检问题清单,如表 2-9 所示。

表 2-9 科创板上市企业其他重要事项体检问题清单

一、对外担保				
序号	问题	回答	最低要求	依据
90	【专利权质押】担保的数量、价值、范围和期间			《第 41 号准则》
91	【专利权质押】是否明确了解决争议的方法	□是 □否		《第 41 号准则》
92	【专利权质押】是否已履行质权,对公司持续经营有何不利影响	□是 □否		《第 41 号准则》

续表

	二、诉讼纠纷			
序号	问题	回答	最低要求	依据
93	审核过程中是否发生重大诉讼仲裁等纠纷、突发事件、政策变动及其他重大事项	□是 □否		《第41号准则》
94	未来是否会发生重大诉讼仲裁等纠纷	□是 □否		《第41号准则》
95	是否已完全披露全部诉讼或争议	□是 □否		《第41号准则》
	三、其他			
序号	问题	回答	最低要求	依据
96	是否存在重组,被收购公司是否拥有自主知识产权的核心技术	□是 □否		

第三节 知识产权应对措施

一、上市前的知识产权应对措施

(一) 从意识上,充分认识知识产权对科创板上市的重要性

一是知识产权问题是上交所问询关注的重点。从上交所的问询函来看,科创板上市过程中涉及知识产权工作的问题不仅数量多,而且非常深入、全面、细致和专业,如果企业平时的知识产权工作不够扎实、系统,很难通过短期的准备和筹划有效应对。二是知识产权不合规会导致上市终止。知识产权相关事项作为"可能对公司核心竞争力、经营活动和未来发展产生重大不利影响的风险因素"是拟上市公司的重点披露事项,如果披露过程存在重大违法行为,或者由于知识产权问题导致科创公司丧失持续经营能力,都可能最终导致上市终止。三是知识产权合规化有利于企业良性持续发展。知识产权合规化有利于促进企业长期有序发展,降低对公司核心竞争力、经营活动和未来发展产生重大不利影响的潜在风险。因此,建议拟上市科创板企业从意识上高度重视知识产权,不能以应付科创板上市的心态对待。

(二) 从战略上,提前开展科创板上市前的知识产权部署和规划

科创板企业知识产权工作是关系到企业能否成功发行上市以及上市后能否持续经营的重要事项。科创板虽然在营收、利润等财务指标方面设置了较为宽松的发行上市条件，但在知识产权方面明显提出了比普通企业更高的要求，专利与核心技术的深度融合、专利诉讼风险应对及有效处理、知识产权管理制度体系的建构等一系列上市审核中被高频关注的问题都是科创企业的知识产权必修课。因此，拟上市科创企业有必要提前开展系统、专业、规范的知识产权合规工作规划和部署，适当加大对知识产权的投入，尽早组建专业的知识产权管理团队，扎实积累与主营业务密切关联、体现科技创新能力的各类知识产权，在公司的日常经营、研发、生产活动中，充分尊重知识产权，防范潜在的知识产权纠纷。

（三）从制度上，建立健全知识产权管理体系

一是开展知识产权调查诊断。建议科创板上市企业围绕企业经营战略层面的长远目标开展有目的的知识产权管理诊断，具体包括知识产权外部环境、内部资源以及利益相关方等维度的诊断，并以诊断结果为基础建立相应的管理制度并实施运行。

二是规范知识产权工作流程。知识产权工作往往需要商标、品牌、技术研发、法务等多个部门的配合，只有通过规范的流程开展工作，才能对各类知识产权进行有效管理。同时，知识产权的申请周期和获权后的有效期较长，企业还需要建立详细的知识产权档案，对每项知识产权的全生命周期进行管理，有助于更好地利用和处分知识产权，并满足上市企业信息披露的要求。❶

三是建立知识产权管理组织机构。首先要建立包括最高管理者、管理者代表、知识产权管理部门、其他配合部门在内的多层次知识产权组织架构；另外还要设置专、兼职知识产权工作人员，要求具备管理、技术、协调、知识产权专业能力等综合素质。

具体可参考本书第六章内容。

（四）从实务上，开展知识产权创造和保护工作

一是开展高价值专利（组合）挖掘布局工作。上市申请前3~5年，结合公司经营战略，做好专利挖掘和布局，开展高价值专利培育，储备能够支撑核心技术的专利，以符合科创属性评价指标的要求，具体可参考本书第五章内容。

二是做好上市前的核心技术侵权风险分析。拟上市公司潜在的专利权稳定性会导致专利权失效风险，专利存在重大权属瑕疵导致的风险，以及核心产品遭遇专利侵权诉讼风险，建议企业上市前建立完善的企业知识产权管理体系和法律风险防范体系，并对核心技术在上市前进行完备的FTO侵权分析以及核心专利的稳定性分析❷，具体可

---

❶ 董新蕊，彭锐，王一. 知识产权管理如何助力企业登陆科创板[J]. 中国发明与专利，2019，16（7）：18-21.

❷ 李秀改，马婷. 浅析科创板企业知识产权相关问题及对策[J]. 中国发明与专利，2019（10）：62-65.

参考本书第三章和第四章内容。

二、上市中的知识产权应对措施

（一）提前进行专利侵权风险排查，做好应急预案

在 IPO 开始之初，应当先进行系统性的风险评估，评估内容包括企业的专利是否可能被宣告无效、核心技术与产品是否可能侵犯第三方专利权、专利数量是否满足等，充分预估企业上市之后可能会遭到哪些狙击，以及如被狙击成功可能会导致哪些后果，并制定应急预案，具体可参考本书第三章内容。

（二）积极应对上市过程中的知识产权诉讼纠纷

上市过程中，面对竞争对手的知识产权诉讼阻击，建议企业综合自身专利状态、侵权/无效可能性、上市进程等因素，选择采取对原告专利请求宣告无效、提起反制诉讼等主动出击的措施。如不宜采取上述措施，也可以积极寻找管辖权、诉讼主体资格等程序性抗辩事由或者原告无权利基础、被告不侵权、现有技术等实体层面的抗辩事由，通过合理得当的应对，顺利通过上市审核问询，展现企业的核心技术优势，提升企业商誉，具体可参考本书第四章内容。

三、上市后的知识产权应对措施

科创板上市后，依然会面临知识产权诉讼风险，如台达电子工业股份有限公司（以下简称台达电子）诉深圳光峰科技股份有限公司（以下简称光峰科技）侵权案，就发生在光峰科技成功注册上市一周后❶。上市后，科创板公司应继续做好知识产权工作，一是保持持续创新能力。积极开展专利检索分析，利用专利情报，助力研发路径规划，保持持续创新能力，维持核心技术优势，确保公司持续经营、健康发展；二是做好知识产权风险管理。科创板企业上市后需要对企业经营信息进行披露，当面临知识产权风险时，应及时进行维权，以保障合法权益，维护良好声誉，否则可能面临被强制退市的风险。

---

❶ 朱涛，徐佳. 从台达专利无效案，看科创板企业知识产权风险应对[EB/OL]. [2020-03-10]. https://mp.weixin.qq.com/s/poEC30mdhhZJ964mEAYHDg.

第三章

知识产权风险分析

根据《注册办法（试行）》第三十七条规定，发行人不得有下列影响持续盈利能力的情形："发行人在用的商标、专利、专有技术以及特许经营权等重要资产或技术的取得或者使用存在重大不利变化的风险。"近年来，企业希望尽快通过上市在资本市场上募集资金，纷纷启动上市计划。个别企业甚至在准备尚不充分的情况下就发布招股说明书。但是，IPO 在给企业带来募集巨大资本的机会的同时，也存在不小的知识产权风险，其最直接的表现就是被诉知识产权侵权。因此，提前对知识产权风险开展分析，制定防控策略对企业来说至关重要。

第一节　知识产权风险分析的认识

一、知识产权风险分析的意义

（一）知识产权风险分析的重要性

科创板上市要求对于拟 IPO 企业的科创属性有特殊的规定，导致拟 IPO 企业的知识产权更加吸引社会的目光。近段时期以来，拟 IPO 企业在上市审核阶段收到竞争对手关于主营业务产品侵犯知识产权的诉讼事件时有发生。拟 IPO 企业面临的知识产权风险主要表现在如下几个方面。

第一是知识产权权属风险。知识产权客体的"无形性"使知识产权具有"非独占性"或"共享性"的特点，这是产生权属风险的根源。拟 IPO 企业知识产权权属是否清晰，是否具有完全的所有权和控制权是必须关注的问题。

第二是知识产权侵权风险。相比较其他类型的财产，知识产权的侵权风险极为隐蔽，难以发现。例如，一项技术是否存在未经授权使用他人技术的情况，一个软件作品中是否存在复制他人软件源代码的情形,这些均难以通过常规核查察觉。拟 IPO 企业如存在知识产权侵权情况,则极易被竞争对手或者非专利实施主体(NPE)起诉,并且可能因此陷入诉讼漩涡止步 IPO。

第三是知识产权价值风险。这里的知识产权价值主要是指知识产权对企业的主营业务支撑,对维持企业竞争优势方面的贡献,如专利技术在公司主营产品中的应用,专利技术专有性对塑造行业壁垒的作用。2021 年《科创属性评价指引(试行)》中 4 项常规指标和 5 项例外条款均包含了企业拥有的发明专利数量情况。发明专利作为"科创属性"的评价指标之一,主要关注点在于发明专利对企业科技创新能力、知识产权竞争力及未来主营业务的支持功能。拟 IPO 企业披露的发明专利是否与企业主营业务及产品相关,是否能够提供技术优势也是需要重点关注的问题。

因此,提前对拟 IPO 企业的知识产权风险开展分析,针对性地制定知识产权风险的防控策略,或者提前对潜在风险作出处置,能够帮助拟 IPO 企业解决 IPO 审核过程中的知识产权问题,支持拟 IPO 企业顺利过会。

(二)知识产权风险分析的目的

知识产权风险分析工作的基本目标,是通过一系列信息收集了解企业知识产权方面存在的潜在风险,提前制定风险防控预案、处置风险及降低或消除风险发生的可能性,确保拟 IPO 企业不因知识产权问题造成 IPO 受阻。知识产权风险分析工作的最终目的是控制知识产权风险行为。一般可以从分析与该行为有关的企业内部活动和外部环境入手,找出影响风险发生和风险损失的各类因素和相关主体,在此基础上通过停止该行为、调整行为方式或提供其他辅助措施等方式来实现风险控制。

二、知识产权风险分析重点对象

(一)主营产品

当一个拟 IPO 企业产品线较为丰富的时候,要对所有的产品都进行知识产权风险分析排查、评估和防控,其综合成本较高,因此企业可以选择重点产品加以关注并进行知识产权风险的管控。其中,值得关注的重点产品可以包括以下几类。

1. 市场占有率增长快的产品

这类产品往往会对其他同类产品的市场份额产生很大影响,同行的市场会受到很大威胁,甚至可能会导致行业格局发生变化。市场占有率增长快的产品,往往也是企业获利潜力最大的产品,很可能是企业的主营产品或者可能成为企业未来的主要增长点,从而导致竞争对手利用知识产权来打压拟 IPO 企业。

2. 市场销售额高的产品

市场销售额高的产品，企业获取的经济利益也越大，一旦发生知识产权侵权诉讼，原告通过诉讼或其他手段所获得的赔偿数额也就越高，企业潜在的损失风险较大，对企业的主营业务可能造成影响。

3. 企业作为重点战略发展的产品

这类产品现在还处于概念化阶段，尚未进入市场，或者在市场中尚未成为主流。这些产品虽然现在对企业利润贡献较小或者没有利润，但根据技术发展和市场需求的预期，将是企业战略规划中作为未来重点发展的产品，也就是说该类产品可能成为企业未来盈利的增长点。

（二）不同知识产权类型

按照《民法典》第一百二十三条的规定，"知识产权是权利人依法就下列客体享有的专有的权利：（一）作品；（二）发明、实用新型、外观设计；（三）商标；（四）地理标志；（五）商业秘密；（六）集成电路布图设计；（七）植物新品种；（八）法律规定的其他客体"。因此，从知识产权风险分析理应包含拟IPO企业主营业务涉及的所有知识产权类型。2021年《科创属性评价指引（试行）》对发明专利的要求有明确的规定，且从拟IPO企业实际遭遇到的知识产权诉讼情况来看，专利诉讼是当前发生纠纷频率最高的知识产权类型，因此根据科创板企业技术属性的要求，商业秘密、著作权（软件著作权）以及商标也是风险分析需要重点关注的知识产权类型。

第二节　专利风险分析及防控

2021年《科创属性评价指引（试行）》对发明专利指标有明确要求，使专利问题成为众多拟上市企业知识产权纠纷中发生频率最高的问题。部分企业因为专利权纠纷事宜影响IPO进程，还有一些企业因为专利诉讼终止上市申请，导致前期无数的努力和付出付之东流，充分说明科创板企业专利问题对企业顺利上市至关重要。

影响拟IPO企业专利风险的因素主要来自潜在的专利侵权纠纷、专利权属纠纷以及专利稳定性问题等方面。其中，潜在的专利侵权纠纷是导致拟IPO企业遭遇专利诉讼的主要问题。其风险分析也较为复杂。

一、专利侵权风险分析及防控

专利侵权风险的分析主要包括对象确定、专利检索、专利筛选、技术比对、风险评估以及风险防控几个方面（图3-1）。

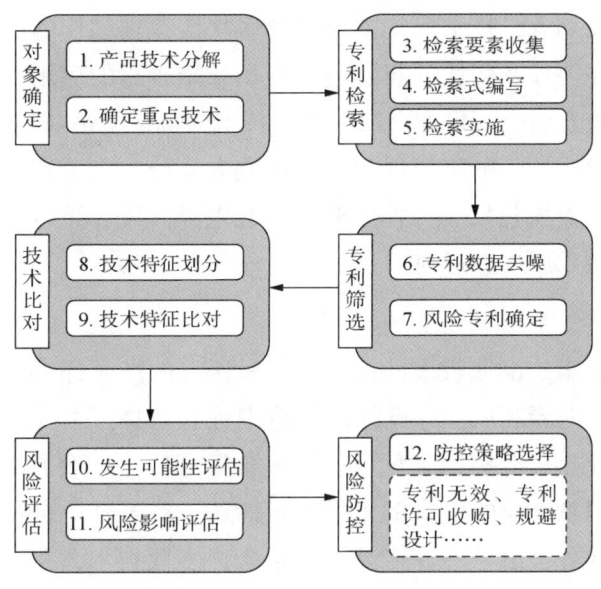

图 3-1 专利风险防控工作流程

(一) 对象确定

侵犯他人专利权的风险分析工作较为复杂，首先需要确定分析对象和分析重点。

1. 产品技术分解

技术分解是对拟 IPO 企业产品的技术主题按照技术构成、功能特性、工艺步骤方面进行划分形成不同级别的技术分支，最终确保专利技术文献能够对应到技术分支。技术分解一般需要围绕目标技术主题进行，既要考虑后续开展专利数据检索的便利性，还要符合技术领域的技术逻辑层级，并得到企业技术人员的认可。技术分解既有助于界定专利侵权风险分析的技术范围，准确反映产品技术的整体情况，又能明确产品技术由粗到细不同级别的技术构成，为后续确定专利检索要素和专利检索策略，梳理分析技术关键点，聚焦侵权风险分析重点提供基础。

技术分解的角度并没有一定之规，基本原则是按照技术领域的基本理解逻辑，聚焦结构和功效。根据分析目的的不同，技术分解也可以从不同的视角切入。通常，针对某项技术的技术分解可以从解决问题、工艺流程、技术组件、材料构成、标准协议入手，针对某个产品的技术分解则更多聚焦模块、组件、工艺、材料等，针对应用的技术分解则更关注对象和协议。

在技术分解时，不同层级的技术分支可根据风险分析需求以不同的分类方式予以组合搭配。❶ 以区块链为例，它属于计算机技术的新型应用模式，技术的边界范畴不是

---

❶ 国家知识产权局学术委员会. 专利分析实务手册[M]. 北京：知识产权出版社，2021.

很清晰。从技术角度切入，技术分支主要涉及区块链数据结构的底层技术；从应用角度切入，技术分支主要涉及区块链与具体行业场景结合后的应用。技术分解时可以根据风险分析的需要进行组合。再如，以太赫兹技术为例，太赫兹辐射源、成像探测器、光电导装置以及频谱应用。针对辐射源，从性能方面分为光学和电学两个方面，涉及光学性能方面的主要器械包括了气体激光器、光电导天线、光整流技术等技术，这些技术又可以再根据技术层次进行划分。

2. 确定重点技术

在拟 IPO 企业主营产品线较多的情况下，对所有的产品都进行专利风险分析工作量较大。因此，需要对专利风险分析的产品范围进行选择。主要的考虑因素包括：占据企业的经营业务比重、专利密集程度、技术含量高低等。除了从产品重要程度明确重点技术外，也可以从企业的供应链角度进行确认，对于企业自行研发的技术或者产品需要重点关注。此外，由于一件产品往往包含许多项技术，在对某一件产品开展专利风险分析时可以重点关注该产品的基础技术、上游关键技术以及拟 IPO 企业相对薄弱的技术开展专利风险分析。

（二）专利检索

为了确保能够全面检索到所有的相关专利，一般情况下，需要分别针对产品技术主题和目标企业结合开展检索。其中，针对目标企业的检索目的是弥补针对产品技术主题检索中的疏漏，确保专利侵权风险分析能够尽可能地囊括潜在的风险专利，完整地掌握可能发起专利诉讼的竞争对手信息。

1. 针对技术主题检索

针对确定产品或者技术的专利检索的流程主要包括确定检索的技术目标、收集和整理检索要素、构建检式、修正检索式等步骤。

（1）检索式的编写。

编写检索式的首要工作是确定检索的技术目标。这部分工作需由专利风险分析人员与企业技术人员共同对检索的产品或技术对象进行讨论，对其技术方案进行解读和归纳，形成技术分解表。

技术分解表形成之后就可以开展检索要素的收集和整理工作。检索要素可以先查找与目标产品或技术整体相关的关键词与专利分类号，再分别查找与技术分解表中各个技术分支相关的关键词与专利分类号。由于专利文献在的词语表达上与一般性文件不同，具有多样性、复杂性的特征，因此关键词的收集往往成为专利检索中的一个重要环节。为保证检索结果的全面性和准确性，需要全面收集和整理相关的关键词来构造检索式。其中，特别重要的是收集本领域特有的专用词汇。在查找确定关键词的过程中，需要注意的是，对于一些含义广泛、跨领域应用的词语，需要慎重纳入检索关键词范围。如表3-1所示的技术分解表示例中,"基底材料"在化学和材料领域也有广泛应用,如将其作为检索关键词,在后期检索过程中可能会引入不属于目标对象的专利数据,给后期的专利风险分析造成困扰。

表3-1 技术分解表示例

太赫兹辐射源	光学	气体激光器	CO_2激光器
			气体介质
		光电导天线	飞秒激光器
			基底材料
			天线结构
		光整流技术	电光晶体
	电学	量子级联激光器	基底材料
			外延生长
			波导
		真空电子器件	行波管
			回旋管
			返波振荡器
			纳米速调管
		倍频技术	耿氏振荡器
			隧穿二极管
			肖特基二极管
			倍增电路

表3-2 检索要素示例

太赫兹技术检索要素	
关键词	太赫兹、THZ
	光电导、光整流、非线性差频、参量振荡、参量放大、量子级联、真空电子、电子真空、倍频等
	光电导采样、光电导取样、电光采样、电光取样、热探测、外差等
	时域光谱、TDS等
分类号	G01N、H01S、G02B、G02F、G01N21/3586 等
	S03、V07、V08、S03-E05E 等
	2G059、2K002 等

构建检索式时,一般情况下采取关键词与专利分类号(如IPC分类号、CPC分类号等)相结合的检索方式进行检索(表3-2)。结合技术分解表中技术分支之间的关系,通

过"与""或"等关系字符将关键词和分类号合理地编写在一起,形成综合检索式。

(2) 检索的实施。

根据所检索的产品所涉及技术的复杂度,检索的方式也有所不同。技术内容较为单一,如化学、零部件等产品,实践中往往是作为一个整体侵犯现有专利的权利。对于这类产品,可以直接根据产品的类别、结构、材质、物理或化学性质等特点进行检索。复杂的技术产品往往涉及跨领域技术的集成,在产品上综合了不同技术方面的研发结果,其作为一个产品整体可能侵犯他人专利权,其中用到的原材料、零部件也可能会侵犯他人的专利权,如电脑,其结构外形、处理器、主板都可能存在侵权风险。因此,前期的技术分解就非常重要,复杂的产品或者技术可以选择合适层级的技术分支开展检索。

为确保检索结果的全面性和完整性,在进行专利检索、数据筛选和相似性比对的过程中需要根据结果不断补充检索关键词,修正检索式的表达,最终形成较为理想的检索式。

检索完成后,需要对检索结果的准确率和全面性进行评价。准确率的评价较为简单,可以随机抽取一定数量的专利,通过初步浏览判断准确数据的比例。全面性的评价,可以通过事先选择一部分与目标产品或技术明确相关的专利,在检索结果中去寻找,以判断检索结果是否覆盖了所有相关专利。

2. 针对目标企业检索

由于拟 IPO 企业所面临的专利侵权风险通常会来自与其存在市场竞争关系的企业。直接针对竞争对手公司进行专利检索是发现风险专利较为快捷的途径。另外,针对目标企业开展检索,也可以对针对目标主题检索获取的结果起到查漏补缺的作用。

目标公司的对象一般包括:正在与企业直接发生市场竞争关系的同行企业,即当前的竞争对手;曾经在行业内占据重要地位但逐渐退出市场的公司(这类公司虽不与拟 IPO 企业直接发生市场竞争,但其往往拥有大量专利储备,随时可能会利用专利牟利);未来可能与本企业发生市场竞争关系的公司,即潜在的竞争对手;以专利运营为主,自身并不直接参与产品的研发、培育等活动的 NPE。

(三) 专利筛选

为保证专利检索数据的全面性,在前期的检索式中一般会引入较多的关键词和分类号,但是,过多的关键词和分类号也会影响检索结果的准确性,导致检索结果中含有部分无关专利文献。因此,在检索式固定、检索结果已经明确的情况下,必须对检索结果中的专利进行筛选整理,以去除不相关的专利,保留与专利风险分析目标主题有关的专利。

在实践中,往往采用专利风险分析人员与企业技术专家共同合作、分别负责的方式对检索结果进行筛选,以确定较为精确的分析样本。首先,由专利风险分析人员以浏览专利标题和摘要的方式对检索结果进行第一步筛选,排除绝对不相关的专利。其次,再由企业技术专家团队再对第一步的筛选结果进行进一步的筛选,以关联度高、中、低等方式对专利数据进行标注,同时再次排除不相关的专利,确定最终准确的专利检索结果。

(四)技术比对

专利检索结果确定后,下一步就需要对其中的专利与拟 IPO 企业产品技术进行比对,考查专利权利要求与拟 IPO 企业的产品或技术方案之间的关系,判断拟 IPO 企业的"产品"或"技术"与专利权利要求描述的技术方案是否相同或等同,以明确专利风险。实践中,由于专利检索结果中的专利与拟 IPO 企业产品的关联程度,技术比对的工作可以按照关联度的高、中、低的顺序进行。一般情况下,技术比对分为技术特征划分与技术特征比对两个部分工作。

1. 技术特征划分

因为在专利侵权判定中采取的是"技术特征逐一比对"的方式。因此,在判断拟 IPO 企业的"产品"或"技术"与专利权利要求描述的技术方案是否相同或等同时,首先要对专利权利要求和拟 IPO 企业产品(技术)进行特征划分,才能进行特征对比,判断被控是否构成相同或者等同。

技术特征划分是指将专利权利要求和拟 IPO 企业产品(技术)分解成能够相对独立地执行一定功能、产生相对独立的技术效果的最小技术单元。对技术特征的划分应当首先对专利的权利要求进行划分,在准确划分专利权利要求的技术特征的基础上,再对拟 IPO 企业产品(技术)的对应技术特征进行分析。

具体可按如下流程操作,如表 3-3 所示:对专利的权利要求进行技术特征划分;对拟 IPO 企业的产品(技术)进行技术特征划分;制作"专利权利要求",拟 IPO 企业的产品(技术)的技术特征对照表。

表 3-3 技术特征对照表示例

本专利权利要求 1 记载的技术特征	"JCCY2336-O"—型太阳能组件层压机技术方案的技术特征	相同或等同
上箱体耐高温布传动装置;	上箱体耐高温布传动装置;	相同
1. 封闭循环的上箱体耐高温左传动链(1);	封闭循环的上箱体耐高温左传动链;	相同
1.1 上箱体耐高温布左传动链(1)位于上箱体耐高温布的左侧;	上箱体耐高温布左传动链位于上箱体耐高温布的左侧;	相同
1.2 上箱体耐高温布左传动链(1)通过连接件与上箱体耐高温布固定连接;	上箱体耐高温布左传动链通过连接件与上箱体耐高温布固定连接;	相同

续表

本专利权利要求1记载的技术特征	"JCCY2336-O"一型太阳能组件层压机技术方案的技术特征	相同或等同
1.2.1 连接件由拉杆（9）及两个拉杆座（14）组成；	连接件由拉杆及两个拉杆座组成；	相同
1.2.2 拉杆座（14）位于所述拉杆（9）的两端；	拉杆座位于所述拉的两端；	相同
1.2.3 拉杆（9）固定耐高温布；	拉杆固定耐高温布；	相同
1.2.4 拉杆座（14）将拉杆与传动链固定连接；	拉杆座将拉杆与传动链固定连接；	相同
2. 封闭循环的上箱体耐高温布右传动链（1'）；	封闭循环的上箱体耐高温布右传动链；	相同
2.1 上箱体耐高温布右传动链（1'）位于上箱体耐高温布的右侧；	上箱体耐高温布右传动链位于上箱体耐高温布的右侧；	相同
2.2 上箱体耐高温布右传动链（1'）通过连接件与上箱体耐高温布固定连接；	上箱体耐高温布右传动链通过连接件与上箱体耐高温布固定连接；	相同
⋮	⋮	

2. 技术特征比对

专利权利要求和拟 IPO 企业产品（技术）的技术特征划分完成后，就需要对技术特征开展比对。技术特征比对需按照全面覆盖原则进行，即全面考虑专利权利要求中的每一个技术特征，只有被控侵权技术方案包含了专利权利要求中的所有技术特征时，才认定侵权成立。因此，如果拟 IPO 企业的产品（技术）中包含对比专利的权利要求中记载的全部技术特征，则可以判定该专利为风险专利，需要重点关注。

当适用全面覆盖原则不能得出产品与引用专利类似的结论时，应当适用等同原则继续进行判断：如果拟 IPO 企业的产品（技术）中除与对比专利相同的技术特征外，其余技术特征分别与对比专利的相应技术特征构成等同，则可以认定该"产品"或"技术"仍然落入对比专利的保护范围，该专利同样属于风险专利。❶

在进行比对判断时，要注意对专利的所有独立权利要求和从属权利要求逐一进行判断。技术比对分析一般由企业自身的技术人员、知识产权部门人员以及专利风险分析工作人员共同组成技术对比分析团队具体实施。

（五）风险评估

对检索结果的专利进行比对后，拟 IPO 企业就能明确具体的风险专利。在实践中，

---

❶ 国家知识产权局. 专利侵权纠纷行政裁决办案指南[M]. 北京：知识产权出版社，2019.

即使存在风险专利，专利的持有人也不一定发起诉讼。发起诉讼后，每个风险专利对拟 IPO 企业造成的影响也可能不同。❶ 因此，为给后期专利侵权风险的防控工作提供指引，需要对专利侵权风险开展评估，包括专利风险性发生可能性、专利侵权风险影响评估等。

1. 专利风险发生可能性评估

专利侵权风险发生的可能性的评估需要从风险专利的威胁程度、行业专利诉讼风险度、风险专利持有人诉讼实力三个维度评价。一般而言，风险专利威胁程度越大，行业专利诉讼发生频率越高，风险专利持有人具有过往专利诉讼经历，拟 IPO 企业在与专利持有人竞争关系越激烈，专利侵权风险发生的可能性就越大。

（1）风险专利威胁程度。

评价风险专利威胁程度需要从技术重要程度、可替代性、侵权行为发现难易程度、被引证频次等指标综合考虑。

①专利技术的重要程度主要指对风险专利相关技术在拟 IPO 产品（技术）的重要性进行评估。

②专利技术方案的可替代性，主要是指从技术、成本、性能等方面对风险专利技术是否存在可替代技术方案，是否容易规避设计等开展评估。一般而言，越难以被替代的专利技术方案，越想做到完全不侵权，其所付出的成本会越高，该专利对企业的威胁越大。

③侵权行为发现的难易程度，主要是指对风险专利技术方案在被实施后被发现的难易程度以及被发现后是否容易举证进行评估。越难被发现或者越难被举证发现的专利，其威胁程度越小。一般而言，侵权行为发现的难易程度往往还与权利要求的主题存在一定关系。例如，权利要求主题保护产品、结构等的专利往往较易发现侵权，而涉及制造工艺、检测技术等的专利往往在被实施后难以发现侵权行为。

④特殊考虑因素，包括标准必要专利、已经进行过转让或许可的专利、发生过诉讼或争议的专利、被引频次较多的风险专利等。

（2）行业专利诉讼风险度。

对行业诉讼风险度的评价需要根据行业过往专利纠纷发生频率、专利纠纷的处理结果、专利纠纷对相关企业的影响以及行业市场规模和成长性等因素综合考虑。

①专利纠纷发生的频率是指行业以往一定时期内发生专利纠纷的次数，频率越高，表明行业中的企业更倾向于通过专利诉讼开展竞争，因而专利风险发生的可能性越大。

②专利纠纷的处理结果一定程度上可以反映纠纷解决的方式与后果。拟 IPO 企业要依据相关信息制定诉讼防控应对策略并预判诉讼的处理结果。

---

❶ 杨铁军. 企业专利工作实务手册[M]. 北京：知识产权出版社，2013.

③专利纠纷对相关企业的影响主要是指以往专利纠纷对被告企业市场行为的影响，如赔偿额度和制裁措施等。

④行业的市场规模和成长性可以反映企业面临的市场竞争激烈程度，预期市场规模越大、成长性越高，专利风险发生可能性也越高。

（3）专利持有人的诉讼实力。

专利持有人的诉讼实力主要是指相较于拟 IPO 企业，风险专利专利权人的专利诉讼能力。

①风险专利专利权人的攻击性，可以通过其与拟 IPO 企业的商业关系以及其以往专利诉讼经历、习惯进行评估。

②风险专利专利权人的攻击实力，可以通过专利权人在相关领域的专利储备情况进行评估。

2. 专利侵权风险影响评估

专利侵权风险发生后的影响的评估可以从财产损失、非财产损失、业务受限以及 IPO 进程影响等方面进行评测。

财产损失主要是指专利侵权风险发生后，对可能会给公司造成的经济损失的大小进行评估。一般专利诉讼发生带来的经济损失主要包括：经济赔偿、诉讼费用、停止侵权所带来的损失（如产品停止销售带来的投资、营收等损失）。对于所有的经济损失，需要结合企业业务规模、经营利润等因素综合评判是否对企业主营收入造成影响。

非财产损失主要是指专利侵权风险发生后对企业形象的影响。专利侵权风险发生后，企业可能会发生客户流失、商誉降低等情况。评估非财产损失，需从重建客户关系、恢复信誉等所需投入的成本入手。

业务受限主要是指专利侵权风险发生后，给企业研发计划推进、产品销售等日常经营活动造成的影响程度。专利侵权风险发生后企业相关研发项目可能暂停、终止或者需要调整，产品销售工作可能暂停。

对 IPO 进程的影响主要是指，结合财产诉讼、非财产损失以及业务受限等角度综合评估，以判断专利侵权风险是否可能影响 IPO 审核部门作出中止或者终止的决定。

（六）风险防控

1. 专利风险防控的策略类型

根据专利侵权风险发生的背景以及实际状况不同，防控的措施也有多种类型。总体上，包括风险消除、风险转移、风险降低等方式。

风险消除是指通过采取各种措施规避风险发生，如通过规避设计绕开风险专利保护范围、提起无效申请使风险专利权利失效，主动寻求专利许可提前处置风险等。

风险转移指通过采取控制措施，将专利侵权风险转移给第三方，如通过合同约定的方式将专利风险转移给委托方或合作开发方、零部件（原材料）供货商。

风险降低是指通过采取控制措施，降低风险发生的可能性和造成的损失，如通过专利挖掘、专利收购、企业并购等措施提高拟 IPO 企业的专利对抗实力，向风险专利持有人形成反制威慑。

2. 专利风险防控策略的选择

在选择和制定专利风险防控策略时，应该结合前一部分对专利风险的评估结果以及拟 IPO 企业产品（技术）特点、策略时效性等因素进行决策。

首先需要考虑措施的可行性。防控措施是否可以实施有赖于企业自身的实力和相关的外部环境。而且，拟 IPO 企业所处的时间段特殊，特别需要考虑措施的时效性。例如，实施规避设计和专利挖掘，需要企业本身具备一定的研发能力；实施专利收购、企业并购则对企业本身的经济实力、管理能力有较高要求。另外，不同的防控措施，效果实现的周期也不同。例如，规避设计、专利挖掘往往需要较长的时间才能实现效果，对于拟 IPO 企业已经不再适用。

成本和效益也是需要考虑的另一个因素。专利风险防控的最终目的是确保拟 IPO 企业顺利过会。无论采用哪种防控措施，企业都需要投入一定的成本。防控措施的实施成本与风险消除或者降低的效果需要对比考虑。

在具体的防控措施方面，专利无效、收购或者获得风险专利许可是直接消除专利侵权风险的有效手段。其中，专利无效措施需付出大量时间和人力成本，因此专利无效措施主要用于剔除个别风险点。例如，上海晶丰明源半导体股份有限公司（以下简称晶丰明源）原定于 2019 年 7 月 23 日接受科创板上市委 IPO 审核，但是却在 2019 年 7 月 19 日遭到矽力杰半导体技术（杭州）有限公司（以下简称矽力杰）提起的发明专利侵权起诉。矽力杰起诉晶丰明源公司两款产品分别侵犯其 ZL201410200911.9、ZL201510320363.8、ZL201710219915.5 三项专利。晶丰明源受此影响中止 IPO 审核之后，迅速在招股说明书中补充披露了相关诉讼影响，并向国家知识产权局就"可调光 LED 驱动电路"（ZL201410200911.9）提起无效申请，声明其余两件专利技术方案与公司产品技术不同。作为风险的预防，可以提前对一些风险专利收集无效证据，以为将来可能的专利无效措施做好准备。对一些风险系数较大的专利以第三人的方式提前提起专利无效。

无论是规避设计还是其他途径，企业都需要付出一定的时间和经济成本，适当情况下提前收购专利、寻求专利许可也不失为一种提前处置专利风险的措施。2020 年 5 月，主营投影仪业务的成都极米科技股份有限公司（以下简称极米科技）申请科创板 IPO 上市。2020 年 6 月，光峰科技旗下的峰米科技（北京）科技有限公司（以下简称峰米科技）用光峰科技的专利，起诉极米科技专利侵权，涉诉 4600 万元。2020 年 7 月，光峰科技又针对极米科技已披露的 16 件专利全部发起专利无效请求。经过磋商，极米科技与光峰科技签订《专利许可协议》,通过获得专利许可的方式扫除上市的专利纠纷障碍。

此外,需要注意的是,防控专利风险的措施手段较多,拟 IPO 企业也可以结合自身状况、风险专利持有人实力选择多种措施组合防控应对。

二、其他专利风险分析及防控

除了专利侵权风险,实践中,审核部门还会关注其他方面的专利问题,包括专利权属、专利权利的稳定性、专利许可转让情况及公允性等问题。

(一)专利权属风险的分析及防控

专利权属风险主要是指拟 IPO 企业专利权利的权属方面存在的瑕疵可能引起的纠纷。2019 年 5 月至 2020 年 7 月,在敏芯微电子上市申请过程中,歌尔股份有限公司(以下简称歌尔股份)除陆续向敏芯微电子提出 10 起专利侵权诉讼外,还协同关联企业以职务发明为由,针对敏芯微电子的 7 件专利及专利申请提起了一系列权属纠纷之诉,对敏芯微电子的上市进程产生了较大的阻力。虽然敏芯微电子最终于 2020 年 7 月 14 日顺利过会,但这一上市之旅可谓惊心动魄。为了避免在审核过程中由于专利权属问题引起不必要的纠纷,影响 IPO 进程,有必要提前对拟 IPO 企业的专利权属问题进行排查分析,并提前处理。

相较于专利侵权风险的分析,专利权属风险的分析较为简单。一般的专利权属风险主要来自企业对外委托开发、合作申请产生的专利以及职务发明专利。《专利法》第八条规定两个以上单位或者个人合作完成的发明创造、一个单位或者个人接受其他单位或者个人委托所完成的发明创造,除另有协议的以外,申请专利的权利属于完成或者共同完成的单位或者个人;申请被批准后,申请的单位或者个人为专利权人。由于合作开发或者委托开发产生专利权属纠纷也是企业在日常经营中经常出现的纠纷。

为了了解潜在的专利权属风险,拟 IPO 企业需要对专利的来源、取得方式和时间、是否合法有效存续,是否存在被终止、宣告无效的情形,专利发明人与发行人的关系以及共有权属的专利情况开展调查分析,逐件核查专利权属问题并提前进行处置。对于专利权属存在争议且争议专利对拟 IPO 企业主营业务较为重要的情况,应提前通过谈判、购买等方式取得专利所有权,避免审核过程中出现专利权属纠纷。

(二)其他问题分析及防控

在 IPO 审核过程中,关于专利,审核部门还会就专利的稳定性、有效性、授权许可的情况进行提问。因此,拟 IPO 企业也应提前针对对应问题开展排查并处置。

针对专利稳定性问题,对已获授权的专利的期限和稳定性开展评价。针对处于申请阶段的专利,明确当前专利申请的阶段以及尚未取得专利权的原因。针对专利授权许可的情况明确专利权利人授权拟 IPO 企业使用技术的情况，包括授权使用的技术名称、授权时间、使用范围、使用限制、使用期限、授权形式、授权许可使用的费用、支付情况及公允性、有无向发行人以外的第三方授权使用以及发行人使用授权技术的研发、生产情况，授权技术对发行人的经营、业绩贡献情况等。

第三节 其他知识产权风险分析及防控

一、商业秘密风险分析及防控

商业秘密因与技术关联紧密，因此也成为知识产权风险分析的重点对象。对于企业而言，商业秘密泄露是面临的主要风险，究其原因大体可以概括为未建立严密的商业秘密保护制度从而导致员工离职时将商业秘密带走，商业秘密被他人窃取，没有严密的防控体系而导致商业秘密不当泄密等。此外，拟 IPO 企业是否涉嫌侵犯他人的商业秘密也是关注的焦点。近期，科美诊断技术股份有限公司（以下简称科美诊断）、深圳汉弘数字印刷集团股份有限公司（以下简称汉弘集团）等企业就在科创板上市过程中遭遇商业秘密诉讼纠纷。

（一）商业秘密管理体系评价

从商业秘密管理的角度，拟 IPO 企业须有健全的商业秘密管理体系及措施，以控制商业秘密外泄，阻绝侵犯他人商业秘密的行为。此外，保密性（保密措施）也是商业秘密的成立要件，对拟 IPO 企业的商业秘密管理制度和措施进行评价，既可以加强拟 IPO 企业的商业秘密保护，又能降低商业秘密的风险。对于企业商业秘密保密制度和措施的评价主要考虑以下几个方面。

（1）是否建立商业秘密保护管理机构，配备专职或兼职的管理人员，对商业秘密的保护进行规范化管理。企业应当制定有关技术秘密保护的规章制度，建立岗位责任制，使企业的商业秘密管理制度化。

（2）是否明确商业秘密的范围。过往众多的商业秘密审判案例提醒我们，商业秘密必须有明确的范围。关于商业秘密范围的划定一般从以下几方面考虑：①该信息保密的必要性；②该信息保密的可能性；③与其他知识产权保护方式相比，以商业秘密方式进行保护，是否具有更好的效果。

（3）是否根据保密事项的价值大小划分等级。企业应根据泄密会导致企业遭受损害的程度，对商业秘密的秘密性进行等级划分。企业一般采取绝密、机密和秘密对商业秘密进行三级划分。

（4）是否在商业秘密载体上面作出明显标识。企业应分别对书面形式的、非书面形式的、涉及计算机相关技术的商业秘密采取易识别易管理的标识方式。

（5）是否规定与相关人士签订保密协议和竞业限制协议。签订保密协议和竞业限制协议是企业保护商业秘密重要且有效的措施，在企业的保密制度中予以详细规定非常必要。

（6）是否确定保密文件的存储和传输方式。涉及公司商业秘密的文件的制作、收发、传递、使用、复制、摘抄、保存和销毁，应委托专人执行并在设备完善的保险装置中保存。

（7）是否编制有保密手册供员工学习。企业的商业秘密保护不仅需要健全的保密制度，专门的保密组织，合理的保密措施，以及专业的保密技术，更重要的是使保密意识深入人心。

企业商业秘密管理措施方面需要重点评价：有无通过工作区域管理保护商业秘密，包括设置相对保密的区域，规范在涉密工作区域内员工的行为等；是否加强电脑存储的商业秘密的管理和保护，包括配备专门的电脑、设置复杂的电脑登录口令、禁止有关商业秘密文件的复制等；有无要求离职员工签署《保密承诺书》，要求离职员工履行应尽的保密义务。

（二）商业秘密风险分析

侵犯他人商业秘密的风险有多种方式，目前最常见的纠纷主要是企业招聘从竞争对手离职的员工引发的商业秘密侵权。人才流动有利于实现人才资源的优化配置，提高人才的创新积极性。但是近几年来，原单位控告跳槽员工与接收跳槽员工的企业侵犯其商业秘密的案件不胜枚举。商业秘密纠纷主要分为两种情形：一是被告企业为了获取技术秘密，跳槽员工为了工作前途，带着原单位的商业秘密，投奔与原单位存在竞争关系的被告企业；二是部分接收跳槽员工的企业在不经意间或因失误而被卷入商业秘密侵权纠纷的风波。因此，针对第二种情形，主动对招聘员工开展商业秘密的风险排查，尽量避免侵犯其他企业的商业秘密纠纷的发生非常重要。是否录用跳槽员工，在某种程度上讲，是企业侵犯其他企业商业秘密的门槛，即录用掌握了其他企业商业秘密的员工，会给拟IPO企业埋下侵犯其他企业商业秘密的隐患。汉弘集团的科创板申请自2020年4月16日被上交所受理。2020年6月，深圳市润天智数字设备股份有限公司对汉弘集团提起诉讼，要求被告停止侵犯其涉案技术秘密，并赔偿经济损失，同时还举报汉弘集团上市委问询答复不实。

对于拟IPO企业，应在上市准备阶段对近2~3年内招聘的员工进行商业秘密侵权风险的分析排查。分析排查的对象主要为通过社会招聘从其他同行企业离职的员工。排查的主要内容包括：①调查招聘员工在原单位的职务以及离职原因等基本情况，重点确认招聘员工在应聘过程中是否意图通过提供技术信息作为提高其录取率的筹码的情形;②确认招聘员工是否属于本企业高管、项目负责人或者技术人员;③在招聘员工为本企业高管、项目负责人或者技术人员时,需进一步明确该员工入职以来从事的工作中,是否有涉及使用其前雇佣单位商业秘密的情形。通过以上步骤,确认企业新进招聘员工是否存在侵犯其他企业商业秘密的风险。

(三)商业秘密风险防控

在确定商业秘密侵权风险的同时,应借助专业团队提前准备防控商业秘密风险的预案。主要的工作应围绕侵权抗辩方面做好准备工作。一般性的抗辩包括对方信息不构成商业秘密和侵权行为不存在两个方面。

1. 对方信息不构成商业秘密

以商业秘密进行侵权控告,前提是秘密信息需要符合商业秘密的要件,主要包括非公知性(秘密性)、实用性、保密性,拟IPO企业组织的抗辩也主要从以下几点出发:①信息已为公众所知悉,社会大众或该行业中的普通人员可比较轻易地通过合法的手段取得;②信息不具有实用性,不能为权利人带来经济利益,即该信息仅在理论上成立,目前尚无法将其应用到实际当中,不具有实用性,也不能给原告带来经济价值或者潜在的竞争优势;③信息未经权利人采取保密措施或虽采取了保密措施,但显然不足以保护该信息的秘密性,不足以让他人知道该信息乃秘密信息。以上抗辩有一个成功,则商业秘密权利人主张的秘密信息就不是商业秘密,商业秘密侵权就不能成立。因此,如果拟IPO企业经过排查,已发现商业秘密的风险,可以针对该风险提前收集相关材料,以应对潜在的商业秘密诉讼纠纷。

2. 侵权行为不存在

如果拟IPO企业根本没有实施侵权行为,商业秘密权利人指控侵权人对其商业秘密进行侵权,自然也就不攻自破。此方面的抗辩主要包括以下内容。

(1)被告使用的信息与原告的信息不相同,也不相似。

原告指控被告侵犯其商业秘密,需要将原告与被告使用的秘密信息进行对比,判断是否相同或者实质相同。如果二者根本不同,或者实质不同,被告使用的信息是与原告截然不同的信息,那么被告抗辩成立。这个角度的抗辩,可采用"密点对照"的方法进行分析,即将原告主张的秘密信息中的要点与被告使用的信息中的要点进行对照,以论证两者间的相同点与区别点。

(2)被告没有可以接触到原告信息的条件与可能性。

在认定被告是否侵犯原告商业秘密时,采用"相同/相似+接触-合法来源"的规则,即使原告与被告的秘密信息相同或者实质相同,但被告没有接触原告秘密信息的可能性,被告有能力研发出来,这样的情况,原告主张商业秘密侵权也不能成立。

(3)被告的信息有合法来源。

由于商业秘密侵权认定采用"相同/相似+接触-合法来源"的规则,就算前面两个抗辩不成功,也就是说,原告与被告的秘密信息相同或者实质相同,被告有接触原告秘密信息的机会或者可能性,但只要被告的信息具有合法来源,同样可以使原告指控不能成立。例如,使用已经原告许可同意;被告使用的信息是被告自己独立取得;被告使用的信息系被告通过反向工程等其他合法方式取得的等。

除了对商业秘密侵权进行必要的抗辩准备以外,拟IPO企业也可以考虑对可能涉嫌侵犯其他企业商业秘密的员工进行妥善处理,以便直接解决商业秘密纠纷发生的根源因素。

二、著作权风险评估及防控

在企业上市的进程中出现的著作权纠纷会对企业上市产生很大的负面影响。目前企业遇到最多的著作权诉讼是侵权纠纷,以IT类企业较多,主要包括互联网侵权、著作权侵权、权属争议、转让与出资瑕疵、许可使用风险等。

(一)企业经营环节著作权检查

企业在日常经营过程中可能涉及著作权的侵权问题,包括生产管理、营销生产环节中办公软件、字体、图片等著作权侵权风险。

企业的内部管理涉及客户营销、财务管理、商业流程管理、计算机辅助设计等一系列办公软件的使用。软件正版化,指软件终端用户购买正版软件,代替原来安装的盗版产品。这里所说的正版软件,既包括外国软件,也包括国产软件。软件终端用户,特别是拟IPO的企业特别需要关注使用办公软件的正版化。

字体侵权是著作权侵权纠纷中最为常见的一类,不同于使用盗版办公软件的侵权行为,字体侵权人往往在被追究责任时才意识到自己的行为可能是侵权行为。相较于计算机软件,使用者往往难以辨识并寻找到字体著作权人。字体侵权往往集中在企业产品或服务的宣传载体上,例如,在酒店餐具上印制文字,在店面招牌或者平面宣传广告中使用广告语,在互联网站或者微信公众平台中发表文章等。

图片侵权也是经常发生的纠纷。优美的风景照、创意性的设计图等都是常见的被侵权标的物。很多使用自媒体的企业,不注意图片的来源,很容易给自己带来纠纷。

对音乐著作权的侵权行为往往表现为侵权人以营利为目的,擅自在经营场所向不特定公众放映权利人作品。此类侵权行为人多集中在酒店、商场、电视台等服务行业。

对于以上几类著作权侵权风险,拟IPO企业需提前按照企业生产管理流程,分环节对各类使用办公软件、字体、图片的版权进行检查。涉及盗版办公软件、侵权字体和图片的需要及时替换。

（二）产品著作权原创性分析

当下文创产业正呈现高端化、服务化、融合化的发展趋势。随着用户市场的持续增长，涉及游戏、综艺、音乐等多个领域的著作权纠纷呈现多发且侵权形式多样的特点。例如，2019年9月23日，在深圳传音控股股份有限公司（以下简称传音控股）上市通过前夕，华为技术有限公司（以下简称华为）诉传音控股及关联企业著作权权属、侵权纠纷一案在深圳中级人民法院立案。虽然，传音控股最后顺利上市，但华为此举也给传音控股科创板上市造成一定干扰。因此，文创产业领域的企业，尤其是游戏、软件领域的拟IPO企业尤其需要重视著作权侵权风险的分析。此外，由于著作权取得实行的是自动取得而非登记取得。登记的证明文件只能为著作权纠纷提供初步的证明。因此，针对主营的软件产品开展著作权风险分析排查就显得尤为重要。

软件的侵权行为一般有两种形式：一是复制程序的基本要素或结构，这一点较容易证实，因为复制即表明完全是翻版，只要完全一样就构成侵权；二是按一定的规则、顺序只复制部分软件代码。在第二种情况下，在判定时通常要审查被告是否窃取了足够多的软件程序表达形式。一般而言，拟IPO企业都属于技术创新型企业，对于第一种完全复制翻版的侵权形式几乎不会出现。但是对于软件产品是否存在部分复制代码的行为，拟IPO企业可能自己也不甚清楚。因此，拟IPO企业需要重点针对软件产品是否存在部分复制代码的情形进行分析排查。

在分析排查过程中，软件程序的"实质性相似"要关注两类情形：一是文字成分的相似，它以程序代码中引用的百分比为依据进行判断；二是非文字成分的相似，强调应该以整体上的相似作为确认两个软件之间实质上相似的依据。所谓整体上的相似是指两个软件产品在程序的组织结构、处理流程、采用的数据结构、产生的输出方式、所要求的输入形式等方面的相似。

（三）著作权风险防控

办公软件、字体、图片等著作权侵权风险一般对企业的影响较小，可以直接利用同类要素进行替换的方式解决风险。涉及产品软件的著作权风险时，拟IPO企业需要提前通过许可或者购买的方式获得合法使用权。在无法获得许可或者购买的情形下，拟IPO企业应聘请专业律师团队制定抗辩理由，并及时、真实、准确地向有关部门披露信息。

三、商标风险评估及防控

商标权是企业无形资产的重要组成部分，也是企业在上市进程中颇受关注的问题。企业在上市进程中遭遇的商标争议主要包括：一般商标近似侵权，侵犯他人驰名商标权益，侵犯他人著作权，外观设计专利权，名称权、姓名权、肖像权等在先权利，申请注册商标遭遇异议或已注册商标遭遇撤销或无效。如深圳市紫光照明技术股份有限公司（以下简称紫光照明）在科创板上市审核过程中就遭遇了商标诉讼。2020年6月30日，紫光照明的科创板申请正式被受理。但在2021年1月29日，紫光照明答复上市委审核意见落实函中，首次披露与紫光集团的商标纠纷案件：紫光集团请求法院判定被告停止使用含有"紫光"字样的企业名称并赔偿经济损失500万元。因此，拟IPO企业提前开展商标风险分析和防范工作也至关重要。商标风险分析工作的维度主要包括企业商标权属的确认以及商标侵权风险的分析。

（一）企业商标权属确认

企业商标权属的确认比较简单，主要是针对企业已经在用或者短期内即将使用的商标进行分析确认。可以针对容易出现问题的环节进行专门排查确认。排查范围包括：商标是否尚未注册、已注册商标是否已及时续展、注册商标是否存在侵害他人驰名商标或使用特定地点及商品通用名称等权属争议、转让商标或出资商标权属是否已变更至公司名下、被许可商标原始权属状态是否有所变化等。

（二）商标侵权风险分析

1. 商标检索查询

商标检索查询是判断商标风险的基础。商标侵权风险分析对应的商标检索查询主要包括以下5方面的内容。

（1）确定查询的类别和类似商品服务群组。

拟IPO企业要先期确定已使用商标的业务主要是哪些类别，并对应到《类似商品和服务区分表》以及具体的商品服务群组。由于区分表与实际的商品服务不完全一致，有的情况下某些业务难以直接归类到某一个群组去，这就需要结合业务特点，确定相关的一个或多个群组。例如，APP分类，各行各业在经营过程中都可能会使用APP作为工具，APP程序并非企业经营业务的本质，做外卖、打车、维修等才是服务的本质。

（2）查询在先相同或近似商标。

以确定好的类似商品服务群组为基础检索查询在先相同或近似商标（以下简称在先商标）。策略上，可以先做相同商标检索查询，再做近似商标检索查询。近似商标检索查询除查询已使用商标本身，还需要对其显著部分进行查询，如"恒大地产"的显著部分是"恒大"。具体视商标本身的情况而定。由于注册商标数量巨大，多数情况都会有在先商标，必须保证在先商标的检索全面性。不能根据在先商标的近似程度去人为排除一些近似程度稍低的商标。有些商标近似程度不高，但商品关联性更强，甚至该商标权利人维权的可能性更高，潜在风险也更大。在检索查询的在先商标比较多的情况下，应当按照申请注册时间排序，而不应按近似程度排序，以便于对相关权利的先后作出判断。

(3) 核实商标的确切状态。

近似查询后需要进一步核实在先商标的状态。如果查到的商标正在申请中，则需要进一步分析其注册成功的可能性，驳回可能性高的一般不构成主要障碍（当然也存在提起复审等不可预测因素）；驳回可能性低的则较可能构成难以解决的障碍。如果已经注册，则核实和分析其权利的稳定性，如是否可能会被撤销或者无效。如果注册已满3年，则可考虑撤销3年不使用的可行性。如果正在被异议、被无效宣告、被撤销或者有相关记录，则要考虑商标是否存在除了申请人之外的其他利益诉求主体，这种情况下的潜在风险更需要警惕。注册时间非常长的商标，则关注该商标是否有按时续展，并进一步了解其注册人是否已注销等。

除了商标状态信息之外，还可以进一步核实其他有价值的参考信息。例如，注册人名下商标数量是多还是少，查到的近似商标属于注册人的核心类别还是非核心类别，是重要商标还是非重要商标，注册意图是用于使用、出售、防御、还是储备等。不同情形下的风险程度以及对应策略都会有差别。

(4) 商标附属信息查询。

核实商标注册人及经营信息。例如，通过企业信用网站等核实注册人是否有被注销或吊销的情况，是否有经营在先商标所涉业务的资质，是否具备使用在先商标的条件。公司规模大小及产品情况如何，是否生产经营在先商标所指定商品等。核实与商标注册人及关联企业所处的地域范围是否相近。通过网络查询商标的使用信息，是否涉及在先商标的使用，具体使用在什么产品上，与企业拟使用业务的关联性如何。此外，还可以关注商标注册人是否发起过侵权诉讼，或者行业内是否侵权诉讼多发等。

(5) 侵犯其他在先权利的查询。

虽然实践过程中发生较少，但是使用商标有可能会侵犯其他在先的知识产权权利，包括：侵犯在先著作权的风险，侵犯在先的姓名权、字号，使用的商标标识使用了需要付费的字体库但未付费等情形。因此，除了检索查询在先商标，还防控可能关联的其他知识产权类型进行查询。

2. 商标侵权风险评估

商标侵权风险判断除了考虑商标本身的近似程度和商品关联程度外，还需要结合多方面因素进行综合考量。

(1) 近似判断的尺度。

一般来说，商标相同或近似程度高的，风险会比较高。不过需要注意的是，商标使用风险评估中的商标近似判断与商标注册审查过程中的判断尺度有差异，大体来说是前者的尺度更松，后者的尺度更紧。因为注册审查过程中主要是对商标标识本身作出对比判断,而商标使用侵权判断中的近似判断涉及多方面的市场因素,影响到混淆可能性的最终结论。实务中常有不区分差异,一律从标识近似角度直接得出侵权结论的情况。

(2) 商品关联性的影响。

商品关联性越强,侵权风险越高。道理很简单,但是查询和评估过程中经常容易忽视这方面问题,如侵权判断时并没有充分考虑到与在先商标指定商品的相关性,不加区分地只对标识近似程度做判断。具体表现在,部分商品到底是完全相同还是按照区分表类似,甚至出现上文提到的对商品信息核实不够准确,在某些关键群组商品已经被驳回的情况下仍认为风险较高。如果商品按照区分表相同,判断时需要更加谨慎。另外商标侵权案件中的商品类似判断,存在个案认定的问题,会有一些主观判断的因素,需要结合商品本身的关联程度以及在先案例进行综合评估。参考在先案例时需要注意个案差异。

(3) 在先商标的显著性。

商标的固有显著性会影响到侵权判断。如果查到的在先商标属于行业内的通用词汇,或者对商品原料、成分、功能、用途、型号等特点存在描述性,则显著性相对弱,被判为侵权的可能性相对稍低;如果在先商标不属于日常生活中的固定搭配,而是由注册人臆造而成,则显著性程度更高,使用侵权风险会相对更高。

(4) 在先商标使用情况。

查到的在先商标如果已经使用,则意味着对其注册人的价值会更大,重视程度更高,维权的可能性也就大一些,并且排除这些在先商标的可能性也就越小。而如果在先商标没有使用的,或者没有使用可能的,则发生侵权诉讼的可能性相对稍低,或者被判为侵权的可能性相对稍低,或者赔偿额会相对更低。如果商标已大量使用且拥有较高的知名度,被判为侵权的可能性会更大,且赔偿额会更高,这种情况下需要尽量避免发生冲突。

(5) 主观因素的考量。

拟IPO企业使用商标的意图以及使用效果方面是否存在攀附他人商誉的可能性,也是判断侵权风险过程中需要考虑的。尽管主观意图并非侵权判断的构成要件,但存在攀附恶意的,导致混淆的可能性会相对更高,可能会成为判断侵权的参考因素。另外,主观因素及表现出来的攀附效果是确定赔偿额的重要因素,非善意使用与他人相同或近似商标的,赔偿额往往会更高。有鉴于此,如果拟IPO企业确实存在非善意倾向,则需要明确提示风险和后果,能更换的要更换,能修改的则修改。

(6) 使用产品特点。

商标使用产品特点决定了消费者的识别能力和注意力程度,与混淆可能性密切相关,会影响到侵权判断。如果是价格昂贵的大宗商品,消费者的注意力程度更高,识别能力更强，更难以发生混淆，汽车品牌"本田"与"现代"能够共存于市场就是例证，也确实不太会出现消费者错将本田汽车买成现代汽车的情况，或者想买"奥迪"结果买回了"奥拓"的情况。而产品若为价格相对低廉的快消品，消费者的注意力程度更低，识别能力也相对稍弱，更容易发生混淆，如买方便面时误将"康师傅"买成"康帅博"，买洗衣服时又将"雕牌"买成"周住牌"，这些情况比比皆是。

（7）商标使用周期及流通范围。

如果拟投入的产品是短期的，则考虑相应期间内的风险，比如某一款互联网产品在研发时就预估了生命周期，这个周期可能会短于商标注册所花时间。有些商品是时令性的，如粽子重点突击端午节前的市场，月饼仅在中秋前热销等，则需要重点考虑关键时间节点的被诉风险以及发生行为保全的可能，销售旺季发生诉讼禁令影响是非常大的。如果流通范围仅在某个区域，则主要考虑此区域内的风险，如白酒行业经常会做一些省级区域或销售大区的定制化产品，侵权风险判断的重点则在该区域内的工商执法特点及诉讼状况。有些产品是小批量的，如赠品只在某次促销活动中使用，有些产品则是为某特定的大企业或团体内部定制而并不在市场流通，这种情况下风险判断的尺度可以适当放宽。如果产品需要在网店上销售，则考虑到平台处理投诉的特点，如有些平台处理投诉时对商品注册类别的区分不是太细致，只要有注册证，产品就会有下架的风险，这种情况下的风险判断就需要扩大类别范围。

（8）合理的抗辩理由。

比较常见的，考虑是否存在叙述性合理使用的抗辩空间，如标志本身构成对产品的通用名称、图形、型号、质量、原料、功能、用途、重量、数量及其他特点的直接描述，甚至是对产地地名的客观表述，按照法律规定，属于这些情形的，注册商标专用权人无权禁止他人正当使用。考虑在先商标是否有连续三年不使用情形而可以不予赔偿的抗辩，当然，即便是判决不予赔偿，被判停止使用影响也是比较大的。

（9）发生纠纷的可能性。

除了评估理论上的侵权风险，还要考虑实际发生纠纷的可能性。如果在先商标对其注册人的重要程度高，如在先商标是注册人在主营业务上的核心商标，则发生纠纷的可能性相对更高；如果是注册人出于防御目的而注册，则发生纠纷的可能性相对更低。与在先商标注册人及关联企业所处的地域范围相近的，发生纠纷的可能性相对更大，相距很远的则可能性相对更小，当然地域性因素对纠纷可能性的影响，在依赖于固定住所的传统服务业会明显些，在流通产品方面影响不那么明显。如果注册人的目的在于出售，则较可能通过发函甚至诉讼的方式索取转让费、许可费或赔偿金。在先商标注册人曾有过发起工商投诉、侵权诉讼等记录的，或者行业内商标权纠纷多发的，则需要重点注意实际发生纠纷的可能。

(三) 商标侵权风险防控

基于上述风险分析及评估，解决方案包括但不限于购买、撤销、无效宣告、适当调整使用形式、洽谈共存或换标等。特别应注意的是，防控方案一定要围绕拟 IPO 企业的需求来设计。

1. 提前获得许可或者购买在先商标

考虑到在 IPO 审查过程中，拟 IPO 企业往往比较被动，而在先商标持有人一般会借势威逼。因此，针对侵权风险较高的在先商标，拟 IPO 企业可以通过购买或者许可的方式提前获得在先商标的合法使用权。

2. 对于三年未使用的商标提前进行撤销处理

在商标注册满三年后，任何组织或个人都有权利对他人闲置不使用的商标进行撤销申请，提前扫除拦路虎。但是，提起撤销申请必须慎重，必须在成功率较高的情况下提出申请，因为如果申请撤销不成功，会使对方有防范之心，反而引起不必要的商标纠纷。

3. 合理抗辩

不侵权抗辩的理由主要包括：商品或服务不类似或者商标不近似的抗辩。提前收集准备相关的抗辩材料。

四、域名风险评估及防控

域名本身不属于知识产权的范畴，但是与知识产权有较为紧密的联系。一般企业的域名会与企业的商号、商标等知识产权相联系。域名在网络上实际具有了区别使用人或其服务的标识功能，与商标、商号的识别性功能相似。所以，域名与商标等知识产权密切相关。

注册一个与某个商标相同的域名，有混淆他人驰名商标的服务与商品的可能。随着域名的广泛应用，域名与商标、商号等识别性标记发生法律冲突的问题日益突出。在域名领域，企业需要防范两方面的法律风险：①与企业名称、商标相关的域名被他人抢注；②企业注册的域名与他人在先权利冲突而带来的法律风险。对于拟 IPO 企业而言，防范域名风险主要在于排查企业注册的域名与他人在先权利冲突而带来的法律风险。排查风险的方式与商标风险排查类似，以拟 IPO 企业域名为检索要素，在商标数据库中进行近似商标检索。风险评估和防控也可参照商标侵权风险的评估和防控措施。

第四章

科创板上市中知识产权诉讼应对

第一节 科创板上市中知识产权诉讼概述

一、科创板上市中知识产权诉讼现状

无论国内还是国外，企业在上市过程中都非常容易遭受诉讼纠纷。科创板明确提出科创属性的要求，知识产权不仅是科创板企业上市的核心竞争力，也是其科创属性的重要体现。企业发生重大知识产权诉讼，不仅可能会对企业的生产经营产生不利影响，也可能会直接影响企业的科创板上市进程。因而，企业在科创板上市过程中更加容易遭受竞争对手提起的知识产权诉讼。

本章首先介绍目前科创板上市中知识产权诉讼的基本情况，其次针对企业科创板上市中几类典型的知识产权诉讼给出抗辩指引，最后对上市中知识产权诉讼的整体应对策略进行总结，以期帮助企业更好地在上市过程中应对知识产权诉讼。本章所涉及的案例信息均来源于拟上市公司的信息披露、中国裁判文书网等公开信息。

目前，很多企业在科创板上市过程中都被问询与知识产权有关的问题。如表4-1所示，其列举了部分企业在科创板上市过程中涉及的知识产权问题。上交所科创板股票发行上市审核信息披露显示，截至2021年5月16日，科创板申报企业有561家，已有104家企业在科创板IPO的审核状态显示为"终止"。其中，大部分企业终止上市的原因都与知识产权问题有一定关联，特别是涉及知识产权诉讼。虽然很多遭遇知识产权诉讼的企业最终得以成功上市，但涉及知识产权诉讼仍然可能会延缓公司的上市进程，迫使公司支付高昂的和解费，甚至对上市后公司估值或公司再融资等造成负面影响，一定程度上还是拖延了公司的发展。

表 4-1　涉及知识产权问题的部分科创板上市企业

公司简称	行业	所涉及的知识产权问题	上市结果
赛特新材	非金属矿物制品业	专利侵权诉讼	IPO 通过
宜搜天下	互联网和相关服务	著作权诉讼	IPO 终止
凯赛生物	化学纤维制造业	不正当竞争	IPO 通过
傲基科技	计算机、通信和其他电子设备制造业	专利侵权诉讼	IPO 终止
安翰科技	计算机、通信和其他电子设备制造业	专利侵权诉讼	IPO 终止
容百科技	计算机、通信和其他电子设备制造业	专利侵权诉讼（上市后）	IPO 通过
极米科技	计算机、通信和其他电子设备制造业	专利侵权诉讼、专利无效纠纷	IPO 通过
光峰科技	计算机、通信和其他电子设备制造业	专利侵权诉讼、专利权属诉讼、专利被申请无效	IPO 通过
敏芯微电子	计算机、通信和其他电子设备制造业	专利侵权诉讼、专利权属诉讼、专利无效纠纷、不正当竞争	IPO 通过
道通科技	计算机、通信和其他电子设备制造业	专利侵权诉讼、商标侵权诉讼、著作权侵权诉讼	IPO 通过
传音控股	计算机、通信和其他电子设备制造业	著作权侵权诉讼	IPO 通过
万佳安物联	计算机、通信和其他电子设备制造业	侵害作品信息网络传播权纠纷	IPO 终止
合晶硅材料	计算机、通信和其他电子设备制造业	专利转让具体情况披露不明；与前员工共有的发明专利对其生产经营重要性披露不明；所拥有专利均为境内专利，境外销售存在潜在风险	IPO 终止
桂林智神	计算机、通信和其他电子设备制造业	存在知识产权被侵害危险	IPO 终止
天科合达	计算机、通信和其他电子设备制造业	3 项发明专利因未按期缴纳年费失效，引发专利管理能力质疑	IPO 终止
秋乐种业	农业	未披露专利数量	IPO 终止
晶丰明源	批发业	专利侵权诉讼	IPO 通过
中望软件	软件和信息技术服务业	商标侵权诉讼、商业秘密侵权诉讼	IPO 通过
拓璞数控	软件与信息技术服务业	专利侵权诉讼	IPO 终止
慧捷科技	软件与信息技术服务业	仅 1 件专利，存在知识产权被侵害风险	IPO 终止
传神语联网	软件与信息技术服务业	部分核心专利处于质押状态	IPO 终止
兴嘉生物工程	食品制造业	研发投入和发明专利数量等信息披露前后不一致	IPO 终止
纵横股份	铁路、船舶、航空航天和其他运输设备制造业	专利侵权诉讼、专利无效纠纷	IPO 通过
长阳科技	橡胶和塑料制品业	专利侵权诉讼	IPO 通过
华纳药厂	医药制造业	专利侵权诉讼	IPO 通过
安杰思	医药制造业	专利无效纠纷	IPO 通过
柯菲平医药	医药制造业	未充分披露技术来源	IPO 终止
前沿生物	医药制造业	核心专利"艾可宁"即将到期风险	IPO 通过
亿腾景昂	医药制造业	产品需要依赖美国合作方的专利授权	IPO 终止
江苏艾迪	医药制造业	核心技术专利来源于天普生化	IPO 通过
微导纳米	专用设备制造业	专利侵权诉讼	IPO 终止

续表

公司简称	行业	所涉及的知识产权问题	上市结果
芯碁微装	专用设备制造业	专利侵权诉讼（上市前）	IPO通过
九号机器人	专用设备制造业	专利侵权诉讼、专利权属诉讼、商业秘密侵权诉讼	IPO通过
汉弘集团	专用设备制造业	商业秘密侵权诉讼	IPO终止
东软医疗	专用设备制造业	产品技术来源、技术形成过程合法合规性及技术授权具体情况披露不完整	IPO终止
赛赫智能设备	专用设备制造业	未充分披露技术来源、专利数量不高、存在技术秘密外泄风险	IPO终止

为了让读者对科创板上市中知识产权诉讼的情况有更加具体的了解，下面以敏芯微电子为例，根据其披露的招股说明书及法律意见答复文件等，对其在科创板上市过程中遭遇的知识产权诉讼进行说明。

如图4-1所示，2019年11月1日，上交所受理了敏芯微电子科创板上市申报文件。如表4-2所示，在2020年6月2日审核通过之前，敏芯微电子共遭遇10起专利侵权诉讼、7起专利权属诉讼和18项专利无效申请。

```
已受理          已问询         上市委会议       提交注册        注册生效
2019-11-01    2019-11-21    2020-06-02    2020-06-08    2020-07-14
                              通过
```

图4-1　敏芯微电子科创板上市时间进度条

表4-2　敏芯微电子科创板上市中所涉及的知识产权诉讼情况

事项	专利诉讼		专利无效申请
	专利侵权诉讼	专利权属诉讼	
案件数量和涉及专利数量	10起专利侵权诉讼，涉诉专利为歌尔股份的专利，不涉及发行人专利	7起专利权属诉讼，涉及3项发行人专利、4项尚在申请阶段的专利申请权，不涉及发行人核心技术	涉及发行人18项发明专利与1项实用新型专利（不涉诉讼）
性质	向法院主张标有发行人相关产品编码的产品侵犯歌尔股份某项专利权，请求判令停止侵权并赔偿损失	向法院主张上述专利属于歌尔股份相关职务发明，请求判令歌尔股份所有	提请国家知识产权局就18项已经历过实质性审查的发明专利及1项实用新型专利是否具有新颖性、创造性再次审查，不涉及权属争议，不涉及诉讼或纠纷

2019年7月29日，歌尔股份以敏芯微电子及北京百度网讯科技有限公司（以下简称百度网讯）侵害其专利号为 ZL201521115976.X、ZL201520110844.1 及 ZL201020001125.3 的实用新型专利权为由向北京知识产权法院提起诉讼，具体诉讼请

求如下：①请求法院判令发行人立即停止侵害其实用新型专利权的行为，包括立即停止制造、销售和许诺销售被控侵权产品的行为，销毁被控侵权产品，以及销毁专用于制造被控侵权产品的零部件、工具、模具及设备；②要求敏芯微电子分别赔偿400万元、300万元及300万元（合计1000万元）；③承担诉讼费用及歌尔股份为制止侵权行为所支出的合理费用。

2019年11月18日，歌尔股份再次向北京知识产权法院提起诉讼，主张敏芯微电子及百度网讯侵害其专利号为ZL201410525743.0的发明专利，具体诉讼请求如下：①主张敏芯微电子及百度网讯立即停止侵害歌尔股份专利权的行为，包括停止制造、销售和许诺销售被控侵权产品，销毁被控侵权产品，以及销毁专用于制造被控侵权产品的零部件、工具、模具、设备；②主张敏芯微电子赔偿3000万元；③主张敏芯微电子承担该案诉讼费和歌尔股份为制止侵权行为支出的合理费用。

2019年11月25日，北京歌尔泰克科技有限公司（以下简称歌尔泰克）向苏州市中级人民法院提起诉讼，将敏芯微电子及其股东李某、胡某、梅某欣列为被告，主张确认敏芯微电子所有的专利号为ZL200710038554.0的发明专利为梅某欣的职务发明，主张该专利的专利权归属于歌尔泰克。

2019年12月25日，歌尔股份向苏州市中级人民法院提起4件专利申请权权属诉讼（以下简称12月权属诉讼），将发行人及李某、唐某明、梅某欣、邵某龙、张某列为被告，主张确认发行人所有的申请号为ZL201910280377.X、ZL201910293047.4、ZL201910293219.8及ZL201910293041.7的发明专利申请为唐某明的职务发明，主张上述专利申请权归属于歌尔股份。

2020年1月、2月、4月和5月，歌尔股份及自然人王某飞作为无效宣告请求人，针对敏芯微电子及其子公司与核心技术的有关的20项已授权发明专利，发起了16项无效宣告请求。

2020年3月4日，歌尔股份及其子公司歌尔微电子有限公司向北京知识产权法院提起诉讼，继续就产品编码为MB17H11N、MB10H11X、MB16H11Y的产品主张敏芯微电子及百度网讯侵害其201520987396.3号实用新型专利与201410374326.0号发明专利，具体诉讼请求如下：①主张敏芯微电子与百度网讯立即停止侵害歌尔股份专利权的行为，包括停止制造、使用、销售和许诺销售被诉侵权产品，销毁制造被诉侵权产品的专用模具和设备；②主张发行人就两项专利分别赔偿1500万元与3000万元；③主张敏芯微电子与百度网讯共同承担歌尔股份及其子公司维权的合理支出各100万元。

2020年3月19日，歌尔股份再次向苏州市中级人民法院提起一件专利申请权权属诉讼，将发行人及唐某明、梅某欣、张某列为被告，主张确认发行人所有的申请号为201920493097.2的实用新型专利申请（12月权属诉讼项下ZL201910293219.8号发明专利对应的实用新型专利）为唐某明的职务发明，主张上述专利申请权归属于歌尔股份。

2020年4月，歌尔股份向青岛市中级人民法院提起3项专利侵权诉讼，主张发行人销售的产品编码为 MB50R11G 的 MEMS 麦克风产品侵犯了歌尔股份 ZL201310320229.9、ZL201420430405.4 及 ZL201220626527.1 号专利。

2020年5月，歌尔股份变更上述诉讼主张，主张发行人销售的产品编码为 MB50R11G 的 MEMS 麦克风产品侵犯了歌尔股份 ZL201220626527.1 号专利，主张公司销售的产品编码为 MB50R11G、HVWA1823 与 MB28H12F 的 MEMS 麦克风产品侵犯了歌尔股份 ZL201310320229.9 与 ZL201420430405.4 号专利。具体诉讼请求如下：①主张发行人立即停止侵害原告专利权的行为，包括停止制造、销售和许诺销售被控侵权产品的行为，销毁被控侵权产品，以及销毁专用于制造被控侵权产品的零部件、工具、模具、设备；②主张潍城区华阳电子科技中心立即停止侵害原告专利权的行为，包括立即停止使用和销售被控侵权产品的行为；③上述三起诉讼合计主张发行人赔偿5000万元；④主张发行人与潍城区华阳电子科技中心共同承担三个案件原告维权的合理支出各50万元。

敏芯微电子的案例表明，企业在科创板上市过程中，非常有可能遭遇竞争对手提起的密集的、各种类型的知识产权诉讼，需要企业进行专业应对。敏芯微电子在上市过程中遭遇的知识产权诉讼及其采取的应对措施都非常具有典型性，下文将继续予以介绍。

二、科创板上市中知识产权诉讼频发的原因

科创板企业上市过程中，知识产权诉讼频发的主要原因包括以下几个方面。

1. 竞争对手试图利用知识产权诉讼阻止企业IPO

科创板基于其科创属性的定位，对拟上市企业的知识产权的审核更为严格，而且对上市企业与主营业务收入有关的发明专利数量具有明确要求。科创板上市企业必须确保合法拥有专利、非专利技术、商标的所有权或者使用权，不存在核心技术、商标的重大权属纠纷和重大担保、诉讼、仲裁等事项，确保公司知识产权的合法性。重大知识产权诉讼确实很有可能影响企业的IPO进程，特别是与核心技术或主营业务有关的专利侵权诉讼。当企业因知识产权诉讼不再符合科创属性评价指标时，会让企业止步于科创板上市过程。正因如此，竞争对手往往会发起知识产权诉讼，阻击企业IPO，防止企业通过上市获得更大的竞争优势。

2. 知识产权诉讼是企业市场竞争的正常体现

当前时代，知识产权俨然已成为科技企业的核心竞争力，科技企业之间的竞争很大程度上是知识产权的竞争。当某一科技企业获得或即将获得某种竞争优势时，势必招致其竞争对手的围追堵截，而知识产权诉讼不失为一种较为直接有效的打击竞争对手的手段。而企业发展到IPO阶段，往往属于该行业的企业相互竞争的关键时期，所

以频繁发生知识产权诉讼也属于正常的情况,是企业之间市场竞争的体现。

3. 提起反制诉讼和主动维权会增加企业的知识产权诉讼数量

面对知识产权诉讼,除积极应诉外,越来越多拟上市企业选择采取反制手段来与对手制衡。最为常见的反制手段便是另行起诉对方,以诉制诉。例如,2019年7月29日,台达电子向广州知识产权法院起诉光峰科技侵犯其专利号为ZL201610387831.8、ZL2013100174478.0、ZL201310625063.1三项专利权的权利,涉案标的4800万元,光峰科技在中国建设银行的3000万元资金因此被冻结。2019年7月29日当日,光峰科技对3件涉案专利提出无效宣告请求,并向深圳市中级人民法院起诉台达电子企业管理(上海)有限公司侵犯其专利号为ZL200880107739.5等10项专利权的权利。2019年9月7日,光峰科技就台达电子所持有的美国专利US9024241发明人相关争议事项向美国弗吉尼亚东区联邦地区法院提起诉讼。2019年9月20日,台达电子向北京知识产权法院起诉光峰科技侵犯其专利号为ZL201410249663.7、ZL201610387831.8的两项专利权的权利,涉案标的3000万元。2019年9月20日当日,光峰科技对其中1件涉案专利提出无效宣告请求。可见,为了应对竞争对手提起的知识产权诉讼,企业不得已发起了大量的反制诉讼,客观上也增加了企业在上市过程中的知识产权诉讼数量。

此外,科技企业为维护自己的核心技术优势,对可能侵犯或窃取其知识产权的行为,往往也会主动发起知识产权维权诉讼。尽管上市过程最好不要涉及诉讼,但是,对于一些科创企业,其正常的知识产权维权诉讼属于常态,这也导致企业涉及知识产权诉讼数量较多。

三、科创板上市中知识产权诉讼的特点

目前,科创板上市中知识产权诉讼呈现以下特点。

1. 诉讼类型主要为与企业科创属性密切相关的技术类知识产权诉讼

知识产权民事诉讼包括侵权诉讼、权属诉讼、合同诉讼、不正当竞争诉讼、反垄断诉讼等类型。科创板强调科创属性,因此科创板上市中知识产权诉讼主要为专利或技术秘密侵权诉讼、专利或技术秘密权属诉讼、专利无效宣告请求与企业科创属性密切相关的技术类知识产权诉讼。应对技术类知识产权诉讼不仅要对该类型的诉讼有丰富经验,而且对该技术领域也要有深入理解,因而对律师也提出了更高的要求。

2. 诉讼相对方主要是竞争对手,但也不乏"碰瓷式维权"

企业成功在科创板上市,就可以获得募集资金、扩大企业规模、提升企业知名度等竞争优势,而且还可以获得政策支持、吸引高精尖人才等隐形优势,进而抢占更多的市场份额,势必对现有市场竞争态势带来巨大影响。此种情况下,竞争对手有充分的动机对企业上市制造障碍。竞争对手通常选择发起知识产权诉讼阻碍其上市。

为了保证可以顺利上市，拟上市企业一般更容易与权利人达成和解。鉴于这种情形，一些与拟上市科创企业并无直接竞争关系的主体，如以商业维权业务为主的图片版权商、办公软件或专业软件供应商、非执行实体（Non-Practicing Entity，NPE）等，也会刻意选择在企业上市时发送侵权警告函，甚至直接发起专利侵权诉讼或著作权侵权诉讼，以期通过与企业和解获利。

3. 诉讼时机多为企业提交上市申请、问询、过会等上市关键节点

上市申请程序启动前，若发生知识产权诉讼，科创企业可以暂缓上市计划，有充足时间应对，此时提起诉讼难以达到阻碍上市或赚取高额和解费的目的。而上市申请程序一旦启动，科创企业将面对上交所的审核压力。此时若发生新的知识产权诉讼，科创企业应诉时间也变得十分紧迫。因而，诉讼相对方往往选择在企业启动上市申请后发起诉讼，且进一步精准地在企业问询、过会等关键节点发起诉讼，在诉讼后通常还会通过舆论宣传造势，宣称企业侵权，对企业的盈利能力发出质疑，以最大限度将企业置于上交所问询的压力之下。

4. 知识产权诉讼标的通常较大

随着知识产权保护力度持续加大，我国知识产权诉讼的损害赔偿请求额和判赔额日益增长。例如，在江苏通领科技有限公司（以下简称通领科技）对公牛集团股份有限公司提起的专利侵权诉讼中，通领科技主张的损害赔偿金额总计达10亿元人民币；广州医药集团有限公司（以下简称广药集团）向加多宝系列公司提起的商标侵权诉讼，广药集团主张的损害赔偿金额高达14.4亿元。增大诉讼标的可以对企业的财务数据造成直接影响，并引发新闻媒体对诉讼案件的更大关注，进而增大案件的影响力。因此，诉讼相对方往往还主张高额的损害赔偿金额。

5. 诉讼数量较多以形成全面阻击的态势

诉讼相对方往往会密集提起知识产权诉讼，来分散拟上市企业的应对精力，使企业难以对每件诉讼作出有效应对，从而增大企业败诉的概率，达到阻碍企业上市的目的。已深陷知识产权诉讼泥潭的科创企业，可能没有更多的人力或财力再去应对更多的知识产权诉讼。此时，诉讼相对方通过提起大量的知识产权诉讼，可以更加容易逼迫对方达成和解。

综上所述，本章第一节介绍了科创板上市中知识产权诉讼的现状和特点；第二节至第五节针对企业科创板上市过程中常见的知识产权诉讼类型，给出了具体的抗辩思路；最后一节对企业上市中知识产权诉讼的整体应对策略进行了总结。

第二节 专利侵权诉讼的应对

一、科创板上市中专利侵权诉讼案例

专利侵权诉讼是企业在科创板上市过程中最为常见的知识产权诉讼类型，本节我们首先通过案例对企业上市过程中面临的专利侵权诉讼及应对方式进行说明，其次对专利侵权抗辩的思路进行总结。

（一）企业在科创板上市过程中遭遇的专利侵权诉讼

本节仍以敏芯微电子为例，根据敏芯微电子披露的信息，其在科创板上市过程中遭遇了如表4-3所示的歌尔股份提起的10起专利侵权诉讼。

表4-3 敏芯微电子科创板上市中所涉及专利侵权诉讼情况

起诉时间	涉案专利号	涉案产品	涉案产品销售金额	索赔金额
2019年7月	201520110844.1	发行人产品编码为 MB17H1N、MB10H11X、MB16H11Y 的产品	2017年至2020年3月，涉诉产品累计销售收入40.59万元	300万元
	201020001125.3			400万元
	201521115976.X			300万元
2019年11月	201410525743.0			3000万元
2020年3月	201520987396.3			1500万元
	201410374326.0			3000万元
2020年4月	201310320229.9	发行人产品编码为 MB50R11G、HVWA1823、MB28H12F 的产品	2017年至2020年3月，涉诉产品累计销售收入20.60万元	2000万元
	201420430405.4			2000万元
	201220626527.1			1000万元
2020年6月	200510115447.4	发行人产品编码为 MB28H12F 的产品	2017年至2020年3月，涉诉产品累计销售收入6.71万元	1500万元

（二）专利侵权诉讼的应对措施

敏芯微电子为了应对歌尔股份的专利侵权诉讼，采取了以下应对措施。

1. 及时披露各起专利纠纷

2019年8月5日，敏芯微电子收到2019年7月侵权诉讼的民事应诉通知书。2019年11月1日，上交所受理敏芯微电子科创板上市申报。为避免企业IPO受到实质性影

响，敏芯微电子在向上交所递交的《招股说明书》申报稿中及时充分披露了 2019 年 7 月侵权诉讼相关事宜的细节。敏芯微电子在 IPO 过程中向上交所递交的《法律意见书》等答复文件中，亦对其他专利侵权诉讼、专利权属纠纷、专利无效纠纷的案情、当前阶段及最新进展等进行了充分披露。

2. 论证敏芯微电子的产品不构成侵权

（1）委托律师事务所积极准备应诉，针对涉案专利分别提起无效请求，并出具《关于歌尔股份有限公司诉苏州敏芯微电子技术股份有限公司、北京百度网讯科技有限公司专利侵权案法律分析报告》，论证敏芯微电子的产品实施的技术属于现有技术或未全面覆盖任一涉案专利权利要求的所有技术特征，不构成侵权。

（2）委托司法鉴定所鉴定，并出具《司法鉴定意见书》，论证涉诉产品没有包含涉案专利或涉案专利尚未被宣告无效的权利要求相同或等同的全部技术特征。

如表 4-4 所示，敏芯微电子在向上交所递交的《法律意见书》中，对无效请求结果、司法鉴定结果等进行了及时答复。

表 4-4 敏芯微电子论证产品不构成侵权的初步结果

起诉时间	涉案专利号	初步结果与外部证据
2019 年 7 月	201520110844.1	涉诉专利已被无效，原告已撤诉
	201020001125.3	涉诉专利已到期且核心权利要求被无效
	201521115976.X	涉诉专利核心权利要求被无效，尚未被无效的权利要求已经第三方鉴定确认不侵权
2019 年 11 月	201410525743.0	已提起无效，且由第三方机构确认其不具有新颖性与创造性
2020 年 3 月	201520987396.3	已提起无效，且由第三方机构确认其不具有新颖性与创造性
	201410374326.0	经第三方鉴定确认发行人涉诉产品不侵权
2020 年 4 月	201310320229.9	经第三方鉴定报告或不侵权分析报告确认发行人涉诉产品不侵权
	201420430405.4	
	201220626527.1	

3. 论证专利侵权诉讼不会对发行人的销售及持续经营能力造成实质性影响

（1）10 项专利侵权诉讼涉及敏芯微电子的存货余额极低，现有侵权诉讼不涉及发行人的核心技术，亦不涉及其在研项目，不会对其核心技术、在研技术造成重大不利影响。

（2）专利侵权诉讼涉诉产品均已基本销售完毕，发行人已投入迭代后的型号，侵权诉讼的不利后果不会对其产品销售、存货造成重大不利影响。

（3）尽管歌尔股份提起诉讼累计赔偿金额较高，但被法院全部支持的可能较低。2017 年至 2020 年 3 月，歌尔股份在上述侵权诉讼中就同一举证产品进行重复诉讼，事实上涉诉特定编码侵权产品范围较小，对应收入合计为 61.19 万元，占发行人 2019 年营业收入的 0.22%，预计赔偿金额 12.69 万元，占发行人 2019 年净利润的 0.21%。就有限数量的涉诉产品重复起诉不会因此增加发行人赔偿责任；即使败诉，涉诉产品对发行人财务报表的影响和发行人因此承担的赔偿金额也非常有限,不会对其财务状况造成重大不利影响。

(4) 论证歌尔股份未来可能发起的专利侵权诉讼也不会对公司持续经营能力造成重大不利影响。发行人的产品型号对应不同的产品技术解决方案,即使在侵权诉讼中败诉,也有较多可替代的技术方案和型号可供选择,不会因此导致产品无法交付和客户的流失。此外,公司产品迭代速度较快,公司不会因为旧有产品的侵权诉讼败诉而丧失持续供货能力。

4. 敏芯微电子实际控制人及其一致行动人一起出具书面承诺

敏芯微电子实际控制人及其一致行动人一起出具书面承诺:若发行人在上述案件中最终败诉并因此需支付任何侵权赔偿金、相关诉讼费用等支出,全部由实际控制人及其一致行动人承担。

5. 提起对方恶意知识产权诉讼的反制诉讼

2020年4月24日,敏芯微电子就歌尔股份恶意诉讼事项向北京知识产权法院起诉。2020年4月28日,敏芯微电子就歌尔股份不正当竞争事项向苏州市中级人民法院起诉。

通过上述一系列应对措施,敏芯微电子最终成功上市。敏芯微电子的案例表明,上交所对于企业IPO期间涉及知识产权诉讼的审核标准是知识产权诉讼是否已经对发行人的持续经营能力造成较大影响。换言之,只有在知识产权诉讼严重影响企业持续经营能力时,发行人才会被认定为不符合上市条件。因而,遭遇知识产权诉讼并不可怕,只要积极应对,充分论证企业的持续经营能力不会受到影响,那么知识产权诉讼就不会对企业上市造成实质影响。

二、专利侵权诉讼应对策略

当企业在上市过程中遭遇专利侵权诉讼后,除了做好信息披露和问询答复等工作之外,更为重要的是积极应对专利侵权诉讼案件。对于专利侵权诉讼案件,企业可以按照以下思路进行抗辩。❶

(一) 程序性抗辩

程序性抗辩包括原告诉讼主体资格抗辩、诉讼时效抗辩和管辖权异议抗辩等。

因为上市期间较为敏感,双方均希望尽快定分止争,所以一般企业不会提起管辖权异议来拖延案件时间。当然,对于明显不符合管辖规定的案件,仍然要提出管辖权异议。

---

❶ 该节内容参考《中华全国律师协会律师办理专利侵权业务操作指引》,北京市高级人民法院《专利侵权判定指南(2017)》。

(二) 不侵权抗辩

不侵权抗辩指抗辩被诉侵权技术方案或设计未落入专利保护范围抗辩，是专利侵权诉讼中最常用的抗辩事由。若被诉产品对应技术方案的技术特征与涉案专利权利要求中对应技术特征相比，存在一项或一项以上的技术特征既不相同也不等同，则不构成发明专利权或实用新型专利侵权。下列3种情形可以认定为既不相同也不等同。

(1) 该技术特征使被诉产品技术方案构成了一项新的技术方案的。

(2) 该技术特征在功能、效果上明显优于涉案专利权利要求中对应的技术特征，并且所属技术领域的普通技术人员认为这种变化具有实质性的改进，而不是显而易见的。

(3) 被诉产品技术方案省略涉案专利权利要求中个别技术特征或者以简单或低级的技术特征替换权利要求中相应技术特征，舍弃或显著降低权利要求中与该技术特征对应的性能和效果从而形成变劣技术方案的。

被诉侵权设计与外观设计专利产品相比，不构成相同或者相近种类产品，或者未采用与授权外观设计相同或者近似的外观设计的，不构成外观设计专利侵权。

(三) 不具有专利侵权行为抗辩

对于发明和实用新型专利，只有为生产经营目的制造、使用、许诺销售、销售、进口其专利产品，或者使用其专利方法及使用、许诺销售、销售、进口依照该专利方法直接获得的产品，才属于专利侵权行为。对于外观设计专利，只有为生产经营目的制造、许诺销售、销售、进口其外观设计专利产品，才属于专利侵权行为。上述各类侵权行为，在专利法下有特定含义，所以企业应当核实自己是否具备法定的侵权行为。

(四) 专利权效力抗辩

专利权效力抗辩，是指被诉侵权人提出涉案专利权不具有合法效力的抗辩，包括在侵权诉讼中被诉侵权人针对涉案专利提起专利权无效宣告请求导致专利被宣告无效的情况。企业被诉之后，应当首先核实专利的有效性，并针对涉案专利向国家知识产权局提起专利权无效宣告请求。在诉讼相对方主张的权利要求在专利无效程序中被宣告无效后，即便诉讼相对方不予撤诉，法院也将驳回其诉讼请求。

无论是诉讼程序还是无效宣告程序，均具有较长的审查期，而企业上市过程可以说是争分夺秒，越早提起无效宣告请求，越有可能在诉讼程序终结前成功使涉案专利被宣告无效，或者越早给原告带来压力以促成和解。根据无效程序的规定，在提起无效宣告请求后的1个月，企业仍可以补充无效请求和证据，因此企业可以先行提起无效宣告请求，在1个月期限内再行补充请求理由和证据。

（五）禁止反悔抗辩

在专利侵权诉讼中，如果专利权人依据其在专利授权程序或者无效宣告程序中通过对权利要求、说明书的修改或者意见陈述而放弃的技术方案，指控他人侵犯其专利权的，不应得到法律的支持，被诉侵权人可以提出禁止反悔抗辩。

在专利侵权诉讼中，法院通常不会主动调取专利授权程序或无效宣告程序中的专利档案。因此，律师在办理专利侵权业务时有必要了解涉案专利授权和无效宣告程序中的情况和证据，尤其在当事人对权利要求的保护范围或技术特征的等同认定存在较大争议时。

（六）现有技术或现有设计抗辩

现有技术或现有设计抗辩，指在专利侵权纠纷中，被诉侵权人有证据证明其实施的技术或者设计属于现有技术或者现有设计的，不构成专利权侵权。现有技术，是指申请日以前在国内外为公众所知的技术；现有设计，是指申请日以前在国内外为公众所知的设计。被诉侵权技术属于现有技术，是指被诉落入专利权保护范围的全部技术特征，与一项现有技术方案中的相应技术特征相同或者无实质性差异；被诉侵权设计属于现有设计，是指被诉侵权设计与一个现有设计相同或者无实质性差异。被诉侵权人主张现有技术抗辩时，应当将被诉产品的技术方案与现有技术的技术方案进行比对。

抵触申请是指由任何单位或者个人就同样的发明或者实用新型在申请日以前向专利局提出，并且在申请日以后（含申请日）公布的专利申请文件或者公告的专利文件；或者在申请日以前任何单位或者个人向专利局提出，并且在申请日以后（含申请日）公布的同样的外观设计专利申请。虽然抵触申请不构成现有技术，不能作为现有技术抗辩的证据使用，但是根据最高人民法院发布的指导案例，抵触申请可以类推适用现有技术抗辩。

现有技术或设计的载体包括出版物和实物，除了检索公开出版物、排查实物以外，拟上市企业还应当重点关注原告是否在涉案专利申请日前不慎公开了相关产品，实践中存在不少企业在申请专利前对外销售产品导致专利技术方案在申请日前被公开的例子。

（七）合法来源抗辩

合法来源抗辩是指为生产经营目的使用、许诺销售或者销售不知道是未经专利权人许可而制造并出售的被诉产品，能证明该产品合法来源的，不承担赔偿责任。

本抗辩事由仅适用于被诉侵权人为侵权产品使用者（仅指发明或实用新型）、许诺销售者或销售者的情况。其中，"不知道是未经专利权人许可"包括不应知道和应知而实际未知的情况。权利人向被诉侵权人发送侵权警告函、律师函等行为，足以使被诉侵权人认识并辨别被诉产品可能构成专利侵权的，被诉侵权人继续使用、许诺销售或者销售侵权技术方案，应认定为"知道"。在权利人已经针对被诉侵权人提起诉讼或申请侵权行政处理后，被诉侵权人继续使用、许诺销售或者销售侵权技术方案的，应认定为"知道"。其中，"产品合法来源"是指侵权技术方案系使用者、许诺销售者或销售者通过合法商业途径获得。通常应当提供合同、交货凭证、付款凭证等证据予以证明。企业还需要注意，用以证明"产品合法来源"的证据与被诉侵权技术方案之间是否具有关联性，是否足以证明被诉侵权技术方案（特别是权利人已采取措施固定并提交法院的产品）的真实来源。

（八）不视为侵犯专利权抗辩

不视为侵犯专利权抗辩包括以下类型。

权利用尽抗辩，是指专利产品或者依照专利方法直接获得的产品，由专利权人或者经其许可的单位、个人售出后，被诉侵权人使用、许诺销售、销售、进口该产品的，不视为侵犯专利权。被诉侵权人应当提交其使用、许诺销售、销售、进口的专利产品来源于专利权人或者经其许可的单位、个人销售的证据。

默示许可抗辩，是指方法专利的专利权人制造或者允许他人制造了专门用于实施其专利方法的设备售出后，使用该设备实施方法专利的行为，应视为得到了专利权人的许可，即默示许可。专门用于实施专利方法的设备，是指除用于实施该专利方法外并无其他用途。

先用权抗辩，是指在专利申请日前已经制造相同产品、使用相同方法或者已经做好制造、使用的必要准备，并且仅在原有范围内继续制造、使用的，不视为侵犯专利权。"已经做好制造、使用的必要准备"包括已经完成实施发明创造所必需的主要技术图纸或者工艺文件；已经制造或者购买实施发明创造所必需的主要设备或者原材料。"原有范围"包括专利申请日前已有的生产规模及利用已有的生产设备或者根据已有的生产设备可以达到的生产规模。需要注意的是，被诉侵权人不得以非法获得的技术或者设计主张先用权抗辩。先用权人在专利申请日后将其已经实施或做好实施必要准备的技术或设计转让或者许可他人实施，则不属于在原有范围内继续实施，但该技术或设计与原有企业一并转让或者承继的除外。

临时过境抗辩，是指临时通过中国领陆、领水、领空的外国运输工具，依照其所属国同中国签订的协议或者共同参加的国际条约，或者依照互惠原则，为运输工具自身需要而在其装置和设备中使用有关专利的，不视为侵犯专利权。

科研目的抗辩，是指专为科学研究和实验而使用有关专利的，不视为侵犯专利权。

Bolar 例外抗辩，是指为提供行政审批所需要的信息，制造、使用、进口专利药品或者专利医疗器械的，以及专门为其制造、进口专利药品或者专利医疗器械的，不视为侵犯专利权。

(九) 损害赔偿抗辩

损害赔偿抗辩实质是指通过从产品实际销量、营业利润、涉案专利的利润贡献率等方面进行损害赔偿抗辩，以尽可能降低侵权损害赔偿，从而减少企业损失。

总之，企业在上市中遭遇专利侵权诉讼时，应当充分利用上述各类抗辩手段，同时，还应尽早针对涉案专利提起无效宣告请求，从而妥善解决专利侵权诉讼，保证企业顺利上市。

第三节 商业秘密侵权诉讼的应对

一、科创板上市中商业秘密侵权诉讼案例

商业秘密侵权案件，特别是技术秘密侵权案件，也是企业在科创板上市过程中经常遇到的知识产权诉讼类型。

例如，深圳汉弘集团、九号有限公司、广州中望龙腾软件股份有限公司、上海凯赛生物技术股份有限公司等科创企业，在上市过程中纷纷遭遇商业秘密侵权诉讼。其中，汉弘集团曾因商业秘密侵权纠纷，先后遭遇刑事诉讼和民事诉讼，非常具有典型性，下文将重点介绍。

2019年1月8日，深圳市润天智数字设备股份有限公司（以下简称润天智）向深圳市龙岗区人民法院提起诉讼，认为赵某发（为持有发行人5%以上的主要股东）、李某刚违反其与原告签署的《保密协议》约定，侵犯原告商业秘密，请求人民法院以侵犯商业秘密罪判处被告三年以上有期徒刑，并处罚金50万元。2019年12月31日，深圳市龙岗区人民法院下达（2019）粤0307刑初196号《刑事裁定书》，认为润天智起诉被告人赵某发、李某刚构成侵犯商业秘密罪的事实不清、证据不足，不能排除合理怀疑，依法驳回润天智对被告的起诉。2020年3月31日，润天智就上述一审裁定向深圳市中级人民法院提起上诉。

如图4-2所示，2020年4月16日，上交所受理了汉弘集团的科创板上市申报。汉弘集团带着涉及在审刑事诉讼的隐患开始科创板的闯关。

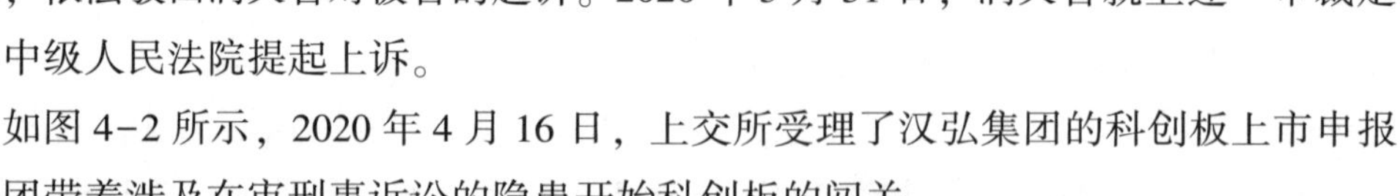

上交所已受理	已问询	上市委会议	终止
2020-04-16	2020-05-07	2020-08-28	2020-11-13
		暂缓审议	

图4-2 汉弘集团科创板上市时间进度条

2020年8月14日，深圳市中级人民法院开庭审理润天智对上述裁定的上诉案。

2020年8月19日，润天智向深圳市中级人民法院起诉汉弘集团及汉弘集团全资子公司深圳市汉拓数码有限公司（以下简称汉拓数码），认为汉拓数码生产、销售HT2512UV平板喷绘机侵犯其技术秘密，并请求判令停止侵犯其涉案技术秘密，停止生产和销售侵权商品，删除并销毁包含其商业秘密的数据、文件和文档，赔偿其经济损失人民币109 695 365.05元及维权合理支出350 000元。

2020年8月28日，汉弘集团参加上市委员会审议会议。上市委重点关注相关诉讼对核心技术团队稳定性的影响及潜在的技术依赖问题，以及对发行人核心技术、技术研发及生产经营是否存在重大不利影响，并要求发行人对被多次举报侵犯商业秘密的情况、诉讼最新进展及可能的不利结果进行说明，最终上市委作出暂缓审议的决定。

2021年11月13日，汉弘集团主动撤回IPO申请，科创板上市审核终止。

由此可见，商业秘密侵权诉讼，特别是涉及企业核心技术的技术秘密侵权诉讼，可能会对企业科创板上市产生重大影响。

二、商业秘密侵权诉讼应对策略

企业在科创板上市中如果遭遇商业秘密侵权民事诉讼，可以采取以下抗辩策略。❶

（一）程序性抗辩

程序性抗辩包括原告的主体资格抗辩、诉讼时效抗辩、管辖权异议抗辩等。其中，原告的主体资格抗辩即企业可以抗辩原告不是商业秘密的权利人或利害关系人，其不具备诉讼主体资格。权利人是技术秘密和经营秘密的开发者，或者受让人、继承人、权利义务的承继者等。利害关系人一般为商业秘密的被许可人，具有下列情形之一的，被许可人具备原告诉讼主体资格：①商业秘密独占使用许可合同的被许可人可以单独作为原告提起诉讼；②排他使用许可合同的被许可人可以和权利人共同提起诉讼，或者在权利人不起诉的情况下自行提起诉讼；③普通使用许可合同的被许可人可以和权利人共同提起诉讼，或者经权利人书面授权单独提起诉讼。

（二）客体抗辩

在商业秘密诉讼案件中，客体抗辩是最为基础且被广泛应用的抗辩理由，能够根本上否定原告的诉讼请求。《反不正当竞争法》第九条规定："商业秘密是指不为公众所知悉、具有商业价值并经权利人采取相应保密措施的技术信息、经营信息等商业信

---

❶ 该节内容参考江苏省高级人民法院《侵犯商业秘密民事纠纷案件审理指南（修订版）》。

息。"通常商业秘密需要满足"三性"的条件,即秘密性、价值性和保密性。如果涉案信息不属于商业秘密,那么被诉侵权人的行为便不会侵害相关商业秘密。

对于秘密性,一般以"权利人请求保护的信息在被诉侵权行为发生时不为所属领域的相关人员普遍知悉和容易获得"为判断标准。如果企业可以证明涉案信息不具有秘密性,如涉案信息为其所属技术领域相关人员的一般常识或者行业惯例,或者已经在出版物或其他媒体上公开披露等,那么该信息将因为缺乏秘密性要件而不能被认定为商业秘密。

对于价值性,司法实践中判断标准非常低。如果因不为公众所知悉而具有现实或者潜在的商业价值,能为其带来竞争优势,通常就被认定为具备价值性。生产经营活动中形成的阶段性成果通常也被认定为具有商业价值。

对于保密性,主要指原告为防止商业秘密泄露,在被诉侵权行为发生以前所采取的合理保密措施。法院通常会根据商业秘密及其载体的性质、存在形态、商业秘密的商业价值、保密措施的可识别程度、保密措施与商业秘密的对应程度及原告的保密意愿等因素,认定原告是否采取了相应保密措施。具有下列情形之一,在正常情况下足以防止商业秘密泄露的,一般认为原告采取了相应保密措施:①签订保密协议或者在合同中约定保密义务的;②通过章程、培训、规章制度、书面告知等方式,对能够接触、获取商业秘密的员工、前员工、供应商、客户、来访者等提出保密要求的;③对涉密的厂房、车间等生产经营场所限制来访者或者进行区分管理的;④以标记、分类、隔离、加密、封存、限制能够接触或者获取的人员范围等方式,对商业秘密及其载体进行区分和管理的;⑤对能够接触、获取商业秘密的计算机设备、电子设备、网络设备、存储设备、软件等,采取禁止或者限制使用、访问、存储、复制等措施的;⑥要求离职员工登记、返还、清除、销毁其接触或者获取的商业秘密及其载体,继续承担保密义务的;⑦采取其他合理保密措施的。

如果权利人并未采取合理有效的保密措施,该涉案信息不具保密性,不属于商业秘密。

(三) 合法来源抗辩

如果被诉侵权人通过合法途径,采用合法手段获得相关商业秘密,那么其行为并不会侵犯相关商业秘密。商业秘密的"合法来源"主要包括自行开发研制、反向工程等。

如果企业使用的技术信息或经营信息系其自行开发形成,则不构成侵犯商业秘密。对此,企业需提供充足证据予以证明。

反向工程抗辩指被告抗辩其通过技术手段对公开渠道取得的产品进行拆卸、测绘、分析而获得该产品的有关技术信息。对此,被告需提供证据予以证明。反向工程产生两个法律效果：一是被告不构成侵权；二是反向工程并不意味着该商业秘密丧失秘密性。需要注意以下两点：①被告以不正当手段知悉了原告商业秘密之后，又以反向工程为由主张其行为合法的，不予支持；②法律、行政法规对某类客体明确禁止反向工程的，被告的抗辩不能成立。

（四）个人信赖抗辩

个人信赖抗辩是侵犯客户信息纠纷中被告可能采取的一种抗辩，即客户基于对员工个人的信赖而与该员工所在单位进行交易，该员工离职后，能够证明客户自愿选择与该员工或者该员工所在的新单位进行交易的，法院一般会认定该员工没有采用不正当手段获取原告的商业秘密。适用个人信赖抗辩时，应当注意以下三点：①该种抗辩的适用一般发生在医疗、法律服务等较为强调个人技能的行业领域；②该客户是基于与原告员工之间的特殊信赖关系与原告发生交易，即客户是基于该员工才与原告发生交易，如果员工是利用原告所提供的物质条件、商业信誉、交易平台等，才获得与客户交易机会的，则不应当适用个人信赖抗辩；③该员工从原告处离职后，客户系自愿与该员工或其所属新单位发生交易。

（五）生存权利抗辩

企业的员工在单位工作过程中掌握和积累的与其所从事的工作有关的知识、经验和技能，为其生存基础性要素。因此，应将该知识、经验和技能与单位的商业秘密相区分。企业采用生存权利抗辩时，需注意以下两点：①员工在职期间掌握和积累的知识、经验、技能是否属于商业秘密，应当根据个案情况确定；②员工所掌握的知识、经验、技能中属于单位商业秘密内容的，员工不得违反保密义务，擅自披露、使用或者允许他人使用其商业秘密，否则仍应被认定构成侵权。

司法实践中，商业秘密维权存在客体认定难、维权取证难等困难，导致权利人胜诉率非常低。但是，随着《反不正当竞争法》的修改，法律和司法政策始终在降低权利人的举证责任，使得权利人的胜诉率增大。在加强知识产权保护的背景下，商业秘密侵权案件的判赔额通常较大。例如，在 2021 年 2 月宣判的嘉兴市中华化工有限责任公司等与王龙集团有限公司等侵害香兰素技术秘密纠纷二审案件中，最高人民法院判决被诉侵权人王龙集团公司等赔偿技术秘密权利人 1.59 亿元，成为我国人民法院史上判决赔偿额最高的侵害商业秘密案件。因此，在上市过程中，企业应当充分积极应对商业秘密侵权诉讼，通过合适的抗辩方法积极辩护，确保商业秘密诉讼不会对企业的生产经营产生重大影响。

第四节　科创板知识产权权属诉讼的应对

一、科创板上市中知识产权权属诉讼案例

知识产权权属纠纷在科创板上市中同样屡见不鲜。企业主要通过自主研发、合作或委托开发、第三方技术转让的方式取得知识产权。根据科创企业取得知识产权的方式不同，其遭遇知识产权权属纠纷的原因往往也大不相同。

（一）因职务发明创造引起的专利权属纠纷

自主研发取得的专利，常因专利的发明人包含竞争对手前员工，引发竞争对手以专利属于前员工的职务发明为由而提起专利权属诉讼。

仍以敏芯微电子为例，敏芯微电子在科创板上市过程就曾遭遇多起专利权属纠纷。如表4-5所示，歌尔泰克或歌尔股份主张敏芯微电子的多件专利属于歌尔泰克前员工梅某欣或歌尔股份前员工唐某明的职务发明，应当归属于歌尔泰克或歌尔股份。

表4-5　敏芯微电子科创板上市中所涉及的专利权属诉讼情况

起诉时间	原告	涉诉专利或专利申请权	法律状态	被请求确认职务发明的人员
2019年11月	歌尔泰克	200710038554.0	发明专利	梅某欣
2019年12月	歌尔股份	201910280377.X	发明专利申请	唐某明
		201910293047.4	发明专利申请	
		201910293219.8	发明专利申请	
		201910293041.7	发明专利申请	
2020年3月	歌尔股份	201920493097.2	实用新型	唐某明
2020年4月	歌尔股份	201920492690.5	实用新型	唐某明

敏芯微电子针对上述专利权属诉讼进行了如下应对。

1. 论证专利权属诉讼的涉诉专利不涉及发行人核心技术，且涉及的销售收入低，不属于重大诉讼等或有事项，不会对持续经营有重大不利影响

上述权属纠纷标的中，1项已授权专利为发行人2007年申请并已获授权的专利，该专利申请及公开时间已超过10年，因其自身设计不符合产品实际应用需求而未曾投入应用；另外6项中，其中1项作为下游电子烟产品相关的压力传感器技术，其余5项

对应的技术均为 MEMS 麦克风产品的防尘部件，均具有多条技术路线，系发行人的技术储备内容，尚未投入实际应用。因此，涉诉专利涉及的收入金额很低，即使最终判决结果对发行人不利，也不会因此对发行人生产经营产生重大不利影响，上述专利及专利申请均不涉及发行人核心技术或在研项目。

2. 论证涉诉专利被认定为职务发明的可能性较低

就歌尔泰克 2019 年 11 月提起的权属诉讼，涉诉专利为发行人名下的 200710038554.0 号专利，歌尔泰克主张认定的职务发明人为梅某欣。有如下证据证明该专利不属于职务发明：①发行人研发团队保留有上述专利完整的研发记录，该等专利技术系发行人自行研发形成，与歌尔泰克无关。②上述专利所涉技术为发行人团队首创，歌尔股份直至 2011 年才以类似路线的技术申请专利，缺少发行人侵犯歌尔股份权益的逻辑基础。③梅某欣在歌尔泰克工作时间为 3 个月，依据工作邮件、证人证言、相关专利等证明其所从事的工作与涉诉专利无关，涉诉专利不属于与梅某欣在原任职单位本职工作相关的发明创造，不应被认定为职务发明。

就歌尔股份 2019 年 12 月、2020 年 3 月、2020 年 4 月提起的权属诉讼而言，涉诉标的为发行人名下的 ZL201910280377.X、ZL201910293047.4、ZL201910293219.8、ZL201910293041.7 号专利申请权和 ZL201920493097.2、ZL201920492690.5 号专利，歌尔股份主张认定的职务发明人为唐某明。有如下证据证明该专利不属于职务发明：①发行人研发团队保留有上述专利完整的研发记录，该等专利技术系发行人自行研发形成，与歌尔股份无关。②唐某明的入职、离职等文件，可证明在歌尔股份任职时间较短、职级较低，未从事研发活动，上述研发成果与唐某明在歌尔股份的本职工作无关。③唐某明在发行人相关专利申请过程中仅负责专利撰写工作。

综上所述，上述专利权属诉讼项不构成主要资产、核心技术等的重大权属纠纷，不属于重大诉讼等或有事项，不会对持续经营有重大不利影响。

（二）因委托开发与合作开发引起的专利权属纠纷

合作或委托开发取得的专利、技术秘密等，常因对专利申请权、专利权、技术秘密的权属等问题约定不明确而引发权属纠纷。

例如，2019 年 6 月 24 日，上海环莘电子科技有限公司（以下简称环莘电子）向广州知识产权法院起诉广东法瑞纳科技有限公司（以下简称法瑞纳），主张法瑞纳名下的 CN201820489897.2 专利（专利名称为"共享儿童推车车桩"）应当归属于环莘电子。涉案合同既约定了转移产品所有权和支付价款的内容，亦约定了法瑞纳要根据环莘电子所提的需求，完成共享雨伞租赁设备及儿童推车租赁设备等的设计、开发和生产的内容，其合同实质上包含了买卖合同和技术合同两部分内容。双方诉争的焦点在于如何认定履行涉案合同中产品设计的专利权权属，特别是涉及合同中知识产权归属条款的理解。广州知识产权法院根据已有证据，认为涉案合同中的知识产权条款应被理解为委托开发完成的儿童推车租赁设备的知识产权应归环莘电子所有。2020 年 7 月 13 日，法瑞纳就上述一审判决不服向最高人民法院提起上诉，最高人民法院最终维持原审法院的相关认定。

（三）因技术转让引起的专利权属纠纷

依赖第三方技术转让取得专利、技术秘密等，可能因对技术转让范围约定不明确而引发权属诉讼。企业受让基础专利时未对从属专利是否一并转让作约定，或者企业仅受让了技术秘密使用权而未同步受让专利申请权，均可能为权属纠纷埋下隐患。在科创板上市中，依赖第三方技术转让取得专利引发专利权属诉讼的情形相对较少。依赖第三方技术转让，更多的是引起上交所对企业是否缺乏自主研发能力及是否影响企业持续经营能力的质疑和问询，尤其企业的多数核心技术是通过第三方许可取得的情形。

例如，2020 年 6 月 23 日，上交所正式受理泰州亿腾景昂药业股份有限公司（以下简称亿腾景昂）的科创板上市申报。亿腾景昂在其招股说明书申报稿第四章"特别风险提示"第一节"药物研发风险"中披露："公司依托自身核心技术，采取授权引进和自主研发相结合的研发模式，构建自己的肿瘤创新药产品引进和研发体系。公司在研项目中的 EOC103、EOC315 等部分核心在研药品系通过授权引进方式取得，主要合作方包括 Syndax、Immutep 等海外知名药企。但是公司无法保证未来能否持续遴选到新候选药物和/或适应症并取得相应授权许可。"上交所针对其核心产品需要依赖美国合作方授权许可，以及是否对持续经营能力产生重大不利影响进行了重点问询，最终亿腾景昂被终止科创板上市。

再如，江苏艾迪药业股份有限公司（以下简称江苏艾迪）在 2020 年 4 月 28 日上交所委员会审议会议中，针对核心技术专利是否来源于广东天普生化医药股份有限公司（以下简称天普生化）的问题受到重点问询："2. 根据申请文件，天普生化系发行人实际控制人原控制企业，天普生化当时将其正在申请的'一种直接富集尿蛋白的方法'专利申请无偿授权予艾迪生物，报告期发行人对天普生化销售占营业收入比例为 50.64%、69.11% 和 63.09%，天普生化自发行人采购乌司他丁粗品和尤瑞克林粗品约占其采购总量的 90% 和 100%。请发行人代表说明：人源蛋白技术是否来源于天普生化，相对于整个产业链生产粗品的技术含量及商业价值，目前发行人研发产品有仿制天普生化产品，而天普生化也有进入上游粗品的技术能力和控股子公司，发行人供给天普生化两大粗品售价上升和毛利率较高，双方未来合作关系能否持续？"江苏艾迪因此被暂缓审议。

二、知识产权权属诉讼应对策略

如上所述，企业上市中常发生的知识产权权属纠纷，主要包括因职务发明创造引起的专利权属纠纷、因委托开发与合作开发引起的专利权属纠纷、因技术转让引起的专利权属纠纷等。以下将分别介绍上述各类知识产权权属纠纷的抗辩策略。❶

（一）因职务发明创造引起的专利权属纠纷

对于因职务发明创造引起的专利权属纠纷，往往因为竞争对手的员工跳槽到公司引起。执行本单位的任务或者主要是利用本单位的物质技术条件所完成的发明创造为职务发明创造。职务发明创造申请专利的权利属于单位；专利申请被授权后，单位为专利权人。对于利用本单位的物质技术条件所完成的发明创造，单位与发明人或者设计人订有合同，对申请专利的权利和专利权的归属作出约定的，从其约定。竞争对手一般会主张该发明创造与发明人或设计人在原单位承担的本职工作或者原单位分配的任务有关联，属于发明人或设计人在原单位的职务发明创造，申请专利的权利和专利权应属于原单位。

以下发明属于职务发明创造：①在本职工作中作出的发明创造；②履行本单位在本职工作之外分配的任务所作出的发明创造；③退休、调离原单位后或者劳动、人事关系终止后 1 年内作出的，与其在原单位承担的本职工作或者原单位分配的任务有关的发明创造；④主要是利用本单位的资金、设备、零部件、原材料或者不对外公开的技术资料等物质技术条件所完成的发明创造。判断是否属于职务发明创造，不取决于发明创造是在单位内还是在单位外作出，也不取决于是在工作时间之内还是在工作时间之外的业余时间作出，只要属于执行本单位的任务或者主要利用了本单位的物质技术条件，均属于职务发明创造。

对于职务发明创造认定的前提条件，最高人民法院在上诉人无锡乐尔科技有限公司、白某民与被上诉人江苏多维科技有限公司专利权权属纠纷一案［（2020）最高法知民终 1258 号］中指出：“发明人与单位之间存在劳动关系或者与《专利法实施细则》第十二条第二款所称临时工作单位之间存在工作关系，是认定职务发明的前提，其判断标准在于单位是否取得了对发明人包括完成涉案发明创造的创造性劳动在内的劳动支配权。单位与发明人之间仅存在一般的合作关系，单位并不掌握对发明人的劳动支配权的，该发明人的有关发明创造不属于职务发明创造。"

对于职务发明专利权属纠纷中"与原单位有关的发明创造"的判断，最高人民法院在再审申请人李某毅、深圳市远程智能设备有限公司与被申请人深圳市卫邦科技有

---

❶ 该节内容参考国家知识产权局《专利纠纷行政调解办案指南》。

限公司专利权权属纠纷一案［（2019）最高法民申6342号］中指出："判断涉案专利是否属于'与在原单位承担的本职工作或者原单位分配的任务有关的发明创造'时，应注重维护原单位、离职员工及离职员工新任职单位之间的利益平衡，综合考虑如下因素：一是离职员工原工作任务的内容；二是涉案专利内容与原工作任务的关系；三是原单位开展有关技术研发工作的情况或技术的合法来源；四是发明人、权利人对技术来源解释的合理性。"

企业争辩争议专利的权属时，首先，核查公司是否保留有较为完整的研发记录。对于研发团队保留有专利的完整研发记录的，可作为证据有效证明相关专利技术的产生过程及发行人团队的智力投入情况。其次，可以核查争议专利的相关研发人员在原单位的入职、离职文件及从事的主要工作情况，确认是否主要从事类似技术开发职位。最后，可以核查上述研发人员在发行人处开发争议专利技术中的角色，是否为辅助性角色，如仅负责专利撰写工作等。

为了避免因为员工跳槽引发专利权属纠纷，企业在聘用相关技术开发人员时重点关注其在原任职单位的竞业禁止情况及其在原任职单位中涉及的主要开发技术情况，并在此后的技术开发（特别是涉及核心技术的开发）中提前做好风险隔离，避免侵犯第三方的知识产权。特别是在引进核心人员，尤其是核心技术人员、带有相关技术成果的人员时，应对其知识产权背景进行充分调查，如是否签订有竞业禁止协议、保密协议、所携带技术成果的权利归属情况等。

（二）因委托开发与合作开发引起的专利权属纠纷

技术开发合同是指当事人之间就新技术、新产品、新工艺或者新材料及其系统的研究开发所订立的合同。技术开发合同包括委托开发合同和合作开发合同。根据《专利法》第八条的规定，委托或合作开发过程中完成的发明创造，专利申请权和专利权的归属取决于双方是否就该发明创造的归属另有协议约定。双方约定专利申请权和专利权的归属的，从其约定。

委托开发完成的发明创造，是指一个单位或个人提出研究开发任务并提供经费和报酬，由其他单位或者个人进行研究开发所完成的发明创造。委托开发合同的标的是一项新的技术或者设计，通常表现为一项新的技术方案，既可以是技术方案本身，也可以是体现技术方案的产品、工艺、材料或者其组合。一个单位或者个人接受其他单位或者个人委托所完成的发明创造，双方就该发明创造的归属订有协议约定的，专利申请权属于协议约定的一方；双方没有协议约定归属的，专利申请权属于完成的单位或者个人；申请被批准后，申请的单位或者个人为专利权人。

合作开发完成的发明创造，是指两个以上单位或者个人共同进行投资、共同参与研究开发工作所完成的发明创造。两个以上单位或者个人合作完成的发明创造，合作各方就发明创造的归属订有协议的，按照协议确定权利归属。没有订立协议的，专利申请权属于完成或者共同完成的单位或者个人。所述完成或者共同完成的单位，是指完成职务发明创造的发明人或设计人所在的单位。所述完成或者共同完成的单位或者个人，是指对发明创造的实质性特点作出了创造性贡献的合作方。如果发明创造的完成是基于对某一合作方提供的特有的技术、设施或试验数据等的运用，则该合作方应视为对发明创造的实质性特点作出了创造性贡献。在没有协议的情况下，如果各方派出的人员对发明创造的完成都作出了创造性贡献，各方就是共同完成发明创造的单位或者个人，应当共同享有权利；如果只有一方的发明人或设计人对发明创造的完成作出了创造性贡献，其他合作方虽然参加了研究开发，但是没有作出创造性贡献，就只有该发明人或设计人所代表的一方享有权利。

判断合同双方究竟属于委托开发还是合作开发，主要依据两点，一是双方是否都进行了投资，二是双方是否派出了人员参与研究开发。如果仅有一方投资，另一方进行研究开发，则一般属于委托开发；如果双方都进行了投资，且双方派出的人员对发明创造的完成都作出了创造性贡献，则应当属于合作开发。如果双方都进行了投资，但只有一方派出的人员对发明创造的完成作出了创造性贡献，尽管仍属于合作关系，但完成的发明创造只能由完成方享有权利。

（三）因技术转让引起的专利权属纠纷

技术转让是指转让方将自己所拥有的技术转让给受让方的行为。广义上的技术转让包括专利权转让、专利申请权转让、技术秘密转让、专利实施许可、技术秘密使用许可等形式。对于由于权利转让引起的专利权属纠纷，企业应确定转让合同是否有效及转让是否已经生效。签订转让合同并向国务院专利行政部门申请登记的，专利申请权或者专利权归属于接受转让的当事人；签订转让合同但未向国务院专利行政部门申请登记的，则专利申请权或者专利权未发生转移。确认相关的专利申请权和专利权是归转让方还是归被转让方，要视转让合同的具体情况具体分析。

对于由于技术秘密转让引起的专利权属纠纷，企业应确定技术秘密转让合同是否有效。

对于第三方技术转让取得的专利，上交所通常会关注转让的原因。转让原因涉及企业是否具有技术研发能力及完善的知识产权体系。企业应注意收集"预先受让可能未来会涉及的相关专利，仅是为了避免可能发生知识产权纠纷"的证据材料，以证明企业核心技术不依赖受让专利，且对未来的技术与业务发展有完整的规划。

综上所述，企业的核心技术、核心专利、核心商标的权属，关系企业是否具备独立、持续经营的能力，因而相关知识产权权属诉讼，需要引起企业的高度重视，针对各类知识产权权属纠纷的特点，进行充分举证，并按照法律规定的要件主张权属应该归属于本企业。

第五节 其他知识产权诉讼的应对

一、专利无效纠纷的应对

企业在科创板上市前遭遇竞争对手提起专利无效宣告请求，也是科创板上市中常见的知识产权纠纷。科创板对上市企业与主营业务收入有关的发明专利数量具有明确要求。当拟上市企业持有的与主营业务收入有关的发明专利较少，就很有可能遭受竞争对手对核心专利提起无效宣告请求。例如，极米科技在 IPO 招股书中披露的全部 16 项发明专利均被竞争对手光峰科技提起专利无效宣告请求。

因此，企业有必要在上市前对招股说明书中列出的发明专利进行稳定性分析。由于竞争对手往往会投入极大精力寻找用于无效专利的现有技术证据，使得专利无效宣告请求往往会对专利的稳定性造成很大影响。所以，企业自身完成的稳定性分析也需要足够充分和专业，必要时可以委托一家或多家专业机构完成。在专利无效行政程序中，企业也需要委托专业的、具有相关技术背景的律师进行口审答辩，争取维持专利权有效。

当在上市中遭遇竞争对手提起无效宣告请求后，拟上市企业可以作出如下回应：①委托第三方机构就被提起无效宣告请求的专利出具专利稳定性报告，说明相关专利具有较高的稳定性，被宣告无效的可能性较低。②说明企业的核心技术采取了专利、著作权、技术秘密等多种保护措施，形成了较为全面的保护布局。即使部分发明专利被宣告无效也不会导致发行人核心技术知识产权丧失，既不会对发行人核心技术造成重大不利影响，也不会对发行人持续生产经营构成重大不利影响。③说明被宣告无效的专利与企业主营业务收入和核心技术的对应关系。若不涉及企业的主营业务收入或核心技术，则表明专利无效不会影响企业核心技术的稳定性及竞争力，不会对发行人整体营业收入、净利润产生重大不利影响。④说明企业拥有较高的技术壁垒和综合优势，即使部分发明专利被宣告无效也不会对企业持续生产经营构成重大不利影响。⑤若相关专利距离专利权保护届满时间较近，则同样可从采用上述思路说明即使相关专利于正常到期前被宣告无效，其对企业生产经营的影响也十分有限。

例如，敏芯微电子在遭遇专利无效纠纷时采取了以下应对措施。

（1）论证无效宣告请求被专利复审无效审理部（以下简称专利复审部）支持的可能性非常低。①相关专利均为发明专利，在授权前已经专利主管部门实质性审查，并履行了相应的公告程序，专利质量较高；上述专利中部分专利技术还同时在美国取得了发明专利授权，经历了多个专利主管部门的实质性审查。②委托第三方公司对涉案专利进行检索分析,并出具《检索报告》,论证敏芯微电子被提起无效宣告请求的专利,以及尚未被提起无效宣告请求但涉及核心技术的相关专利具有新颖性、创造性及实用性。③发行人可以根据无效请求人提交的证据情况,以及专利复审部的审查情况,适时地对相关专利权利要求进行修订与完善,从而避免相关专利被整体宣告无效。

(2)论证专利被整体宣告无效对发行人的持续经营能力不会构成重大不利影响。①发行人拥有基础技术、技术诀窍、现有专利与专利申请构成的多层次核心技术体系,基础技术是公司持续创新的源泉,技术诀窍是公司的技术秘密,因模仿难度较大构成了公司的技术壁垒。②核心技术体系中已授权发明专利中的技术方案已不会整体被应用到现有产品中,仅有部分技术点仍然被报告期内产品应用。被提起无效宣告请求的18项专利中7项专利现阶段虽然仍作为发行人的核心技术,但发行人已结合自有专利与技术诀窍对该专利做了较多创新和优化,优化后的技术为发行人部分产品的生产方式之一;其余11项专利均为公司的技术储备,未应用于发行人的在售产品中。③MEMS厂商面临自主研发能力、核心技术体系、持续创新能力、供应链体系等多个维度的竞争,专利对核心竞争力的影响较小。④从掌握核心专利到形成市场竞争力需要长时间积累。⑤发行人依靠技术迭代而非专利抢占市场。

二、商标侵权诉讼的应对

虽然商标与企业科创属性并无直接关联,但是商标承载了企业的商誉,代表着企业的品牌,是企业持续经营的重要保障,也属于企业参与市场竞争的重要武器。因而,科创板审核始终非常关注企业的核心商标的权属纠纷、侵权纠纷是否会对企业生产经营造成重大影响。科创板上市企业涉及商标侵权诉讼的也并非少数。例如,紫光照明在提交科创板申请之后,紫光集团对其提起了商标侵权之诉,请求法院判定紫光照明停止使用含有"紫光"字样的企业名称并赔偿经济损失500万元,导致紫光照明不得已在上市阶段考虑进行更名。

与其他知识产权侵权诉讼类似,企业如果在上市中遭遇了商标侵权诉讼,可以采用以下抗辩思路。❶

(一)程序性抗辩

程序性抗辩,是指利用各项法律程序规定进行合理抗辩,常见抗辩理由有原告不具备权利人主体资格、具有权属纠纷、没有授权证明等;在程序方面,还可以对管辖权和诉讼时效提出异议。

---

❶ 该节内容参考国家知识产权局《商标侵权判断标准》、天津市高级人民法院《侵犯商标权纠纷案件审理指南》。

（二）不侵权抗辩

不侵权抗辩，是商标侵权诉讼中最为常见的抗辩理由，一般会提出涉案商品或服务与涉案商标不类似，以及涉案商品或服务与涉案商标不近似等理由，从而证明自己并不存在侵权行为。

商品侵权判定采用混淆原则，即是否会足以使相关公众认为涉案商品或者服务是由注册商标权利人生产或者提供，或者足以使相关公众认为涉案商品或者服务的提供者与注册商标权利人存在投资、许可、加盟或者合作等关系。判断是否容易导致混淆，一般会考量以下因素：①商标的近似情况；②商品或者服务的类似情况；③注册商标的显著性和知名度；④商品或者服务的特点及商标使用的方式；⑤相关公众的注意和认知程度；⑥其他相关因素。

（三）权利冲突的抗辩

如果涉案商标与他人的或企业自身的商标权、著作权、外观设计专利权、商号权、域名权等在先权利的财产性权益相冲突，则企业可以提出不侵权抗辩，甚至提请宣告对方商标无效。

（四）合法来源抗辩

企业如果销售不知道是侵犯注册商标专用权的商品，能证明该商品是自己合法取得并说明提供者的，可以不承担赔偿责任。

认定是否知道自己销售的商品为侵犯注册商标专用权的商品，一般会考虑以下因素：①注册商标的知名度；②销售商的经营规模；③销售商品的进货和销售价格。

以下情形一般会被认定属于合法取得：①有供销双方签订的进货合同且经查证已真实履行的；②有合法进货发票且发票记载事项与涉案商品对应的；③有供货单位合法签章的供货清单和货款收据且经查证属实或供货单位认可的；④以合理的对价取得商品等。

进行合法来源抗辩，企业一般还需要说明提供者的姓名或企业名称、地址、联系方式等能够查实的信息。

（五）正当使用抗辩

以下情形属于商标的正当使用，不构成商标侵权：①注册商标中含有的本商品的通用名称、图形、型号或者直接表示商品的质量、主要原料、功能、用途、重量、数量及其他特点，或者含有的地名，注册商标专用权人无权禁止他人正当使用；②三维标志注册商标中含有的商品自身的性质产生的形状、为获得技术效果而需要的商品形状或使商品具有实质性价值的形状,注册商标专用权人无权禁止他人正当使用;③商标注册人申请商标前,他人已经在同一种商品或者类似商品上先于商标注册人使用与注册商标相同或者近似并有一定影响的商标的,注册商标专用权人无权禁止该使用人在原使用范围内继续使用该商标,但可以要求其附加适当区别标识。

(六)注册商标未使用抗辩

企业还可以对注册商标专用权人未使用其注册商标提出抗辩。如果注册商标专用权人既不能证明此前三年内实际使用过该注册商标,也不能证明因侵权行为受到其他损失,被诉侵权人不承担赔偿责任。

以上是商标侵权诉讼中常见的抗辩形式,除此之外还有撤销注册商标等多种抗辩形式。总之,企业在科创板上市中也应该慎重对待商标侵权诉讼,聘请专业的知识产权律师妥善处理纠纷,避免商标诉讼对企业的持续经营能力产生影响,并且应开展全面的商标布局和管理,有力保障企业的品牌。

三、著作权侵权诉讼的应对

科创板上市企业遭遇著作权纠纷也不在少数。首先,因为软件著作权、企业内部文档等作品也与企业的科创属性具有一定关联性。其次,企业上市过程中可能会遭遇大量专业软件、办公软件企业维权,甚至一些图片版权商等进行"碰瓷式维权"。虽然这类诉讼一般不会对企业的主营业务和持续经营能力产生重大影响,但是,如果频繁招致维权诉讼也会使企业分散法务团队的精力,甚至引起上交所对企业内控机制的有效性产生怀疑。当然,有些科创板企业对版权依赖性比较高,著作权诉讼可能对企业产生非常重要的影响。例如,深圳宜搜天下科技股份有限公司(以下简称宜搜科技)是一家专注于移动搜索的互联网企业,其科创性主要体现在软件平台的搭建,核心产品是电子书阅读软件"宜搜小说APP",报告期已拥有计算机软件著作权161项。据统计,该企业在报告期内涉及大量著作权纠纷,其中涉及的小说数量为116部。宜搜科技在科创板问询阶段主动撤回了上市申请,其原因或与著作权纠纷有关。可见,企业在上市过程中也需要关注著作权纠纷。

与其他知识产权侵权诉讼类型类似,著作权诉讼也可以采用以下抗辩思路:权利基础抗辩(著作权客体、著作权保护期限、不适用著作权、有限表达、必要场景、公有领域等)、权属抗辩、不侵权抗辩(行为不在权利范围之内、接触+实质性相似)、合法来源抗辩(独立创作、合法授权、在先其他作品)、合理使用抗辩(个人使用、适当引用、教学科研使用)、法定许可抗辩(报刊转载、录音制品、播放已发表作品或已出版录音制品)、免除损害赔偿责任抗辩(过错原则、填平原则)等,本书不再展开论述。

第六节　科创板上市中知识产权诉讼的整体应对策略

通过上述对企业上市过程中常见的知识产权诉讼及其应对策略的总结，拟上市企业应对知识产权纠纷，可以采取以下思路。

一、充分披露知识产权诉讼案件信息

知识产权诉讼是科创板上市审核重点关注的内容。科创板对知识产权诉讼相关情况的信息披露具有明确要求。例如，《第41号准则》第三十三条进一步明确与具体化了相关的知识产权风险披露规定："发行人应结合科创企业特点，披露由于重大技术、产品、政策、经营模式变化等可能导致的风险：（一）技术风险，包括技术升级迭代、研发失败、技术专利许可或授权不具排他性、技术未能形成产品或实现产业化等风险……（五）法律风险，包括重大技术、产品纠纷或诉讼风险，土地、资产权属瑕疵，股权纠纷，行政处罚等方面对发行人合法合规性及持续经营的影响。"

由于上市审核机构非常关注知识产权诉讼是否会对企业生产经营造成重大影响，并可能据此作出暂缓或终止企业上市进程的决定，拟上市企业首先应当对知识产权诉讼情况进行充分的信息披露，及时回应上市审核机构关心的问题。一般而言，上市审核机构主要关注以下问题：①纠纷的主要情况、争议焦点及后续进展情况；②争议知识产权的具体应用情况，涉及的具体产品是否为发行人的主要产品，并说明对应的营业收入、利润及比例；③争议知识产权与发行人核心技术的关系，是否涉及发行人的核心技术，以及对开展主营业务产生的影响；④知识产权诉讼胜诉概率情况，若拟上市企业在知识产权诉讼中最终败诉，对发行人主营业务收入、利润及核心竞争力、持续经营能力的影响，是否存在发行人无法销售特定类别产品，或加剧市场竞争等情形；⑤知识产权侵权诉讼的损害赔偿金额，若拟上市企业在知识产权诉讼中最终败诉，拟上市企业可能面临最大赔偿金额问题。损害赔偿包括两部分，一部分为起诉前侵权行为导致的赔偿，另一部分则为起诉后若仍持续侵权而产生的扩大赔偿部分。

可见，拟上市企业为了尽量避免因知识产权诉讼影响上市，应重点围绕诉讼不会对企业的"营业收入"和"持续盈利能力"产生重大影响，尽早向上市审核机构进行详细的答复，充分披露案件信息。鉴于目前上市审核已非常成熟和专业化，上市审核机构对类似情形也非常了解，因此拟上市企业无论是在上市前还是上市中遭遇知识产权诉讼，都不必惊慌失措，反而需要冷静分析、专业应对。由于知识产权诉讼的专业性，所以应由企业上市法律顾问和知识产权顾问合作，对案件情况进行全面分析后，对涉及知识产权诉讼的情况进行详尽、深入的信息披露，避免挤牙膏式地披露而给审

核机构留下不诚信的印象,甚至给企业上市造成不利影响。对知识产权诉讼的信息披露或问询回应主要包括以下十方面的内容。

(一) 对不构成侵权的事实和胜诉可能性进行说明

针对知识产权诉讼,拟上市企业首先需向上市审核机构和公众传达其产品不侵犯涉案知识产权的信息,表明具有较大的胜诉概率。不构成侵权的说明应当具有充分、客观的事实依据和证据,并尽可能详细地向上市审核机构呈现侵权比对结果,以使上市审核机构能够直观地了解不构成侵权。

为此,需要由专业知识产权律师出具详细的不侵权比对法律意见书。以专利侵权分析为例,根据《最高人民法院关于审理侵犯专利权纠纷案件应用法律若干问题的解释》第七条规定:"人民法院判定被诉侵权技术方案是否落入专利权的保护范围,应当审查权利人主张的权利要求所记载的全部技术特征。被诉侵权技术方案的技术特征与权利要求记载的全部技术特征相比,缺少权利要求记载的一个以上的技术特征,或者有一个以上技术特征不相同也不等同的,人民法院应当认定其没有落入专利权的保护范围。"所以,专利侵权比对意见不仅要对被诉侵权产品的技术特征与涉案专利权利要求书记载的每一项技术特征进行逐一比对和分析,还涉及合理进行权利要求的解释,以及合理认定是否构成等同侵权等法律问题,由此才能得出一份详尽和专业的法律意见书。如果不侵权法律意见书只是泛泛而谈,没有细致的比对分析,则很难打消上市审核机构的疑虑。

当然,如果经知识产权律师评估,确实存在较大侵权风险,对企业持续经营能力会构成实质影响,此时拟上市企业应停止或逐步减少相关技术产品的生产,避免承担更大的侵权损害赔偿责任,并审慎考虑是否需要中止或撤回上市申请。

(二) 对"采取了哪些措施来积极应对诉讼"的说明

拟上市企业还应向上市审核机构说明已经采取了哪些措施应对知识产权诉讼。例如,已经聘请专业律师积极准备应诉,已经委托专业机构进行鉴定,已经委托官方机构或权威机构对涉案知识产权的稳定性进行分析或出具评价报告,并通过律师出具的法律意见书来论证不构成侵权。对于专利侵权诉讼,根据实际情况可以说明已经向国家知识产权局提出专利无效宣告请求,并结合专利无效宣告的证据来论证涉诉专利全部被宣告无效的可能性很高。

知识产权诉讼应对越及时、越专业,说明拟上市企业的实力越雄厚,也侧面印证了胜诉的可能性较高,甚至可以尽早达到双方和解的效果,从而避免对 IPO 审核造成实质性影响。

(三) 对涉案知识产权稳定性的说明

涉案知识产权诉讼的权利基础可能存在不稳定的问题,也可能存在权属纠纷的问题。因此,拟上市企业可结合证据客观说明涉案知识产权不稳定的原因。如果涉案知识产权不稳定,实质上也代表着拟上市企业可以获得胜诉。

对于不同类型的知识产权,其稳定性情况需要单独进行分析。例如,对于专利侵权而言,由于实用新型和外观设计在授权时仅对申请文件进行形式审查,并未经过全面的实质性审查,即便专利权人提交了专利权评价报告,也只是初步参考。可见,根据现行的专利审查规则,实用新型和外观设计专利的稳定性不强。因此,实用新型和外观设计专利极有可能在专利无效宣告程序中被宣告无效。

此外,也可以援引专利无效成功率的官方数据予以说明。国家知识产权局在2019年年报中,首次公开了专利无效率,审结的发明专利无效案件中,全部无效占31.7%,部分无效占14.5%,专利权维持占53.8%。

(四) 对被诉侵权产品是否为主要产品的说明

实践中,原告往往有备而来,其一般针对企业的主营产品提起诉讼。此时,拟上市企业可以分析被诉侵权产品在企业产品中的占比,即是否为主营产品,是否为重点战略产品。首先,可以通过说明原告起诉时已经固定的侵权产品具体型号,将被诉侵权产品的范围尽量缩小。其次,可以分析涉案知识产权不涉及公司的其他产品,即便原告对公司其他产品继续提起诉讼,也不会对公司构成重大不利影响。拟上市企业可以结合财务报表和企业规划向上市审核机构进行详细说明,包括各个时间段内该产品在企业的营业收入的占比、利润率等。

(五) 对可能的损害赔偿金额的说明

企业在上市过程中遭遇的知识产权诉讼往往标的额较大,动辄上千万元,甚至上亿元,其足以对企业的生产经营造成较大影响。然而,多数情况下原告主张损害赔偿的依据并不充分,此时拟上市企业需向上市审核机构说明原告的损害赔偿主张没有事实依据,即使企业最终败诉也仅需支付少量赔偿金额,不会对企业的生产经营造成影响。

知识产权诉讼的损害金额通常按照原告的实际损失或被告侵权获利的方式计算,或者参照许可使用费合理倍数确定,当上述方式都无法确定时,还可以适用法定赔偿。企业可以首先向上市审核机构说明,中国大部分知识产权案件均适用法定赔偿。以《专利法》为例,现行《专利法》的法定赔偿的上限为500万元。如果原告在起诉状中未明确其主张损害赔偿的依据,也未提交充分的证据证明其实际损失和企业侵权获利,那么其高额损害赔偿的主张往往得不到法院的支持。大部分适用法定赔偿的案件其赔偿额均较低。此外，无论是按照原告实际损失还是被告侵权获利的方式确定赔偿额，法院均需要综合考虑产品销售量、营业利润、涉案专利的价值贡献率等因素。需要说明的是，损害赔偿不仅需要考虑起诉前侵权行为导致的赔偿，还需要考虑起诉后若持续侵权而产生的扩大赔偿部分。

因此，可以通过数据说明，被诉侵权产品销售额小，在企业的营业收入中占比较小，退一步而言，即使败诉对发行人营业收入和持续盈利能力影响较小。必要时，还可以聘请第三方审计机构对发行人相关财务数据进行审计，通过审计报告证明报告期内被诉侵权产品销售额及其在发行人的整体营业收入的占比等数据。

（六）对是否具有替代技术或产品的说明

为了论证知识产权诉讼不会对拟上市企业的持续经营产生影响，企业还可以说明目前已经采用替代技术方案或产品，即使败诉，侵权产品被停止制造和销售，企业仍然可以采用不侵权的替代技术生产和销售相关产品，因此，对企业的营业收入和持续盈利能力影响较小。该类说明可以介绍被诉侵权产品的替代技术实现方案、替代技术已经获得自主知识产权、替代技术方案或产品的销量等信息，并可以提供第三方机构出具的替代技术的产品测试报告或用户使用报告，来证明替代技术方案确实可以完全替代被诉产品。

（七）对是否建立有效的内控制度的说明

发行人是否具有有效的内控制度也是上市审核机构关注的重点问题，因为其可以反映企业是否具备持续经营能力。对于内控制度，具体又包括相关企业制度、内控流程的建立、内部培训及外部协调机制的构建等。在涉及多起知识产权诉讼的情况下，内控制度的有效性可能会受到质疑。此时，企业应向上市审核机构说明发行人有健全且完善的侵权防范内控制度，并通过列举企业以往遭遇知识产权侵权诉讼以不侵权、权利人撤诉或权利人专利被无效而最终结案等的数据，来说明企业的知识产权侵权防范内控制度行之有效。

（八）对竞争对手涉嫌恶意诉讼的说明

企业在上市过程中遭遇的知识产权诉讼，大多是竞争对手狙击上市的手段。此时，可以向上市审核机构说明对方发起诉讼的目的完全是阻碍企业上市，属于不正当竞争手段或恶意知识产权诉讼。科创板上市中企业频发知识产权诉讼已经引起监管机构的重视。上海市高级人民法院颁行的《关于服务保障设立科创板并试点注册制的若干意见》已经为证券市场领域规制知识产权恶意诉讼行为提供了一个较为权威和明确的指引，能够在一定程度上防止知识产权恶意诉讼对证券市场秩序的干扰，也可以对原告可能的恶意诉讼形成一定的震慑作用。

(九) 由权威机构提供信用背书

除了由企业自身提供相关数据和分析之外，企业还可以获得政府部门、行业协会的背书或第三方权威机构就知识产权稳定性、侵权可能性出具的法律意见或报告，并由专业知识产权律师出具专项法律意见书，对发行人知识产权诉讼的胜诉概率、承担赔偿责任的可能性、最不利情况下的赔偿金额及计算方式等发表明确的法律意见，从而更加有力地打消上市审核机构的疑虑。

(十) 实际控制人出具承诺函

为了进一步打消上市审核机构的顾虑、推进上市进程，拟上市企业的实际控制人可以出具承诺函，承诺由其个人承担本次诉讼带来的全部损失，包括侵权赔偿金、诉讼费用或公司遭受的损失，以此作为最终保底承诺。

综上所述，拟上市企业遭遇竞争对手提起的知识产权诉讼后，应当尽快完成上述问题的分析，向监管机构作出详尽、深入的说明或回应。知识产权诉讼的时间跨度通常会长达2~3年，因此，只要企业可以按照上述思路进行完备的答复，知识产权诉讼通常不会构成企业上市的实质性法律障碍。

二、积极全面应对知识产权诉讼

(一) 企业上市前应制订诉讼预案

企业在上市前，应当先进行全面的知识产权侵权风险评估，制订诉讼预案，做到未雨绸缪。评估内容包括企业的专利是否可能被宣告无效，核心技术、产品和商标等是否可能侵犯第三方知识产权，专利数量是否满足要求等。根据侵权风险评估结果充分预估企业上市过程中可能会遭遇的知识产权诉讼、初步的应对策略及可能出现的诉讼影响，据此制订知识产权诉讼应对预案。例如，光峰科技在遭遇专利诉讼的当天就迅速对涉案专利提出了无效请求，显然是提前做好了诉讼应对预案。

诉讼预案包括组建企业诉讼团队，对风险产品提前进行规避设计，对风险知识产权做好无效准备，准备诉讼的抗辩策略和证据等。对于诉讼团队的组建，应尽早引入外部诉讼团队，这样有利于保证诉讼预案的完备性。

企业也可以将已建立应诉预案的情况向上市审核机构说明，以论证企业能够有效应对所遭遇的知识产权诉讼，不会影响企业持续经营能力。例如，敏芯微电子在答复上交所问询的补充法律意见书中就指出："发行人已建立《知识产权应急方案》《知识产权重大事项预警管理制度》等制度，对专利诉讼及无效申请的突发情形制订了应急预案。"

"A. 针对专利侵权诉讼：首先对涉诉专利分析归类，对于实用新型专利，可申请该专利无效配合诉讼程序，2019年7月侵权诉讼涉及的歌尔股份的三项实用新型专利已被宣告整体或核心权利要求无效；对于发明专利，准备第三方鉴定报告或不侵权分析报告等关键证据为不侵权抗辩做准备。发行人自设立至今未曾出现过被认定为专利侵权的情形，歌尔股份提起的已有初步结果的诉讼中，发行人也均取得了有利结果。"

"B. 针对专利权属诉讼：发行人研发流程记录制度保证可有效举证相关专利技术的产生过程及发行人团队的智力投入情况；在员工聘用层面，禁止录用存在竞业禁止限制的员工，禁止员工泄露原单位商业秘密或以原单位技术成果投入发行人研发工作中，有效避免因内控缺失而可能侵犯竞争对手权益的情况。"

"C. 针对专利无效申请：规范发行人研发过程中的专利检索程序，确保发行人专利技术与现有技术具有显著区别及实质性改进，保证专利的新颖性和创造性；通过国家知识产权局下属机构进行专利检索，再次论证专利的稳定性；针对无效请求人的举证进行逐条比对与技术分析；发行人知识产权团队对于专利保护范围具有较为深入的研究，在极端情况下能够通过修改专利权利要求保有相关专利的有效性。"

（二）积极应对知识产权诉讼案件

企业在上市中一旦遭遇知识产权诉讼，在答复了上市审核机构关心的问题后，还需要切实解决诉讼问题，积极应对知识产权诉讼案件本身。

一方面，知识产权诉讼本身存在事实和证据的认定，需要制定完备的诉讼策略；另一方面，做好充分的诉讼对抗准备也有利于拟上市企业在与原告的谈判中占据优势地位。但由于知识产权诉讼的复杂性，单纯的诉讼预案尚不可能解决所有问题。企业必须根据原告情况、涉案知识产权情况、被诉侵权产品和企业上市阶段等现实情况，具体分析制定适合的诉讼策略，并根据案情发展及时动态调整诉讼策略。

诉讼策略中解决知识产权纠纷的方式应当是全面的。例如，既要积极应诉抗辩，必要时提起反诉或另行起诉等，也可以提起无效宣告请求；既要保持与对方的谈判，争取和解等，也可以提起行政举报或请政府进行调解等。总之，所有有利于解决知识产权纠纷的合法方式，均可以采用。

具体的应诉抗辩应当是细致的，需依赖专业律师完成。例如，不侵权抗辩需要充分的证据准备，也需要形成简明、清晰的答辩意见。前述章节已经介绍了常见知识产权诉讼的主要应诉抗辩手段。具体的案件应对策略中，不侵权抗辩和损害赔偿责任抗辩是重中之重。企业还可以采用专家证人、第三方鉴定机构等方式加强抗辩的效果。

除了积极应诉抗辩，对于知识产权诉讼案件，企业还要谨防对方采取财产保全、行为保全或证据保全措施。原告的财产保全申请一旦获得法院准许，则被告的银行账户及其他财产将会面临被法院冻结或查封、扣押的风险，进而对企业正常经营产生不利影响。我国《民事诉讼法》第一百条和第一百〇一条除规定了财产保全和行为保全，即原告可以申请法院要求被告在判决前就停止被诉侵权行为，如停止制造、销售被诉侵权产品。因此，行为保全也可能会对企业的生产经营产生重大影响。为了应对原告的行为保全申请，企业应当积极参与关于行为保全的听证或谈话程序，抗辩案件不符合行为保全的法律规定。如果法院裁定实施行为保全，企业还可以提供反担保以申请法院解除保全措施。

三、进行产品规避设计

企业上市过程遭遇知识产权诉讼之后，需要核实侵权风险。在存在一定侵权风险的情况下，进行规避设计或采取替代技术是最应当采取的应对措施，从而从实体上减少诉讼对企业生产经营的影响。但是，需要说明的是，规避设计或替代技术的提出，仍然需要专业知识产权律师的参与，以核实规避设计或替代技术是否仍然存在侵犯原告或其他第三方的知识产权的风险，进而避免无效规避。

四、合理提起反制诉讼

在面对竞争对手的知识产权诉讼上市阻击时，拟上市企业还可以考虑通过反制诉讼的方式给竞争对手施加压力，以争取尽快解决纠纷。反制诉讼也可以是知识产权侵权诉讼。但是，提起反制知识产权侵权诉讼，需要慎重评估权利基础的稳定性、侵权的可能性、取证的难度、管辖地域和损害赔偿金额等因素。如果拟上市企业依据不稳定的知识产权对竞争对手提起诉讼，很可能导致自己的专利等知识产权被宣告无效，使企业失去一项知识产权，这也可能会给上市带来不利影响。

2011年12月16日，最高人民法院发布《关于充分发挥知识产权审判职能作用推动社会主义文化大发展大繁荣和促进经济自主协调发展若干问题的意见》，其中明确规定："对于明知其专利权属于现有技术或者现有设计，仍然恶意向正当实施者及其交易对象滥发侵权警告或者滥用诉权，构成侵权的，可以视情支持受害人的损害赔偿请求。"因此，反制诉讼除知识产权侵权诉讼外，拟上市企业可以主张竞争对手恶意诉讼，并针对竞争对手提起"因恶意提起知识产权诉讼损害责任纠纷"诉讼。如上文所述，敏芯微电子在遭到歌尔股份提起的多起知识产权诉讼后，参加上交所委员会审议会议前，公司就向北京知识产权法院起诉，主张歌尔股份恶意诉讼。

恶意诉讼，通常是指当事人以获取非法或不正当利益为目的而故意提起一个在事实和法律上的无根据之诉，并致使相对人在诉讼中遭受损失的行为。该类案件中，当事人提起诉讼是否具有恶意是判断的难点。在深圳市腾讯计算机系统有限公司与谭某文因恶意提起知识产权诉讼损害责任纠纷一案［(2019)粤民终407号］中，广东省高级人民法院从权利基础、判断能力、抗辩事由等多方面，考察当事人是否具有提起诉讼的主观恶意。在再审申请人山东比特智能科技股份有限公司与被申请人江苏中讯数码电子有限公司恶意提起知识产权诉讼损害责任纠纷一案[（2019）最高法民申366号]中，最高人民法院指出，判断当事人提起知识产权侵权之诉是否具有主观恶意，应当考虑当事人的权利基础及其对该种权利基础的认识能力、当事人提起侵权诉讼的目的等因素。因此，企业在提起"因恶意提起知识产权诉讼损害责任纠纷"诉讼之前，应当从当事人提起知识产权诉讼无权利基础、对无权利基础有充分的认识能力，或当事人提起侵权诉讼的目的在于狙击上市等方面充分准备证据，以对抗当事人可能的争辩。例如，歌尔股份在收到敏芯微电子控诉其恶意诉讼的应诉通知书后，于2020年5月23日向寿光市人民法院提起不正当竞争诉讼，主张敏芯微电子及其子公司涉嫌"商业诋毁"，主张其对敏芯微电子的诉讼行为是正常且不容诋毁的。

五、适时考虑进行和解

如果拟上市企业经过分析后，发现侵权可能性确实比较高，而且对方的知识产权也比较稳定，基于上市进程的考虑，拟上市企业可以主动提出和解谈判，争取尽可能以合理的条件与对方达成和解协议。例如，极米科技在上市过程中，遭到竞争对手光峰科技提起的专利侵权诉讼，诉讼标的为4600万元。此后，根据光峰科技发布的公告，双方达成了和解协议，极米科技分5年每年向光峰科技支付专利许可使用费，合计人民币2500万元。解决了专利侵权诉讼纠纷之后，极米科技也成功登陆科创板。但是需要注意的是，通常知识产权许可谈判或和解协议的谈判非常困难，双方往往是"边打边谈"。因此，拟上市企业仍需做好应对知识产权诉讼和提起无效宣告请求的准备，避免和解不成又延误时机，陷入更加被动的局面。

六、注意维护公共关系

竞争对手在企业上市时提起知识产权诉讼，就是希望利用企业上市的关键节点，引发更大的公众关注，放大对企业的不利影响。作为拟上市企业，也必须重视维护公共关系，对公众和更多的投资者负责，为成为一个公众企业做好准备。因此，拟上市企业除了在问询答复、公告中如实披露信息，还应当利用有影响力的官方媒体和自媒体积极公关，进行正面宣传，形成有利的舆论导向，避免"赢了官司输了市场"，同时也要避免诉讼对公司估值产生影响。

七、完善企业知识产权管理

企业在上市中遭遇知识产权诉讼，实际上给企业的知识产权管理敲响了"警钟"。因此，真正有效的应对措施是完善企业知识产权管理，提前做好知识产权布局和侵权风险分析。该部分内容，本书前述章节已经进行了充分的说明，此处不再赘述。

综上所述，不同类型的知识产权诉讼在应对方式上存在一定差异，但也存在很大的共性，这是科创板本身的审核要求和知识产权的特点所决定的。当企业在上市中遇到各类知识产权诉讼时，公司需要与外部的证券律师、知识产权律师通力合作、共同努力，针对上市审核机构关注的问题重点做好核查、披露工作，同时积极应对知识产权诉讼。

随着科创板上市中涉知识产权诉讼问题的普遍化，上市审核机构也在逐步采用更加谨慎合理的态度和更为科学的标准评估知识产权诉讼对企业的不利影响。但是，毫无疑问，知识产权仍然是科创板审核关注的重点内容，科创板拟上市企业必须尽早重视知识产权问题，增强知识产权纠纷应对能力，避免让知识产权诉讼成为上市的绊脚石。

第五章

高价值专利组合培育与布局

科创板定位的关键核心技术和科技创新能力的重要评判角度就是是否具有高质量的知识产权和战略性的知识产权布局，因为这些高价值知识产权是企业拥有并控制关键核心技术的法律基础，是企业凸显核心竞争力的重要保障。而科技创新型企业的核心技术多以专利的形式加以保护。因此，本章重点探讨高价值专利组合的培育和布局。

第一节　科创板上市对专利的要求

相对于其他板块，科创板首次提出了对上市企业的专利数量和质量方面的具体要求。

一、基本发明专利数量要求

2021年《科创属性评价指引（试行）》对科创板企业的科创属性进行了界定，其科创属性评价指标体系采用"常规指标+例外条款"的结构，包括4项常规指标和5项例外条款。企业如同时满足4项常规指标，即可被认为具有科创属性；如不能同时满足4项常规指标，但是满足5项例外条款的任意1项，也可被认为具有科创属性，企业可以申请上市。

其中4项常规指标的必要条件之一为：形成主营业务收入的发明专利5项以上；5项例外条款中的充分必要条件之一为：形成核心技术和主营业务收入的发明专利（含国防专利）合计50项以上。无论上述哪种条件要求，都直接规定了专利数量的门槛，而且这些发明专利都必须至少满足以下条件：授权、有效、主营业务相关。

虽然科创板对上市企业提出的专利数量要求不能低于5项发明，但企业在上市过程中如遇竞争对手提起无效，部分专利可能存在被无效风险，因此需要企业多布局一些专利比较妥当。例如，光峰科技就曾对准备上市的极米科技所拥有的16件发明专利全部提起了无效。如果企业拥有的专利数量较多，竞争对手在提专利无效时需要花费大量成本，而且即便部分专利真的被无效，也不影响大局。

当然，在提交的发明专利申请的数量方面，还要考虑授权率的情况及上市前走完专利审查程序并获得专利证书的情况。通常情况下，在准备上市的三年前至少申请20件发明比较保险。如果选择例外条款中的50件发明专利，那就定下来申请80件以上发明专利的目标值。

如果企业积极进行专利布局，专利申请数量远超5件，即便在提交上市申请时授权有效发明专利数量不够，只要能够预期在较短的时间内能够拿到足够的授权通知书，一般也能够顺利通过审核。如果在计划（不是提交）上市申请时有效发明专利数量不够，则可积极利用各国的加速审查制度，对正在申请中的专利或新申请专利进行适当的加速审查，以达到数量要求。

腾景科技股份有限公司（以下简称腾景科技）就属于这种情况，该公司在首次公开发行股票并在科创板上市招股说明书（上会稿）中披露了其不满足科创属性评价标准一中的第二项内容（表5-1）。

表5-1 腾景科技科创属性评价标准一符合情况

科创属性评价标准一	是否符合	指标情况
≥5%，或最近三年累计研发投入金额≥6000万元	☑是 □否	最近三年累计营业收入比例为6.55%，占比超过5%
形成主营业务收入的发明专利（含国防专利）≥5项	□是 ☑否	截至本招股书出具之日，公司共拥有2项已授权发明专利，暂不符合《上市申报及推荐暂行规定》第四条第二款的要求
最近三年营业收入复合增长率≥20%，或最近一年营业收入金额≥3亿元	☑是 □否	最近三年（2017—2019年），公司营业收入分别为8 301.13万元、12 632.82万元、17 902.59万元，最近三年营业收入复合增长率为46.86%

上交所在对腾景科技的第二轮问询中指出，该公司目前拥有2项已授权发明专利，暂不符合《上市申报及推荐暂行规定》第四条第二款的要求（表5-2）。截至2020年7月31日，该公司正在申请的专利共计27项，其中发明专利15项。发明专利中，有12项处于实质审查阶段，有1项已公布但尚未进入实质审查阶段，另有2项申请已经受理但尚未公布。

表5-2 腾景科技专利申请及获权情况

序号	专利类型	专利名称	专利证书号	专利号	授权公告日	专利权期限	他项权利情况
1	发明专利	一种单纤双向收发模块组件	第2255941号	ZL201410708949.7	2016.10.05	2014.12.01—2034.11.30	无
2	发明专利	一种光纤包层高功率剥除组合装置和剥除方法	第3741684号	ZL201710875079.6	2020.04.03	2017.09.25—2037.09.24	无

续表

序号	专利类型	专利名称	专利证书号	专利号	授权公告日	专利权期限	他项权利情况
3	实用新型	一种大通光孔径准直器	第5927851号	ZL201620832430.4	2017.02.15	2016.08.03—2026.08.02	无
4	实用新型	一种高功率光纤光学准直耦合系统	第4516119号	ZL201520106840.6	2015.08.12	2015.02.13—2025.02.12	无
5	实用新型	高隔离度光纤激光隔离器	第4515461号	ZL201520155726.2	2015.08.12	2015.03.19—2025.03.18	质押
6	实用新型	一种紧凑的反射型在线光纤激光隔离器	第4517127号	ZL201520217247.9	2015.08.12	2015.04.13—2025.04.12	无
7	实用新型	一种相邻波长收发模组	第5287745号	ZL201620002790.1	2016.06.15	2016.01.05—2026.01.04	无
8	实用新型	镀膜型包层光功率剥离器	第5305324号	ZL201521090415.9	2016.06.22	2015.12.24—2025.12.23	无
9	实用新型	一种基于渐变滤光片的多波长光学模组	第5289597号	ZL201620002706.6	2016.06.15	2016.01.05—2026.01.04	无
10	实用新型	一种密集波长单纤三向组件	第5289624号	ZL201520974315.6	2016.06.15	2015.12.01—2025.11.30	无
11	实用新型	一种阵列式声光调制器	第5449395号	Z1201620234901.1	2016.08.17	2016.03.25—2026.03.24	无
12	实用新型	光纤复用器件	第2379189号	ZL201120373080.7	2012.08.29	2011.09.28—2021.09.27	无
13	实用新型	一种插拔式波分复用器	第3347541号	ZL201320421591.0	2014.01.01	2013.07.16—2023.07.15	无
14	实用新型	一种偏振合波的光学模块	第3545868号	ZL201320701329.1	2014.04.30	2013.11.08—2023.11.07	无
15	实用新型	一种采用扩束光纤准直器的梳状滤波器	第3675986号	ZL201320845382.9	2014.07.09	2013.12.20—2023.12.19	无

据此,上交所请发行人说明:"(1)处于实质审查阶段的发明专利获得授权的预计时间;……"

腾景科技答复,截至2020年9月11日,发行人共有8项发明专利处于实质审查阶段,其具体审查进度如下(表5-3)。

表 5-3　腾景科技 8 项处于实质审查阶段的发明专利申请

序号	专利名称	申请号	申请日	审查进度
1	一种应用于大椭圆光斑的准直整形装置	201710902943.7	2017.09.29	尚未收到审查意见
2	一种高功率反射型光纤激光隔离器	201810986596.5	2018.08.28	尚未收到审查意见
3	一种潜望式镜头	201910645276.8	2019.07.17	尚未收到审查意见
4	一种超宽通带高容量滤波器	201910645252.2	2019.07.17	2020.7.17 收到第二次审查意见
5	一种用于材料处理的新型多波段光源及其实现方法	201910710784.X	2019.08.02	尚未收到审查意见
6	一种精密可调光纤耦合器	201910710932.8	2019.08.02	2020.8.27 收到第一次审查意见
7	一种单槽超声波清洁用辅助装置	201910910782.5	2019.09.25	尚未收到审查意见
8	一种激光光斑匀化装置	201910910334.5	2019.09.25	尚未收到审查意见

在实践中，进入实质审查后多久能收到审查意见将根据审查人员各自工作情况决定，时间方面具有较大的不确定性，但总体而言，每个发明专利从受理到授权通常需要 2~3 年时间。若收到了审查意见，则后续进程所需时间相对较为能够预计。实践中，一般发明专利授权前会收到两次审查意见，每次审查意见的回复审查大约耗时 3~5 个月，审查意见若能通过，则将在通过后 2 个月内获得授权。据此发行人陈述，上述 8 项进入实质审查的发明专利中，第 4 项已经收到第二次审查意见，发行人已回复完毕，回复后经 3~5 个月的审查时间及 2 个月内的授权时间。因此，上述第 4 项发明专利预计可于 2020 年 12 月 31 日左右获得授权；第 6 项已经收到第一次审查意见，发行人经 2 个月的回复审查时间后再经一轮 3~5 个月的审查意见及 2 个月内的授权时间，预计可于 2021 年 3 月 31 日左右获得授权；其他的发明专利尚未能预计收到审查意见的时间，但根据实践中发明专利从受理到授权通常需要 2~3 年时间的经验，应当大部分能于 2021 年 12 月 31 日左右获得授权。

2021 年 2 月 24 日，证监会同意了腾景科技首次公开发行股票注册的请求。

证监会发布的科创属性评价指标中并没规定专利的取得方式，但证监会在质询过程中，经常会指出核心技术是否依赖第三方，是否具有核心技术人员，核心技术的研发是否具有稳定性和可持续性。这些问题都间接与发明专利的取得方式相关。如果企业为了上市购买了一些专利，但是该企业的核心技术人员又不是发明人，这样核心技术人员的定位、研发的稳定性和可持续性必会招致质疑。

博拉网络股份有限公司（以下简称博拉网络）就遇到了这样的问题。证监会质疑"发行人目前已取得的 21 项发明专利均从第三方受让取得，其互联网和大数据主要核心技术相关的 3 项发明专利亦为受让取得，发行人披露其核心技术为自主研发及具有技术先进性和技术优势的依据不充分"。科创板上市委审议认为，发行人业务模式和业务实质、核心技术和技术先进性及核心技术在主营业务中的应用情况披露不充分、不准确、不一致，不符合《注册办法（试行）》和《上市审核规则》的规定。博拉网络的上市过程因此终止。

类似情况的还有成都新朝阳作物科学股份有限公司，上交所对其技术来源一直刨根问底。该公司拥有发明专利76项，但有16项核心专利系继受取得，多项技术是合作开发，疑似存在外部依赖性。虽然该公司对三轮问询均进行了翔实的答复，但最终还是主动撤回了申请。

但是如果属于母子公司或者关联公司之间的专利许可或者转让，专利权属清晰，不存在技术实施上的限制和核心技术侵权风险，上交所一般不会质疑其技术来源。

根据上海微创心脉医疗科技股份有限公司（以下简称心脉医疗）在招股说明书中披露的情况显示，在其所罗列的61项境内已授权专利中，前35项专利系由上海微创（控股母公司）转让获得，在25项境外已授权专利中，前20项专利也是由上海微创转让获得。虽然心脉医疗的核心技术主要来自技术转让，但是并不影响其技术实施的稳定性。从上交所首轮问询的情况来看，没有对该公司的核心技术主要来源于间接股东转让的问题提出任何有关质疑。

二、发明专利质量要求

从发明专利质量上看，科创板上市企业需要从5个方面进行关注，按照重要性排序依次是主营业务收入相关性（必要条件）、技术水平先进性（核心属性）、权利稳定性（基础要素）、技术实施自由（发展支撑）、关键技术控制力（更高要求），（图5-1）。

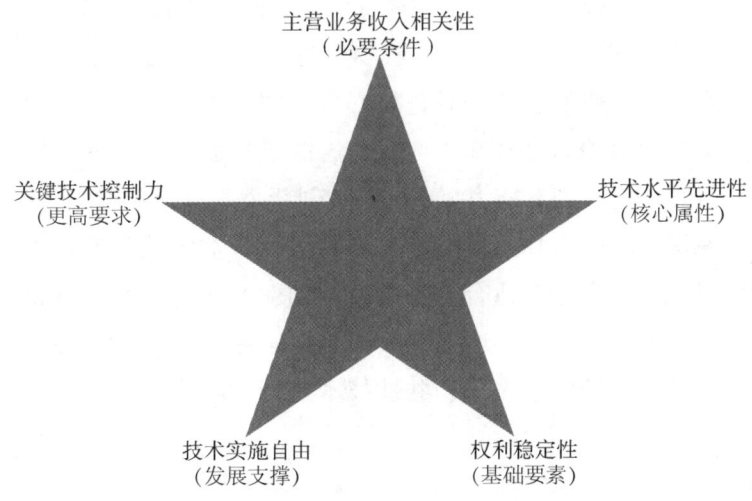

图5-1　科创板上市企业专利质量要求

1. 主营业务收入相关性

在科创属性的要求上，不管是 3 项常规指标的必要条件之一——形成主营业务收入的发明专利 5 项以上，还是 5 项例外条款中的充分必要条件之一——形成核心技术和主营业务收入的发明专利（含国防专利）合计 50 项以上，都明确指出这些专利要与形成主营业务收入直接相关。因此，科创板上市对于专利质量的第一个要求就是与形成主营业务收入相关，简称"相关性"。

相关性意味着企业发明专利的保护内容与形成主营业务收入的产品和核心技术相对应，不仅是发明专利名称与企业的主营产品和技术一致，还要发明专利保护的技术方案真正应用到了主营产品和技术中，产生了实际的技术效果，并带来了主要营收中的利润。如果企业所拥有的发明专利与主营业务或核心技术非直接相关，或者虽直接相关但没有形成主营业务收入，那么将都不被认可。

福建汇川物联网技术科技股份有限公司（以下简称汇川物联网）形成主营业务收入的发明专利共 11 项，其中 3 项为自主研发，而另外 8 项都为 2019 年 12 月受让取得。科创板审核中心第二轮问询意见要求发行人及保荐机构结合高精度俯仰伺服控制云台技术的开发过程、形成时间、应用于产品的时间、对应专利名称、申请时间等，说明外购专利对应的核心技术对公司产品功能的具体体现，与公司业务的相关性，是否符合 2021 年《科创属性评价指引（试行）》关于"形成主营业务收入的发明专利 5 项以上"的规定。最终，上交所发出了终止该公司首次公开发行股票并在科创板上市审核的决定。

2. 技术水平先进性

科创板上市对专利的技术水平先进性评价十分严谨甚至是"苛刻"，不仅要考虑该专利相对于行业同类技术水平的技术优势、对本企业主营业务直接作出的技术贡献，还要结合技术是否为自主研发、是否具备核心研发团队等来考虑。科创上市的评价更倾向于鼓励自主研发取得的原创性知识产权，这源于科创板定位旨在借助资本市场扶持拥有关键核心技术、科技创新能力突出的科技创新企业发行上市。

企业应当跟踪国内外前沿和重点技术发展趋势，对本领域关键核心技术和主流技术进行深入跟踪研究，合理确定适合自身的技术创新方向，保障自身技术研发路线的先进性、可行性和前瞻性。此外，还要积极参与国家倡导和组织的关键共性技术开发和研究项目，以及围绕关键核心技术、共性技术进行积累、储备和战略布局高质量的发明专利。

3. 权利稳定性

专利的权利稳定性对于实施该专利技术、利用该专利技术进行维权至关重要。对于专利权的稳定，一方面要做好授权专利的维护，另一方面要重视技术交底书的撰写和审查意见的答复,保证授权后的专利文本不存在可能被无效的"瑕疵"。

企业在科创板上市过程中,经常面临竞争对手的专利无效攻势。如果自身专利的权利稳定性不过硬,则很容易被无效掉,不仅可能无法满足发明专利数量要求,还可能会因技术创新性不够、无法支撑主营业务等问题而终止上市。

成都秦川物联网科技股份有限公司共申请了多达700项专利,但其中仅有不到300项取得授权,授权率不到40%。此外,还有大量专利申请被撤回,或被视为非正常专利申请,或被宣告无效,上交所因此对该企业的知识产权质量提出了质疑,最终该企业折戟科创板。❶

北京天科合达半导体股份有限公司(以下简称天科合达)上市申请过程中,其3项发明专利因未按期缴纳年费而失效。这一情况引发了上交所对天科合达的持续经营能力、专利管理制度的健全程度及是否存在其他类似专利失效风险的质疑。该公司最终于2020年10月15日撤回上市申请,终止了本次上市之路。❷

4. 技术实施自由

专利技术能否自由实施,通常要看技术研发属于原创型还是改进型,其专利来源是他人许可转让还是独立取得,以及是否依赖他人。如果专利属于独立研发所得,不存在他人在先专利的限制,则可以保证企业的独立经营。如果专利技术是针对他人专利技术的改进,需要判断实施是否依赖于在先专利申请,如果依赖,还需判断是否获得了他人专利的转让或者许可。如果专利技术为合作研发所得,则需判断专利的权属是否清晰等。

如果存在早期的他人专利而且没有获得技术实施许可,则需要研发新的技术或者进行技术规避设计,并针对自身产品或技术通过与他人在先专利技术特征比对等手段提前准备不侵权的证据。

5. 关键技术控制力

具有高质量的知识产权和战略性的知识产权布局,是企业拥有并控制关键核心技术的基础,是企业核心竞争力的保障。专利是对核心技术的法律保障,但通常一件专利很难对核心技术进行周严的保护,甚至对具体产品的某一核心零部件都需要多件专利的立体保护。通常应当申请一件或者多件核心专利,然后申请多件外围专利以建立专利"围墙",全面保护自己的核心技术和产品。

技术控制力好的专利组合被侵权时,很容易进行侵权判定,能够方便专利权人搜集被侵权证据。技术控制力好的专利组合能够有效保证产业链上下游的市场安全,促

---

❶ 深圳华夏泰和知识产权有限公司. 广东科创企业上市知识产权工作指引[EB/OL]. [2021-05-15]. http://amr.gd.gov.cn/attachment/0/407/407005/3148261.pdf.

❷ 谈科创论知产. 专利因未缴年费失效,被问询(1012-1018)[EB/OL]. (2020-10-20)[2021-05-15]. https://mp.weixin.qq.com/s/zTe_cqiN0PZMl1q7QNEsiQ.

成紧密的产业链合作环境。

安集微电子科技（上海）股份有限公司（以下简称安集微电子）主营业务为关键半导体材料的研发和产业化，目前产品包括不同系列的化学机械抛光液和光刻胶去除剂，主要应用于集成电路芯片制造和先进封装领域。

通过对安集微电子的专利申请趋势分析可以看出，其在2005年就开始申请专利，最早的申请至今维持年限已有14年；在抛光液和光刻胶去除剂两个技术领域，安集微电子在全球中的地位靠前，安集微电子在中国大陆的申请量也稳居第一。安集微电子每年都有20项左右的专利申请，可见其持续研发能力较好；披露的190件专利均为发明专利，相对来讲创新性较高，且主要为发行人自主持有，仅有少数控股公司的内部转让，可见其自主研发能力强。

安集微电子有超过三成的专利布局到我国台湾地区及美国、新加坡、韩国等国家和地区，这与其产品市场地、主营业务收入等息息相关。

安集微电子专利被引证1~9次的专利项数为63项；被引证11~20次的专利项数为9项；被引证20次以上的专利项数为5项，表明其专利整体质量较高，得到了行业的广泛认可。

一般来说，专利的权利要求数量越多表明专利的质量和稳定性越高。据统计，安集微电子的专利的平均权利要求数为10.8，超过了国内专利申请额外收取费用的限定值10，这反映了其专利的整体质量较高。

安集微电子核心技术涉及化学机械抛光液的核心技术有5项：金属表面氧化技术、金属表面腐蚀抑制技术、抛光速率调节技术、抛光晶圆表面形貌控制技术和抛光后表面清洗技术；涉及光刻胶的核心技术有2项：光阻清洗中金属防腐蚀技术和光刻胶残留物去除技术。针对每项核心技术，安集微电子都布局了多项专利，技术控制力较强。[1]

第二节 高价值专利组合培育

科创板上市对专利质量的要求，从需要形成主营业务收入相关这一必要条件来看，需要企业从申请专利的那一刻起就瞄准高价值专利组合培育。

一、打造高价值专利组合培育体系

科创板上市企业应当打造高价值专利组合培育的"土壤"——高价值专利组合培育

---

[1] 贾年龙，谯勤. 科创板上市企业"安集微电子"专利深度解析[EB/OL].（2019-08-26）[2021-05-22]. http://www.iprdaily.cn/article_22521.html.

体系，其主要包括培育环境、培育人员、培育方法和培育资源四个方面（图5-2）。❶

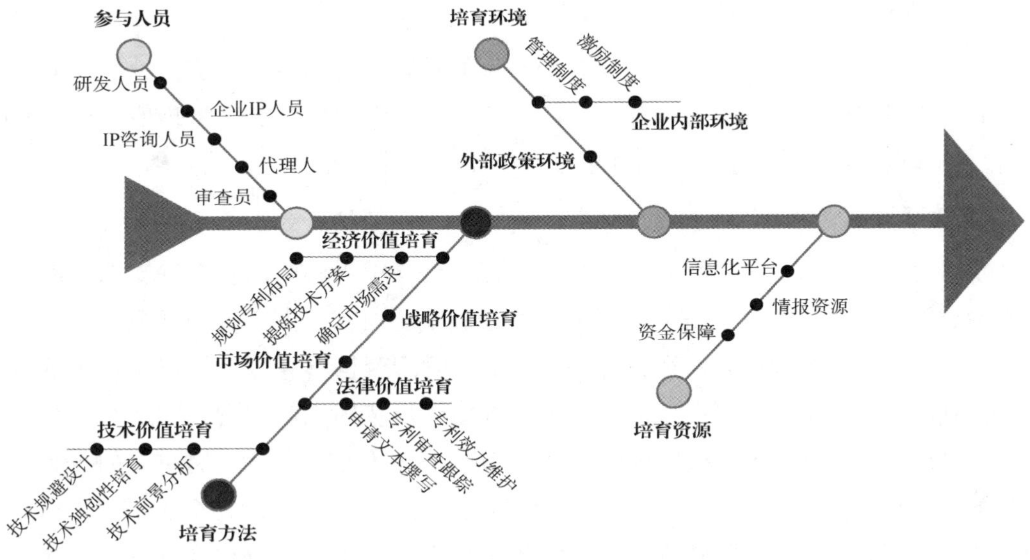

图 5-2　高价值专利组合培育体系

1. 培育环境

科创板上市企业作为重要的创新主体，其内部知识产权管理制度及激励制度是否健全有效是高价值专利组合培育成功与否的关键因素。企业高价值专利组合培育必须围绕企业创新来进行，只有建立比较完善的知识产权管理制度才能保障企业创新机制的正常运行，才能为高价值专利培育提供制度基础。

2. 培育人员

一份高质量专利的最终成型需要公司高管的重视，需要研发人员的投入，需要发明人、专利代理师及专利审查员各自付出相应的努力。发明人或申请人、专利代理师和专利审查员看似"敌对"的工作所形成的博弈效应使得专利的质量获得提升。❷ 从发明人提出有创新的技术方案，在企业知识产权人员或知识产权咨询人员辅助下进行专利挖掘与布局，继而交由专利代理师进行高质量的专利申请文件的撰写，专利审查员对申请文件进行高质量审查，整个过程就是一场高价值专利组合培育的接力，每一个环节都与参与人员的专业水平和职业素养息息相关。例如，高价值专利的培育还需要高质量的专利申请文件撰写和通知书答复工作，这往往需要发明人和专利代理师通力配合才行。一方面是企业寻找好最符合自己需求的代理机构进行合作，另一方面是要

---

❶ 马天旗. 高价值专利培育与评估[M]. 北京：知识产权出版社，2018：13-17.
❷ 韩福桂，佟振霞. 高质量专利的成长之路——源于发明人、专利代理人和审查部门的多方合力[J]. 中国发明与专利，2016，（3）：59-62.

结合中国、美国、欧洲的专利法异同来撰写好最初的专利说明书。

3. 培育方法

高价值专利的培育方法可以细分为技术价值基础方面的培育、法律价值保障方面的培育、市场价值核心方面的培育、战略价值目的方面的培育及经济价值体现方面的培育。具体内容可以参阅相关专业书籍，如《高价值专利培育与评估》。❶

4. 培育资源

从培育资源来看，在高价值专利组合培育中需要投入必要的资金、知识产权信息化平台建设及情报资源建设。对于拟上市科创板企业而言，由于受到规模、技术方面的限制，在知识产权管理方面通常存在着粗放、管理架构不完善、知识产权质量不高等一系列问题，而通过知识产权信息化平台则能够规范知识产权管理，从而提升知识产权管理质量，发挥知识产权的重要价值。❷ 另外，专利信息作为一种重要的企业竞争情报资源，在高价值专利组合培育中也起到重要作用（图5-3）。在企业研发选择主题时，通过专利信息了解当前技术现状及技术发展方向，避免企业重复研究。在专利申请前，通过专利检索对新审查专利进行预评估，能够极大地提升专利申请质量。

二、高价值专利组合的多维度培育思路

根据科创板对上市企业专利数量和质量的要求，在进行高价值专利组合培育时应当重点围绕与企业主营业务收入相关的技术和产品来展开，必要时应当将视野扩展至整个产业链层面，打造有利的产业环境，以保证企业行稳致远的发展。此外，由于专利权具有属地性，以及审查时长和保护期限等时间要求，还应当考虑时间和空间等维度（图5-4）。

1. 技术维度

技术结构是任何一种专利布局的基础要素结构。一项技术的进步总是向其极限性能方向发展，如成本的不断降低、使用性能的不断提升、功能的不断完备、环保安全性的不断提高、可靠性的不断提升等。当一项技术达到某一极限时，对于成本和各种性能的追求又不断驱动着新的替代技术产生，如液晶电视屏幕逐渐取代了传统的电视屏幕。任何一项技术都不是孤立地发展，而是处于一个相关技术群中，技术与技术之间有着广泛的横向联系。一项技术的实现和发展需要相应的工艺、制造技术和材料技术的支持，相关技术的发展会推动主导技术的发展。例如，在微电子行业中，开发一项新产品要涉及电子、化工、机械等许多行业的技术。

---

❶ 马天旗，高价值专利培育与评估[M]. 北京：知识产权出版社，2017.

❷ 董莎，陈汉君. 科技型中小企业知识产权信息管理平台构建研究[J]. 电子知识产权，2017，(5)：69-74.

第五章 高价值专利组合培育与布局

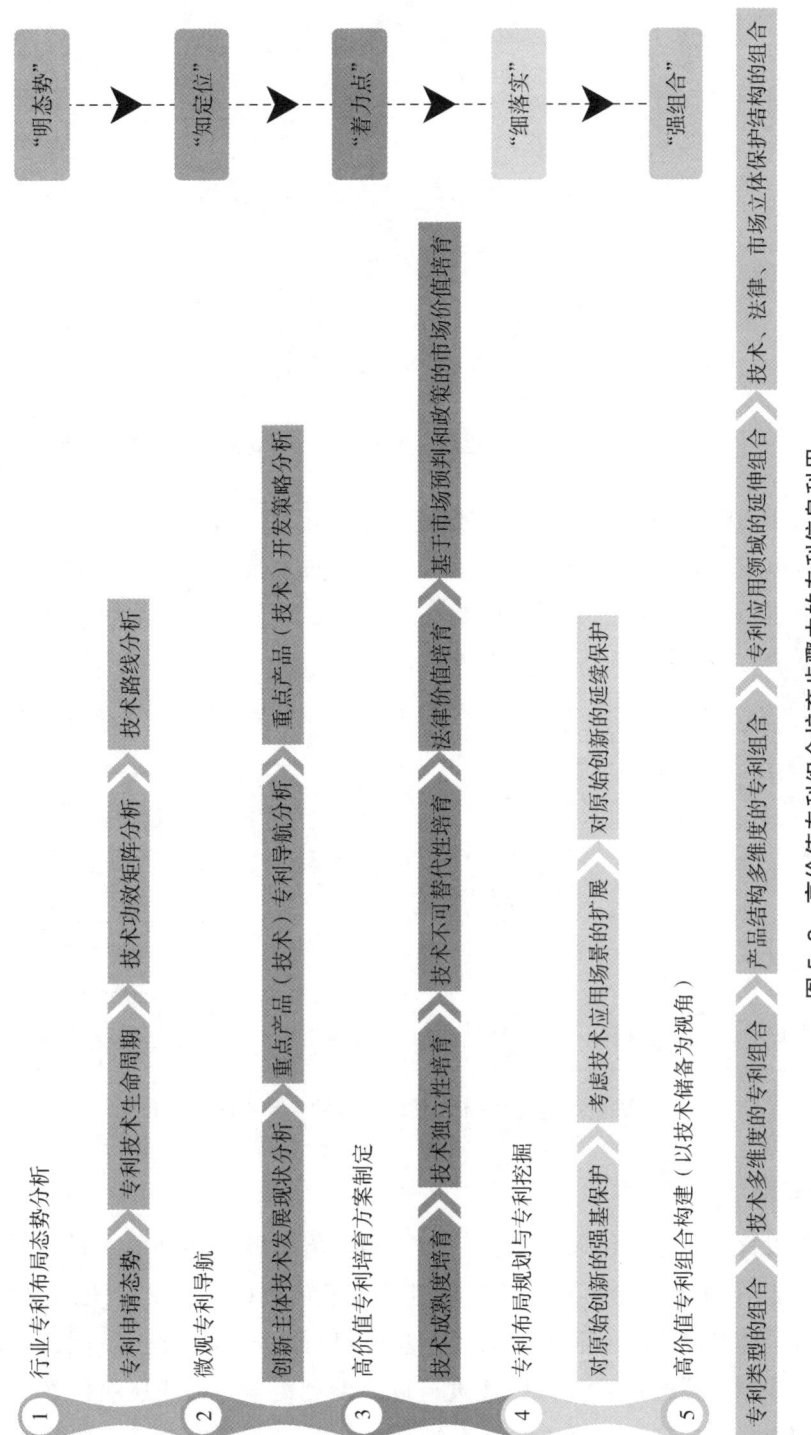

图 5-3 高价值专利组合培育步骤中的专利信息利用

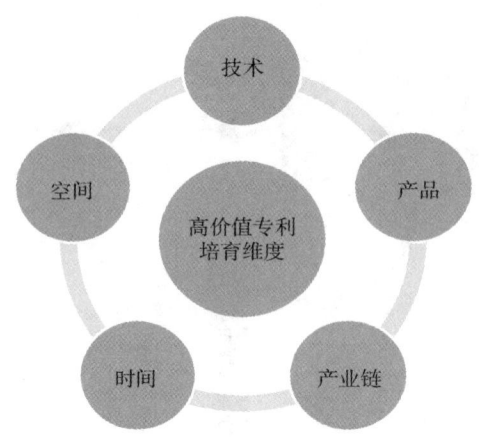

图 5-4　科创板上市企业高价值专利组合培育的五个维度

例如，对于 NFC 技术，可以围绕数据传输的稳定性、可靠性、加密性和传输速度要求，对各种改进方案进行专利布局；也可以围绕芯片技术、识别终端、信息提示技术等终端产品进行专利布局；还可以围绕移动支付、仓储管理、物联网构建、智能家居等应用场景进行枝蔓结构布局（图 5-5）。

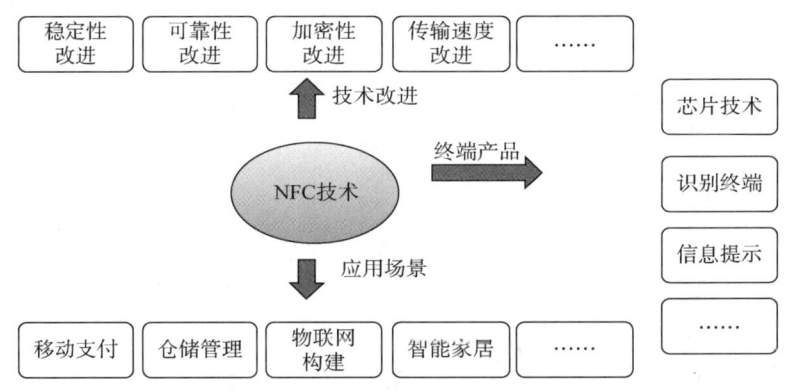

图 5-5　围绕 NFC 技术维度的专利布局

2. 产品维度

从产品的设计、制造、组装、销售、使用和增值服务的全链条来看，可以将其涉及的技术内容划分为结构设计类、工艺制造类、组装调试类、安装使用类四个层面。因此，在围绕具体产品开展专利布局时，常见的可行方式是按照上述层面对产品进行逐层解构，并根据解构的结果选择性地进行逐级专利覆盖，形成层级搭建式的专利布局。另外，围绕产品专利布局时要突出关键部件、关键功能、关键结构和关键技术等核心内容。

实践中经常存在这样的情况，在产品开发早期，企业以产品初期结构申请了专利，随着产品的研发，对产品的某一结构进行了改进或优化。而此时，尽管早期产品结构的专利申请获得授权,但其保护范围却无法涵盖结构优化后的产品。按照科创板上市要求,这件专利不属于"形成主营业务收入的专利"。因此,应围绕公司主导产品的不断迭代,及时进行专利挖掘,形成持续的相关性强的专利布局。

另外,还需紧跟市场发展态势,敏锐把握市场需求,围绕主导产品、主营业务研发和布局高价值专利,并及时将这些高价值专利包含的技术成果运用于主导产品性能改进、工艺流程优化、服务体验改善等方面。❶

3. 产业链维度

一般来说,产业链的上游为整个产业的基础环节,掌握着更高的技术含量,下游产品的技术升级换代受制于上游原材料或初级产品的技术水平。企业可以基于自身专利技术向上游拓展延伸,进入产业链的基础环节和技术研发环节,在上游原材料或初级产品方向进行专利挖掘,形成自身产品核心专利与上游原材料或初级产品专利的组合,占据竞争制高点。此外,企业还可以在该产品的下游各个应用方向挖掘专利,转化为生产和生活中的实际产品和应用专利,控制产业链下游的采购需求,形成主营产品的市场控制力(图 5-6)。

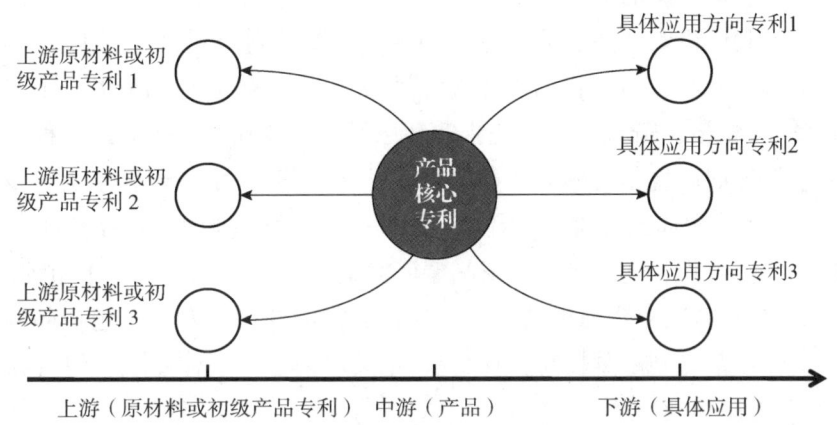

图 5-6 围绕产业链的高价值专利组合构建思路

4. 空间维度

由于海外专利布局需要花费大量费用,因此拟上市科创板企业需要根据自身资源条件,对与自身主营业务相关的技术和产品专利按照企业产品生产和销售地、企业产品未来生产和销售地、竞争对手产品生产和销售地、竞争对手产品未来生产和销售地依次进行专利布局。

上海合晶硅材料股份有限公司(以下简称合晶硅)招股说明书披露其 2017 年、2018 年和 2019 年境外收入金额占比分别为 65.20%、67.68%、81.69%,该公司境外

---

❶ 马天旗. 专利布局[M]. 2 版. 北京:知识产权出版社,2020:50-58.

销售收入占主营业务收入的比例较高。该公司的境外客户主要分布于中国台湾地区、中国香港地区等地,终端客户遍及欧洲、美国、日本等国家和地区。然而,合晶硅拥有的所有专利却均为境内专利。

上交所注意到了合晶硅专利授权地与其主要收入来源地错位的问题,在首轮审核问询函中即要求该公司说明"发行人及其子公司拥有专利均为境内专利的原因和合理性,发行人海外专利的取得是否存在法律障碍,对发行人境外销售的影响"等问题。由于种种原因,合晶硅最终撤回了上市申请。[1]

5. 时间维度

目前,我国发明专利的审查周期为20个月左右,正常情况下专利申请18个月后才公开并进入实质审查阶段,因此发明专利从申请日起到获得授权一般平均需要3年左右。如果走加快审查途径,再结合提前公开等各种缩短审查周期的手段,平均也需要1年左右。也就是说,如果企业要满足科创板上市的基本条件,保守估计至少需要给出3年的时间来做专利储备。

另外,发明专利的保护周期为20年,需要围绕技术的研发和产品的改进不断布局专利,以保证专利对产品的保护不断档。

例如,阿斯利康投资(中国)有限公司(以下简称阿斯利康)在1995年就申请保护了吉非替尼的化合物,但并没有马上申请大量的吉非替尼外围专利,而是时隔近7年之后,直到2002年、2003年才围绕吉非替尼开展了专利网的布局。这种申请策略与吉非替尼的开发进展有着紧密的关系。吉非替尼2002年7月在日本首次上市,2003年5月美国食品药品管理局批准在美国上市,2005年2月中国国家食品药品监督管理局批准在中国上市。可见,随着吉非替尼临床研究的进行,以及对药品上市前景的看好,阿斯利康在2002年首次上市前申请了一系列吉非替尼的相关专利,包括晶型专利、组合物专利和药物制剂专利。紧接着,在2003年又申请了中间体专利、组合物专利和分析方法专利(图5-7)。

根据招股说明书披露,昆腾微电子股份有限公司(以下简称昆腾微电子)41项发明专利中有30项发明专利的授权时间在2017年以前,报告期内获授发明专利时间也均集中于2017年。在2019年,昆腾微电子没有任何新增获授发明专利。因此,上交所对昆腾微电子认定其核心技术先进性的依据是否充分、是否具备持续创新能力等问题进行问询。昆腾微电子在2016—2018年确实存在专利申请的断档。专利申请的断档直接导致了该公司在2019年无任何新增授权专利。昆腾微电子最终于2020年12月24日撤

---

[1] 陈敬,巩靖. 科创板拟上市企业的典型专利问题及专利早期管理建议[EB/OL]. (2021-03-22)[2021-05-25]. https://mp.weixin.qq.com/s/3cFWzNbqjEw_R7kc6A0oRA.

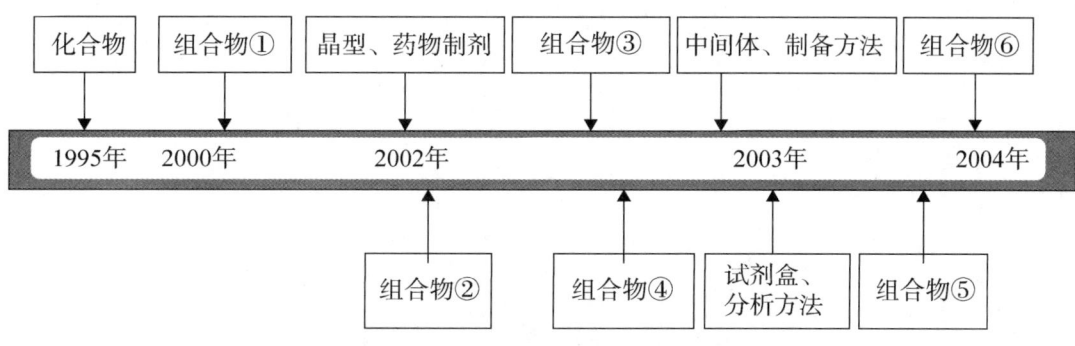

图 5-7 吉非替尼专利的时间布局❶

回了上市申请,上市之路暂告一段落。❷

前沿生物药业(南京)股份有限公司(以下简称前沿生物)在招股说明书中披露,公司拥有一个已上市且在全球主要市场获得专利的原创抗艾滋病国家一类新药——艾博韦泰(商品名为艾可宁)。艾可宁的化合物结构的中国专利将于 2023 年 9 月 22 日到期。

对于该核心专利到期后是否会对前沿生物的持续经营产生影响,上交所在前期多轮审核问询中始终抱有疑问。在首轮审核问询中,上交所即要求前沿生物核查并答复"目前唯一一款上市新药的核心专利即将于 2023 年到期及专利到期后对发行人生产经营的影响"。2020 年 6 月 5 日,前沿生物被公告暂缓上市,其审核意见即包括"在发行人现有艾可宁专利将于 2023 年到期的情况下,是否可以达到确保发行人现有产品在 2024—2027 年实现预期销售收入的目的"❸。

第三节 高价值专利组合布局

科创板上市企业的高价值专利组合布局应当以核心产品为中心,以关键技术为核心,以市场控制为目标,还要考虑企业实际情况进行各种策略手段的组合使用(图 5-8)。

---

❶ 马天旗. 专利布局[M]. 2 版. 北京:知识产权出版社,2020:65-66.
❷ 陈敬,巩靖. 科创板拟上市企业的典型专利问题及专利早期管理建议[EB/OL].(2021-03-22)[2021-05-25]. https://mp.weixin.qq.com/s/3cFWzNbqjEw_R7kc6A0oRA.
❸ 同❷.

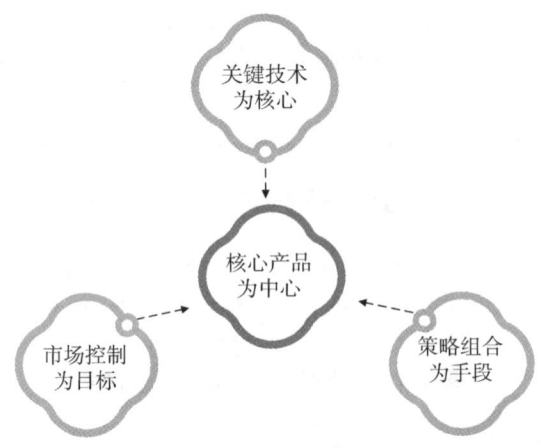

图 5-8 高价值专利组合布局的考量角度

一、围绕核心产品

1. 针对主营业务收入相关产品布局基础专利

对于准备上科创板的企业来说,应该尽早对已有专利进行梳理,检查自己主营业务收入相关的产品及技术是否有发明专利保护,对现有技术进行专利挖掘和专利申请,尤其是要布局产品生产和销售必需的基础专利,用以控制市场、排除竞争对手。

光峰科技是一家拥有原创技术、核心专利、核心器件研造能力的全球领先激光显示科技企业。光峰科技于2007年发明了ALPD®激光显示技术,解决了长期困扰RGB三色激光显示技术的系列问题,并率先在全球范围实现技术的产业化。光峰科技ALPD®技术架构专利作为荧光激光显示路线的基础专利,已经在全球范围内被引证次数高达416次,并先后围绕基础专利持续申请了大量的专利(图5-9)。该技术被视为下一代激光显示的发展方向,确立了我国在激光显示领域的国际领先地位。ALPD®激光技术架构作为一个底层关键架构,可延伸应用至多个领域,目前已历经四代技术升级,在全球范围内布局专利保护。

2. 针对主营产品挖掘布局"产品专利"

专利分为产品专利和方法专利,在大部分领域,产品专利比方法专利的保护强度要强,容易进行侵权判定分析及侵权证据搜集,对于保护具体产品而言,产品专利基本上是不可或缺的。

下面的案例涉及高活性多孔炭基本产品专利的设计。[1] 某企业发现了一种制备高活性多孔炭的方法,具体工艺是以稻壳为原料,经过高温炭化后选择特定的酸清洗后获得。到这一步看起来属于核心技术方案的应该是高活性炭的生产工艺。但是,进一步

---

[1] 马天旗. 专利布局[M]. 2版. 北京:知识产权出版社,2020:8-9.

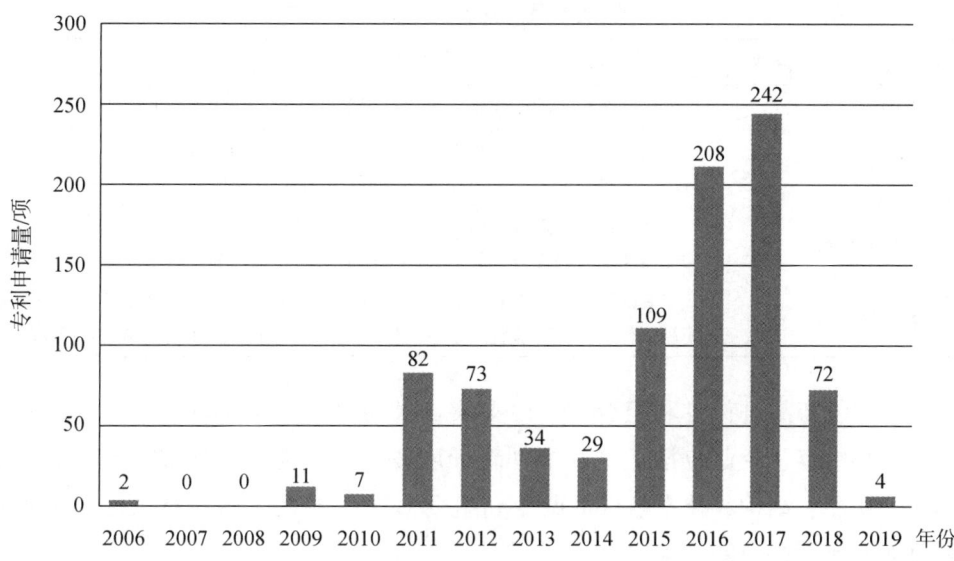

图 5-9　光峰科技专利申请趋势

分析发现，高活性的获得是因为其微观多孔洞结构发生改变，而微观多孔洞结构之所以能够发生改变是因为酸与炭化原料中的 X 元素的转化物发生了反应并将其溶出。那么，就出现了"微观多孔洞结构"和"X 元素的含量"的属于产品技术主题的结构特征，进而就可以尝试挖掘出概括型的产品专利技术方案。如果这一产品技术方案能够得到专利保护，那么其保护范围和保护强度比高活性炭的生产工艺的专利要大得多，可以作为基本专利，高活性炭生产工艺的专利则可作为核心专利，改进型的生产工艺专利就作为该核心专利的外围专利。上述涉及产品的基本专利与涉及生产工艺核心专利和多件外围专利共同构建了一个强有力的专利组合（图 5-10）。

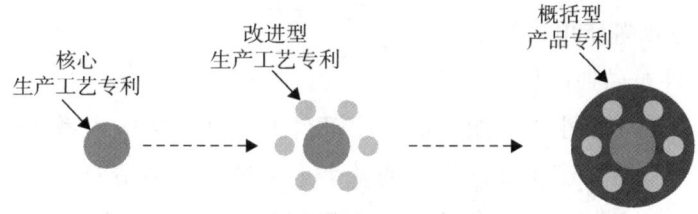

图 5-10　高活性多孔炭围绕基本专利高价值专利组合的设计

3. 围绕产品结构的专利布局组合

围绕产品专利布局时要从整个产品的系统构成方面形成层级搭建的结构。从产品的设计、制造、组装、销售、使用和增值服务的全链条来看，可以将其涉及的技术内容划分为结构设计类、工艺制造类、组装调试类、安装使用类四个层面，每一层面又包含多个子层（表 5-4）。

表 5-4　围绕产品的专利技术类型组合构建

围绕产品的专利技术类型	技术主题的主要内容
结构设计类	整机的结构、功能和外形设计，零部件结构、功能和外形设计
工艺制造类	原材料的选择、检测和处理，中间品及成品的制造及加工的方法、模具和设备，工艺过程的安全、节能和环保设计，中间品及成品的检测、检验和包装
组装调试类	各功能模块的组合、封装和调试，功能模块之间的结构布局和互通互联，各功能模块的替代性方案和选择，关键模块的安全性和可靠性设计
安装使用类	安装的设施、工具和工艺，安装设施及其过程的安全、环保和可靠性设计，使用操作的界面、流程和信息反馈，使用后的维修、回收和安全处理设计

另外，围绕产品进行专利组合构建时要突出关键部件、关键功能、关键结构和关键技术等核心内容。企业应该抓住其中创新程度较高、性能改善明显、差异化特点突出的部件、功能、结构、技术进行重点专利组合，这其中又应该重点关注对该产品带来较高附加值专利组合的技术点。

以下是东方电机有限公司（以下简称东方电机）围绕汽轮发电机的专利布局组合。[1]

（1）关键部件与基础部件专利组合。

汽轮发电机作为一项机械产品，其创新离不开产品结构方面的创新。对产品结构进行保护，可以最大限度地防止竞争对手的抄袭侵权。东方电机针对各关键部件结构的创新，均及时进行专利布局，如针对定子机座的创新、针对定子绕组线圈的创新，以及针对转子通风冷却结构的创新等所申请的专利。

此外，东方电机不仅针对关键部件的创新进行专利组合，针对基础部件的创新也及时申请了专利保护，以防竞争对手抢占基础部件的专利权，使得关键部件的专利无法实施，而只能与竞争对手交叉许可（图5-11），如东方电机针对定子端盖的创新、针对轴承结构的创新等所申请的专利。

（2）从零部件布局到产品。

所有系统都是由多个小部件组成的，小部件的创新会影响大系统的运行，也就涉及大系统的创新。同时对于各部件构成的整个大系统也要申请专利，对其整体进行专利布局（图5-12）。例如，东方电机对定子槽的结构进行了改进，在进行专利布局时，逐步将之扩展到整个发电机，其权利要求的具体布局如下。

1. 一种发电机定子槽结构，其特征在于：所述槽体（1）上设置有扩大槽（2），所述扩大槽（2）位置的槽宽大于槽体（1）的槽宽。

---

[1] 马天旗. 专利布局[M]. 2版. 北京：知识产权出版社，2020：264-267.

第五章 高价值专利组合培育与布局 171

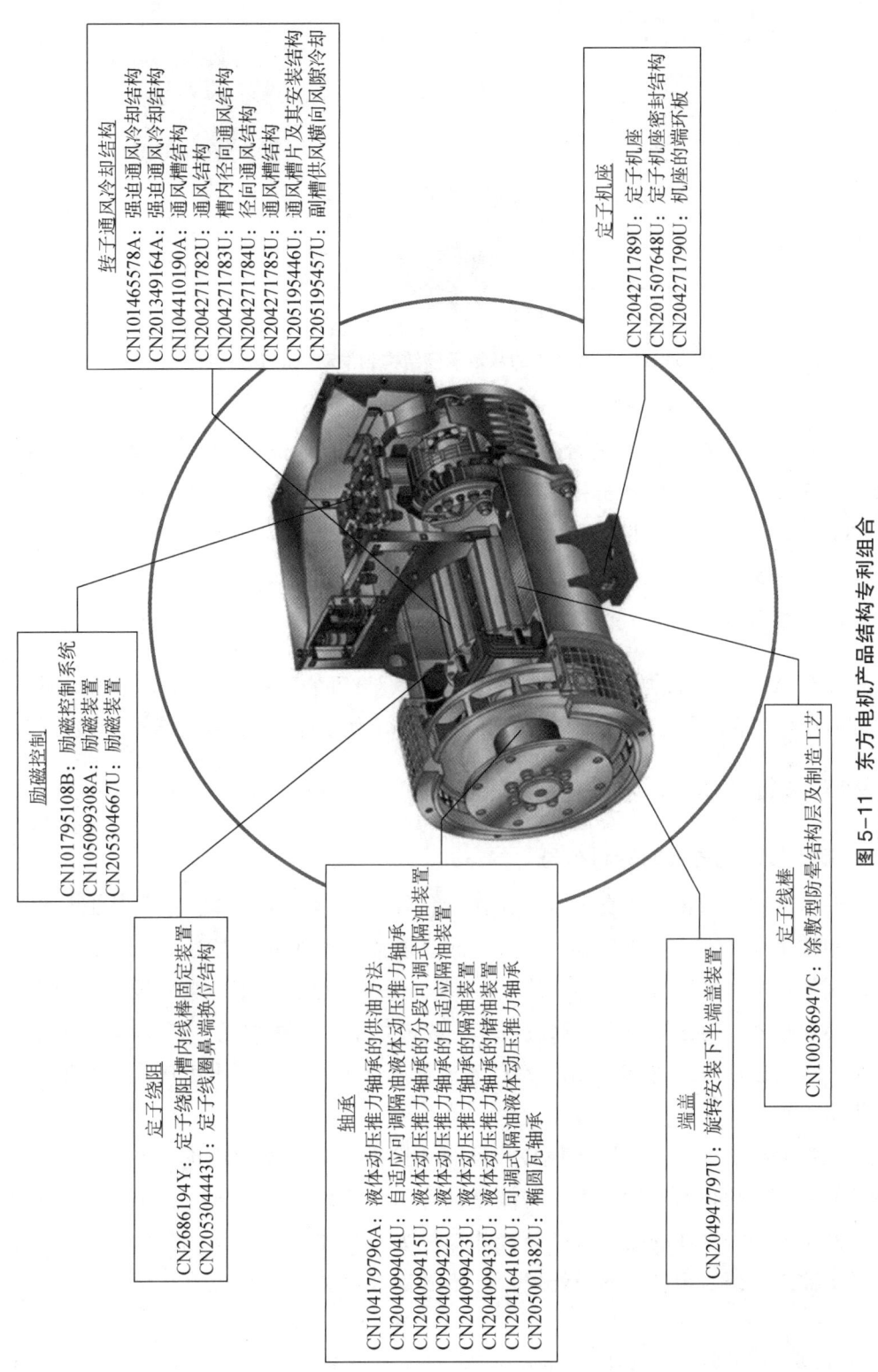

图 5-11 东方电机产品结构专利组合

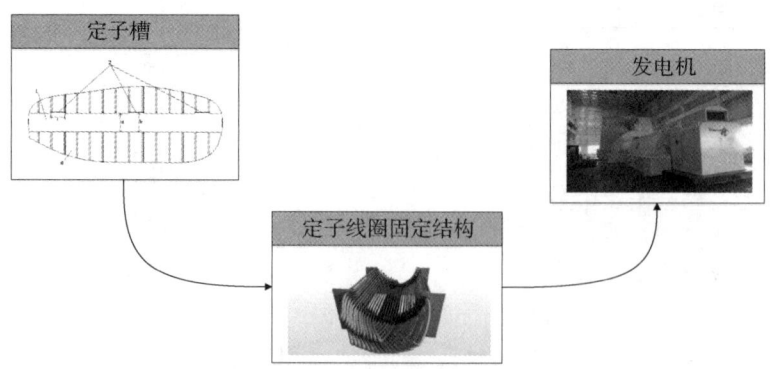

图5-12　东方电机的从定子槽结构到发动机的专利组合

5. 一种发电机定子线圈固定结构，其特征在于：包括如权利要求1至4任一项所述的发电机定子槽结构，所述槽体（1）内设置有线圈（3），线圈（3）通过设置在扩大槽（2）内的固定件（4）固定。

8. 一种发电机，其特征在于：采用如权利要求5至7任一项所述的发电机定子线圈固定结构。

这样布局专利组合的好处有很多，不仅可以对产品建立立体保护层，威慑竞争对手，同时还可以覆盖更多的潜在侵权产品和侵权行为实施主体，避免各类间接侵权。

二、针对关键技术

1. 基于技术先进性的专利布局

一件专利技术与相关现有技术相比区别特征越显著、越进步，说明其创新程度越高、专利技术越先进、其获利能力越强、价值越大。国外有学者对申请专利的技术在申请时刻的技术水平进行了分类，共分为10个等级：已有技术、微变技术、新增附加技术、显变技术、对已知技术的修改技术、改进技术、新颖技术、新颖/创新技术、创新技术、重大创新/技术突破。第一级代表最低水平的技术，第十级代表真正革命性的技术进步水平。[1]

人工智能是研究、开发用于模拟、延伸和扩展人的智能的理论、方法、技术及应用系统的一门新的技术科学。人工智能是计算机科学的一个分支，它企图了解智能的实质，并生产出一种新的能以人类智能相似的方式作出反应的智能机器，该领域的研究包括机器人、语言识别、图像处理、自然语言处理和专家系统等。基于机器学习的

---

[1] ZHU F, WANG X, ZHU D, et al. A Supervised Requirement-oriented Patent Classification Scheme Based on the Combination of Metadata and Citation Information[J]. International Journal of Computational Intelligence Systems, 2015, 8(3): 502-516.

人工智能技术在图像处理方面有广泛的应用,包括图像识别、医疗信息处理等,在这些领域人工智能技术发挥着重要的作用,与之相关的无人超市和医疗机器人已经投入实践应用当中。各大公司已经布局了大量的专利。

作为后来者,若要在该领域布局相关的高技术价值的专利,首先要绘制相关领域的技术发展路线图,确定该领域的专利分布方向,绘制该领域的技术进化路线图,确定在该领域类似的技术问题、主要技术方案有哪些,它们分别处于什么阶段(如基于机器学习的医疗图像处理的技术发展路线,见图5-13)。

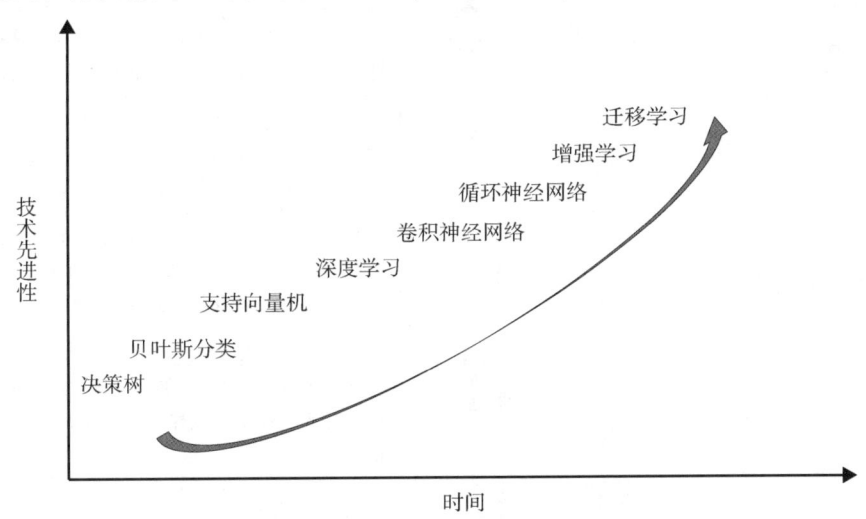

图 5-13 基于机器学习的医疗图像处理的技术发展路线

此外,还要分析本公司的技术方案所处的位置,以联影医疗技术集团有限公司(以下简称联影医疗)为例,该公司目前的主要方案致力于深度神经网络在图像处理方面的研究。

从联影医疗申请的专利的技术问题、技术方案、技术效果分析,目前在图像处理方面的机器学习算法主要集中在深度神经网络,包括卷积神经网络,申请年份主要集中在 2016 年、2017 年(表 5-5)。

表 5-5 联影医疗基于机器学习的图像处理专利

申请号	申请日	专利名称	摘要
CN201210071683.0	2012.03.16	基于神经网络的自动窗宽窗位提取方法	基于神经网络的自动窗宽窗位的提取方法,使用自适应 K 聚类方法对 MR 图像进行分类,使在线训练能够自动实现
CN201710508431.2	2017.06.28	一种伪影校正方法及系统	基于神经网络深度学习的方法,利用大数据的训练,提高校正的精确性,获得较好的环状伪影校正效果

续表

申请号	申请日	专利名称	摘要
CN201710524197.2	2017.06.30	对CT扫描数据进行校正的方法及CT扫描系统	获取经训练的神经网络模型；以及将所述特征值输入所述经训练的神经网络模型中，得到所述第一扫描参数对应的校正系数
CN201710508324.X	2017.06.28	一种数据降噪方法及系统	采用训练好的神经网络模型避免了人工提取降噪参数的时间和成本，降低了分析难度，提高了降噪处理效率
CN201611149728.6	2016.12.13	图像搜索系统及方法	基于卷积神经网络算法，提高了图像搜索时的速度、稳定性或准确性的至少一种
CN201611079074.4	2016.11.30	血管识别方法和装置	基于机器学习算法、已知的血管的种类和所对应的血管中心线的特征建立的血管识别模型，识别所述待识别血管的种类
CN201710296579.4	2017.04.28	医学图像处理方法及设备	基于非监督深度学习的配准基于肺部区域包含多个血管的特点，提取肺部中的血管微细结构，解决了现有技术中现有医学图像配准中精度较低、鲁棒性差的问题
CN201710296578.X	2017.04.28	医学图像处理方法、装置及设备	利用非监督深度学习的配准将指定目标中的微细结构对齐，减少了伪影，因此提高了配准结果的精度

　　技术发展路线是专利技术价值培育的重要参考，企业在专利布局前可以通过技术进化路线了解技术方案在行业的位置，具体的专利布局方向需要根据进一步的研发和商业战略确定，技术先进性主要根据披露的技术方案、技术效果绘制，而详细的布局需要更细致的技术与专利分析。❶ 例如，企业重点研究卷积神经网络在图像处理中的应用，则需要对该领域的技术方案、技术效果做进一步的详细规划。❷ 基于技术先进性的专利技术价值培育重点在于技术方案本身，只有了解目前的技术方案在技术发展方向中的位置才能为进一步的专利布局提供重要的参考。❸

　　结合联影医疗专利布局的技术点，发现该公司的专利技术在整个技术路线图中属于神经网络和深度学习的阶段，处于比较先进的位置，未来应继续加大布局力度，并向迁移学习方向进行研发和专利布局（图5-14）。

---

❶ YIN Y, KANG Y, GAO W. Technical State and Development Tendency for Vehicle Pump Based on Patent Analysis[J]. Automobile Parts, 2016.

❷ SEOL H, LEE S, KIM C. Identifying new business areas using patent information: A DEA and text mining approach[J]. Expert Systems with Applications, 2011, 38(4): 2933-2941.

❸ ERNST H. Patent information for strategic technology management[J]. World Patent Information, 2003, 25(3): 233-242.

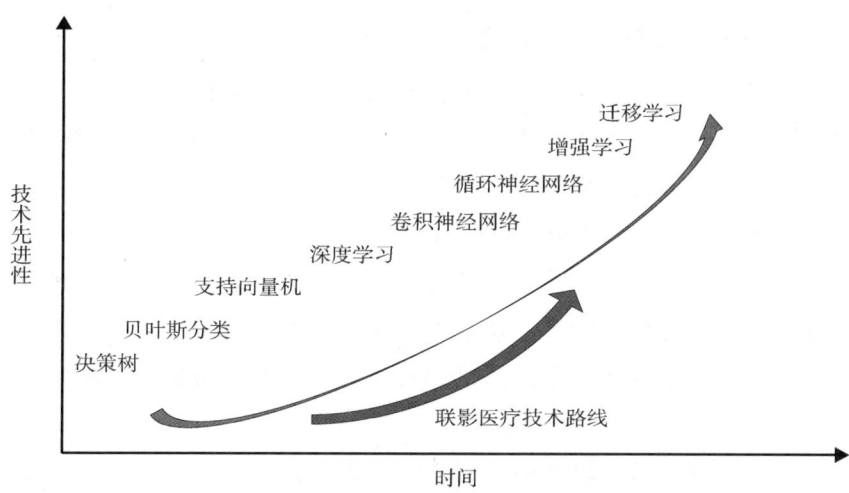

图 5-14　联影医疗的技术方案在技术发展路线图中的位置

2. 考虑技术应用场景预判的专利布局

对潜在的应用场景预判正确了，专利组合的布局也就成功了一半。而对应用场景的预判，既包含了应用场景本身，也包含了对该应用场景下功能需求、性能需求、形态需求、关联技术等的预判。在这些预判的基础上，对重要的应用场景进行储备式专利组合布局，才有可能在未来成为高价值的专利组合。

某公司判断异形锂电池会成为消费市场中锂电的一种高附加值品类，进而针对异形电池进行了技术开发。❶

在进行技术开发的时候，预判异形电池最重要的应用场景包括各种智能穿戴设备，而智能穿戴设备中最为典型的是智能手环或智能手表。考虑到更长时间的续航要求，实现表带和电池的一体化是一种重要的需求，同时，还需要考虑电池放电时的热能控制问题，以避免引起肌体的不适。因此，该公司针对如何实现各种曲率的带状异形电池的制造技术和相关设备以及异形电池的散热技术等进行了储备式专利组合的构建（图 5-15）。

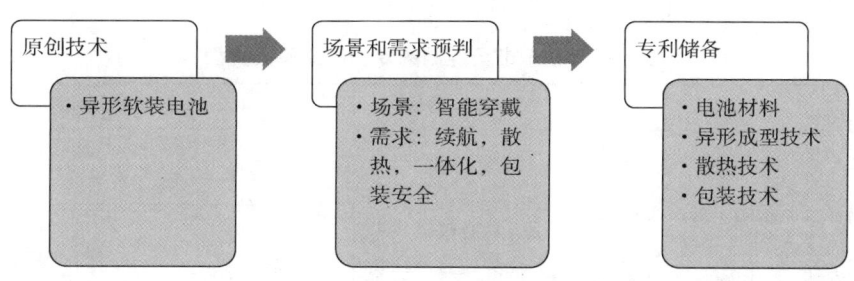

图 5-15　异形电池储备式专利组合的构建思路

---

❶　马天旗. 专利布局［M］. 北京：知识产权出版社，2016.

3. 考虑技术全要素革新的专利布局

随着新技术的发展和对技术本身认识的深入，构成最初技术方案的一种或多种技术构成要素都可能出现新的变化或更替，这些技术构成要素的变化，可能会给技术方案带来全新的面貌甚至导致新的应用场景的诞生。因此，高价值专利组合构建的过程中，一定要考虑到各种技术构成要素革新所带来的变化并因此更新、调整布局的专利。

骨替代材料进行布局的时候，关键的技术需求是成型技术和活性处理技术，最初的成型技术实现方式只有简单的铸造或机加工模式，活性处理则主要是碱液处理。因此最早的储备式布局中的专利大多是以这些技术及其可能形成的产品的宏观、微观形态进行布局的。

而随着技术的发展，新出现的微弧氧化技术大幅提升了表面处理的效率和处理后的活性，3D打印技术的出现又进一步引入了新的成型方式，同时这两种成型方式所形成的材料的各种性能和微观结构也与传统的铸造技术不同。那么，围绕上述技术（可能）演进的路线就成为维护已有专利组合的"线索"（图5-16）。

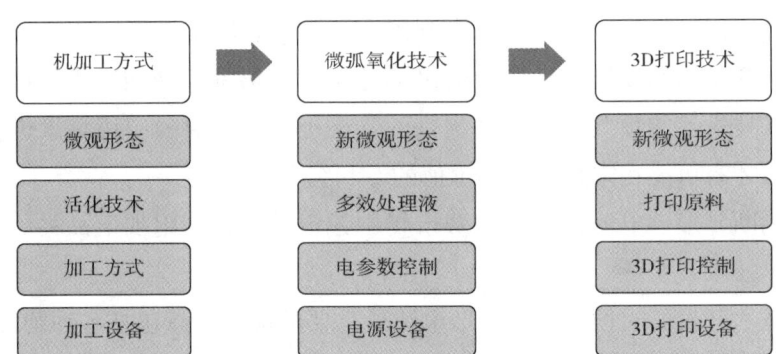

图5-16　骨替代材料技术演进中的专利组合维护

三、基于市场控制

基于市场控制的专利布局模式类型见表5-6。

表5-6　基于市场控制的专利布局模式类型

专利布局模式	优点	适宜企业类型	典型逻辑示例图
覆盖主要技术手段的集束型专利布局模式	适用于对核心技术或产品设置专利屏障，阻碍竞争对手的模仿	适合具有较强技术领先优势的营利性技术或产品的企业	

续表

专利布局模式	优点	适宜企业类型	典型逻辑示例图
应用领域延伸的星形专利布局模式	可以充分挖掘技术的应用价值,对多个技术领域施加技术控制力和市场影响力	适合自身技术或产品应用领域广的企业	
产业链扩展的链式专利布局模式	那么针对产业链上游的原料的生产和制备、下游的产品使用和配套产品等方面的专利布局可以保证产业链上的安全	适用于需要利用专利进行整体的产业布局、整合产业链资源的企业	
技术和产品网状覆盖型的专利布局模式	可将围绕产品结构和性能的各个主要技术点都布局专利,为企业的某个重要产品供完整的专利保护网	适用于研发能力强、资金投入充沛的企业	

1. 覆盖主要技术手段的集束型专利布局

企业除了将自身实施的技术方案进行专利保护外,还可将实现该发明目的其他多个可能的技术方案进行专利组合的布局,从而由某一技术方案的基础性专利和对应于各种替代方案的若干竞争性专利构成。这种组合类型通常用于核心技术的保护,适用于设置专利屏障,阻碍竞争对手的模仿。

2. 应用领域延伸的星形专利布局

发明中的某一技术手段完全可能通过迁移扩展应用到多个领域,进而拓展发明的应用领域,实现专利组合的横向扩展。这种专利布局方式可以充分挖掘技术的应用价值,对多个技术领域施加技术控制力和市场影响力。

3. 产业链扩展的链式专利布局

企业可围绕产业链上下游布局专利组合。例如,企业发明了某种产品的制备方法且能够生产比较优质的此类产品,那么针对产业链上游的原料的生产和制备、下游的产品使用和配套产品等方面，也可以布局一系列专利，这样可以保证产业链上的安全。这种专利布局类型通常适用于为企业进行整体的产业布局、整合产业链资源提供专利保护。

4. 技术和产品网状覆盖型的专利布局

当企业的研发投入充足时，可将围绕产品结构和性能的各个主要技术点都布局专利，为企业的某个重要产品供完整的专利保护网，这种专利组合布局方式比较粗放，费用较高，但相对也比较周密。

四、考虑各种布局策略的组合

企业在进行专利布局时，不仅需要考量多个维度，围绕多种需求进行专利布局，还需要根据企业的市场竞争环境、已有专利布局态势等综合制定专利布局策略，并设计和实施多层次、多角度、分步骤的立体专利布局方式（图5-17）。

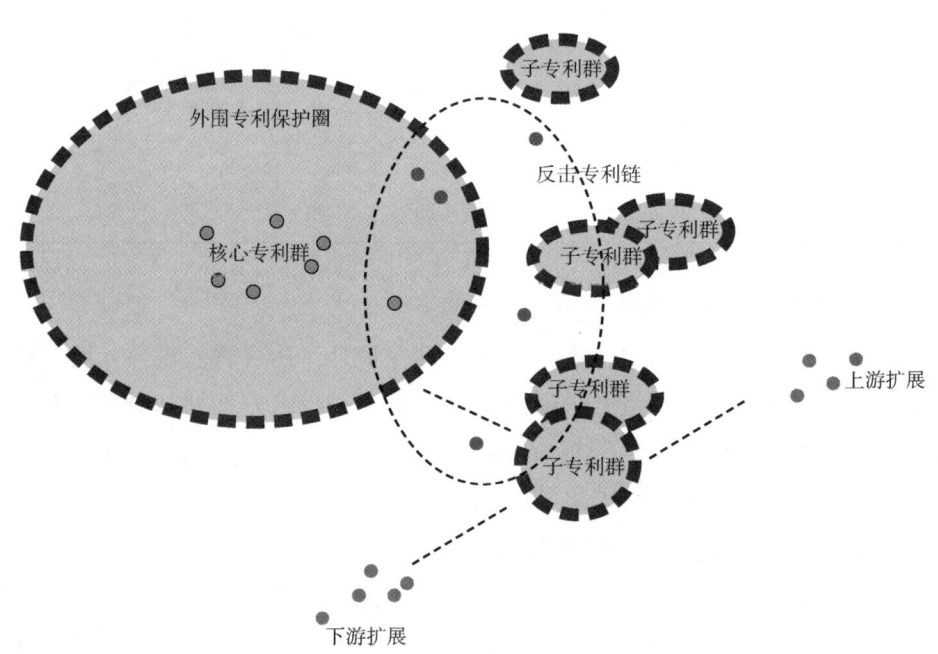

图 5-17　专利布局策略的组合

首先，构建控制关键技术的核心专利群。

其次，由替代方案、改进方案、扩展应用、配套技术等构成包绕核心专利群的外围专利保护圈。

再次，围绕产品各个功能模块、技术构成点形成一系列子专利群。

紧接着，围绕某些功能模块或技术构成点的子专利群，向外延伸上下游扩展专利链。

再接着，构建填补于各专利圈或专利群之间的用于反击对手的专利点，这些专利点和上述专利圈或专利群中的某些专利构成反击专利。

最后，储备布局分布于功能模块或技术构成点的子专利群周边的前瞻式专利布局。

总而言之，作为科创板上市企业，高价值专利的布局应该以保护核心技术和主营产品为中心，以围绕技术发展最前沿的研发为基础，以实现技术自由实施和市场控制力为目的，从而实现企业健康持续经营、快速成长为目标。

第六章

科创板上市知识产权规范化管理

2021年4月16日，证监会发布公告对2020年《科创属性评价指引（试行）》进行了修订，此次修订的核心为进一步强化对科创板上市公司"硬科技"的定位要求。此外，对于科技、知识产权等方面规范化管理的要求，也将被进一步纳入上市审核的重点内容之中。例如，在配套的交易所相关审核规则的修改中，提出完善委员构成和工作机制，增加科技管理、产业规划、科学研究等相关领域的委员数量，完善征求意见制度，形成监管合力。还提出要严防研发投入注水、突击购买专利、行业分类不准确的情形，压实保荐机构责任，强化对科创评价标准相关规则执行的监督检查。

上述系列政策文件中监管方反复强调的"硬科技"实力的打造，离不开研发管理、知识产权管理等环节的有力支撑，这在实践中不断得到验证。首先，在国家大力推行科技创新战略，实施严格的知识产权保护的大背景之下，如何有效地开展企业知识产权规范化管理，对于科创板（拟）上市企业，乃至所有的科技创新型企业，成为加速创新、永续发展过程中中亟待解决的关键性问题。其次，科技创新型企业的知识产权管理不规范，会导致知识产权相关资产的创造和运用不足，知识产权相关的风险不能充分应对等一系列问题，从而不能满足科创板上市要求、无法实现科创板投资者期望。实际上，在前面章节对科创板上市问询问题的分析中，已经总结出问询重点在于企业的科创属性和持续经营能力，这些问题的解答同样需要立足于日常的规范化管理。因此，培育具有"硬科技"实力和市场竞争力的科创板上市企业，没有捷径可走，唯有夯实基础，不断提升规范化管理水平，通过有效的管理来整合人才、技术和资金等要素资源，从而形成创新发展合力。

在创建以实现某一领域内的规范化管理为目的的系统或体系时，建设思路很重要。思路能否切中要害，直接关系到建设目标能否实现。"麻雀虽小，五脏俱全"，任何规模的企业，面临的实际管理问题往往都纷繁复杂，要做的管理工作也会头绪众多，但是关键性的、事关全局成败的往往是两件事情：正确的企业经营战略和科学的企业管理制度。而上述战略与制度，也构成了知识产权规范化管理的两个重要维度。

第一节 科创板上市知识产权战略规划

战略,通常与一个组织对自身未来发展的展望及相关的全局性规划密切相关。国际标准化组织(ISO)将"战略"这一术语定义为"实现长期或总目标的计划"。在实际经营中,企业一般会根据发展目标制定相应的战略规划和配套的具体实施方案,然后将这些策划结果付诸实施,并适时进行相应的绩效评价和经验总结。对于科技创新型企业,要想集聚内外各方面的力量和资源,通过技术创新构建核心竞争力,同样离不开一个清晰且完整的发展战略的全局指引。

一、战略规划对于科创板上市的重要性

科创板上市企业,作为公众公司的典型代表,需要通过清晰的发展战略规划,向资本市场传递自身的价值主张,继而获取市场的关注与信任。因此,需要充分认识到战略规划对于科创板上市企业的重要性。

首先,需要从环境方面认识创新战略的重要性。企业的发展战略与其所处的外部环境密切相关,国家层面的战略是重要的外部环境因素之一。在"科技创新处于国家发展全局的核心位置"这一判断的指引之下,企业尤其是科技创新企业只有主动融入国家及行业和地方发展战略之中,找准自身在国家创新驱动发展战略中的定位,才能充分发挥自身资源能力等方面的优势,继而抓住新形势下的发展机遇。

其次,需要从定位方面认识创新战略的重要性。对于科技创新企业,尤其是科创板相关的科技创新企业,按照科创板的定位要求,要符合国家战略,拥有关键核心技术,科技创新能力突出,并在科技创新战略的引领下,依靠核心技术开展生产经营,发展稳定的商业模式,打造市场认可度高、社会形象良好、具有较强成长性的"硬核科技创新企业"。

最后,需要从监管要求方面认识创新战略的重要性。在具体的信息披露要求方面,对于科创板(拟)上市企业,《第41号准则》第八十七条明确要求:"发行人应披露其制定的战略规划,报告期内为实现战略目标已采取的措施及实施效果,未来规划采取的措施等。"

二、科创板上市企业战略规划披露情况简析

由于上述《第41号准则》等文件的要求,科创板上市企业会在招股说明书的"第二节概览"及"第九节募集资金运用与未来发展规划"中,对企业的发展战略进行相应的披露。

例如，芯片龙头企业中芯国际，在其招股说明书❶的"第二节概览"的第五部分"发行人技术先进性、模式创新性、研发技术产业化情况以及未来发展战略"以及"第九节募集资金运用与未来发展规划"的第三部分"未来发展规划"，对企业的发展战略作出如下具体披露。

未来具体发展计划包括技术研发规划、营销发展规划、人力资源发展规划及内部治理结构规划四个方面。在技术研发规划中重点提出：未来三年，公司将继续加大技术开发和自主创新力度，在现有研发部门的基础上，公司将加大投入，购置研发设备，扩大研发团队，紧跟市场需求，通过与境内外高校、一流的科研院所及上游供应商、下游客户合作，不断推进先进制程和现有成熟制程差异化特色工艺等方面的开发应用，提高生产线效率、良率和稳定性，并将研究成果转化为技术专利予以保护，增强公司的技术壁垒，保证公司核心技术的领先性。

又如，在热门的生物制药领域，上海君实生物医药科技股份有限公司（以下简称君实生物）披露的主要发展战略如下❷：①专注现有在研药品的推进和商业化；②快速拓展产品管线；③提高大分子发酵产能，降低生产成本。研发方面的规划，公司将继续提升研发效率，注重研发质量与时效，认真执行研发注册申报计划。具体做好以下几个方面工作：一是加大研发投入，为在研药品临床开发和快速拓展产品管线提供强大资金支持；二是加快推进JS001后续多个肿瘤适应症的国内试验及JS001美国及国际多中心临床试验，同时重点支持全球首创药品的美国IND申报和临床试验；三是持续对适合大分子药物开发的潜在靶点进行跟踪及探索性研究，利用自有的抗体发现、高效筛选平台和高表达细胞株构建平台，发现和遴选新的抗体；四是在小分子研发领域投入适当资源进行全新药物靶点的探索和研究，推进与优秀小分子药物公司的研发合作。

除了招股说明书，发行人对上市审核机构审核问询的回复也是上市申请文件的组成部分，因此也会在上交所的网站上进行披露。关于发展规划的具体执行计划，在问询中也经常见到。例如，埃夫特智能装备股份有限公司（以下简称埃夫特）答复第三轮审核问询函，回复"问题2关于EVOLUT商誉及经营"的第（七）部分"公司初始收购EVOLUT时，针对该标的选取的过程"。埃夫特的回复意见围绕战略规划对资产标

---

❶ 上海证券交易所. 中芯国际集成电路制造有限公司招股说明书申报稿[EB/OL]. (2020-06-01) [2021-06-08]. http://static.sse.com.cn/stock/information/c/202006/36beeb335c294a868b63b864efb1e081.pdf.

❷ 上海证券交易所. 上海君实生物医药科技股份有限公司招股说明书申报稿[EB/OL]. (2019-09-26) [2021-06-08]. http://static.sse.com.cn/stock/information/c/201909/69f05b3400c34d3aac9312da582893dd.pdf.

的选择的指导性来展开,具体回复如下❶:

> 2015年,发行人对企业业务发展战略进行了梳理,明确了支撑相关业务战略所缺乏的技术环节,制定通过海外技术并购在自主研发的基础上实现相关技术环节补强的发展路径。基于前期海外收购的经验,发行人着手布局针对金属打磨加工应用领域的技术薄弱环节的海外收购。发行人依据行业经验筛选在金属加工应用领域具备领先优势的潜在标的公司名单,并聘请财务顾问对其逐一进行沟通交涉,最终锁定满足公司技术需求且具有出售意愿的两家公司。

这种依据发展战略中的计划和原则来选取资产标的答复,也得到了审核方的认可。从科创板上市企业披露的发展战略来看,存在几个共同的特点。第一,都有关于未来完整且清晰的发展战略;第二,研发相关的计划是发展战略的重要组成部分;第三,知识产权相关资产,尤其是专利,在发展战略、实际经营等环节中发挥着重要作用。这些共同特点,一方面是科创板对企业的定位要求,另一方面是技术创新自身规律的内生要求。而知识产权在激励创新和构建竞争优势方面的作用,也使得其成为科创板上市企业发展规划中不可或缺的组成部分。具体分析如下。

(1) 在发展战略披露的必要性方面,科创板的要求是对以往公开发行证券时信息披露内容要求的升级。以现行的《公开发行证券的公司信息披露内容与格式准则第1号——招股说明书(2015年修订)》为例,该准则仅仅要求从募集资金使用方面来披露发展战略,其九十五条要求"未来资本性支出计划跨行业投资的,应说明其与公司未来发展战略的关系"。而科创板"第41号准则"明确要求"发行人应披露其制定的战略规划"。究其原因,这与科创板的使命是分不开的。证监会组织编写的《科创板300问》一书指出"一个国家要强盛,必须占据科技制高点,那就需要集聚各方面力量,包括资本的力量,投向科技领域"❷。在科技创新中,企业内外各方面力量和资源的集聚,离不开一个清晰且完整的发展战略在整体层面的指引。

(2) 在发展战略对技术创新的规划方面,由于科创板姓"科"的定位,研发相关的规划成为发展战略不可或缺的关键部分。2021年4月16日,证监会发行部副主任李维友在对修订2020年《科创属性评价指引(试行)》进行解释时表示,修订就是要进一步强化科创板姓"科"的定位,新增研发人员占比10%的常规指标;建立清晰可操作的负面清单,限定科创板支持的行业领域,支持六大行业领域在科创板上市;增加

---

❶ 上海证券交易所. 埃夫特智能装备股份有限公司首次公开发行股票并在科创板上市申请文件第三轮审核问询函的回复(2019年年报财务数据更新版)[EB/OL]. (2020-03-31)[2021-06-08]. http://static.sse.com.cn/stock/information/c/202003/f8fc0d3e702a4ca39b411babf0ccd59b.pdf.

❷ 《科创板300问》编写组. 科创板300问[M]. 北京:中国金融出版社,2020:1.

科技管理、科学研究等上市委委员数量；突出定性和定量研判，严防注水、突击购买专利等情形，压实保荐机构责任。❶从监管方的表态来看，关于技术研发的相关规划和落实措施，不仅是科创板企业信息披露的重点，更应当是科创板企业日常经营管理的重点。

表6-1对《上市推荐指引》中罗列的六大重点领域内的过会企业进行了分析，可以看出，这些企业在招股说明书等文件中披露的信息，都显示这些企业关于未来有系统、清晰的发展规划，并且在这些规划中研发占有非常重要的比重。

表6-1　六大重点领域内过会企业发展规划披露分析表

领域	企业名称	招股说明书等文件披露的发展规划要点摘录	研发是否是重点
新一代信息技术领域	深圳市有方科技股份有限公司	公司未来三年的发展规划❷ 1. 海外国内两大市场并举 2. 三大业务方向 　（1）物联网无线通信模块 　（2）物联网通信终端 　（3）物联网通信解决方案 3. 多行业纵深布局	是
高端装备领域	江苏迈信林航空科技股份有限公司	未来规划采取的措施❸ 1. 经营目标及发展规划 2. 技术研发规划 3. 营销发展规划 4. 人力资源发展规划 5. 内部治理结构规划	是
新材料领域	会通新材料股份有限公司	公司依托自身的研发实力和行业经验，致力于成为国际领先的材料整体解决方案提供商。❹ 未来规划采取的措施 1. 研发及产品开发计划 2. 客户开发计划 3. 内部管理计划 4. 人才发展计划	是

---

❶　2021年4月16日证监会新闻发布会。

❷　上海证券交易所. 深圳市有方科技股份有限公司招股说明书申报稿[EB/OL]. (2019-05-07)[2021-06-08]. http://static.sse.com.cn/stock/information/c/201905/5a9635fcd51c4005b34f16d658c77a08.pdf.

❸　上海证券交易所. 江苏迈信林航空科技股份有限公司招股说明书申报稿[EB/OL]. (2020-06-30)[2021-06-08]. http://static.sse.com.cn/stock/information/c/202006/e4e8fe37d957493eaba03abc2f9a4be7.pdf.

❹　上海证券交易所. 会通新材料股份有限公司招股说明书申报稿[EB/OL]. (2020-04-27)[2021-06-08]. http://static.sse.com.cn/stock/information/c/202004/7fb4b27709cd4768b5b996b3dd1ad2af.pdf.

领域	企业名称	招股说明书等文件披露的发展规划要点摘录	研发是否是重点
新能源领域	新风光电子科技股份有限公司	公司上市后将通过募投项目的顺利实施，提升公司产品的性能，丰富产品品类，扩充产品类别，增强研发实力，从而全面提升公司的综合竞争能力，不断扩大公司在行业内的市场份额。❶ 未来规划采取的措施 1. 加强公司管理和优化组织结构 2. 提升公司人员素质 3. 提升公司持续创新能力	是
节能环保领域	浙江海盐力源环保科技股份有限公司	公司将紧跟国家生态环境保护以及节能减排相关的政策，以技术创新为驱动力，以客户需求为导向，在巩固国内现有的核电、火电行业水处理细分市场的领先地位的同时，进一步拓展其他环保水处理领域的业务范围，力争成为国际一流的科技型环保水处理企业之一。❷ 公司具体发展计划 1. 业务拓展计划 2. 研发计划 3. 人力资源计划	是
生物医药领域	上海皓元医药股份有限公司	公司坚持"一切为了客户，一切源于创新"的服务宗旨，未来将继续密切关注全球生物医药产业的发展趋势，发挥现有的技术优势和资源优势，继续深耕小分子药物研发服务与产业化应用市场，通过研发持续创新，做强特色技术平台，构建国际标准的高端原料药产业化平台来全周期高效服务全球客户。❸ 未来规划采取的措施 1. 大力提升技术创新能力 2. 持续加强人才队伍建设 3. 进一步完善优化公司管理机制	是

（3）在专利等知识产权资产的取得和实际运用方面，由于科创属性评价中对于专利数量的明确要求，科创板企业都高度重视专利相关工作。具体而言，2021年《科创属性评价指引（试行）》明确了申报科创板上市的"专利数量门槛"，除规定的特别情形，申报企业应满足以下两项要求之一：形成主营业务收入的发明专利5项以上；形成核心技术和主营业务收入的发明专利（含国防专利）合计50项以上。从实际数据来看，自

---

❶ 上海证券交易所. 新风光电子科技股份有限公司招股说明书申报稿[EB/OL]. (2020-06-23)[2021-06-08]. http://static.sse.com.cn/stock/information/c/202006/e1e0f64ddf9548f987a1baccb525b35c.pdf.
❷ 上海证券交易所. 浙江海盐力源环保科技股份有限公司招股说明书申报稿[EB/OL]. (2020-06-11)[2021-06-08]. http://static.sse.com.cn/stock/information/c/202006/97841dafb1d745488971c072123f47ff.pdf.
❸ 上海证券交易所. 上海皓元医药股份有限公司招股说明书申报稿[EB/OL]. (2020-05-26)[2021-06-08]. http://static.sse.com.cn/stock/information/c/202005/0f8bad331ca74c6ea1ac420904432b36.pdf.

科创板开板以来,截至2021年5月31日(此日期可能与发行人披露日期不一致,导致公开专利数据库查询得到的数量与发行人披露的数量有差异),科创板上市公司达283家。通过专利检索发现(以发行人是否为专利权人作为统计口径,不含控股公司,一般会少于发行人实控专利数量),中国有效发明专利数量在100件以上的有31家企业,中国有效发明专利数量在400件以上的企业有7家。以专利密集度较高的制造业为例,无论是以发行人为专利权人的专利数量,还是发行人自行披露的专利数量(含控股公司等情况),过会的头部企业的发明专利数量都远超基本的"专利数量门槛"(表6-2)。

表6-2 制造业头部企业专利数量情况

序号	企业全称	证券代码	证券简称	证监会行业(门类/大类)	招股说明书披露发明专利数量/件	发行人为专利权人的发明专利数量/件
1	中芯国际集成电路制造有限公司	688981	中芯国际-U	制造业/计算机、通信和其他电子设备制造业	7560	14540
2	中微半导体设备(上海)股份有限公司	688012	中微公司	制造业/专用设备制造业	1038	477
3	博众精工科技股份有限公司	688097	博众精工	制造业	835	829
4	上海和辉光电股份有限公司	688538	和辉光电	制造业	651	462
5	深圳光峰科技股份有限公司	688007	光峰科技	制造业/计算机、通信和其他电子设备制造业	600	416
6	昆山龙腾光电股份有限公司	688055	龙腾光电	制造业/计算机、通信和其他电子设备制造业	535	698
7	天能电池集团股份有限公司	688819	天能股份	制造业/电气机械和器材制造业	372	128
8	天合光能股份有限公司	688599	天合光能	制造业/电气机械和器材制造业	287	303
9	交控科技股份有限公司	688015	交控科技	制造业/铁路、船舶、航空航天和其他运输设备制造业	207	383
10	深圳传音控股股份有限公司	688036	传音控股	制造业	97	435

对科创板企业专利数量的进一步分析显示,过半数的科创板受理企业近五年连续

每年都提交专利申请,近三年连续每年获得发明授权,远高于科创企业整体水平。除了单纯的数量,专利运用更能反映科创板企业核心技术的成色。这方面同样可以从企业披露的信息中看出端倪。表6-2中过会的头部企业在招股说明书等披露文件中,对专利运用的描述主要出现在发展战略、风险提示、重要举措等内容中(表6-3)。

表6-3　信息披露中对专利运用的典型描述

企业名称	主营业务	信息披露对专利运用的描述	描述位置
中芯国际集成电路制造有限公司	芯片制造	公司将大量研发投入所形成的科研成果及核心技术通过申请专利或建立信息隔离机制进行保护❶	在"发展战略"部分描述专利的运用
昆山龙腾光电股份有限公司	液晶显示面板制造	若发行人未能严格执行技术保密措施,不排除核心技术泄露或被盗用的风险;若JDI和PLD终止授权或协议到期后未能续约,且发行人不能及时自行开发替代技术,公司将会因缺乏必要授权而面临专利侵权的风险,可能对发行人生产经营成不利影响❷	在"风险提示"部分描述专利的运用
中微半导体设备(上海)股份有限公司	集成电路设备	2. 知识产权管理计划❸ (1)采取的措施 公司通过知识产权管理来激励研发创新、保护创新成果。公司建立了严格的知识产权管理体系,对员工进行知识产权培训和教育,要求所有入职公司的员工均应签署《保密协议》,并保证不获取任何原雇主公司的文件和资料,不透露任何原雇主公司的技术和商业机密。公司知识产权团队不间断地对研发技术和产品做深入、详细的侵权风险调查,及时分析并做好风险预警。一旦公司涉及知识产权纠纷或诉讼,公司即启动应对机制,谨慎对待,妥善处理	在"发展战略"部分描述专利的运用
天能电池集团股份有限公司	新能源动力电池	(九)专利被宣告无效的风险❹ 如果该等10项专利权最终被宣告无效,将影响公司对该等技术的排他性使用,将会对公司技术保护产生一定影响,公司将面临市场竞争加剧的风险	在"风险提示"部分描述专利的运用
交控科技股份有限公司	轨道交通列车运行控制系统	无	无专门描述

---

❶ 上海证券交易所. 中芯国际集成电路制造有限公司招股说明书申报稿[EB/OL]. (2020-06-01)[2021-06-08]. http://static.sse.com.cn/stock/information/c/202006/36beeb335c294a868b63b864efb1e081.pdf.
❷ 上海证券交易所. 昆山龙腾光电股份有限公司招股说明书申报稿[EB/OL]. (2020-01-09)[2021-06-08]. http://static.sse.com.cn/stock/information/c/202001/3259950fb9e1426eb2ae263021e00867.pdf.
❸ 上海证券交易所. 中微半导体设备(上海)股份有限公司招股说明书申报稿[EB/OL]. (2019-03-29)[2021-06-08]. http://static.sse.com.cn/stock/information/c/201903/f93549275fee441997852e76b16d1a8e.pdf.
❹ 上海证券交易所. 天能电池集团股份有限公司招股说明书申报稿[EB/OL]. (2019-12-30)[2021-06-08]. http://static.sse.com.cn/stock/information/c/201912/3731582629244299babbc4116cb1b4f0.pdf.

企业名称	主营业务	信息披露对专利运用的描述	描述位置
深圳光峰科技股份有限公司	激光显示	公司将不断完善知识产权保护体系,针对核心技术成果在全球范围内申请专利保护,合理运用法律手段维护自主知识产权,推动行业技术标准的制定,以及激光显示产业的和谐健康发展❶	在"重要措施"部分描述专利的运用
天合光能股份有限公司	太阳能光伏	公司一直重视知识产权的开发和保护,截至2019年9月30日,发行人拥有761项专利,其中发明专利287项,可能面临知识产权纠纷的风险,对公司经营业绩产生不利影响❷	在"风险提示"部分描述专利的运用

从表6-3披露的典型样本来看,对于科创板企业,专利资产的创造与运用关乎对经营风险的控制,影响企业的持续经营。在特定行业,如半导体相关行业,专利更是上升为企业的专门战略之一(中微公司的"知识产权管理计划"),这与半导体行业当前的格局是密不可分的。著名的技术咨询公司TechInsights,在其官方网站发布的名为"半导体行业60年及其专利战略变迁"的报告显示,三星、苹果、华为、高通、爱立信、诺基亚等6家公司拥有高达41%的5G专利,并且都申请了各种技术类别的专利,包括医疗、教育、农业、汽车、多路通信、天线和增强型移动宽带等,从而涵盖了广泛的产品组合。简而言之,各种类型的公司,诸如软件公司、集成器件制造商(IDM)、代工厂(Foundry)和无工厂芯片供应商(Fabless)等都在不同的范围内争相申请与5G技术相关的专利。这种专利激烈竞争的态势,导致5G技术相关行业的企业不得不采取专门的专利战略来进行应对。同样,在科创板六大行业中,诸如人工智能、大数据等具有广泛应用场景的技术,可能也会引发激烈的"专利竞争",从而要求这些行业的企业实施有效的专利战略来应对竞争。

三、科创企业的知识产权战略规划方法

科创板上市企业,作为我国科技创新企业中的头雁方阵,具有鲜明的示范作用。前文中展示的典型科创板企业所披露的"发展战略""研发计划""知识产权管理计划"等,都属于企业战略层面的计划,可以作为每一家追求硬核科创的企业开展相应工作的参考案例。

进一步,在寻求更具有普适性的战略规划方法方面,企业战略规划的相关研究和

---

❶ 上海证券交易所. 深圳光峰科技股份有限公司招股说明书申报稿[EB/OL]. (2019-03-27)[2021-06-08]. http://static.sse.com.cn/stock/information/c/201903/67987bd3eed64128964b7349bfe09470.pdf.

❷ 上海证券交易所. 天合光能股份有限公司招股说明书申报稿[EB/OL]. (2019-05-16)[2021-06-08]. http://static.sse.com.cn/stock/information/c/201905/98c96adace3f4be9adafd3803f09cd83.pdf.

理论提出了很多成体系的工具可资借鉴。诸如安德鲁斯等人提出的"SWOT"战略分析框架，波特的"五力模型"，以及技术路线图方法等。这些管理工具都曾在实践中发挥过重大作用，如摩托罗拉公司对技术路线图的成功应用。但是，这些战略规划方法很难解决制定与实施分离的"两张皮"问题。同时当今企业面临的发展环境又呈现快速变化的特点，面对"颠覆式创新"的压力，科技企业经常感叹"计划赶不上变化"。因此，现实呼唤能够"及时反馈""动态迭代"的科技创新战略、知识产权战略规划方法。在此方面，ISO 近些年陆续发布的旨在改进创新管理的 ISO 56000❶ 系列国际标准，提出以 PDCA 为基础的管理方法在创新管理、知识产权管理中的应用，可以为企业提供实战指引。

一般而言，知识产权战略或者计划是科创企业发展战略的有机组成部分。但是在特定的企业背景下，知识产权会成为独立的战略。前述提到半导体领域，由于软件公司、IDM、晶圆厂和无晶圆厂都在整个不同的范围内申请专利，这种专利激烈竞争的态势，导致该行业的企业不得不采取专门的专利战略。

例如，在披露文件中，中芯国际的"技术研发规划"提出：

> 将研究成果转化为技术专利予以保护，增强公司的技术壁垒，保证公司核心技术的领先性。这是知识产权手段作为创新战略组成部分的典型案例。

更进一步，中微公司的"知识产权管理计划"是独立知识产权战略的案例，其具体内容如下：

> 作为研发驱动型的高科技企业，公司获得的知识产权是创新能力和核心技术的重要体现。公司通过知识产权管理来激励研发创新、保护创新成果。公司建立了严格的知识产权管理体系，对员工进行知识产权培训和教育，要求所有入职公司的员工均应签署《保密协议》，并保证不获取任何原雇主公司的文件和资料，不透露任何原雇主公司的技术和商业机密。公司知识产权团队不间断地对研发技术和产品做深入、详细的侵权风险调查，及时分析并做好风险预警。一旦公司涉及知识产权纠纷或诉讼，公司即启动应对机制，谨慎对待，妥善处理。

对于科创板企业，一定数量的专利是入门条件。这其中，面临特定竞争环境的部分企业，有必要和上述案例中的企业一样，策划并实施独立的知识产权战略，乃至专门的专利战略。下面展开论述。

---

❶ 国际标准化组织. ISO 56000: 2020 Innovation management-Fundamentals and vocabulary 创新管理-基础和术语[S].

（一）知识产权战略的定位

国际标准 ISO 56005：2020《创新管理-知识产权管理的工具和方法-指南》指出"组织宜制定 IP 战略，作为其创新战略的一个关键要素加以整合。此外，组织的 IP 战略宜与其业务战略保持一致并支持后者"[1]。并且该标准还用图显示了组织的业务战略、创新战略和知识产权战略之间的关系（图6-1）。

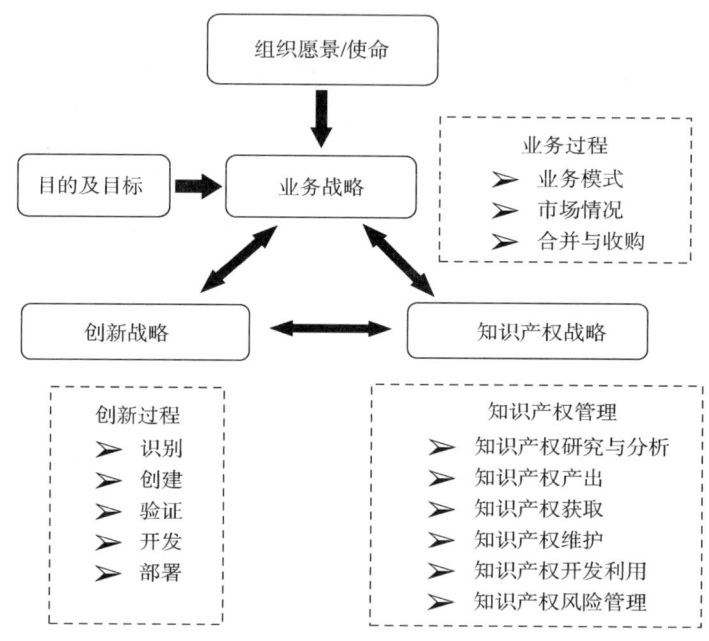

图 6-1 业务战略、创新战略与知识产权战略的关系

实际上，几个相关知识产权标准都有提到类似的知识产权战略定位。例如，国家标准 GB/T 29490—2013《企业知识产权管理规范》的"战略导向"原则也指出，统一部署经营发展、科技创新和知识产权战略，使三者互相支撑、互相促进。[2] 因此，好的知识产权战略是一个企业整体战略的有机组成部分。ISO 56005 指出这样的知识产权战略能够达到如下结果：[3]

——确保在创新过程中合理分配资源。
——确定 IP 战略目标和相关方针，使组织能够实现其组织和创新目标。这

---

[1] 国际标准化组织. ISO 56005：2020 Innovation management-Tools and methods for intellectual property management-Guidance 创新管理-知识产权管理工具和方法-指南[S].
[2] 中华人民共和国国家质量监督检验检疫总局中国国家标准化管理委员会. GB/T 29490—2013 企业知识产权管理规范[S]. 北京：中国标准出版社，2013.
[3] 国际标准化组织. ISO 56005：2020 Innovation management-Tools and methods for intellectual property management-Guidance 创新管理-知识产权管理工具和方法-指南[S].

一战略过程将确保有效的创新管理，提高创新的成功率、产出和/或组织绩效。

——最小化与创新活动和计划相关的 IP 风险，并确保组织保持创新产出和/或成果的所有权或使用权。

——优化 IP 资产，并最大化创新效率、产出和/或成果（例如通过货币化、商业化、技术转移、创新伙伴关系、供应链管理，或在 IP 布局中最佳的组织位置）。

——利用 IP 增强组织的竞争力。

综上，知识产权及其管理是企业科技创新战略的有机组成部分，并且在特定的环境中，如面对激烈的行业专利竞争态势时，有必要制定并实施独立的知识产权战略。

（二）知识产权战略的制定

ISO 56005 指出，制定知识产权战略涉及以下五个步骤。❶

a) 理解知识产权和知识产权管理在创新和业务战略中的角色。
b) 理解和记录组织现有知识产权状况。
c) 制定与创新方针和组织路线图相一致的知识产权目标。
d) 实施/运行知识产权战略。
e) 向所有相关方沟通知识产权战略。

上述每个步骤，都有其重点工作。

a) 理解知识产权和知识产权管理在创新和业务战略中的角色。

——考虑组织的目标以及实现这些目标需要什么。
——考虑组织的知识产权战略愿景/使命与组织当前和未来的知识产权方向协调得如何。
——考虑知识产权战略如何体现在组织的业务和创新战略中。
——考虑如何利用知识产权帮助组织实现和支持其业务目标。
——考虑任何与知识产权有关的、使组织无法实现使命的障碍。
——考虑制定知识产权战略存在的任何组织障碍。

该步骤的要求告诉我们，知识产权无形资产是企业科技创新的成果体现，也是后续商业化的运作载体，这决定了知识产权的战略是整体战略和创新战略的关键组成部分。

b) 理解和记录组织现有知识产权状况。

---

❶ 国际标准化组织. ISO 56005：2020 Innovation management-Tools and methods for intellectual property management-Guidance 创新管理-知识产权管理工具和方法-指南[S].

——考虑组织的知识产权资产与市场、竞争对手和/或其他相关第三方，包括影响和实现内部业务和创新战略目标的关联。

——考虑任何与第三方知识产权有关的信息（例如通过竞争情报分析获得）和与组织自己的知识产权有关的信息（例如通过知识产权审计获得），以及组织是否可利用这些信息以支持实现其知识产权目标。

——考虑组织的知识产权（源于知识产权审计信息）和第三方知识产权（源于竞争情报）这两者如何影响着组织知识产权目标的实现。

——基于以下条件评估组织知识产权管理的现状，包括：知识产权管理的成熟度：a）文化/能力/经验，b）创新绩效；与业内同行（包括竞争对手）相比。

该步骤的要求告诉我们，知己知彼方能百战不殆，要想做到在经营环境中灵活有效地运用知识产权，对企业自身知识产权资产的全面分析和深入了解至关重要。

c）制定与创新方针和组织路线图相一致的知识产权目标。

——制定知识产权目标，以满足组织的知识产权需求（例如开发或获取知识产权）。

——考虑何时、何地、如何运用/利用知识产权，包括第三方对于相关知识产权可以做些什么，以及如何解决这个问题。

——确定要获取和管理的知识产权，包括源于组织创新的知识产权和/或第三方的知识产权。

——考虑是否能以多种方式利用任何相关知识产权，例如出让、对外许可，或放弃以节省维护费用。

该步骤的要求告诉我们，知识产权目标要协调一致，尤其要和企业的经营目标、研发目标保持协同一致。在目标具体内容的设定上，需要重点考虑各种类型的知识产权的获取和利用情况。

d）实施/运行知识产权战略。

——考虑可能与组织的创新活动相关的各种知识产权及相应知识产权权属。

——考虑所需的任何知识产权管理程序，以及与创新活动和计划相关的适当程序。

——考虑资源、能力和时间框架。

——考虑任何可能的知识产权商业化（例如拆分、许可、特许经营或维权）。

该步骤的要求告诉我们,知识产权的获取需要在创新活动中投入资源来实现,同样知识产权战略的运行也需要流程及程序的支持,如知识产权相关控制程序对知识产权战略的支撑。

e) 向所有相关方沟通知识产权战略。

该步骤的要求告诉我们,知识产权战略的沟通本身也很重要,例如上市过程中面向监管方、投资者的沟通。

需要特别指出的是,上述步骤可应用于组织整体、组织内部分支,甚至项目级别,这也使得相应知识产权战略具有相当大的灵活性,能够适应不同类型和不同发展阶段的企业。

(三) 科创企业专利战略简析

目前多数科创企业的知识产权管理停留在个案层面,通常完成一个研发项目就申请一批专利,缺乏长远规划往往导致专利质量不足以支撑诉讼或者企业资源浪费。科创板企业需要有更清晰的战略认识和定位,对公司的知识产权进行统一的系统管理,即所谓的实施一个有效的专利战略。

2008年,我国正式颁布实施《国家知识产权战略纲要》,知识产权上升到国家战略层面。在国家大力推进知识产权战略的背景下,一些知识产权服务机构适时地推出"企业知识产权战略"相关咨询服务项目,帮助企业在内部建立并实施知识产权战略。典型的服务内容多从确权、维权、用权等专业法律知识角度出发,典型内容包括基本专利申请策略、专利与商标结合策略和专利先行(申请)策略。

这些专利战略或策略,优点在于概念清晰,步骤明确。缺点在于往往脱离特定企业经营的实际需求,沦为"屠龙之术"。破解这种困境,可以从知识产权的资产属性寻找答案。中国的《企业会计准则——基本准则》中,对资产的定义为:资产是由企业过去的交易或事项形成的、由企业拥有或者控制的、预期会给企业带来经济利益的资源。专利就是这样的资源,例如,科创板专利第一大户——中芯国际在其招股说明书中对专利资产进行了如下披露。❶

(二) 主要无形资产

2. 专利

截至2019年12月31日,登记在公司及其控股子公司名下的与生产经营相关的主要专利共8122件,其中境内专利6527件,包括发明专利5965件;境外专利1595件。该等专利的具体情况参见本招股说明书之"附表一:主要专利情况"。

---

❶ 上海证券交易所. 中芯国际集成电路制造有限公司招股说明书申报稿[EB/OL]. (2020-06-01)[2021-06-08]. http://static.sse.com.cn/stock/information/c/202006/36beeb335c294a868b63b864efb1e081.pdf.

在资产管理方面,ISO 的资产系列标准 ISO 55000❶能为我们提出思路。SAMP 是由 ISO 55000 系列标准提供的资产管理核心工具之一,其是 Strategic Asset Management Plan 的首字母简称,意为"战略性的资产管理计划",即"战略资产管理计划"。SAMP 同时也是 ISO 55000:2014《资产管理-综述、原则和术语》界定的资产管理核心术语之一,具体定义为"用于规定如何将组织目标转化为资产管理目标、制定资产管理计划的方法以及资产管理体系在支持资产管理目标方面的作用的文件化信息"。因此,从上文的术语定义可以看出,SAMP 聚焦于组织目标的转化落地,着眼于达成资产管理目标的"方法论",是整个资产管理体系中至关重要的一份文件,发挥着承上启下的重要作用。依据 ISO 55001:2014《资产管理-管理体系-要求》❷标准开发一个 IP 资产方面的 SAMP,实质上就是建立并实施一个企业层级的知识产权(资产)战略。

根据资产管理标准化委员会的技术文件(https://www.55000.org.cn/samp-template/),我们可以制定如表 6-4 所示格式的专利战略,从而实现对专利资产的全生命周期管理。

表 6-4 专利资产战略示例

1　专利战略(SAMP)文件概述
1.1　专利战略目的及要素构
1.2　专利战略的位置与支撑作用
2　专利资产管理目标和要求
2.1　专利战略综述
2.2　价值观、组织目标和专利资产管理目标
2.3　专利资产管理方针
2.4　专利资产管理角色与职责
2.5　时间框架
2.6　机会和制约因素
2.7　绩效管理与测量
2.8　改进
3　专利资产
3.1　专利资产范围
3.2　当前和历史绩效分析
3.3　预期绩效分析
3.4　专利资产登记册
3.5　专利资产属性
3.6　专利资产状态检查

---

❶ 国际标准化组织. ISO 55000:2014 Asset management-Overview, principles and terminology 资产管理-综述、原则和术语[S].

❷ 国际标准化组织. ISO 55001:2014 Asset management-Management systems-Requirements 资产管理-管理体系-要求[S].

续表

4	专利资产管理
	4.1 专利资产管理范围
	4.2 专利资产管理措施
	4.3 外包服务机构的参与
	4.4 专利资产维护
5	专利资产预算
6	专利资产全寿命周期管理
7	风险管理
8	专利资产报告和记录

(四) 科创企业品牌策略简析

科创板企业定位于"拥有关键核心技术,科技创新能力突出,市场认可度高,社会形象良好,具有较强成长性",因此,除了核心技术和科创能力,市场认可度和社会形象这些企业品牌范畴内的要素,也值得科创板企业重视。

以医药行业为例,在销售上"一掷千金"是国内外药企的传统,据投中健康统计,A股324家药企2019年总计支出销售费用2876.75亿元,同比增长11.8%。在研发和销售的双投入下,科创板药企取得了不错的业绩。据上海证券报资讯统计,截至2021年4月21日,57家科创板医药上市公司已发布2020年财务数据(含年报、快报等),剔除8家未营利药企,49家公司中有37家实现增长,占比超过75%。其中,医疗器械板块增势强劲,净利润增幅翻倍的8家公司几乎全为抗疫"主力军"。圣湘生物、东方生物、之江生物更是以65倍、20倍、17倍的超高增幅,在科创板2020年业绩成绩单中名列前茅。值得注意的是,虽然有疫情等因素的影响,但上述公司在研发方面也是不折不扣的高投入的典型代表(表6-5)。

表6-5 典型科创板医药公司2020年研发费用投入

证券简称	研发费用/万元	同比增长/%
圣湘生物	8277.13	112.48
东方生物	9374.95	195.22
之江生物	5242.51	123.99

在上述排行榜中,圣湘生物不仅在研发费用方面大力投入,也在营销方面进行了大力的投入。其招股说明书披露:其募集资金5.5亿元中的18%用于与公司主营业务

相关的营销项目——"营销网络及信息化升级建设项目"❶。其招股说明书同样披露，作为企业品牌载体的商标，也得到了有效的管理。具体在无形资产一节披露❷：

> 截至本招股说明书签署日，公司及其子公司共拥有 60 项境内注册商标。公司已于 2018 年 10 月与 Sansure Grup Medikal 签订《独家代理协议》，根据该协议，公司授权 Sansure Grup Medikal 公司为发行人在土耳其的独家经销商，授权 Sansure Grup Medikal 在与圣湘生物合作期间在土耳其使用公司商标、商号，Sansure Grup Medikal 承认并明确发行人对 "SANSURE" 的商标、商号、品牌和标志的全球独家所有权。

从上述科创板典型案例可知，对于商标等企业品牌相关要素的管理应当引起科创板企业的重视。实际上，ISO 56005 明确指出："适时通过利用商标和其他相关 IP 来支持品牌建设战略。"❸ 在科创板企业走向国际化的过程中，需要适时开展商标的国际申请注册，ISO 56005 给出了商标国际布局的参考依据：①考虑商业市场，根据短期和长期目标、组织竞争对手的经营地、商业和工业趋势来决定是否申请商标；②在可能存在许可机会的地方考虑申请（例如，如果在组织不想经营的地区对组织的创新有需求，那么它可以将其商标许可给第三方，第三方可以用组织的商标推销自己的创新）或特许经营机会；③考虑采取积极的国际商标申请策略，以减少未经授权的销售，假冒以及商标或域名抢注的风险。

此外，对于科创板上市公司，商标还往往与资产、商誉的评估密切相关，这往往是上市问询以及持续监管的重点。首先，作为一项资产，商标在评估方面，可以借鉴 ISO 10668—2010《品牌评估-品牌货币价值评价要求》。❹ 实践中，商标评估通常是与品牌评估一起进行的。另外，值得注意的是，商标可能导致商誉的减值风险。典型案例如阅文集团。阅文集团 2020 年在港交所公告，预期上半年较去年同期出盈转亏，主要由以下原因综合产生：预期出现的商誉及商标权减值人民币 37 亿元至 47 亿元。近些年，监管层对商誉的风险格外重视，科创板企业需要加强此方面的管理。

---

❶ 上海证券交易所. 圣湘生物科技股份有限公司招股说明书申报稿[EB/OL]. (2020-03-04)[2021-06-08]. http://static.sse.com.cn/stock/information/c/202003/0479dad255454ea783e5b531f0bfb132.pdf.
❷ 上海证券交易所. 圣湘生物科技股份有限公司招股说明书申报稿[EB/OL]. (2020-03-04)[2021-06-08]. http://static.sse.com.cn/stock/information/c/202003/0479dad255454ea783e5b531f0bfb132.pdf.
❸ 国际标准化组织. ISO 56005：2020 Innovation management-Tools and methods for intellectual property management—Guidance 创新管理-知识产权管理工具和方法-指南[S].
❹ 国际标准化组织. ISO 10668—2010 Brand valuation-Requirements for monetary brand valuation 品牌评估-品牌货币价值评价要求[S].

第二节　科创板上市知识产权内控相关制度

在科创板上市问询中，发行人经常被问到与"知识产权管理体系和制度"相关的问题。例如，研发项目的管理制度、研发创新制度和持续创新的机制，内控制度上关于保持核心技术人员团队稳定性的措施等。由此可见，知识产权相关制度规范化建设程度是监管方关注的重点之一。而制度规范化建设的重点，同样可以从问询的高频关键词中得到启示。前面章节对高频关键词的统计显示，"产品竞争力""技术先进性""核心技术""核心技术人员"等关键词居于前列，显示这些方面应当是知识产权相关制度建设的重点方向。本节将对科创板上市时所需的知识产权相关制度，尤其是审核中重点关注的内控相关制度，进行系统分析和总结。

一、科创板上市企业知识产权相关管理制度披露情况

科创板上市企业，作为从事科技创新的公众公司中的典型代表，都很重视研发、知识产权等方面制度化的建设工作，在招股说明书、问询答复等信息披露中经常对这些方面进行重点披露。例如，北京金山办公软件股份有限公司在招股说明书的"（七）公司技术水平及管理情况-3、研发支撑体系管理情况"中披露了以下信息❶：

> 公司制订了《软件开发控制程序》《软件测试控制程序》《软件质量缺陷控制程序》《采购控制程序》《技术开发管理制度》《技术文件管理制度》等管理类文件，确保产品的研发、改进、维护等整个生命周期各个阶段，产品内容的准确性和可维护性，保障产品的可追溯性，确保产品内容受到保护以及对其修改受到控制。公司通过管理流程确保产品内容最终能完整、正确地归档，确保项目开发和维护各阶段源码的可追溯性、正确性和可获得性。

部分企业还会在相关信息披露中提及知识产权相关制度的制定和实施情况，如传音控股在招股说明书的"（五）技术创新机制"中披露到❷：

> 为加强知识产权的保护，规范知识产权管理工作，激发员工发明创造的积极性，促进科技成果的推广应用，公司制定了《知识产权管理制度》，对知

---

❶ 上海证券交易所. 北京金山办公软件股份有限公司招股说明书申报稿[EB/OL]. (2019-05-08)[2021-06-08]. http://static.sse.com.cn/stock/information/c/201905/fe67eecaa5d347bfafa22421e25db4fe.pdf.

❷ 上海证券交易所. 深圳传音控股股份有限公司招股说明书申报稿[EB/OL]. (2019-03-29)[2021-06-08]. http://static.sse.com.cn/stock/information/c/201903/757f8fcfe7114b899ccad0ac021f1a55.pdf.

识产权的管理部门及其职责、知识产权管理范围、奖励与处罚等作出了详细的规定。

从上述披露的信息可以发现，案例中的科创板上市企业，将日常经营中的一些关键的活动和过程，如研发活动的分阶段项目化实施，代码、文档等各种类型的知识产权无形资产的有效管理及科技成果的管理等，通过一系列的制度和流程进行规范化的管理。金山办公和传音控股在当前科创板股票市价总值排名中位居前列，属于资质优良的"科创头雁"，他们的做法有较强的代表性和示范引领作用。

除了上述具有代表性的典型示范案例，科创板上市中还暴露了很多企业在管理制度方面的缺陷，这在前面章节中的上市审核问询案例、诉讼案例中曾经多次提及和论述。此外，以内部控制这一上市公司重要管理制度的落实情况为例，相关权威调查研究显示，科创板上市企业存在较多的缺陷和较大的改进空间。2020年2月，财政部与证监会组织专家工作组对沪深两市上市公司公开披露的2019年度内部控制报告进行了系统分析，并以专家组名义发布了《上市公司2019年执行企业内部控制规范体系情况蓝皮书》❶（以下简称《蓝皮书》）。《蓝皮书》指出，2019年度共有3642家上市公司披露了内部控制评价报告，总体披露占比95.99%；其中3513家内部控制评价结论为"整体有效"，占比96.46%。共有2827家上市公司披露了内部控制审计报告，占比74.51%；其中2677家审计意见为"标准无保留意见"，占比94.69%。《蓝皮书》显示，企业内部控制规范体系在上市公司范围内实施情况基本良好。《蓝皮书》中还重点研究了92家科创板上市企业的内控制度落实情况。相关统计数据显示，科创板上市企业在"是否披露内部控制评价报告""未披露原因说明"等一系列重要指标的对比方面较为落后，甚至垫底。究其原因，一方面由于科创板的包容性，与主板相比，科创板上市企业往往规模小、年限短，属于经验欠缺的"青春期企业"；但是另一方面也充分暴露了科创板上市企业在内控等制度建设方面存在较多的"欠账"需要尽快弥补。

二、知识产权内控相关制度对于科创板上市企业的重要性

从企业管理实践来看，知识产权内控相关制度包括两大部分，一部分是与企业内部控制直接相关的各项知识产权管理制度，主要以财政部会同证监会等部委制定的《企业内部控制基本规范》❷为依据，典型的如上述规范所要求的针对"品牌、商标、

---

❶ 中华人民共和国财政部.《上市公司2019年执行企业内部控制规范体系情况蓝皮书》正式发布[EB/OL].（2021-02-19）[2021-06-08]. http://kjs.mof.gov.cn/diaochayanjiu/202102/t20210218_3658261.htm.

❷ 中国证券监督管理委员会. 关于印发《企业内部控制基本规范》的通知[EB/OL].（2008-08-07）[2021-06-08]. http://www.csrc.gov.cn/pub/shenzhen/xxfw/tzzsyd/ssgs/sszl/ssgsxx/201403/t20140317_245540.htm.

专利、专有技术等无形资产"分类制定的"无形资产管理办法"。另一部分是能够与企业内部控制制度相辅相成、互为支撑的知识产权管理制度,如"知识产权风险管理办法"等。这些知识产权内控相关制度,在促进上市公司规范运作、保障科技创新战略顺利推进等方面发挥着重要作用。

(一) 促进上市公司规范运作

为了提高我国企业经营管理水平和风险防范能力,促进企业可持续发展,在借鉴和吸收国际监管新理念的基础之上,2008年财政部、证监会、审计署、银监会和保监会五部委联合发布《企业内部控制基本规范》❶,该规范自2009年7月1日起在上市公司范围内施行。2010年,财政部又牵头制定了《企业内部控制应用指引第1号——组织架构》等18项应用指引,以及《企业内部控制评价指引》和《企业内部控制审计指引》❷,并要求自2011年1月1日起在境内外同时上市的公司施行,自2012年1月1日起在上交所、深交所主板上市公司施行;并在此基础上,择机在中小板和创业板上市公司施行。同时鼓励非上市大中型企业提前执行。

上述"1+18+2"的内控规范体系既为我国企业建立科学的内部控制规范体系给出了明确的指引,也将成为我国包括科创板在内的上市公司规范化运作必须遵循的制度规范。实际上,财政部等在2021年发布《上市公司2019年执行企业内部控制规范体系情况蓝皮书》❸时表示,下一步将会同相关部门进一步完善和健全企业内控规范体系,加强对上市公司执行内控规范情况的监督指导,进一步提升上市公司内部管理水平和风险防范能力。

此外,作为资本市场增量改革"试验田"的科创板,在相关规则中对内控制度的重要性也屡有强调,如《注册办法(试行)》在第二章"发行条件"的第十一条提到"发行人内部控制制度健全且被有效执行,能够合理保证公司运行效率、合法合规和财务报告的可靠性"。在《第41号准则》中也要求"发行人应披露公司管理层对内部控制完整性、合理性及有效性的自我评估意见及注册会计师对公司内部控制的鉴证意见"。

---

❶ 中国证券监督管理委员会. 关于印发《企业内部控制基本规范》的通知[EB/OL]. (2008-08-07) [2021-06-08]. http://www.csrc.gov.cn/pub/shenzhen/xxfw/tzzsyd/ssgs/sszl/ssgsxx/201403/t20140317_245540.htm.

❷ 中华人民共和国中央人民政府. 关于印发企业内部控制配套指引的通知[EB/OL]. (2010-04-15) [2021-06-08]. http://www.csrc.gov.cn/pub/shenzhen/xxfw/tzzsyd/ssgs/sszl/ssgsxx/201403/t20140317_245540.htm.

❸ 中华人民共和国财政部.《上市公司2019年执行企业内部控制规范体系情况蓝皮书》正式发布[EB/OL]. (2021-02-19) [2021-06-08]. http://kjs.mof.gov.cn/diaochayanjiu/202102/t20210218_3658261.htm.

综上所述，内部控制及相关流程制度的建立健全是科创板上市的重要条件，并且在根本上能够促进上市公司规范运作，从而提高上市公司质量，并有效地保护投资者合法权益。

正如国际内控权威专家所说，"公司的败绩都是由内部控制失败引起的"。科创板上市中遇到的一系列知识产权问题，往往也是知识产权相关内控的缺失所导致的。

(二) 保障科技创新战略顺利推进

在企业经营管理实践中，某一战略或计划的有效执行需要相应制度的有力保障。有什么样的知识产权战略，就要有相应的知识产权管理制度。内控是战略实施的坚强保障。而且，随着知识产权战略在经营实践中的迭代和调整，管理制度也要主动变化以适应实际需求。

在承接知识产权战略对企业提出的管理要求，开展知识产权内控相关制度的策划和实施方面，需要遵循循序渐进的建设思路并保持持续改进的工作习惯。首先在意识上要高度重视知识产权在激励创新中的核心作用，并将这种核心作用转化为企业的制度性要求，促使企业不断走向规范化管理，打造基于核心技术的竞争优势，实现可持续发展。在起步工作方面，需要尽快弥补在知识产权战略背景之下，知识产权相关制度的缺失问题，尤其是科创板上市中重点关注的核心技术和核心技术人员等相关管理制度。在管理协同方面，要从狭隘的知识产权管理工作可以由一个人或者几个人完成的旧思想中解脱，充分认识到知识产权制度要由各部门的配合与协同才能建立并有效实施。最后，遵循"固化、僵化、优化"的实践经验，让制度在企业落地生根并通过持续改进的机制不断提升管理绩效以满足经营的需求。

三、科创板上市中重要的知识产权内控相关制度与流程

科创板上市可能涉及一系列知识产权相关的制度。这方面，国家标准 GB/T 29490—2013《企业知识产权管理规范》❶ 围绕企业经营实际，明确规定了企业研究与开发活动、采购、生产、销售、对外贸易等重要环节的知识产权管理要求；同时围绕企业的知识产权资产的创造、管理、运用和保护四个重点环节，明确规定了企业在知识产权权利的创造和取得、权利管理、权利运用和权利保护四方面的规范性要求。这些要求可根据企业的具体需求，转化为相应的知识产权管理制度。

值得重点强调的是，对于科创板上市企业，知识产权制度建设需要抓"牛鼻子"。相关内控制度就是制度建设的重点，这点从前面章节的分析中可以得出结论。从科创

---

❶ 中华人民共和国国家质量监督检验检疫总局中国国家标准化管理委员会. GB/T 29490—2013 企业知识产权管理规范[S]. 北京：中国标准出版社，2013.

板上市问询中显示的重点问题来看，核心技术资产的完整可控、核心技术人员的有效管理，是科创板企业知识产权制度建设的两大重点，需要加强相应的内控建设，下面分别展开论述。

(一) 知识产权无形资产内控相关制度与流程

在企业内控视角下，知识产权是作为无形资产进行管理的。《企业内部控制应用指引第 8 号——资产管理》❶ 提出"企业应当加强对品牌、商标、专利、专有技术、土地使用权等无形资产的管理，分类制定无形资产管理办法，落实无形资产管理责任制，促进无形资产有效利用，充分发挥无形资产对提升企业核心竞争力的作用"。

1. 知识产权无形资产相关风险和典型案例

《企业内部控制应用指引第 8 号——资产管理》指出与知识产权无形资产相关的风险包括"无形资产缺乏核心技术、权属不清、技术落后、存在重大技术安全隐患，可能导致企业法律纠纷、缺乏可持续发展能力"。通过对科创板企业的分析，与知识产权无形资产相关的风险的问询和媒体报道被整理在表 6-6 中。

表 6-6　与知识产权无形资产相关风险的问询和媒体报道

内控指引风险类别	科创板专利资产风险	媒体报道的典型案例
缺乏核心技术	研发经费低 研发人员占比低	斯瑞新材（提交注册） 泰坦科技（第二次注册生效）
权属不清	合作研发权属约定不清 对核心技术控制不强	睿昂基因（注册生效）
技术落后	老旧工艺 技术硬核程度不够 炒作概念	东芯股份（上市委会议通过）
存在重大技术安全隐患	对核心技术人员的依赖 对合作研发方的依赖	珈创生物（终止）

上表列出的案例中，尤其以上市过程中经历系列专利诉讼的敏芯微电子有代表性。敏芯微电子 2020 年 8 月 10 日登陆上交所科创板，是一家以 MEMS 传感器研发与销售为主的半导体芯片设计公司，目前主要产品线包括 MEMS 麦克风、MEMS 压力传感器和

---

❶ 中华人民共和国中央人民政府. 关于印发企业内部控制配套指引的通知[EB/OL]. (2010-04-15)[2021-06-08]. http://www.csrc.gov.cn/pub/shenzhen/xxfw/tzzsyd/ssgs/sszl/ssgsxx/201403/t20140317_245540.htm.

MEMS 惯性传感器。在上市过程中,敏芯股份专利麻烦不断。招股说明书显示❶:

> 公司于2020年1月、2月、4月、5月和6月收到国家知识产权局专利局复审和无效审理部(以下简称专利复审部)寄发的《无效宣告请求受理通知书》,"歌尔股份及自然人王云飞、陈昀、王莉、褚国华分别作为无效宣告请求人向专利复审部提交了针对公司及子公司昆山灵科名下18项发明专利与一项实用新型专利的无效宣告请求。上述专利中,7项专利所述的部分技术特征应用于发行人产品中,其余12项专利未应用于发行人的在售产品中。"

2020年9月,上市不足一个月的敏芯微电子发布公告称❷,"国家知识产权局专利局复审和无效审理部对无效宣告请求人王莉提出的公司拥有的'电容式微硅麦克风的制造方法'(专利号:201310030506.2)专利权之无效宣告请求进行了审查,决定宣告专利权全部无效。"敏芯微电子的案例显示,上市虽然通过,但专利权属相关的风险还在继续。

2. 知识产权无形资产内部控制流程

在科创板企业相关的无形资产中,最重要的是发明专利资产。这是因为发明专利是科创属性的重要体现,无论是作为门槛的4项常规指标中的"形成主营业务收入的发明专利5项以上",还是5项例外条款中的"形成核心技术和主营业务收入的发明专利(含国防专利)合计50项以上",都对发明专利的数量作出了定量的要求。

随着科创板相关实践的不断深入,在专利数量之外,对于专利质量的关注逐步进入监管方和公众的关注视野之中。2021年科创板第二家IPO被否的汇川物联网,外购的10项专利被反复问询。其中上市委对汇川物联网专利的问题连问5轮,甚至是在上市委会议上及之后连问三次,每次都涉及汇川物联网购买的专利与主营业务之间关联的问题。外购专利的质量成为汇川物联网是否满足上市标准的关键问题。

2021年4月16日,证监会相关负责人在通报修订2020年《科创属性评价指引(试行)》❸时指出,"要定性和定量综合研判,严防研发投入注水、突击购买专利"。此处"定性研判"的相关表述也引导人们更加关注专利数量之外的专利质量。

一时间,对突击购买、集中申请等方式所获取专利的质量的质疑不断见诸各类媒

---

❶ 上海证券交易所. 苏州敏芯微电子技术股份有限公司申报稿[EB/OL]. (2019-11-01) [2021-06-08]. http://static.sse.com.cn/stock/information/c/201911/093f7f1faaac4bcc82e20cab36e82ebe.pdf.

❷ 上海证券交易所. 敏芯股份关于收到《无效宣告请求审查决定书》的公告[EB/OL]. (2020-09-23) [2021-06-08]. http://static.sse.com.cn/disclosure/listedinfo/bulletin/star/c/688286_20200923_1.pdf.

❸ 中国证券监督管理委员会. 中国证券监督管理委员会公告〔2021〕8号[EB/OL]. (2021-04-16) [2021-06-08]. http://www.csrc.gov.cn/pub/zjhpublic/zjh/202104/t20210416_396145.htm.

体。例如,《证券市场周刊》报道的北京海天瑞声科技股份有限公司(以下简称海天瑞声)❶,2019年第一次科创板发行上市时其招股书显示公司拥有专利数为0项。2020年第二次申请时专利数量在招股书中变为24项。一年之内专利数量突增24项。并且,海天瑞声对专利技术的描述和态度先后也出现了反转。在第一次申请时拥有专利数量为0项的情形下,面对上交所对专利数量的质疑,海天瑞声表示发行人综合采取技术保密措施及知识产权保护等举措对核心技术进行保护,而不单纯依赖以申请专利的形式对核心技术进行保护。而第二次申请时,海天瑞声则表示,发行人已取得22项发明专利授权,显著优于同行业竞争对手,充分反映了发行人的技术竞争优势。又例如,《华夏时报》对浙江和达科技股份有限公司(以下简称和达科技)的调查显示❷,在2020年10月和达科技初次提交申报稿时,发明专利仅为2项。而到了2021年4月,其发明专利增加到了7项,临上会前的半年内取得了5项核心专利。

科创板上市系列规则中并未明确对"专利质量"的定义或描述,但是,通过对规则中专利的表述方式,以及问询中对专利所提的共性问题的分析,可以总结出一些特点和规律。具体分析如下。

首先,"形成主营业务收入的发明专利"这一表述,表明监管方要求发明专利与主营业务收入直接相关。

其次,《上市审核问答》指出"原则上,核心技术人员通常包括公司技术负责人、研发负责人、研发部门主要成员、主要知识产权和非专利技术的发明人或设计人、主要技术标准的起草者等。"此处,"主要知识产权的发明人或设计人"成为认定核心技术人员的依据之一,表明专利与核心技术人员密切相关。

再次,研发投入是重要的科创属性指标,相关的内控涉及具体研发项目的运作要求。而研发项目往往是产生专利的重要来源。

最后,作为资产的一种,《注册办法(试行)》要求"发行人不存在主要资产、核心技术、商标等的重大权属纠纷",即专利作为资产,要权属稳定。

因此,我们可以总结出,由核心技术人员在研发项目中产生,能贡献主营业务收入,并且权属稳定的发明专利,属于符合科创板要求的高质量专利。

在高质量专利中,要重点对原始取得专利、合作研发取得专利进行质量把控和评价评估,开展相应的内控。下面分别展开论述。

(1)原始取得专利的质量控制流程。

从科创板上市企业所披露信息的整体来看,"原始取得"是其发明专利主要的取得

---

❶ 证券市场周刊. 海天瑞声:二上科创板突击申请专利核心技术先进性六轮问询仍存疑[EB/OL]. (2021-05-10)[2021-06-08]. http://www.capitalweek.com.cn/articles/detail/b8d0f518-49.html.

❷ 华夏时报. 半年连拿5项核心专利,证监会强化科创属性前夜和达科技科创板过会[EB/OL]. (2021-04-20)[2021-06-08]. https://www.chinatimes.net.cn/article/106457.html.

方式。由于"原始取得"表明该发明专利是由发行人自行开发得到，因此是对其自主研发创新能力的重要评判。

按照监管方的要求，科创板企业应当坚持科技创新，通过持续的研发投入积累形成核心技术。反映在企业的日常运营中，企业应当持续进行研发项目的运作，而研发项目则成为专利"制造"重要乃至主要的方式。在科创企业中，专利相关的工作往往是融入研发流程之中的，典型的例子有集成产品开发（Integrated Product Development，简称IPD）。华为通过实施IPD变革而取得的技术成就在世界范围内有目共睹，也成为国内科创企业竞相模仿的对象。例如，科创板上市公司宁波容百新能源科技股份有限公司（以下简称容百科技）与华为签订就流程全面诊断和变革规划、IPD流程等相关的《框架合作协议》。在IPD的流程中，相应专利导航、检索、挖掘、申请、运营等工作可以有机地嵌入进去，如表6-7列出的典型示例。

表6-7 产品研发流程中可开展的专利工作

概念阶段	计划阶段	开发阶段	发布阶段	生命周期管理
可以开展 专利导航等	可以开展 专利检索等	可以开展 专利挖掘等	可以开展 专利布局等	可以开展 专利运营等
专利导航含义： 利用专利信息等数据资源，分析产业发展格局和技术创新方向，明晰产业发展和技术研发路径，提高决策科学性	专利检索含义： 根据需要，采用一定的方法，借助检索工具，从专利信息集合中找出所需要信息的查找过程	专利挖掘含义： 从创新成果中提炼出具有专利申请和保护价值的技术创新点和方案	专利布局含义： 以专利导航为指引，以专利挖掘为基础，从专利申请的时间、地域、技术和产品等维度，对专利申请进行周密规划和统筹安排	专利运营含义： 通过对专利或专利申请进行管理，促进专利技术的应用和转化，实现专利技术价值或者效能的活动

因此，如果科创板上市企业采取类似的项目制，围绕其核心技术及其相关的产品（服务）进行研发投入，并在项目中合适的阶段进行专利的申请，这样的专利从技术内容上来说将会是与主营业务密切相关的，即所谓的"形成主营业务收入的发明专利"。

除了研发流程与专利流程的匹配外，在专利申请过程中的一些专利实务方面的操作也会影响专利权属的稳定性和保护范围的大小。例如，同样的技术方案，输入不同的专利撰写流程中，所产生的专利的稳定性、保护范围大小等质量因素也不同。随着科创板上市中对专利的关注由数量转移到质量，专利无效等专业术语也逐步进入科创板关注者的视野中。例如，科创板企业光峰科技曾就专利纠纷起诉科创板上会过程中的极米科技，并对后者相关发明专利提出无效宣告请求。最终，极米科技以签订合作的形式与光峰科技达成和解，向光峰科技分五年时间支付专利使用费。值得一提的是，极米科技被提无效宣告请求的16项发明专利中，存在"已质押"状态的发明专利。若其被宣告无效，可能还会造成极米科技与质押机构之间的法律纠纷，导致因专利质量引起的其他法律纠纷风险,这同样会引起监管方的关注。

因此,为避免由于专利无效等导致专利数量无法满足科创属性要求等重大风险,科创板企业应该以科学规范的专利申请流程,来提升自主研发所产生的专利的法律质量。表 6-8 给出了一个典型的参考流程。

表 6-8 专利申请典型流程

工作步骤	工作内容	专利质量管控要点
1. 申请前评估分析	结合市场竞争情况、技术发展阶段等,多部门(研发与专利部门等)会商确定进行专利保护的技术内容	多部门会商
2. 准备技术交底书	相关技术人员在专利检索、与专利代理师沟通等基础上,对拟保护的技术内容进行描述,形成技术交底书文件	专利检索信息沟通
3. 撰写申请文本	专利代理师在专利检索、与技术人员沟通的基础上,依据技术交底书撰写权利要求书、说明书等申请文本	专利检索信息沟通
4. 审核申请文本	由办案专利代理师之外的人员,对申请文本的质量进行全面审核,并反馈意见	人员交叉审核
5. 专利审查管理	综合代理机构、研发部门以及专利管理部门意见,通过申请文本修改、审查意见答复等,保证专利的权利稳定,争取最大的保护范围	多部门意见汇总

从上面的控制流程可以看出,专利质量的提升不仅有赖于经验丰富的专利工程师、专利代理师等专业人员,同样依赖于科学的专利申请流程设计与安排,例如上表中的多部门会商、交叉审核、多部门意见汇总等工作机制。实践表明,科学的工作机制能够充分发挥专业人士的能力,同时杜绝人为失误等影响专利质量。此外,专利申请相关工作机制的形成和优化,还有助于企业形成更高层次的能力。同样是上面提到的光峰科技,根据其 2020 年第三季度财报披露❶,当期光峰科技作为原告的民事诉讼共 45 件,其中 43 件诉讼案由为诉被告侵犯光峰科技发明专利权。由此可见,基于对其专利质量的信心,光峰科技已经开始尝试将专利诉讼作为市场竞争的手段。

(2) 合作研发取得专利的质量控制。

当前,外部科技人才交流形势严峻,校企深度合作正成为企业突破核心技术难题、牵头组建创新联合体的重要突破口。在此大背景下,一些合作研发的新闻迅速成为社会关注的热点。2020 年 7 月,华为任正非带队到访上海交通大学、复旦大学、东南大学和南京大学。同年 9 月任正非在北京先后访问北京大学、中科院、清华大学等顶级科研组织。在每所大学,任正非均与专家进行了座谈,讨论话题涉及校企深层合作、科研与产业的深度融合、培育高科技创新人才、基础研究和技术开发等。

根据科创板披露的相关信息,绝大多数科创板企业均存在合作研发的情况,包括

---

❶ 上海证券交易所. 光峰科技 2020 年第三季度报告正文[EB/OL]. (2020-10-29)[2021-06-08]. http://static.sse.com.cn/disclosure/listedinfo/bulletin/star/c/688007_20201029_1.pdf.

与高校、科研机构、其他研发公司、下游客户等进行合作。例如,江苏天奈科技股份有限公司从事纳米级碳材料研发、产销,与清华大学开展合作,共同解决碳纳米管制备技术难题。又如,上海安翰医疗技术有限公司与IBM在胶囊内窥镜医疗影像领域展开合作。

在合作研发中,还有很多科创板企业的核心技术团队人员在中科院、知名高校等研发组织中兼职或者曾长期工作。从研究人员向企业人员的快速角色切换,也会产生一些风险,后文会专门阐述。

综上,在提倡开放式创新的时代,合作研发既是科创板企业的内在需求,也是科创板企业高效提升研发能力、提升核心技术壁垒的一条快速路径。从合作研发的信息披露要求来看,《第41号准则》第五十四条规定:"与其他单位合作研发的,还应披露合作协议的主要内容、权利义务划分约定及采取的保密措施等。"由此可见,权利约定和保密措施是合作研发过程中内控的重点。

合作研发中会产生所谓的"共有专利",即指一项获得专利权的发明创造由两个以上的单位、个人或者单位与个人共同所有。因此,与原始自主独立取得相比,合作研发取得专利除了前述的质量管控措施之外,还应更关注专利权属的约定以及合作中的保密。

合作研发取得专利典型的案例经常见诸企业披露和媒体报道。例如,武汉科前生物股份有限公司与华中农业大学的共有专利为16件;龙软科技与北京大学共有专利为4件;广州瑞松智能科技股份有限公司与上海交通大学共有专利为2件,与东南大学共有专利合计6件;浙江中控技术股份有限公司与浙江大学的共有专利则达到46件。值得注意的是龙软科技在披露中提到❶:

> 上述北京大学和发行人作为共同专利权人的专利,是发行人在业务开展过程中,自立研发项目并结合煤炭行业客户的实际需求而形成的研发成果,研发经费、人力资源均由发行人提供。北京大学作为共有权利人的原因,系毛善君担任北京大学遥感与地理信息系统研究所教师,为支持学校发展,故在申请知识产权的过程中,将北京大学列为专利共有人。
>
> 上述专利技术均为公司独立研发形成,并非来源于与北京大学的合作研发,双方也未就上述专利签署相关的合作研发协议。

2019年4月28日,北京大学出具《证明》:

> 上述共有专利以及本校与龙软科技共同署名或被登记为共同权利人的其

---

❶ 上海证券交易所. 北京龙软科技股份有限公司 8-1 发行人及保荐机构的回复意见[EB/OL]. (2019-05-01)[2021-06-08]. http://static.sse.com.cn/disclosure/listedinfo/bulletin/star/c/688007_20201029_1.pdf. http://static.sse.com.cn/stock/information/c/201905/526f209ebb6746afa32f5667fbed758e.pdf.

他知识产权（以下简称该等知识产权）为龙软科技在市场经营过程中独立研发形成。就本校和龙软科技作为共同权利人的该等知识产权，本校同意龙软科技及其全资或控股企业过去和未来均可在营业范围内无偿使用该等知识产权并享有全部收益，龙软科技同意本校仅为非营利的科研、学术研究目的无偿使用该等知识产权，不用于任何商业推广或许可任何第三方使用。

应该来说，龙软科技虽然通过"打补丁"的方式——由学校出具证明，解释了共有专利的问题，但这种做法存在进一步的潜在风险。例如，高校参与形成的专利具有"国有资产"性质，高校对其的处置还需要受到相关国有资产处置法规的约束。在这个案例中，实控人高校教授和企业控股股东的双重角色身份，可能是导致高校不实际参与研发却被列为项目产生专利的权利共有人的原因。

因此，对于合作研发形成的专利，应该通过规范的合同来进行事先约定，而不是事后"打补丁"，这是关键的风控点。在此方面，科技部制定的《技术开发（合作）合同》❶可以作为参考模板来使用，其中的相关条款见表6-9。

表6-9 合作研发成果权属约定参考条款

第十五条 合作各方确定，因履行本合同所产生，并由合作各方分别独立完成的阶段性技术成果及其相关知识产权权利归属，按第____种方式处理： 1. ____（完成方、合作各方）享有申请专利的权利。 　　专利权取得后的使用和有关利益分配方式如下：____。 2. 按技术秘密方式处理。有关使用和转让的权利归属及由此产生的利益按以下约定处理： 　　（1）技术秘密的使用权：_____； 　　（2）技术秘密的转让权：_____； 　　（3）相关利益的分配办法：_____。 合作各方对因履行本合同所产生，并由合作各方分别独立完成的阶段性技术成果及其相关知识产权权利归属，特别约定如下：_____。
第十六条 合作各方确定，因履行本合同所产生的最终研究开发技术成果及其相关知识产权权利归属，按第____种方式处理： 1. ____方享有申请专利的权利。 专利权取得后的使用和有关利益分配方式如下：____。 2. 按技术秘密方式处理。有关使用和转让的权利归属及由此产生的利益按以下约定处理： 　　（1）技术秘密的使用权：_____； 　　（2）技术秘密的转让权：_____； 　　（3）相关利益的分配办法：_____。 合作各方对因履行本合同所产生的最终研究开发技术成果及其相关知识产权权利归属，特别约定如下：_____。

---

❶ 北京市技术市场管理办公室. 技术开发（合作）合同-科技部［EB/OL］.（2020-03-16）［2021-06-08］. http://kw.beijing.gov.cn/art/2020/3/16/art_2304_124874.html.

上述合同模板，提出了阶段性技术成果及其相关知识产权、最终研究开发技术成果及其相关知识产权两大类型的技术，需要企业予以注意区分并进行相应的约定。

如果专利权共有，甚至共有人较多，各方容易在许可方式、收益分配方式等方面产生分歧，使得专利权行使缺乏效率，乃至陷入僵局。因此，从实际操作角度出发，签署了专利成果共有协议的企业最好对共有专利具有绝对的控制权。这样能减少经营中的不确定性，避免共有专利有机会成为企业上市及经营中的阻碍。

对于合作研发取得的专利，研发中的保密情况可能会影响权属的稳定性。例如，合作方有意或者无意将相关的技术秘密公开，将会导致共同的研发成果失去申请专利的权利。又例如合作方的高校提前将成果发表为论文，也会导致不能申请专利。上述科技部的合同模板，同样对保密事项作出了约定，见表6-10。

表6-10 保密事项约定参考条款

第十一条 合作各方确定因履行本合同应遵守的保密义务如下：
1. 保密内容（包括技术信息和经营信息）：_____
2. 涉密人员范围：_____
3. 保密期限：_____
4. 泄密责任：_____

综上，合作研发过程中产生的专利，开展内控的关键点在于双方明确的权属约定和保密约定。

3. 知识产权无形资产管理相关职责分配

内控措施的充分落实，需要职责的分配科学合理。表6-11给出了知识产权无形资产管理中具体的职责分配案例，可供科创板企业参考。

表6-11 典型的专利经理岗位职责表

岗位名称	专利经理	部门名称		直接上级	
工作联系	对内	研发部门、法律事务部门、财务部门、总经理办公室			
	对外	国家知识产权局、专利代理所等中介机构			
工作目标	建立健全专利资产管理各项规章制度，对专利资产各项业务进行总体规划、控制和协调，在专利资产管理过程中与内外部相关方进行沟通，确保专利资产安全、完整、可控，提高专利资产效益。				
序号	工作职责				负责程度
1	结合本企业总体经营战略和科技创新战略，制定专利资产战略，包括专利资产的创造、保护、运用等				全责
2	以国家法律法规为依据，制定企业专利资产管理各项规章制度，并组织实施和监督检查				全责
3	根据专利资产战略，与相关部门共同编制专利资产工作计划，包括开发引进、实施应用、运营、评估、转让与许可使用计划				部分

续表

序号	工作职责	负责程度
4	开展专利资产相关的研发投资的可行性调查,并完成可行性分析报告的编制工作	支持
5	组织专利工程师办理专利申请等相关的法律手续	支持
6	会同归口管理部开展专利资产相关商务谈判工作,并组织拟订专利资产购置、转让等协议	部分
7	组织对专利资产的清点、登记、统计汇总等	支持
8	负责建立专利资产档案制度,保管企业专利资产的各种证书和文件,协助建立专利资产信息系统	全责
9	组织对专利资产进行评估	全责
10	负责对企业专利资产相关的各项制度的落实情况进行检查,对专利资产相关计划的执行情况进行监督	全责

(二) 核心技术人员内控相关管理制度

科创板的目标是培育出具有"硬科技"实力和市场竞争力的科技创新型企业,而企业硬核科技实力的打造,离不开高素质科技人才队伍的支撑和支持。习近平总书记强调,发展是第一要务,人才是第一资源,创新是第一动力。核心技术人员这个企业创新发展的"第一资源"在科创板的制度设计中居于非常重要的位置,相关制度在针对核心人员的股权激励等方面提出系列重大创新举措,也很早就明确了核心技术人员认定等具体要求,同时在对审核标准的适时升级时,也重点考虑了人才因素。例如,2021年《科创属性评价指引(试行)》❶的最新修订,首要的修改就是增加研发人员占比超过10%的常规指标,以充分体现科技人才在创新中的核心作用。

由于上述核心技术人员对科创板上市的重要作用,在上市审核过程中,关于核心技术人员的充分披露,经常是审核机构一再追问的焦点问题,也不乏企业折戟于此,甚至在企业上市成功后,核心技术人员的重大变动同样引起监管方的关注。例如2019年11月9日,刚刚上市不足两个月的晶丰明源,发出了关于核心技术人员离职的公告❷,详细披露了设计总监的离职情况。因此,关于核心技术人员内控相关管理制度的建立和实施,对于科创板企业来说至关重要,不仅关乎短期的上市成功与否,也是后续持续监督的重点,更关系到企业未来的基于核心技术竞争力的长远发展。下文针对核心技术人员内控的相关要点,结合科创板典型案例,进行系统的梳理和分析。

---

❶ 中国证券监督管理委员. 中国证券监督管理委员会公告〔2021〕8号[EB/OL]. (2021-04-16)[2021-06-08]. http://www.gov.cn/zhengce/zhengceku/2021-04-17/content_5600280.htm.

❷ 上海证券交易所. 晶丰明源关于核心技术人员离职的公告[EB/OL]. (2019-11-09)[2021-06-08]. http://static.sse.com.cn/disclosure/listedinfo/bulletin/star/c/688368_20191109_3.pdf.

1. 核心技术人员相关风险和典型案例

《企业内部控制应用指引第 3 号——人力资源》❶ 列出了企业内控管理过程中常见的与人力资源相关的三类风险（表6-12），这同样适用于对科创板企业核心技术人员的管理。此外，科创板企业核心技术人员的管理有其自身独有的特点，需要在实践中更有针对性地进行管理。

表 6-12　企业内控中常见的人力资源风险

内控指引风险类别	科创板核心技术人员风险	媒体报道典型案例
人力资源缺乏或过剩、结构不合理、开发机制不健全，可能导致企业发展战略难以实现	1. 缺乏核心技术人员 2. 研发人员占比不合理 3. 核心技术人员能力欠缺	对特定技术人员的依赖——元琛科技 研发活动对兼职人员/外部人士存在依赖的风险——华恒生物 兼职首席科学家的角色——壹石通 研发人员占比低——快可电子 核心技术人员报酬低——神工股份
人力资源激励约束制度不合理、关键岗位人员管理不完善，可能导致人才流失、经营效率低下或关键技术、商业秘密和国家机密泄露	1. 人才流失 2. 技术泄露 3. 秘密泄露	技术总监离职——晶丰明源 秘密泄露——科美诊断
人力资源退出机制不当，可能导致法律诉讼或企业声誉受损	1. 保密 2. 竞业限制	泄密纠纷，员工跳槽——赛特新材

上表列出的典型案例中，有关人员离职的事件，往往对企业带来的直接影响比较大，也会引起监管方和媒体的关注，相关典型案例的情况如下。

2019 年 11 月 9 日，科创板刚刚上市不足两个月的晶丰明源，发布关于核心技术人员离职的公告。公告显示晶丰明源设计总监、核心技术人员张富强先生因个人原因辞去相关职务。公告披露的信息如下❷。

张富强先生于 2017 年 6 月加入公司并担任公司设计总监。截至公告日，张富强先生有 3 项作为发明人申请的专利获得授权，另有 8 项专利正在申请

---

❶ 中华人民共和国中央人民政府. 关于印发企业内部控制配套指引的通知[EB/OL]. (2010-04-15) [2021-06-08]. http://www.csrc.gov.cn/pub/shenzhen/xxfw/tzzsyd/ssgs/sszl/ssgsxx/201403/t20140317_245540.htm.

❷ 上海证券交易所. 晶丰明源关于核心技术人员离职的公告[EB/OL]. (2019-11-09)[2021-06-08]. http://static.sse.com.cn/disclosure/listedinfo/bulletin/star/c/688368_20191109_3.pdf.

过程中。上述三项已授权专利中，专利 2 "泄放电路的控制电路、芯片及驱动系统"为公司核心技术"高兼容无频闪可控硅调光技术"应用专利之一；尚在申请中的专利 5 "一种芯片的低功耗待机实现方法及其结构"为核心技术"智能超低待机功耗技术"应用专利之一。根据约定，上述核心技术及专利所有权（含已授权及申请中）均归属于公司，张富强先生的离职不影响公司核心技术的完整性。除上述情况外，张富强先生未涉及公司其他核心技术研发，目前不参与公司的在研项目，不会对公司现有研发项目进展产生影响。

公司与张富强先生签署了《保密协议及知识产权归属协议》，约定张富强先生任职期间及离职后一年内与其任职工作岗位相关技术成果的知识产权均归属于公司，对其接触或知悉的公司商业秘密保护也作出了明确约定。根据约定，上述核心技术及专利所有权（含已授权及申请中）均归属于公司。张富强先生因个人原因辞去相关职务，并已于近日办理完毕离职手续。根据与公司签订的《不竞争协议》约定的竞争性单位，不存在张富强先生离职后前往竞争对手处工作的情况，未违反竞业禁止协议条款。

保荐机构也迅速作出核查意见，认为张富强加入公司时间相对较短，参与公司专利技术研发项目相对有限，对公司未来研发、销售影响相对较小，近年来公司核心技术人员团队总体保持稳定。张富强新任职单位不属于公司与其签订《不竞争协议》约定的竞争性单位，张富强未违反竞业禁止协议条款。此外，公司已通过与张富强先生签订《保密协议及知识产权归属协议》、聘任设计总监等方式降低了张富强先生对公司未来技术研发的影响。

从上述案例可以看出，晶丰明源要求核心技术人员签署《保密协议及知识产权归属协议》《不竞争协议》等相关制度，部分消除了核心技术人员变动带来的不利影响，对于科创板公司具有较强的借鉴意义。

除了上述因为做了预案并及时跟进调查处理、未对公司带来明显不利影响的案例，实践中还存在真实利益损害发生的典型案例。山东赛特新材股份有限公司（以下简称赛特新材）于 2020 年 1 月 8 日获得科创板注册生效，报告期内曾陷入商业秘密纠纷，存在技术人员流失问题。赛特新材对相关情况的披露如下❶。

简达贞曾任职公司品管部副经理，其不属于公司的核心技术人员或主要研发人员，主要参与公司样品检测、作业指导、客诉处理等工作，其在未与公司办理辞职及交接手续的情况下自行离职并服务及投资于同行业经营真空

---

❶ 上海证券交易所. 福建赛特新材股份有限公司招股说明书注册稿[EB/OL]. (2019-11-25) [2021-06-08]. http://static.sse.com.cn/stock/information/c/201911/0112757332d44d97910aa9d307914e4d.pdf.

绝热板业务的浙江赛尔达真空新材料有限公司。

相关上市问询要求发行人"完善员工入职离职流程、竞业禁止和保密措施的相关制度安排及执行情况"。对此,赛特新材将其处理和整改情况进行了详细的披露❶。

(1)完善公司员工入职、离职的管控制度和流程:①公司完善了人力资源管控体系,现有的人力资源制度涵盖了员工招聘及录用、培训、绩效考核、考勤管理、内部异动、离职管理、职位晋升、薪资调整、行为奖惩管理、人事档案管理等。此外,公司将员工行为规范及相关制度制定成《员工手册》并在员工入职初期即安排相关培训和学习,便于指导员工行为规范;②员工入职流程方面,公司一方面加强了聘用环节对员工历史工作记录及诚信情况的考察,另一方面加强了对员工入职初期的培训和学习,包括但不限于员工行为规范、保密制度规定等内容;③员工离职流程方面,一方面公司明确离职必须提前一个月到人力资源部领取、填写申请表,完成清单要求的各项工作资料移交及工作交接并履行相应审批程序后方可离职。针对未按公司规定办理离职手续的,公司明确约定其需要承担的责任和后果。另一方面在人员离职时,公司会进行离职事项提醒,包括但不限于提醒其有继续保守其在公司接触到的秘密的义务,提醒其在公司承担的本职工作或者公司分配的任务有关的发明创造、知识产权均属于公司所有,不得以任何方式泄露或者私自申请知识产权等。

(2)完善保密制度体系并依据执行:前述纠纷发生后,公司于2017年4月、2017年12月分别制定了专门的《保密制度》《保密信息管理办法》,对公司秘密的范围、保密环节、违纪处理等事项进行了明确规定;此外,公司修订和完善了《保密协议》的相关条款,对保密范围与保密义务的履行、保密期限与违约责任等内容进一步细化和完善,公司与负有保密义务的在职员工进行了重新签署。同时,根据高级管理人员、相关研发技术人员及部分后勤人员的岗位特点,公司明确具体人员范围后,与其签订的《保密协议》中相应增加了竞业限制条款,对其任职期间和离职后的保密、竞业禁止进行了严格约定。此外,针对新入职的员工及岗位变动的员工,公司根据其对应的岗位特点,在其进入涉密岗位后,第一时间安排签署《保密协议》。

(3)公司进一步鼓励和加强对自主研发成果的知识产权保护:公司运用市场已公开的知识和技术进行自主研发、持续创新,并形成了在真空绝热板

---

❶ 上海证券交易所. 福建赛特新材股份有限公司 8-1 发行人及保荐机构关于上市委会议意见落实函的回复[EB/OL].(2019-11-21)[2021-06-08]. http://static.sse.com.cn/stock/information/c/201911/d979de076c5c416aabe8e812624f363d.pdf.

芯材、阻隔膜、吸附剂的研发、检测及生产工艺等方面形成了自主核心技术。围绕该类核心技术，公司积极通过申请专利、商业秘密保护等手段保护公司知识产权。且为进一步保障公司的研发成果及时申报专利，保护自有知识产权，保持研发技术优势，公司制定了《科技成果转化的组织实施与激励制度》《专利及著作奖励办法》等切实可行的激励制度，调动技术人员的积极性和创造性，鼓励知识产权的成果转化与实施。截至本招股说明书签署日，公司及下属子公司已获授权专利60项，其中24项为发明专利，此外尚有多项专利处于正在申请阶段。

（4）公司逐步完善针对研发人员的多层次激励机制以防范研发骨干人员流失：首先，结合研发人员对公司的贡献情况与地区和同行业市场行情，公司给予其相匹配的薪资及岗位；其次，公司在尊重主要研发人员个人意愿基础上，于2016年、2018年分别通过直接股权受让、员工持股计划等方式对主要研发人员进行了股权激励；再次，公司建立了专项技术研究人员奖励体系，根据技术创新的内容、对技术成果所做的贡献以及为企业带来经济效益的不同，给予研发人员不同程度的物质奖励和精神鼓励，并积极协助申请相关人才引进补贴，以充分调动研发人员创新的积极性；此外，公司还注重研发人员培养，明确研发人员晋升渠道等。

（5）公司积极应用法律武器保护核心技术和知识产权，聘请了外部专业法律机构协助处理与公司相关的知识产权纠纷。报告期内在涉及专利或技术保密的纠纷中，公司积极有效地保护了自有专利和技术的合法权益。综上，前述违反保密协议的诉讼发生后，公司进一步完善了员工入职离职流程、竞业禁止和保密措施的制度安排并依据执行，报告期内，除与简达员发生的诉讼外，公司不存在其他员工涉及违反保密协议的诉讼。

核心技术人员相关风险，会直接影响到科创板企业的日常经营和长远的发展，"临时抱佛脚"式的救火行为不是长久之计。解决问题的关键在于要针对相关人员，尤其是核心技术人员，建立科学的内部控制流程，进行系统的闭环管理，下文进行具体的阐述。

2. 核心技术人员相关内部控制流程

关于核心技术人员的管理，需要一套系统的工具来实现。国家标准GB/T 29490—2013《企业知识产权管理规范》❶和国际标准ISO 56005：2020《创新管理-知识产权管理的工具和方法-指南》❷分别在人员入职和离职的章节以及资料性附录中，给出了

---

❶ 中华人民共和国国家质量监督检验检疫总局中国国家标准化管理委员会. GB/T 29490—2013 企业知识产权管理规范[S]. 北京：中国标准出版社，2013.

❷ 国际标准化组织. ISO 56005：2020 Innovation management-Tools and methods for intellectual property management-Guidance 创新管理-知识产权管理工具和方法-指南[S].

知识产权专业方面的具体管控要求（表 6-13），可以作为构建内控流程的依据。

表 6-13　相关标准中有关知识产权风险管控的措施

阶段/对象	GB/T 29490—2013 所要求的措施	ISO 56005：2020 所要求的措施	对应的典型风险事件
入职	标准条款 6.1.4 入职 对新入职员工进行适当的知识产权背景调查，以避免侵犯他人知识产权；对于研究开发等与知识产权关系密切的岗位，应要求新入职员工签署知识产权声明文件	①进行知识产权背景调查； ②要求新员工确认知识产权事项； ③评估是否有必要签署竞业禁止和/或反劝诱协议（不挖角协议）	入职人员导致的与其他公司的商业秘密等法律纠纷； 商业秘密间谍通过入职潜入公司； 未签订保密协议的新入职员工接触核心技术秘密； ……
在职	标准条款 6.1.3 人事合同 通过劳动合同、劳务合同等方式对员工进行管理，约定知识产权权属、保密条款；明确发明创造人员享有的权利和负有的义务；必要时应约定竞业限制和补偿条款	①要求员工在创新过程中记录创新信息和贡献； ②要求员工按照组织流程在内部披露创新成果； ③确认其作者和发明人身份； ④酌情对参与创新过程的员工进行奖励； ⑤提醒他们注意保密的重要性以及他们对机密信息的义务	研发数据记录不完整，影响后续对该技术的二次开发； 技术成果内部评审不及时，专利被竞争对手抢先申请； 职务发明署名法律纠纷； 员工与公司关于职务发明报酬的法律纠纷； 核心技术相关的信息被研发项目参与人员泄露； ……
离职	标准条款 6.1.5 离职 对离职的员工进行相应的知识产权事项提醒；涉及核心知识产权的员工离职时，应签署离职知识产权协议或执行竞业限制协议	①要求离职员工在解聘时归还或删除其掌握或控制的任何机密，并确认该员工不会使用或泄露商业秘密； ②对于即将离职的关键员工的额外管控措施	员工跳槽后继续使用本公司核心技术有关的商业秘密； 离职关键员工与本公司开展业务竞争； ……

智力资本对于科创型企业的贡献价值非常突出，科创型企业高度依赖创始人和核心技术人员，因此核心技术人员队伍由于入职、离职等带来的变动，应当是人员内部控制的重点。此外，相对于（离职）老员工，企业缺乏对于（拟）入职新员工更多的深入了解，因此，纳入入职管控的人员范围要更为广泛一些。综上，"新员工知识产权背景调查流程"和"核心技术人员离职流程"是科创板公司人员内控的重点。

（1）新员工知识产权背景调查流程。

入职调查是公司人力资源工作的重要模块之一，其贯穿于人员招聘、入职培训等不同环节。对于很多具有一定规模的企业，往往都建立了规范的人员招聘、入职培训等流程，下面给出了此方面一些典型的流程图（图 6-2 和图 6-3）。

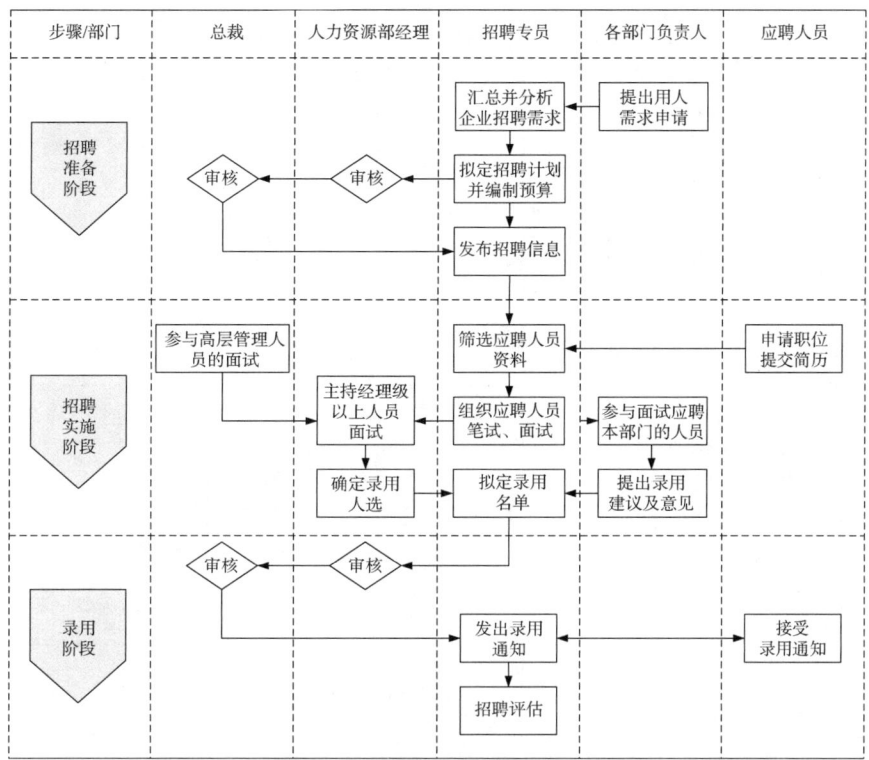

图 6-2 典型的企业招聘流程

国际标准 ISO 56005：2020《创新管理-知识产权管理的工具和方法-指南》❶ 在附表 A.1-"与员工有关的 IP 管理活动指南"，给出了科创板企业可以借鉴采用的指引，具体涉及新员工的内容见表 6-14。

表 6-14 有关新员工的 IP 管理活动

对于新员工：
进行知识产权背景调查，包括：
核实雇员申请前至少 5 年（或根据职位要求的其他年限）内的所有实质性工作；
查明新雇员是否与他/她的前雇主签订了保密、竞业禁止协议。
要求新员工确认以下内容：
未经前雇主或第三方书面授权，不得在当前工作期间使用或披露前雇主或第三方的任何商业秘密或其他专有信息；
披露其可能涉及的任何知识产权相关诉讼；
如果雇员拥有任何知识产权所有权，他/她将授权雇主使用和控制该知识产权，并/或列出他/她拥有并不打算授权给雇主的所有知识产权；
要求新员工签署保密和知识产权所有权协议；
评估是否有必要签署竞业禁止和/或反劝诱协议（不挖角协议）。

---

❶ 国际标准化组织. ISO 56005：2020 Innovation management-Tools and methods for intellectual property management-Guidance 创新管理-知识产权管理工具和方法-指南[S].

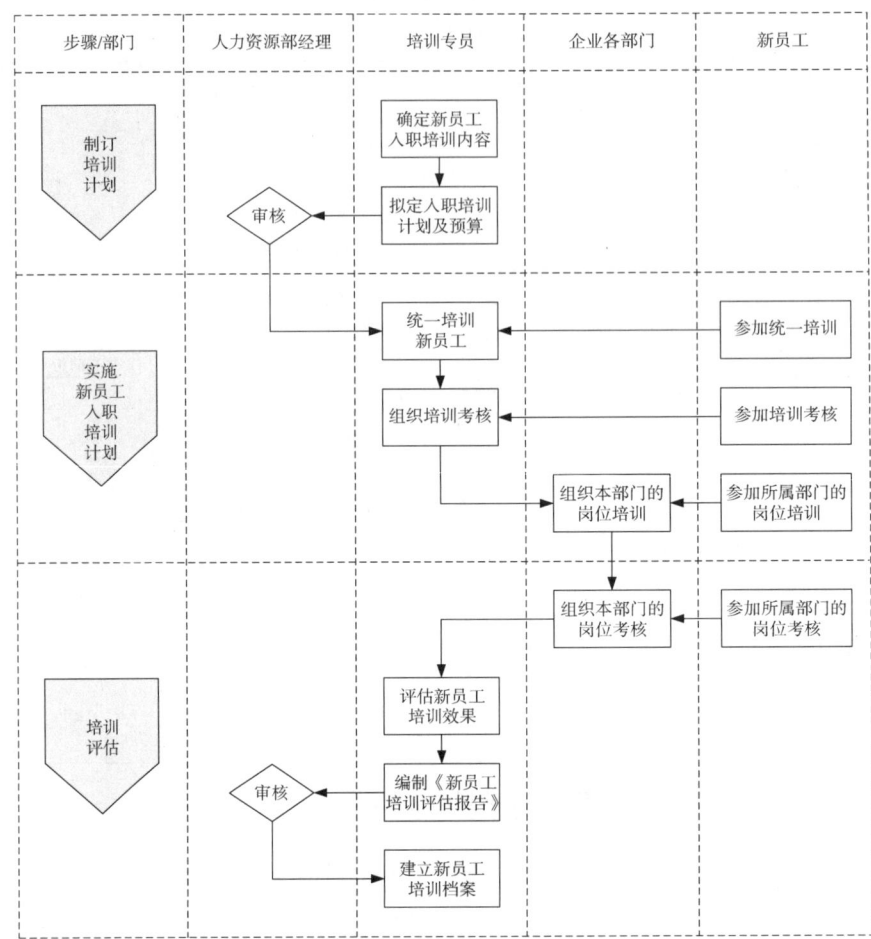

图6-3 典型的企业入职培训流程

表6-14中列出的针对入职人员的知识产权法律方面的防控措施,需要嵌入企业实际运作流程之中,并在合适的阶段和节点前完成,从而实现对入职员工的有效闭环管理,降低与知识产权相关风险的发生概率和损害程度。表6-15给出整合的参考示例,可供科创板企业在人力资源相关活动应用中,进行相应的调查和确认。

表6-15 员工入职过程中知识产权内控点

知识产权内控措施（在右栏中列出的活动节点中,根据企业情况选择是否采取相应措施）	入职过程中与知识产权内控相关的关键活动节点						
	简历筛选	电话背调	面试笔试	合同签署	员工登记	入职培训	转正评审
调查：职位申请前至少5年（或根据职位要求的其他年限）内的所有实质性工作	√	√	√				

续表

知识产权内控措施（在右栏中列出的活动节点中，根据企业情况选择是否采取相应措施）	入职过程中与知识产权内控相关的关键活动节点						
	简历筛选	电话背调	面试笔试	合同签署	员工登记	入职培训	转正评审
调查：是否与他/她的前雇主签订了保密、竞业禁止协议			√	√	√		
确认：未经前雇主或第三方书面授权，不得在当前工作期间使用或披露前雇主或第三方的任何商业秘密或其他专有信息			√		√		
确认：披露其可能涉及的任何知识产权相关诉讼			√	√	√		
确认：如果雇员拥有任何知识产权所有权，他/她将授权雇主使用和控制该知识产权，并/或列出他/她拥有并不打算授权给雇主的所有知识产权				√			
确认：要求新员工签署保密和知识产权所有权协议				√	√	√	
评估：是否有必要签署竞业禁止和/或反劝诱协议（不挖角协议）				√			√

(2) 核心技术人员离职流程。

正如前面典型案例中提到，核心技术人员的离职，不管是在上会期间，还是过会成功后，都需要科创板企业进行相应的披露，披露人员流失可能带来的风险。核心技术人员的离职，是否会对科创板企业的运营产生不利影响，从根本上需要一套系统的机制体制来保证。此外，在离职环节采取一些必要的措施，也能在很大程度上控制风险。

通行的离职人员防控措施，可以参考国际标准 ISO 56005《创新管理-知识产权管理的工具和方法-指南》。该标准的附表 A.1-"与员工有关的 IP 管理活动指南"给出了科创板企业可以借鉴采用的指引。核心的处理思路是"要求离职员工在解聘时归还或删除其掌握或控制的任何机密"并确认"该员工不会使用或泄露商业秘密"，前者需要在办理离职手续时和单位进行交接，后者可能需要通过员工对专门的书面文件的签署予以特别确认。

同样，离职手续是公司人力资源工作的重要模块之一，有一定规模的企业，往往都建立了规范的流程，下面给出了此方面一些典型的流程图（图6-4）。

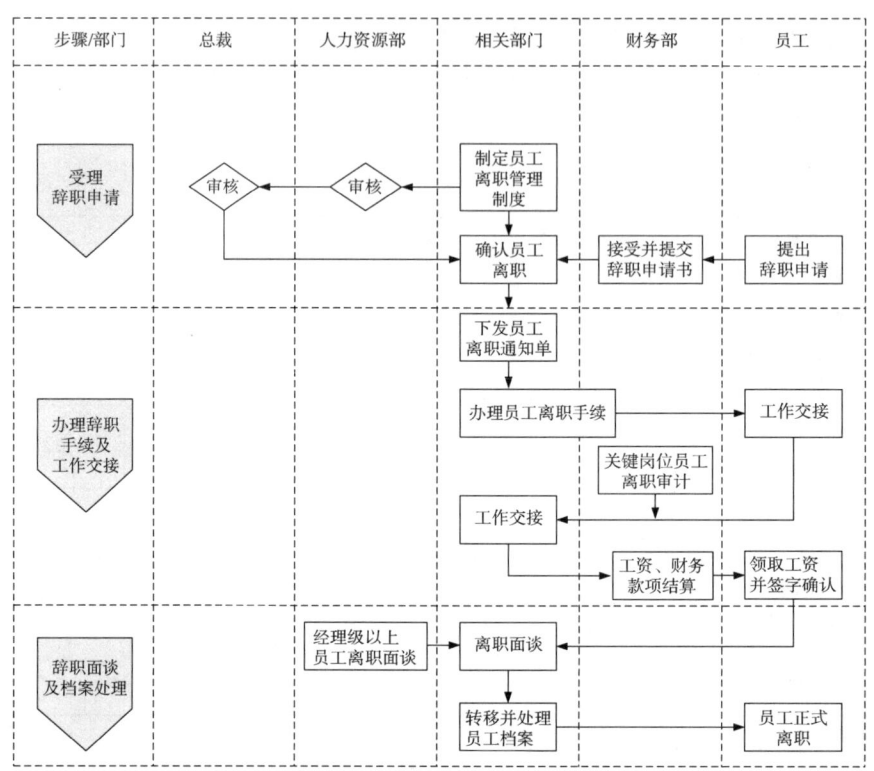

图6-4 典型的企业离职流程

图6-4中列出的典型离职流程中，在辞职申请、离职审计、离职面谈、档案处理等方面，可以融入相应的知识产权内控措施，详见表6-16。

表6-16 员工离职过程中知识产权内控点

知识产权内控措施（在右栏中列出的活动节点中，根据企业情况选择是否采取相应措施）	离职过程中与知识产权内控相关的关键活动节点				
	辞职申请	离职审计	离职交接	离职面谈	档案处理
归还商业秘密：要求离职员工在解聘时归还或删除其掌握或控制的任何机密，并确认该员工不会使用或泄露商业秘密			√	√	
转让知识产权：确认离职员工已经签署了所有必要的知识产权转让协议（如向公司转让专利权或专利申请权）		√	√		
竞业限制：根据任何已签署的竞业禁止和/或反劝诱协议（反挖角协议），评估是否有必要对离职员工采取适当措施		√	√		

续表

知识产权内控措施（在右栏中列出的活动节点中，根据企业情况选择是否采取相应措施）	离职过程中与知识产权内控相关的关键活动节点				
	辞职申请	离职审计	离职交接	离职面谈	档案处理
义务提醒：提醒员工与机密信息和知识产权有关的持续义务；必要时要求离任员工签署离职协议（该协议将确认他们在雇用时已经同意的义务）				√	
信息调查：获取有关离职员工的新雇主的信息（这可以帮助确定滥用雇主的机密信息的潜在风险）	√	√			√
信息调查：查明离职员工在离职前几天或几个月内有无不正当行为，如移动或删除文件、转发或下载文件等		√			√
资料归档：将离职员工使用的所有工作电脑、硬盘和可移动存储介质放在一边并妥善保管，直到可以复制和检查这些存储设备，以确定是否有任何滥用机密信息的证据					√
资料归档：从电子邮件备份介质或服务器上复制离职雇员与雇主在其最后工作60~90天的整个电子邮件信箱，并保存以备检查滥用的证据					√

需要说明的是，上表中列举的采取措施的时机，不一定适合所有的企业。企业应根据自身的具体情况，因地制宜地在合适的时机，采取适宜的措施来进行管控。但应用上述措施的原则是相同的，即充分融入现有流程，将针对离职核心技术人员的知识产权法律方面的防控措施，嵌入企业实际运作流程之中，并在合适的阶段和节点前完成，从而实现对离职员工的有效闭环管理，降低与知识产权相关风险的发生概率和损害程度。

此外，如前文所述，相对于入职，离职的管控难度会更大一些。诸如"离职人员无法联系"等情况很可能发生，此时企业的应对往往会比较被动。因此，本着"防患于未然"的原则，日常也需要通过制度宣贯等措施不断向员工贯彻相关的制度要求，例如提醒保密、竞业限制等方面的员工义务。同时，对于离职核心技术人员的相关档案，也需要在企业内部留存一段时间，以供可能发生纠纷时作为证据使用。

3. 核心技术人员相关激励制度

核心技术人员是科创板企业开展自主技术研发和技术成果产业转化的关键能力保障，与资本市场其他板块（如主板、中小板等）相比，科创板对核心技术人员的认定提出了具体明确的要求，并首次将核心技术人员队伍的稳定性列为上市发行重要条件，并在上市审核过程中给予重点关注。

据相关媒体报道，科创板开市交易以来，上市公司核心技术人员离职数量逐渐增多。据Wind统计，从2020年7月至2021年3月，科创板上市公司共发布了26份核心技术人员离职公告，从行业分布来看，主要分布在医药生物、计算机、通信电子等领域，分别为6家、6家、4家。业内人士表明，离职率的高低在一定程度上反映了行业发展状态，行业火热会增加人才需求，出现互相挖人的现象。通常认为，做好股权激励与公司文化是留住科创板核心技术人才的关键，尤其是合理有效的员工激励是绑定人才的关键措施。此外，良好的企业文化对留住人才的积极作用，也成为业内人士的共识。

知识产权能够有效地激励创新，这不仅适用于作为市场主体的科创企业，并且同样适用于科创企业中的研发人员，以及其中的佼佼者——核心技术人员。实践中出现了一些知识产权激励方面的典型案例，其中以中芯国际的"专利墙"和达闼科技（北京）有限公司（以下简称达闼科技）的"专利合伙人"较具代表性。

专利墙是科技企业中常见的知识产权宣传方式，一般设定专门的场所用来悬挂或放置企业专利证书。作为国内集成电路制造企业的领头羊，中芯国际的"专利墙"制度颇具特色，并受到相关媒体的多次报道（中芯国际：知识产权是强大"原动力"，来源：中国电子报）。中芯国际的专利墙上——陈列着公司成立以来的重要专利证书，每份证书上详细列着授权专利的名称、发明人、授权日、授权号，提醒每一名员工，专利是企业占据技术和市场高地的核心竞争力。值得注意的是，中芯国际公司坚持激励发明专利申请，以合适的方式奖励和鼓励团队，有效地激发了科技人员发明创造的热情。通过长期的积累，中芯国际上下已经形成了一种注重创新、鼓励创新的氛围，研发、创作、积累公司知识产权的企业文化意识深深植入了每位员工的内心。例如，一名非研发部门一线设备工程师在短短几年内，通过对平时工作各个环节的改善和研究，获得了54项专利，公司为表彰他在专利方面的杰出贡献，并激励更多的员工进行专利发明，特颁给他公司最高荣誉"总裁特别奖"。简单的一面"专利墙"，反映出专利等知识产权已成为中芯国际快速发展的决定性因素。

达闼科技成立于2015年12月，是一家云端智能机器人运营商，主要从事云端智能机器人运营级别的安全云计算网络、大型混合人工智能机器学习平台，以及安全智能终端和机器人控制器技术的研究。在达闼科技内部，有着一项特殊的创新激励分成政策——"专利合伙人计划"（Patent Partnership Project，简称PPP）。这项创新性的专利政策，将10%的收入直接奖励给发明者，且长久奖励（发明者的后代永久享受专利收入10%的奖励）。虽然将10%的专利获益分配给员工意味着企业利润减少了，但专利合伙人制显然甚为有效，在宣布PPP计划之后，达闼科技员工的专利申请量翻了一倍。达闼科技创始人兼CEO黄晓庆表示："如果说只发了10%的奖金，但是企业获得的专利变成3倍了，企业还是赚了。"❶ 达闼科技的这一举措不仅在公司内部产生了良好的作用，也为达闼科技赢得外界的关注和赞誉。

（三）知识产权内控相关重点流程制度的共性分析

前述核心技术人员相关的管理制度、合作研发相关的管理制度以及合作研发时商业秘密相关的管理制度等，具有很高比例的知识产权管理内容，构成科创板企业经营中与科技创新活动相关的重要制度，对于确保围绕技术创新构建核心竞争力至关重要。通过梳理不难发现，这些制度具有如下共同的特点。

1. 全流程管理理念

与上述核心技术人员、合作研发以及技术秘密相关的活动往往散落于企业的各个角落，分布于不同的管理过程。以往这些方面之所以成为很多企业的管理难题，甚至引发相应的风险事件，很大的原因就在于未能从系统角度开展管理，而只是进行点状管理。所以，有必要建立全流程管理理念，打造从企业目标到实现再到不断改进的全过程管控。

首先，需要梳理核心技术人员、合作研发以及商业秘密相关的活动的关键节点。例如，核心技术人员的管理涉及入职、在职、离职等关键节点或阶段，企业间的合作研发涉及合作准则确定、合作伙伴评估、合作伙伴筛选、合作模式确定、合作过程参与以及合作退出等重要阶段，技术秘密的管理同样涉及技术秘密的创造、技术秘密的专利化选择、技术秘密的许可以及过期处置等阶段。在明确关键节点的基础上，梳理各节点可能的风险和相应的措施，并将其纳入系统的整体流程之中。

此外，作为一个系统全面的管理理念，全流程管理的核心之一就是标准化、制度化。落实管理理念常见的做法是：以流程体系为核心，在企业环境信息的基础上，通过内外充分沟通，进行全要素整合，实现企业内部精准的风险管控。打造人员管理、技术管理、合作管理等方面的科学全流程管控一般包括以下三个阶段。

第一阶段，现状诊断。梳理工作是对企业现行完整工作内容和活动的整体摸底，一方面对企业的流程体系进行整体的规划布局，另一方面对企业内部实现全面的流程管理普及提供内在动力，保障后续的流程优化和流程固化顺利实现。

第二阶段，流程固化。聚焦于将经过分析优化的新流程，通过标准、制度或者是流程管理信息系统等多种形式给予规范和固化，并通过在企业的宣贯、执行以及检查来落地实施。

第三阶段，流程优化。在流程实际运行基础上，有选择地对关键工作领域及流程运用信息技术工具和流程管理理念进行深度的分析、优化，形成优化后的工作流程制

---

❶ 汪宇. AI公司的"专利合伙人制"[J]. 经理人，2019（8）.

度并长期坚持下去。

2. 协调一致与融合

某一领域系统化的管理，能够在最大程度上管控该领域的风险。无论是核心技术人员管理、合作研发管理还是商业秘密管理等，都不例外。但是，管理体系如果搞成烟囱林立、彼此隔绝，显然违背了建立体系最初的目的，并且影响管理目标的实现。实际上，不同领域的管理往往存在诸多的交叉之处，如一项对外的合作研发，可能产生相应的技术秘密，而技术秘密又会被项目参与的技术人员所接触和掌握，不同活动之间的关联如图6-5所示。

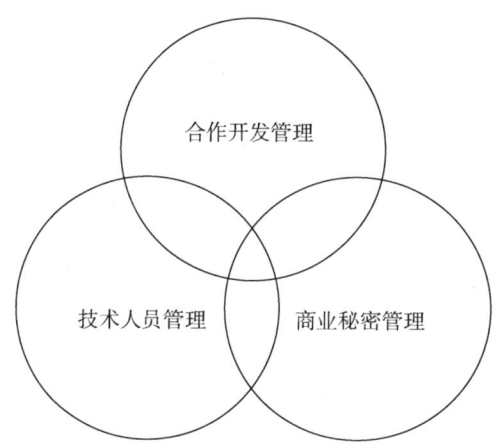

图6-5　合作研发、技术人员以及商业秘密相关管理活动之间的关系

在上述活动的管理中，合理的逻辑显然不是把项目、人员、秘密三方面相应的管理要求"做三遍"，而是"一次完成三个方面的要求"。这就涉及不同流程的融合与整合。这方面，可以充分参考ISO在质量管理体系方面的经验。

以ISO的管理体系为例，经过30多年的发展，ISO 9001已被修订4次，最新的版本是2015年版。与此同时，ISO各专业标准化委员会也陆续制定出许多新的通用或特定领域的管理体系标准。据统计，2019年ISO已有65项已发布的管理体系标准，另有17项管理体系标准正在制定或修订中。由于负责起草的技术委员会不同，数量不断增加的管理体系标准出现了不一致的结构和写法，给各管理体系标准的理解、应用以及认证等带来一定的不便。

针对这种不一致问题，ISO通过要素对照表这个简单的工具进行梳理，并在梳理的基础上对管理体系标准本身进行适当的规范和统一。ISO技术管理局成立了"关于管理体系标准的联合技术协调组"，在2012年推出管理体系标准的高层结构HLS。HLS规定了相同的章条标题和顺序（identical clause titles）、相同的文本（identical text）、共同的术语和核心定义（common terms and core definitions），凡新制定的管理体系标准和老管理体系标准在修订时均应遵循该结构，在最大程度上促进这些管理体系的整合与融合。

上述做法对于科创板企业建立知识产权规范化管理制度的指导意义在于：首先，考虑建立统一的管理制度模板，如统一以管理类的技术标准形式建立制度，统一以管理体系文件形式或者其他适合企业的形式建立制度。其次，在统一的格式基础上，进行管理要素的对比，如对人员管理、合作管理以及秘密管理的要素进行一一对比，查缺补漏，修正抵触矛盾之处。最后，统一配备资源、落实职责，确保各流程顺利运转。

第三节　知识产权规范化管理科创板上市应用

前面章节从科创板相关企业实际案例研究出发，特别是上市成功企业的经验中所披露的经营管理措施，结合知识产权管理方面的成熟理论框架，对知识产权规范化管理进行了较为系统的阐述。本节解释这种规范化管理在科创板上市企业中的应用以及能够开展的具体工作。

一、提高专利资产披露质量

知识经济时代，以知识产权资产为代表的无形资产能够决定企业的竞争优势，而知识产权相关的信息披露至关重要。财政部在发布《知识产权相关会计信息披露规定（征求意见稿）》时指出"会计作为连接企业与市场的重要桥梁，有必要通过对知识产权的信息披露，反映知识产权参与企业经营活动的过程与结果，向市场传递有用信息，有利于投资者发现企业潜在价值，识别风险；也有利于创新者在更加公平、公开、透明的商业环境和市场秩序中参与竞争，促进企业和资本市场的健康发展"。

科创板招股说明书准则也要求分析披露："资产完整方面。生产型企业具备与生产经营有关的主要生产系统、辅助生产系统和配套设施，合法拥有与生产经营有关的主要土地、厂房、机器设备以及商标、专利、非专利技术的所有权或者使用权，具有独立的原料采购和产品销售系统；非生产型企业具备与经营有关的业务体系及主要相关资产。"

但是在科创板上市过程中，暴露出很多专利资产披露质量欠佳的问题。例如，汇川物联网在 2020 年 6 月 24 日提交的招股书中表示，报告期内公司主要与闽江学院开展合作研发，技术合作开发合同约定相关的研究开发成果、专利申请权、专利及其有关知识产权权利均归属公司。但是汇川物联网获得专利的时间则均在 2019 年 12 月，也就是说，其外购的这些核心专利直到半年前的 2019 年底才属于汇川物联网。这些近期外购获得的专利显然与其招股书多处强调核心技术均是"自主研发"自相矛盾。

从根本上讲，真实、准确、完整地披露专利资产相关的信息，基础在于扎实的日常管理。以专利为代表的知识产权作为无形之物,本身存在诸多的不确定性。例如,申请周期可能长达数年,权利纠纷可能旷日持久,特定技术领域权利彼此交错,排他权的特点无法保证绝对的实施自由,等等。因此,需要规范化的专业性管理,来降低上述环节的不确定性。

前文提到的知识产权规范化管理框架和方法,从资产角度关注专利的创造、保护、运用,从企业经营角度关注研发、采购、生产、销售诸环节专利可能带来的风险,并且通过情报分析、记录留存、合同约定等手段来进行针对性的管控。这种全流程、全链条的管理方式必然使相应的信息披露具有坚实的证据基础和很高的可信水平,可以帮助科创板上市企业应对日益强化的信息披露的监管要求。

二、增强知识产权的内控保障

通常认为内控是企业内部的一个过程,按照财政部印发的《企业内部控制基本规范》第三条的定义,"本规范所称内部控制,是由企业董事会、监事会、经理层和全体员工实施的、旨在实现控制目标的过程"。在科创板相关规则中,《注册办法(试行)》在第二章"发行条件"的第十一条提到"发行人内部控制制度健全且被有效执行,能够合理保证公司运行效率、合法合规和财务报告的可靠性"。由此可见,内控及相关制度的建立健全是重要的发行条件。在科创板的实际问询中,知识产权相关的内控也时有出现。例如,江西金达莱、博拉网络以及北京木瓜移动科技股份有限公司(以下简称木瓜移动)等都被问询到"相关专利、商标权、软件著作权等知识产权管理的内部控制制度是否建立健全并有效运行"。

内控工作往往涉及企业运行过程中的控制点,其核心在于要融入企业的流程管控之中。前述的知识产权规范化管理,也是建立在全流程管理的基础之上,并对关键点作出了具体的管控要求。因此,从这个意义上而言,这些知识产权规范化管理制度也是整体内控制度的有机组成部分。这些制度的贯彻实施,能够保证知识产权竞争工具作用的充分发挥、加强知识产权保护背景之下的合规以及与专利资产相关的财务报告的准确可靠。因此,知识产权规范化管理在科创板上市企业中的应用,能够增强对知识产权的内控保障。

三、目标导向的知识产权管理诊断

企业的管理活动是为实现企业经营目标服务的,这种有意识的活动必须贯彻目标优先的原则。简而言之,企业的目标就是管理的目标,管理的目的在于实现企业的目标。对于科技创新企业,尤其是科创板上市企业,不论是提高披露质量、增强内控保障这些战术层面的阶段性目标,还是提高知识产权无形资产综合管理能力这些战略层面的长远目标,都是企业特定发展阶段的实际需求,企业可以围绕这些目标开展有目的的管理诊断,并以诊断结果为基础建立相应的管理制度并实施运行。

关于企业管理诊断的通用定义或者描述有很多,一般都认为,管理诊断是通过对企业管理过程以及结果进行调查分析,运用"相关指标"对管理制度、执行进行诊断,从而找出企业管理中存在的不足,进而寻求改进的方法。此处的"相关指标"可以来自相关的管理类标准。

(一) 知识产权管理诊断的维度

国际标准 ISO 56005 和 GB/T 29490 的条款差异虽然初看起来较大,但在诊断的维度方面具有相同的关键要素。例如,GB/T 29490 的条款 0.4 影响因素提到:

> 企业实施本标准应考虑以下因素:
> a) 经济和社会发展状况,法律和政策要求;
> b) 企业的发展需求、竞争策略、所属行业特点;
> c) 企业的经营规模、组织结构、产品及核心技术。

GB/T 29490 的条款 5.3.1 还提到"最高管理者应确保理解相关方的需求,对知识产权管理体系进行策划"。

而 ISO 56005 更加明确地将这三个因素在条款 4.1 中总结为:

> 组织宜确定与其组织目标相关并影响其实现预定 IP 战略目标之能力的外部和内部问题及考虑因素。组织宜:
> a) 审视和分析外部环境;
> b) 从组织的业务和创新战略和 IP 资产类型方面分析其内部环境;
> c) 确定与创新中的 IP 管理相关的利益相关方(内部和外部、当前和未来),并确定其相关需求、期望和适用要求。

因此,我们可以说外部环境、内部资源以及利益相关方是依托标准开展管理诊断的三个重要维度。下文分别展开。

1. 外部环境维度

企业只有仔细地进行环境分析,才能更加有效地实现自己的经营目标。换句话说,对于企业经营者来说,要做好企业经营,就必须时刻面向市场与顾客,做到抬头向外看。

当前,在加强知识产权保护的大背景下,对科技创新企业的知识产权管理提出新的更高的要求。一方面,知识产权侵权处罚的力度在不断加大,以往免费搭便车的行为不再适用;另一方面,拥有硬核知识产权的企业在国家政策扶植、资本青睐等方面,获得越来越多的资源倾斜。

在外部环境分析方面，ISO 56005 提出：

4.1a) 审视和分析外部环境，考虑与以下方面有关的问题：
(a) 市场、文化、技术、法律、监管和政治方面等领域；
(b) 地理范围：无论是国际、国家还是区域；
(c) 时间范围：短期、中期或长期；
(d) 潜在的机会和威胁，如合作者提供的机会或竞争对手的威胁。

ISO 56005 的这四个维度的外部环境分析是对 GB/T 29490 的一次升级，表 6-17 对其进行了对比和对照。

表 6-17　不同标准外部环境分析维度对比

影响因素	ISO 56005	GB/T 29490
市场等宏观因素	(a) 市场、文化、技术、法律、监管和政治方面等领域	引言的 0.4a 条款
地理因素	(b) 地理范围：无论是国际、国家还是区域	正文的 7.4.3a 条款
时间因素	(c) 时间范围：短期、中期或长期	无特别相关条款
机会威胁因素	(d) 潜在的机会和威胁，如合作者提供的机会或竞争对手的威胁	无特别相关条款

由上表对比可以发现，ISO 56005 对外部环境的分析要比 GB/T 29490 涉及得更多，考虑得更加全面。

从实践来看，在上述四个方面，知识产权都可能影响企业的经营目标或者知识产权方面的目标。表 6-18 给出了一些典型的案例。

表 6-18　外部环境分析重点与示例

影响因素	分析重点	典型参考案例
市场等宏观因素	分析市场、文化、技术、法律、监管和政治方面等领域对目标的影响	药品专利链接制度即将生效，广大制药厂商加大知识产权布局
地理因素	分析地理范围对目标的影响	在印度销售智能手机需要获得相关专利的授权，需要积累自主知识产权或者获得许可；在非洲等地区销售廉价智能手机，专利的制约相对较弱
时间因素	分析时间对目标的影响	某药企遭遇"专利悬崖"，相关药物专利到期，导致"专利药"的销售受到极大影响，年度营业收入急剧滑坡
机会威胁因素	分析潜在的机会和威胁对目标的影响	新能源汽车销售火爆，某电子产品的电池提供商，考虑向动力电池进行业务拓展，将积累的核心知识产权在相近技术领域进行应用

因此，依据 ISO 56005 对外部环境进行诊断分析，能够帮助企业认识到相关外部因素对企业经营的影响，开展相应的评审，并将评审的结果作为建立规范化管理体系的输入因素。

上表中罗列的影响因素，在科创板的实际问询中，也多有出现。例如，针对传音控股在非洲市场面临的竞争威胁，发审委提出，要结合招股说明书中列示的主要竞争对手华为、小米等进入非洲和印度等境外市场的计划，补充披露市场竞争对发行人市场份额、经营业绩、竞争优劣势等方面的影响，行业近三年的发展情况和未来发展趋势，目前的高市场占有率能否继续保持或进一步提高。对于此问题，传音控股从本地化融合创新角度进行了回复，提出手机防水防腐蚀设计等能满足非洲雨季的使用环境以及非洲用户多汗液的使用需求等证据。

又如，在技术因素的影响方面，和辉光电的案例比较典型。和辉光电在招股说明书中提出面临技术迭代风险：

> AMOLED 作为半导体显示的新技术，在光学性能、电子性能、整合功能、可靠性以及外观形态等方面较 TFT-LGD 技术具有较强的优势，由于 AMOLED 技术成熟度和产业化规模仍处于快速发展阶段，TFT-LCD 会稳定占据半导体显示面板一定的市场份额……未来，随着相关技术瓶颈的突破，MiniLED 和 Micro-LED 存在规模化量产及应用的可能性，使得 AMOLED 面临技术迭代风险。

因此，对于外部环境影响分析，不仅是开展知识产权管理诊断的重要维度，也可能成为发行上市问询的重点问题。

2. 内部资源维度

在变幻莫测的经营环境中，企业家所能依仗的永远是内部的资源或者能力，这也是不同企业在相同的外部环境下发展不同的根本原因。因此对于内部资源的识别和梳理至关重要，只有切实地把能力建立在组织之上，方能应对日益激烈的竞争。

在内部的资源和能力的梳理方面，ISO 56005 的条款 4.1b）提出：

> 从组织的业务和创新战略和 IP 资产类型方面分析其内部环境，同时考虑与以下方面有关的问题：
> （a）业务和创新愿景、战略方向、现有管理做法；
> （b）业务和创新目标以及实现这些目标的规划；
> （c）组织拥有或许可给或来自他人的现有 IP；
> （d）可能影响预期 IP 实现的流程和资源优势及不足；
> （e）在组织各个层面上的文化方面，例如价值观，道德准则，以往遵行的行为以及态度和承诺。

ISO 56005 的这四个维度的内部环境分析是对 GB/T 29490 的一次升级，表 6-19 对其进行了对比和对照。

表 6-19 不同标准内部环境分析维度对比

影响因素	ISO 56005	GB/T 29490
现有管理做法等	(a) 业务和创新愿景、战略方向、现有管理做法	0.3a
目标及规划	(b) 业务和创新目标以及实现这些目标的规划	5.5.2b
IP 情况	(c) 组织拥有或许可给或来自他人的现有 IP	7.2a
流程及资源	(d) 可能影响预期 IP 实现的流程和资源优势及不足	4.2.3c
文化	(e) 在组织各个层面上的文化方面，例如价值观、道德准则、以往遵行的行为以及态度和承诺	无特别相关条款

由上表对比可以发现，ISO 56005 对内部资源的分析要比 GB/T 29490 涉及得更多，考虑得更加全面。

从实践来看，在上述五个方面，知识产权都可能影响企业的经营目标或者知识产权方面的目标。表 6-20 给出了一些典型的案例。

表 6-20 内部环境分析重点与示例

影响因素	分析重点	典型参考案例
现有管理做法等	(a) 业务和创新愿景、战略方向、现有管理做法	某企业制定了知识产权战略，并依据该战略进行了专利的布局，取得了不错的效果
目标及规划	(b) 业务和创新目标以及实现这些目标的规划	某企业在人工智能方面制定 3 年跨入世界一流公司的目标，相应制定了专利数量和质量接近世界一流公司的目标
IP 情况	(c) 组织拥有或许可给或来自他人的现有 IP	某企业通过信息化系统来进行专利资产管理，做到专利资产状态一目了然、及时更新，并且专利资产与业务的关联性清晰透彻
流程及资源	(d) 可能影响预期 IP 实现的流程和资源优势及不足	某企业将知识产权的申请融入现有的集成产品开发 IPD 流程之中，能够确保技术成果及时转换为排他的专利
文化	(e) 在组织各个层面上的文化方面，例如价值观、道德准则、以往遵行的行为以及态度和承诺	某企业提倡速度优先，长期有进行快速产品开发的历史，尤其对热门竞品的跟踪模仿，形成快速模仿的企业文化。这种文化在内部抑制了对于原创的投入

因此，依据 ISO 56005 对内部资源进行识别和梳理，能够帮助企业认识到相关内部资源能力对于企业经营的影响，开展相应的评审，并将评审的结果作为建立规范化管理体系的输入因素。

从信息披露的角度来看，上述内部的五大因素，多为影响经营的重大方面，往往会成为信息披露的重点。例如,在内部流程建设方面,科创板上市公司容百科技披露,2020年8月26日其正式与华为签订《框架合作协议》,旨在流程全面诊断和变革规划、IPD流程、信息安全体系建设及企业管理变革方面进行交流与合作。由此可见,容百科技认为内部流程的优化能够影响其经营业绩的提升,是需要披露的重大事项。

3. 利益相关方维度

在日趋复杂的企业经营环境中,"利益相关方"或者"相关方"的概念得到越来越多的重视,这一概念超越了以往仅关注顾客的管理实践,考虑所有其需求和期望可能对企业的持续发展产生重大影响的各方。

在实践层面,关于知识产权相关方的较早的概念来自GB/T 29490的管理体系模型(图6-6)。

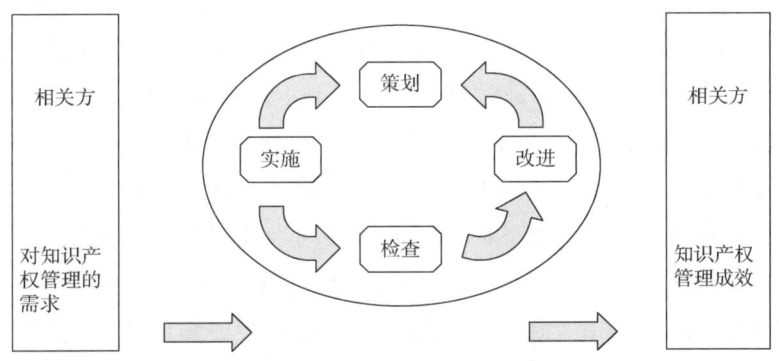

图6-6 知识产权管理体系模型

从上图可以看出,知识产权管理体系的策划是由相关方的需求和期望所决定的,而不是简单地照搬他人的经验,一定是受特定企业所处环境中的相关方影响。而体系的输出成果并不是简单地对标合格或者符合,而是在管理成效方面使得相关方满意。

更进一步,ISO 56005的条款4.1c)提出:"确定与创新中的IP管理相关的利益相关方(内部和外部、当前和未来),并确定其相关需求,期望和适用要求。"例如,在识别相关方的需求方面,对于一个实施以"强化自身知识产权保护"为主要知识产权战略的企业,相关方的需求是不同的,并且应当获得企业不同程度的回应(表6-21)。

表6-21 知识产权管理的相关方

相关方	需求及沟通内容
政府	企业的研发能支撑国家层面的创新发展
行业协会	在应对涉外知识产权诉讼、滥用方面维护行业利益
股东	知识产权保护带来的收益(股息等)
客户	知识产权带来更好的产品或服务
合作伙伴	联合应对国际知识产权竞争

（二）知识产权管理诊断的依据

一般而言，某一专业领域内的规范化管理，需要依据该领域成系统的一套知识框架或者体系展开，在企业开展知识产权方面的规范化管理也不例外。因此，规范化管理的先决条件是寻找一套经过实践检验的知识框架和相应的组合工具箱。由于系统化管理的一个重要特点是标准化，因此在作为管理诊断的依据方面，管理类的标准具有天然的优势。本节选取了知识产权相关的标准作为构建规范化管理的知识框架。

在知识产权标准供给方面，我国近些年取得了长足的进步。2014年，国家知识产权局等部委联合发布《关于知识产权服务标准体系建设的指导意见》，明确提出要加强知识产权服务标准化工作的统筹规划和指导，建立知识产权服务标准体系。2015年2月13日，全国知识管理标准化技术委员会在京成立。其职责是对内负责制定和修订知识产权、传统知识、组织知识等领域的国家标准，对外承担国际标准化组织创新管理技术委员会的对口工作。目前，该标委会负责《知识产权文献与信息》《企业知识产权管理规范》《科学技术研究项目知识产权管理》《科研组织知识产权管理规范》《高等学校知识产权管理规范》《专利代理机构服务规范》《知识产权分析评议服务服务规范》等多项国家标准。此外，还正在与国际标准同步开发制定《创新过程知识产权管理》等多项国家标准。地方标准方面，上海市的《知识产权评议技术导则》、广东省的《知识产权质押评估技术规范》、常州市的《企业境外参展知识产权指引》等一批紧贴地方需求的知识产权相关标准被制定。

在国际标准方面，国际标准ISO 56005是从属于ISO的56000系列标准族。该标准族中的核心标准，例如制定中的ISO 56001，和GB/T 29490一样，是属于管理体系标准（Management System Standards，MSS）。这类管理体系标准，通过ISO制定的高层结构（High Level Structure，HLS），对各项管理体系标准的词汇和用语已进行了相当程度的统一，便于集成式的采标应用。

值得注意的是，在实践中，不同的标准，尤其是来自不同体系的标准，由于瞄准的问题和目的有所不同，当被人为地汇总到一起时，很难自发地成为一个系统，很多情况下只是标准的积累。"我们所建立的某些标准系统尚不具备系统的基本特征，即特定的目的、与目的相关的要素、为达此目的而构成的完整综合体"。❶ 因此，我们需要借鉴综合标准化的方法来整合多方面知识产权相关标准，以"规范化管理"为目的，形成一个能够有效支撑知识产权规范化管理的"标准综合体"。

---

❶ 李春田. 系统科学与标准化的交汇点——试论综合标准化的科学价值[J]. 标准科学，2009（3）：4-12.

(三) 知识产权管理诊断的实施

"知己知彼,百战不殆",一个深入的知识产权管理诊断,是构建规范化管理的关键"第一步"。以 GB/T 29490 贯标中的诊断环节为例,可以以具体的条款为对照依据,开展如下方式的诊断,以充分地获取相关信息,作为构建规范化管理的输入材料:①与各部门主管或相关员工访谈并作记录,以了解一线情况;②收集企业原有各知识产权管理制度资料以供诊断;③发放调查表,有的放矢地了解信息以供诊断等。

这种依据管理体系标准开展诊断的优势在于由于有标准条款作为具体的指引,便于在企业内部快速部署和推进。例如,按照表 6-22 所示的诊断计划开展工作。

表 6-22 知识产权管理诊断计划示例

项目	内容
诊断目的	检查公司现有管理与 GB/T 29490—2013 的差别和差距,为知识产权管理体系的建立找好基准
诊断范围	管理体系所涉及的所有部门和要素
诊断依据	GB/T 29490—2013
诊断人员	×××
会议	首次会议经理以上领导 1. 说明诊断目的;2. 确认诊断行程 总经理、管理者代表 1. 公司方针、目标;2. 建立体系的目的;3. 贯标领导和推进小组人员及职责;4. 资源情况;5. 组织机构图、部门职责 知识产权部 1. 知识产权风险管控现状 ……

但是需要引起注意的是,由于以往体系认证的一些误区,这种严格对标的诊断存在不足:一方面容易就条款论条款,陷入"只见树木不见森林"的照本宣科;另一方面更多将目标瞄准建立成一套文件模板,而忘记了提升管理绩效的初心。

(四) 基于诊断结果的流程建设

前面三部分集中论述了从外部环境、内部资源以及利益相关方三个维度开展的知识产权管理诊断。实际上,诊断还可以从其他多个视角展开。例如,过程管理视角,研究从生产阶段到销售阶段的整个经营过程中的知识产权管理。又例如无形资产生命周期视角,研究知识产权无形资产的创造、维护、运用、保护、管理等诸阶段的管理活动。GB/T 29490 的第 7 章和第 8 章为开展上述两种视角的管理诊断提供了依据。前文的三个维度与之比较只有角度的不同,很多内容是重合的,并且三维度相对简洁,便于理解和实施。

1. 流程建设的步骤

在规范化管理体系的建立过程中，诊断是关键的一步，决定后续建立和实施的质量和效果。以 GB/T 29490 知识产权贯标为例，知识产权贯标通常有 10 个步骤：①贯标启动：成立企业贯标工作小组；②调查诊断：进行调查，出具体系诊断报告；③体系构建：构建企业知识产权管理体系；④手册编写：编写企业的知识产权体系文件；⑤发文贯标：颁布体系，开展宣贯培训；⑥实施运行：运行体系，做好记录；⑦内部审核：企业进行内部审核；⑧管理评审：企业最高管理者进行评审；⑨模拟外审：按照标准实施现场模拟外审；⑩贯标认证：向认证机构提交认证申请。

从上述流程可以看出，诊断报告是该阶段的关键成果，并决定了后续所建体系的质量。需要指出的是，本章的"规范化管理"并不等同于依据 GB/T 29490 建立知识产权管理体系。因此，内部审核、管理评审以及第三方认证并不是必须采取的步骤，但是从外部环境、内部资源以及利益相关方三个维度开展管理诊断是不可或缺的。

2. 流程建设的周期

成为科创板上市企业，在设立及运营等时间方面需要满足一定条件。首先，证监会公布《注册办法（试行）》要求，科创板的发行人是依法设立且持续经营 3 年以上的股份有限公司，具备健全且运行良好的组织机构，相关机构和人员能够依法履行职责。有限责任公司按原账面净资产值折股整体变更为股份有限公司的，持续经营时间可以从有限责任公司成立之日起计算。

除了设立时间的要求之外，从有科创板上市意向开始，一般还可能经历重组改制、尽职调查与辅导、申请文件的制作与申报、发行审核、路演询价与定价及发行与挂牌上市等阶段，都会花费相应的时间。以半导体制造领域的龙头企业中芯国际为例，2020 年 5 月 7 日，中芯国际发布公告，声称已接受海通证券与中金公司上市辅导，6 月 1 日获得上交所受理，6 月 4 日进入问询环节，6 月 19 日上市委会议，6 月 22 日提交注册，6 月 29 日注册生效。中芯国际开创了科创板上市新的速度纪录。同样，AI 芯片巨头寒武纪 2019 年 12 月至 2020 年 3 月，接受中信证券对其进行的上市辅导。2020 年 3 月 26 日科创板上市申请获受理，并于 2020 年 6 月 24 日获得证监会关于同意其首次公开发行股票注册的批复。上述两家公司快速过会的原因，一方面因为其处于半导体这一事关科技卡脖子的战略领域，因此获得国家的大力支持；另一方面因为中芯国际此前已在港股上市，具有较好的管理基础。

对于大多数科创板上市企业，有些时间的约束几乎是刚性的。2021 年 4 月 30 日，证监会发布的《首次公开发行股票并上市辅导监管规定》（征求意见稿）提出：辅导期自辅导机构完成辅导备案之日起，至辅导机构向派出机构提交齐备的辅导验收文件之日结束。辅导期原则上不少于三个月。另外，《上市审核规则》明确审核时限为自受理发行上市申请文件之日起，交易所审核和中国证监会注册的时间总计不超过三个月。因此，对于大多数企业而言，科创板上市的准备工作至少需要半年的时间。

在科创板要求的专利资产的创造周期方面，《2020年中国专利调查报告》显示，专利研发周期主要在2年以内，其中，研发周期在"半年到一年"和"1~2年"的比例分别为34.3%和33.4%。因此，高价值专利的时间保障需要一年以上，也就是需要有建立一年以上的管理体系来保障高价值专利的系统性的产出。

以管理体系类的标准的贯彻实施为例，体系认证中对管理体系运行时间要求一般不少于3个月。实践经验同样显示，一套管理体系需要两年以上的运行时间才能产生明显的组织绩效改善。综合上述要求，开展一个规范化管理体系的建设，满足科创板上市在知识产权方面规范化管理的需求，企业可能需要一年半乃至更长的时间准备。

第七章

实际案例分析

第一节 长阳科技

一、长阳科技发展概况

宁波长阳科技股份有限公司（以下简称长阳科技）成立于2010年，总部位于浙江省宁波市，是一家主要从事反射膜、背板基膜、光学基膜及其他特种功能膜的研发生产的高新技术企业，产品广泛应用于液晶显示、半导体照明、新能源、半导体柔性电路板等领域。

2010年以前，全球光学薄膜市场被国外厂商长期垄断，国内光学膜领域基本处于技术空白期。同时由于国外企业对我国实行严格的技术封锁，导致我国光学膜严重依赖进口。而与此同时，国内的彩色液晶显示市场需求高速增长，显示面板用光学功能膜发展空间巨大。

在此背景下，以创始人金亚东博士为核心的研发团队，以液晶显示光学反射膜作为企业首个产品进行技术攻关。凭借深厚的技术积累和不断的研发投入，在企业成立一年后，长阳科技就把产品成功推向市场，成为国内少数几家掌握反射膜生产技术的企业。

此后长阳科技不断地进行研发投入和技术迭代升级，其在光学薄膜领域初露锋芒，产品线不断拓展，反射膜、背板基膜、光学基膜等多种高性能功能膜均取得了突破，长阳科技也作为唯一的光学膜公司被中国电子材料行业协会和中国光学光电子行业协会液晶分会授予"中国新型显示产业链发展卓越贡献奖"。2017年年末长阳科技已成为全球光学反射膜细分行业龙头企业，反射膜出货面积位居全球第一，完成了反射膜的全面进口替代，打破了国外厂商长期以来的垄断。2018年长阳科技反射膜产品获得了工信部单项冠军产品荣誉称号（图7-1）。

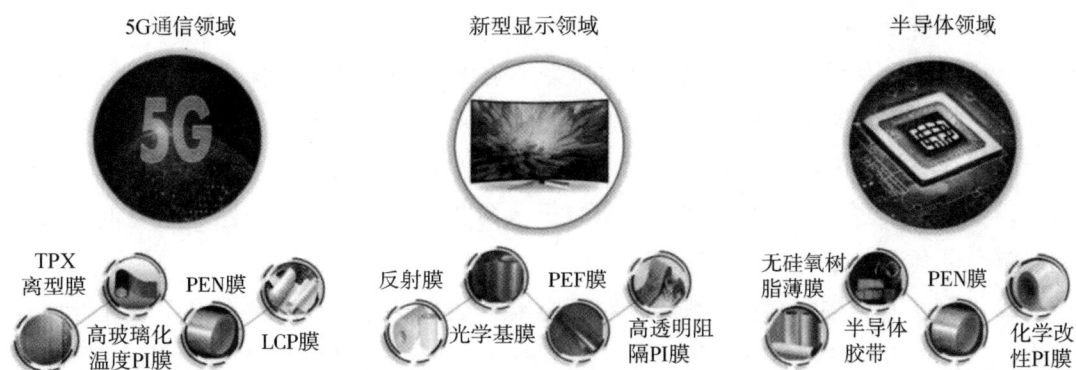

图 7-1　长阳科技产品路线示意图

二、长阳科技上市历程与遭遇的阻击

(一) 上市前的知识产权阻击

在长阳科技进入反射膜市场前,全球反射膜市场长期被日韩企业垄断。据统计,2012 年全球反射膜市场日本东丽占比超 60%,日本帝人、日本古河电工、韩国 SKC、日本三菱分列其后。长阳科技在进入反射膜市场后,依靠不断的研发投入和技术积累,反射膜性能不断提升,并迅速扩大了海外市场。到 2017 年,长阳科技光学反射膜的市场占有率已达到全球第一,占 37%;而此时的日本东丽的市场占有率仅剩 15%,不到长阳科技的 1/2。

不断成长和扩张的长阳科技显然让曾经的市场巨头感受到了威胁。2017 年 5 月和 8 月,日本东丽以长阳科技侵犯其拥有的 ZL201180005983.2 号发明专利权(以下简称专利 A)和 ZL200580038463.6 号发明专利权(以下简称专利 B)为由,向深圳市中级人民法院提起民事诉讼,请求法院判令公司停止侵犯其发明专利权的行为,并支付侵权赔偿金 550 万元和 2060 万元。

诉讼发生后,三星、索尼、夏普,以及国内京东方与富士康等合作方均要求暂停供货。当时,反射膜作为长阳科技的主要产品,其销售收入占比达 70% 以上,如果与东丽的诉讼败诉,长阳科技不仅要面临巨额的赔偿金额,而且公司逐步建立起来的销售网络也面临巨大风险,导致与上下游企业之间的合作、销售终止等情况,进而对公司的持续经营甚至生存都造成影响。

(二) 长阳科技的诉讼应对与无效反击

长阳科技在得知被诉第一时间后就着手准备,寻找了专业律师事务所,积极准备应诉。同时,一方面向客户承诺不存在侵权情况,即使败诉也会承担所有责任;另一方面长阳科技全力搜寻证据,着手无效对方专利。

通过对涉诉专利的研究发现,日本东丽所有的专利权利要求保护范围较大,长阳科技在同时研究了这些专利在日本、欧洲、美国同族专利的审查与补正情况后,以涉诉专利权利要求不符合《专利法》第二十六条第四款有关权利要求书应当清楚以及应当以说明书为依据,以及《专利法》第二十二条关于新颖性、创造性等的规定,向专利复审委员会请求无效上述专利。

2018年1月,国家知识产权局专利复审委员会在经过审理后,作出无效宣告请求审查决定,宣告日本东丽所有两件发明专利权全部无效。深圳市中级人民法院据此驳回日本东丽的起诉。

但日本东丽不服国家知识产权局专利复审委员会无效宣告请求审查决定,2018年4月,日本东丽以国家知识产权局专利复审委员会为被告,向北京知识产权法院提起诉讼,请求法院判决撤销被诉决定,并责令被告重新作出审查决定。长阳科技作为第三人参加诉讼。

2019年6月11日,北京知识产权法院出具(2018)京73行初5357号《行政判决书》,驳回日本东丽关于撤销国家知识产权局专利复审委员会作出关于专利B无效宣告审查决定的诉讼请求。但日本东丽仍未罢休,其不服北京知识产权法院作出的该判决,向中华人民共和国最高人民法院提出上诉。

2019年7月3日,北京知识产权法院出具了(2018)京73行初3835号《行政判决书》,判决撤销原中华人民共和国国家知识产权局专利复审委员会作出的关于专利A无效宣告请求审查决定,并要求重新作出决定。国家知识产权局不服北京知识产权法院作出的判决,向中华人民共和国最高人民法院提出上诉。长阳科技作为原审第三人也向中华人民共和国最高人民法院提出上诉。

(三)科创板上市中竞争对手的再次阻击

2019年4月19日,长阳科技在充分考虑了公司经营情况并结合未来战略规划及资本市场发展趋势后,决定申请科创板上市。

在长阳科技科创板IPO之际,曾经的行业老大日本东丽以知识产权纠纷为由再次发起了阻击。2019年10月,日本东丽以长阳科技型号为DJX250P及DJX300P反射膜产品侵犯其拥有的专利号为ZL200780040088.8的发明专利权(以下简称专利C)为由,向深圳市中级人民法院起诉,请求停止侵犯其专利权的行为,并支付侵权赔偿金2660万元。长阳科技在随后也立即发布了涉及诉讼公告❶(图7-2)。

---

❶ 长阳科技涉及诉讼公告[EB/OL].(2019-11-23). http://static.sse.com.cn/disclosure/listedinfo/bulletin/star/c/688299_20191123_1.pdf.

> **宁波长阳科技股份有限公司涉及诉讼公告**
>
> 本公司董事会及全体董事保证本公告内容不存在任何虚假记载、误导性陈述或者重大遗漏,并对其内容的真实性、准确性和完整性承担个别及连带责任。
>
> 重要内容提示:
> - 案件所处的诉讼阶段:已立案暂未开庭审理
> - 上市公司所处的当事人地位:被告
> - 案由:侵害发明专利权纠纷
> - 涉案的金额:人民币2660万元
> - 开庭时间:2020年4月10日9时30分
> - 是否会对上市公司损益产生负面影响:若败诉,公司将不能制造、销售、许诺销售产品型号为 DJX250P 及 DJX300P 反射膜产品,并按法院判决执行赔偿。如果本次诉讼败诉,公司不能制造、销售、许诺销售产品型号为 DJX250P 及 DJX300P 反射膜产品不会对公司持续经营产生重大不利影响,但侵权赔偿可能对公司净利润有一定影响。鉴于本次公告的涉诉案件尚未开庭审理,本次诉讼事项对公司本期利润或期后利润的影响具有不确定性,最终实际影响以法院判决为准。

图 7-2 长阳科技涉及诉讼公告

长阳科技在公告中表示:若该诉讼败诉,长阳科技将不能制造、销售、许诺销售产品型号为 DJX250P 及 DJX300P 反射膜产品,并按法院判决执行赔偿。按照 2019 年 1—9 月 DJX300P 和 DJX250P 产品产生的营业收入、毛利情况预计,若长阳科技因败诉而停止生产、销售涉诉产品将减少当年的收入和毛利金额分别为 4884.12 万元和 2321.35 万元。受此次诉讼风险影响,长阳科技 11 月 25 日收盘股价下跌 11.20%。

2019 年 11 月 25 日,长阳科技针对东丽株式会社"光反射板用白色聚酯膜"(专利 C)的发明专利向国家知识产权局提出无效宣告请求。长阳科技认为,此次无效宣告请求的涉案专利的权利要求不符合《专利法》第二十六条第四款等规定。同时,长阳科技向最高人民法院提起了管辖权异议上诉。

(四)科创板上市中的问询焦点

长阳科技科创板上市申请自 2019 年 4 月 19 日受理,公司先后于 6 月 21 日、7 月 29 日、8 月 27 日、9 月 9 日回复了一轮至四轮问询。科创板发审委就长阳科技的股权结构、高管结构、核心技术、主要业务、公司治理与独立性、财务信息与管理层、风险揭示等几大类主体问询了四轮共 83 个问题。

长阳科技面临的尚未结案的专利侵权纠纷显然成为发审委问询的主要焦点,该问题也成为贯穿前三轮问询的主要问题之一。主要包括:①涉诉专利相关生产工艺在其他产品中的使用情况;②涉诉专利相关技术是否影响发行人的实际业务;③侵权纠纷是否会影响发行人的销售、合作业务;④发行人对面临的侵权纠纷情况风险提示是否充分。对此,长阳科技均作了充分答复,包括自身所拥有的核心技术以及在行业中所处的整体技术水平,并对专利诉讼风险作了充分披露,同时表示公司不存在其他可能对公司经营产生不利影响的诉讼或纠纷。

发审委对公司的股权构成、股权转移,共同投资及后续退出、股权激励计划的具体情况进行了关注,包括长阳科技在新三板挂牌期间外的历次增资和股权转让情况,历次股权变动的原因及背景,控股股东金亚东进行多次股权转让的原因,是否存在利益输送等。对此,长阳科技对发行人的历次股东变化、股权变动情况进行了详细报告,声明所有程序均符合相关审批程序,不存在利益输送。

此外,发审委对公司的技术创新风险、技术替代风险等情况进行了问询,包括与宁波激智科技股份有限公司是否存在竞争关系,销售与客户方面发生的变动是否存在经营风险,长阳科技从业务层面、技术层面、产品层面和核心技术人员层面均进行了详细阐述,并对自身销售构成进行了分析,说明各项变化趋势符合行业整体情况。

(五) 各知识产权纠纷尘埃落定

1. 成功无效

2020 年 6 月 3 日,长阳科技收到最高人民法院出具的(2019)最高法知行终 144 号《行政判决书》,判决国家知识产权局、长阳科技的上诉理由成立,原审判决适用法律错误,应予以撤销。具体判决如下:"一、撤销北京知识产权法院(2018)京 73 行初 3835 号行政判决;二、维持国家知识产权局专利复审委员会作出的第 34623 号无效宣告请求审查决定;三、驳回东丽株式会社的诉讼请求。"

同日,长阳科技收到最高人民法院出具的(2019)最高法知行终 156 号《行政判决书》,判决东丽株式会社的上诉请求不成立,不予支持,驳回日本东丽上诉,维持原判。

至此,日本东丽在 2017 年提起诉讼的涉诉发明专利 ZL201180005983.2 和 ZL200580038463.6 最终均被无效。

2. 合作共赢

2020 年 11 月 3 日,长阳科技发布公告❶,东丽和长阳科技一致同意撤回光反射板

---

❶ 宁波长阳科技股份有限公司关于与东丽签署合作协议的公告[EB/OL]. (2020-11-04). http://static.sse.com.cn/disclosure/listedinfo/bulletin/star/c/688299_20201104_1.pdf.

用白色聚酯膜相关专利的未决争议,加强合作,实现共赢,此次公告表明双方正式"握手言和"。

长阳科技表示其有意从东丽获得东丽合法拥有的中国专利CN200780040088.8(专利发明名称:光反射板用白色聚酯膜,以下简称本专利)的许可,东丽愿意基于本协议的条件将本专利的许可授予长阳。双方经一致协商,共同签署了《合作协议》。

合作协议主要内容包括:东丽向长阳授予专利(CN200780040088.8)以便其在中国开发、制造、使用、销售或分销专利产品(包括但不限于反射膜产品),该许可是非独占、不可转让及不可再许可的。许可费为人民币500万元。同时约定,自该协议生效之日起至2030年10月23日,任何一方在全世界范围内不会再基于各自拥有的与反射膜相关的专利对另一方提起任何关于反射膜产品的专利侵权诉讼或仲裁。双方将继续探讨并努力在未来达成其他合作,以实现共赢。同时确认,在签署协议10日内,东丽应向深圳市中级人民法院提出中止所有在进行中的专利侵权诉讼的申请。在收到全部许可费后的10日内,东丽应提交撤回在深圳市中级人民法院提起的针对长阳的全部专利侵权诉讼的申请。在付款后的10日内,长阳应提交撤回其在中国国家知识产权局提起的针对东丽的所有在进行中的专利无效请求的申请。

长阳科技副总经理李辰表示:"本次与日本东丽达成和解,有利于双方加强合作,实现共赢,同时双方也避免了诉累和承付高昂的诉讼成本,本次以较小代价一劳永逸地解决了两家企业之间的专利纷争,为公司实施'十年十膜'战略营造了良好的外部环境。"

综上,长阳科技上市过程中知识产权纠纷如图7-3所示。

三、长阳科技科创板上市过程中的经验对策

科创板上市过程中,企业遭遇知识产权阻击已成为一个普遍级现象。长阳科技的上市历程,一方面给自身带来了知识产权布局方面的反思,另一方面也为面临知识产权纠纷的其他科创板上市企业提供了经验对策。

(一)长阳科技专利布局的反思与拓展

在遭受专利侵权诉讼后,长阳科技一方面积极应诉,另一方面也开始反思自己的专利布局与知识产权策略。面对强大的对手,长阳科技看到了日本东丽在专利布局方面的强大实力。对长阳科技和日本东丽的专利检索可以看出,仅仅在国内的布局,近20年来,长阳科技与日本东丽的专利布局数量存在数量级的差距。长阳科技自成立以来,每年的专利申请量基本保持在20~30件。申请量与授权量在2015年达到最高值,分别为41件申请和35件授权。而日本东丽常年保持约2000件的专利申请量,显示出其强大的研发能力和技术竞争力(图7-4)。

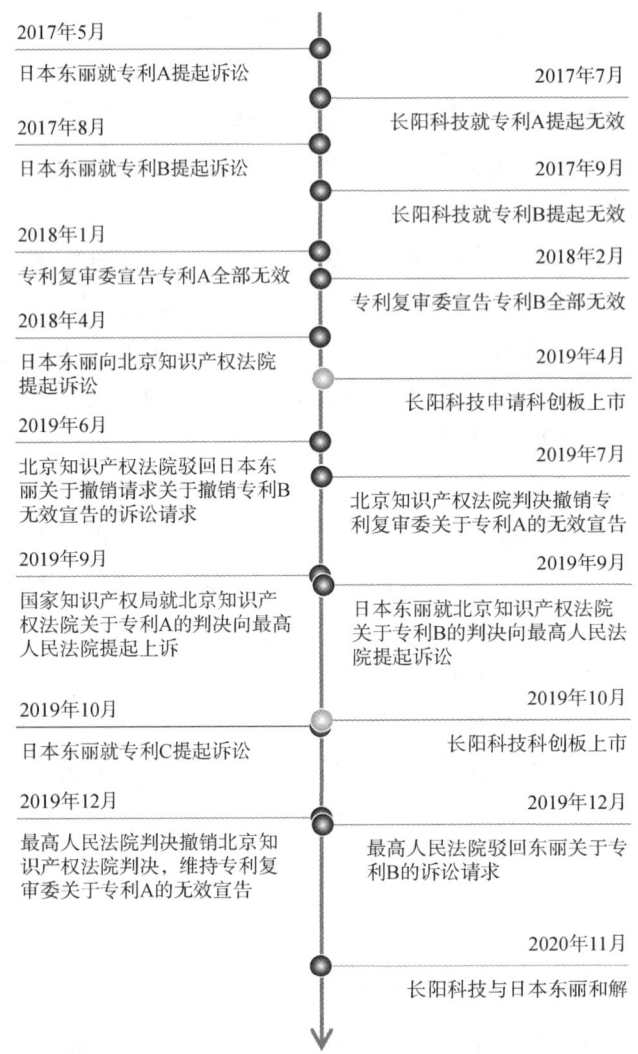

图 7-3 长阳科技上市过程中知识产权纠纷时间轴示意图

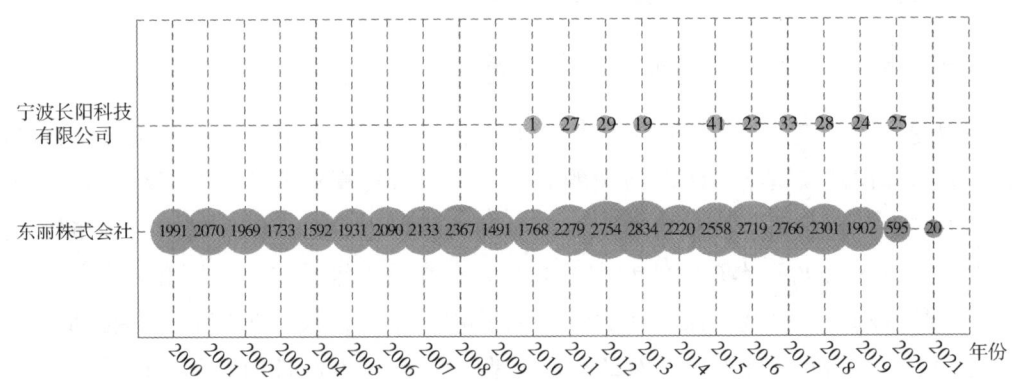

图 7-4 长阳科技与日本东丽专利申请趋势对比（单位：件）

从长阳科技的地域专利布局来看，其在海外的布局显然存在不足，其通过世界知识产权组织和欧洲专利局申请量分别有 5 件和 2 件，在美国和韩国分别有 3 件（图 7-5）。

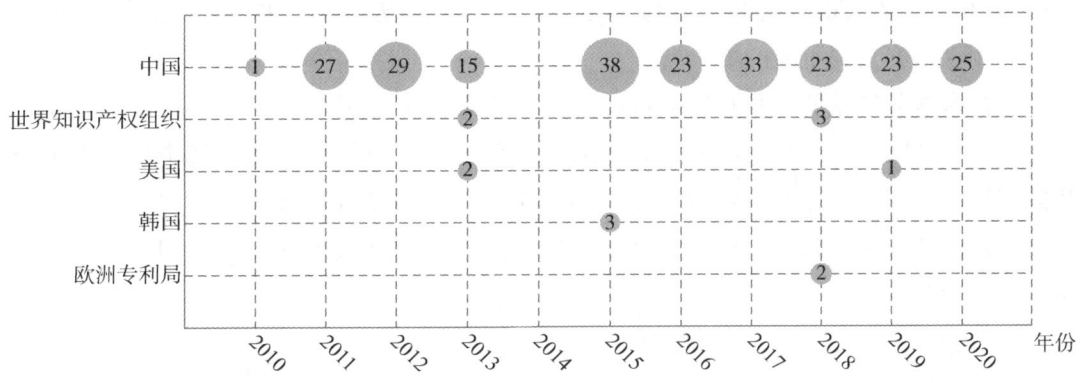

图 7-5　长阳科技专利申请地域布局（单位：件）

2018 年，在继续做大做强做精反射膜的同时，为了避免产品单一在竞争对手和市场发展中面临的巨大风险，长阳科技进军技术壁垒更高的光学基膜领域，相继开展了高端显示光学基膜、高性能显示用聚酰亚胺光学基膜等的研发，形成了光学基膜洁净生产技术、表面底涂 PET 光学基膜等技术（图 7-6）。

图 7-6　长阳科技光学基膜产品图

同时，长阳科技不断通过加大研发投入和人才引进来强化自主创新能力。长阳科技成立了长阳尖端材料研究院，并以此为平台，实施"百人计划"，以招募 100 名海内外行业经营和高校应届硕士及以上毕业生。

2018 年 8 月，公司光学基膜建成投产，开始正式小批量投产，主要应用于液晶显示和护卡膜、保护膜、珠光片等领域。同时长阳科技持续投入研发，在关键性能指标上持续改善，逐步缩小与国外巨头的技术差距。2019 年，生产工艺逐渐稳定，品质稳步提高，光学基膜市场迅速打开，应用领域也不断拓展，在收入持续增长的同时，毛利率由 2018 年的 7.03% 提高到 2019 年的 9.29%，年销售量增长 226%，光学基膜成为公司营业收入和营利重要的增长点。

从技术细分领域的专利布局上可以看出，长阳科技专利主要集中在 G02B5（光学元件）、B32B27（实质上由合成树脂组成的层状产品）、C08L67（由主链中形成 1 个羧酸酯键反应得到的聚酯的组合物）；从技术领域看，均与光学薄膜相关，并涉及薄膜的制备工艺以及方法。此外，在 H01L31 也有一定布局，这些专利主要为太阳能背膜及其制备方法相关专利（图 7-7）。

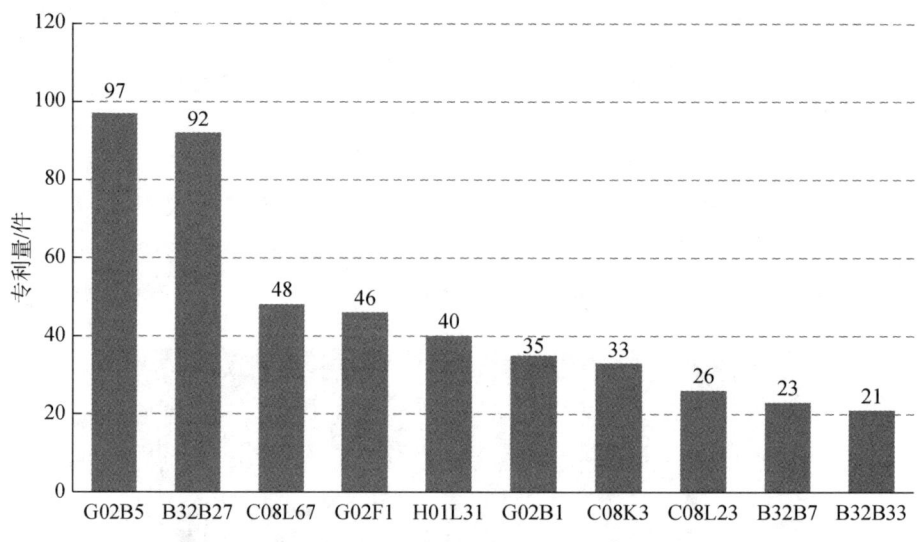

图 7-7 长阳科技专利技术领域分布

从各技术领域分支的申请趋势也可以看出，长阳科技的研发焦点在 2014 年前后出现了明显转变：在 2014 年前，专利主要分布在 B32B27，具体为高透明聚酯薄膜及其在太阳能板等领域的应用；在 2014 年以后，专利主要集中在 G02B5，具体为反射膜、扩散膜、增量膜等显示模组用光学复合膜。而在 2019 年，B32B27 再次成为专利量最多的细分领域，这也显示出长阳科技的研发重点逐渐从单一的反射膜等产品扩散，通过详细专利阅读，可以发现此时研发重点已转移至柔性电路板用的离型膜（图 7-8）。

（二）上市 IPO 企业的知识产权应对策略

1. 积极应诉，有效应对专利侵权纠纷

侵权诉讼是企业 IPO 过程中的一类常见风险，其通常是由竞争对手发起，因此不可预知性更强，而专利侵权诉讼在各类侵权诉讼中的数量最多、威胁最大、处理最为复杂，整个诉讼过程往往会持续数年。

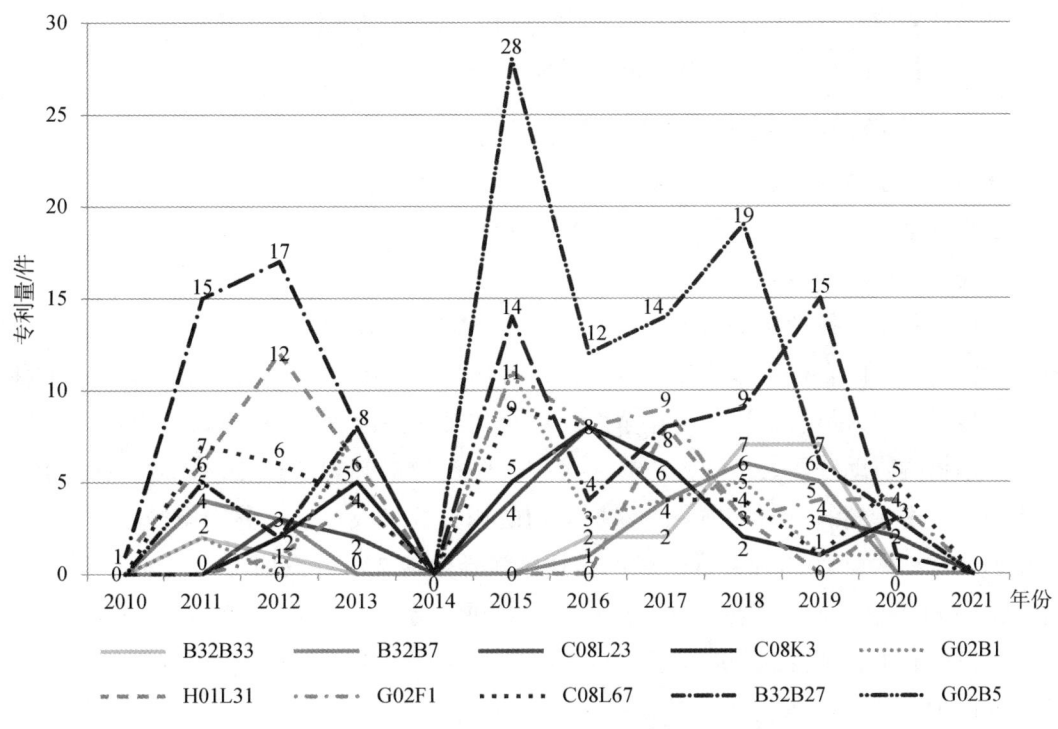

图 7-8　长阳科技专利技术领域分支申请趋势

目前，企业在 IPO 过程中遭遇专利诉讼时，发审委已不再是"一刀切"不予通过，而是会深入分析评估其是否会影响发行人的持续营利能力。因此对于 IPO 企业来说，面对专利诉讼危机时，首先要判断侵权可能性，并据此及时作出应对措施。若侵权可能性较大，应积极通过协商尽快寻求和解；若侵权可能性较低，则可采取专利无效、反诉等措施。

面对日本东丽的三次侵权诉讼，长阳科技对专利进行评估后作出了不侵权的判断，同时对专利本身进行研究，并结合其同族专利在其他国家的审查进程，对相关专利提出无效。

2. 注重研发，形成替代产品和技术

科创板企业的核心在于不断的研发和创新的积累，企业若不能在新技术、新产品开发及应用上紧跟市场发展需求，不断拓展应用领域，不仅将面临技术创新和产品开发风险，其在资本市场也将面临巨大风险。

长阳科技在成立之初，其产品仅有反射膜这一单一产品。日本东丽的诉讼，让其意识到了单一产品让自己面临的巨大风险。随后，长阳科技不断加大研发投入，应对外部的知识产权风险。此后，长阳科技也提出了"十年十膜"战略，将公司产品从单一的反射膜扩展到光学基膜、PEF 膜等多个产品，产品领域扩展到新型显示、半导体、5G 通信三大领域，进一步增强了公司的核心竞争力。长阳科技建立了长阳尖端材料研究院，其计划建立五个以上不同的薄膜制备和加工平台及相关的物理、化学、光学表征实验室，打造国内水平最高的功能膜开发平台。

3. 加强布局，培育高价值专利组合

在与日本东丽的诉讼中，长阳科技也看到日本东丽作为较早进入和占据中国市场的光学膜领域企业，其在中国已具备一定的专利布局，因此其在市场竞争中，显示出一定的知识产权攻击能力。

随后，长阳科技设立了知识产权部门，树立知识产权战略，建立了包括《专利管理制度》《产学研合作管理制度》《商标、著作权管理办法》等与知识产权有关的制度；与核心技术人员均签订《不竞争协议》；积极聘用国内外专业的知识产权律师事务所或代理机构协助公司处理知识产权事务，预防和应对知识产权法律风险，接下来会加大核心技术专利的申请，进一步保护公司的相关技术成果，提高知识产权在市场竞争中的地位。截至2020年年底，长阳科技已累计申请243件发明专利，其中授权107件，其中PCT申请5件，在美国、欧洲均有专利布局。2018年，长阳科技承担了宁波市高价值专利组合项目的开展，进一步优化专利结构、专利管理等，推进专利的创造、运用和保护。

4. 加强风险控制，建立常态化预警机制

企业在发展过程中，为了避免潜在的知识产权纠纷，应加强知识产权的风险管控，主动监控竞争对手、专利流氓、专利巨头等随时可能发起专利许可要求和专利侵权诉讼，谋求巨额赔偿乃至禁售。建立常态化专利风险防范系统实时监控风险专利，强化对专利风险的跟踪、识别和防范，对于自身相关产品和技术所在领域内的知识产权情况进行充分检索，做到知己知彼，以尽可能减少知识产权纠纷。

第二节　木瓜移动

一、木瓜移动的科创板上市历程与知识产权情况

（一）木瓜移动的基本情况及科创板申报上市历程

1. 木瓜移动的基本情况

木瓜移动的前身北京木瓜移动科技有限公司（以下简称木瓜有限）成立于2008年4月9日，2015年12月16日，木瓜有限整体变更设立为木瓜移动。木瓜移动是一家为国内企业提供互联网出海营销服务的综合类海外营销公司。公司自主研发了以数据处

理和算法为支撑的需求方平台（DSP），同时发行并建立了一个精准描述用户画像的数据管理平台（DMP），在覆盖全球主流媒体流量的基础上，致力于通过动态优化分析和再营销技术解决方案帮助广告客户快速定位用户，节省广告支出，提高广告投资回报率。木瓜移动全力为国内企业走出国门提供高效的全链条营销解决服务，目前已成功助力超 5000 家企业打开全球业务，每年为客户实现海外广告曝光量超 1000 亿次。❶ 木瓜移动的商业模式如图 7-9 所示。

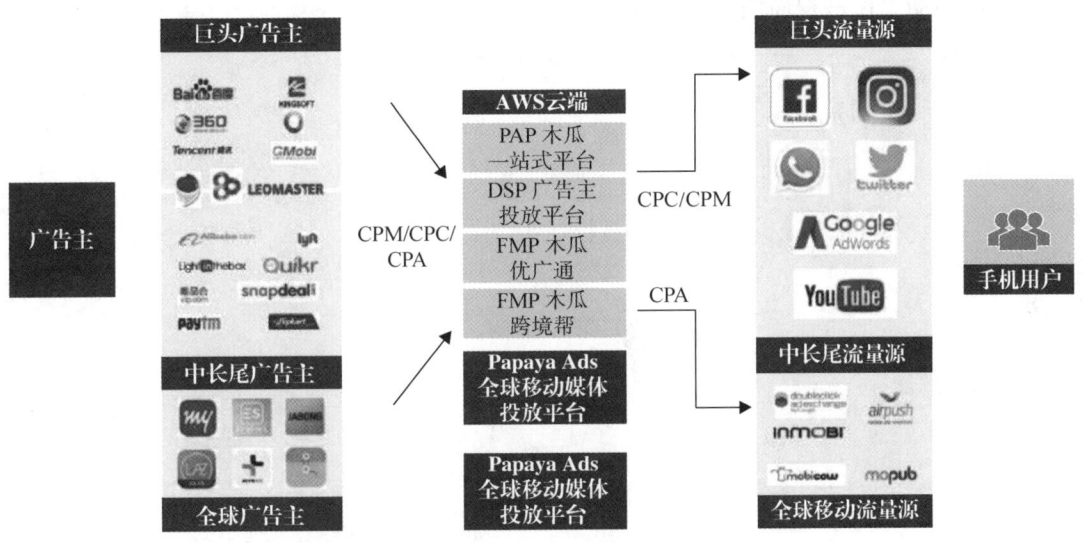

图 7-9　木瓜移动的商业模式示意图❷

2. 木瓜移动的科创板申报上市历程

根据上海证券交易所科创板股票审核网站公开披露的信息进行梳理，可知木瓜移动的科创板申报上市历程如下。

2019 年 3 月 29 日，木瓜移动申报科创板发行上市获得受理，拟融资金额为 11.76 亿元，估值约 47.04 亿元。

2019 年 4 月 11 日，上交所向木瓜移动提出首轮审核问询。2019 年 5 月 15 日，木瓜移动对首轮审核问询进行回复。

2019 年 6 月 4 日，上交所向木瓜移动提出第二轮审核问询。2019 年 6 月 18 日，木瓜移动对第二轮审核问询进行回复。

2019 年 7 月 4 日，木瓜移动和保荐人中天国富证券有限公司分别向上交所提交了《北京木瓜移动科技股份有限公司关于终止审核并撤回首次公开发行股票并在科创板上

---

❶　参见木瓜移动官网 https://www.papayamobile.com/about#company-desc.
❷　图片引用自木瓜移动 2019 年 3 月 29 日披露的科创板招股说明书申报稿。

市申请文件的请示》(木瓜移动〔2019〕第 8 号)和《关于终止审核并撤回北京木瓜移动科技股份有限公司首次公开发行股票并在科创板上市申请文件的请示》(中富证字〔2019〕170 号),申请终止审核并撤回申请文件。

2019 年 7 月 8 日,上交所根据《上市审核规则》第六十七条的有关规定,决定终止对木瓜移动首次公开发行股票并在科创板上市的审核。至此,木瓜移动成为"科创板终止审核第一股"。

木瓜移动上市进程简图如图 7-10 所示。

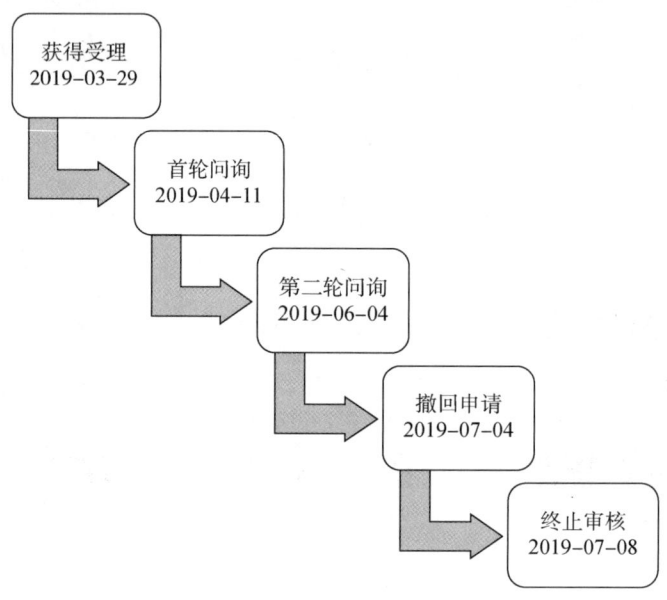

图 7-10　木瓜移动上市进程简图

(二) 木瓜移动申报科创板上市时的知识产权情况

木瓜移动的招股书显示,截至 2018 年年底,木瓜移动的知识产权基本情况为:拥有美国专利 1 项,拥有中国注册商标 12 项,美国注册商标 6 项。相关知识产权信息如表 7-1、表 7-2 和表 7-3 所示。

表 7-1　截至招股书签署日木瓜移动拥有的中国注册商标

序号	商标名称/图案	注册号	注册日期	国际分类
1	papaya ads	20057420	2017-07-14	35
2	papaya ads	20057418	2017-07-21	41
3	papaya ads	20057417	2017-09-21	38
4	papaya	20057413	2017-09-21	38

续表

序号	商标名称/图案	注册号	注册日期	国际分类
5	papaya	20057412	2017-10-14	41
6	App Flood	16550477	2016-05-14	42
7	App Flood	16550476	2016-05-14	38
8	App Flood	16550475	2016-05-14	9
9	App Flood	16550474	2016-05-14	35
10	木瓜干嘛	15735922	2016-01-07	38
11	papaya	9864640	2012-12-21	42
12	papaya	9864613	2012-10-21	41

表 7-2　截至招股书签署日木瓜移动拥有的境外注册商标

序号	商标名称/图案	注册地	注册号	注册日期	国际分类
1	APP FLOOD	美国	4454921	2013-12-24	9
2	APP FLOOD	美国	4454923	2013-12-24	35
3	APP FLOOD	美国	4454924	2013-12-24	42
4	SmartConvert	美国	4709820	2015-03-24	38
5	SmartConvert	美国	4709818	2015-03-24	9
6	SmartConvert	美国	4709819	2015-03-24	35

表 7-3　截至招股书签署日木瓜移动拥有的授权专利

序号	专利名称	注册地	专利号	授权日期	应用情况
1	Data Synchronization Methods and Systems（数据同步方法及应用系统）	美国	US9894154B2	2018-02-13	大数据集群同步管理系统核心模块

显然，木瓜移动在申报科创板上市时的知识产权布局存在诸多不足。例如，仅有一项美国授权专利，恐怕无法满足其科创属性的要求，也无法满足保证主营业务运营安全的要求。再如，木瓜移动作为一家为国内企业提供互联网出海营销服务的公司，竟然在申报科创板上市时仍未完成中文品牌"木瓜移动"的中国商标注册。又如，木瓜移动的海外商标注册仅涉及美国，理论上也无法满足业务需求。

二、木瓜移动在上市审核阶段遭遇的知识产权挑战

木瓜移动在科创板上市审核阶段的两轮审核问询中，除被问询业务模式、持续经营能力以及信息披露等事项外，还被问询了诸多知识产权相关问题，主要包括是否满足对科创属性的要求、专利对开展主营业务的作用、知识产权权属是否存在瑕疵、知

识产权管理制度是否健全、核心技术是否存在诉讼纠纷、人员离职是否构成重大变化、核心产品是否具有知识产权等。此外，木瓜移动还受到了公众对其科创属性的诸多质疑，面临巨大的舆情管理压力。

有专家认为，在知识产权方面的实力不足，很可能是木瓜移动主动申请撤回科创板上市的主要原因之一❶。而通过两轮审核问询过程来看，木瓜移动在知识产权方面的确准备不足，至少体现在如下三个方面。

（一）专利布局无法满足科创属性的要求

在审核问询中，上交所要求木瓜移动补充披露：公司行业定位为大数据行业而不是文化传媒类的商业合理性，是否存在误导性陈述，是否符合科创板行业选取标准。这其实是上交所针对木瓜移动能否满足科创板对科创属性的要求进行问询。

对此，木瓜移动解释称，公司行业定位为大数据行业中的数字智能营销，属于大数据与现代服务业深度融合的产业，不从事任何以人力为核心的广告创意策划、广告创意制作和媒介采购，不属于文化传媒类企业，符合科创板行业选取标准。保荐人也同样认为，木瓜移动定位为大数据行业具有商业合理性，不存在误导性陈述，符合"新一代信息技术科技创新企业"。

实际上，木瓜移动自申报科创板上市之初就一直饱受质疑，被业界认为科创属性不足，与科创板重点支持的六大行业不相符。❷ 木瓜移动的专利布局不够扎实，是上交所对木瓜移动的"科创属性"进行审核问询以及业界质疑木瓜移动的"科创属性"的主要原因。假如木瓜移动在申报科创板上市前具有专业的内部知识产权管理团队或者引入专业的上市知识产权辅导机构，将专利挖掘与布局做得足够到位，对于一家大数据营销公司而言，其实是有很多技术创新点能够进行专利申请与布局的，满足科创属性的要求并非难事。

（二）专利对主营业务的保护与支撑不足

在审核问询中，上交所要求木瓜移动逐项核实核心技术及专利在公司开展主营业务活动中发挥的作用、应用的场景，并要求木瓜移动披露 App Flood 平台是否具有独立的知识产权。

对此，木瓜移动逐项回复了核心技术及专利在公司开展主营业务活动中发挥的作用以及应用场景。但是，对于专利问题的回复，除仅有的 1 项授权美国专利，木瓜移

---

❶ 木瓜移动成为科创板开板以来首家"撤单"的企业[EB/OL].[2021-06-07].http://www.igdzc.com/yaowen/20190730/304333.html.

❷ 中国经济网.首例撤单！木瓜移动科创板 IPO 审核终止[EB/OL].[2021-05-05].https://baijiahao.baidu.com/s?id=1638536809567056839&wfr=spider&for=pc.

动也将尚未获得授权的 10 项中国专利申请视为专利进行了回复，介绍了其应用场景以及在开展主营业务活动中发挥的作用。

木瓜移动在申报科创板上市时仅拥有 1 项美国专利、无国内授权专利的客观情况，显然无法满足其主营业务对专利的需求。而木瓜移动在回复上交所关于专利的问询时将尚未获得授权的 10 项专利申请也作为专利进行回应的行为，不仅暴露了其对专利及专利申请的区别认识不清，而且有可能对公众构成误导。

（三）对知识产权舆情的监控管理不到位

自木瓜移动申报科创板上市至主动撤回上市申请的 3 个月里，相关公众非常关注木瓜移动的科创属性及知识产权相关问题，很多媒体也对木瓜移动的科创属性及知识产权管理水平提出了诸多质疑。例如，文章《科创板首现终止审核：木瓜移动无国内专利，信披充分性受质疑》就提及了木瓜移动"拥有 1 项美国专利、无国内专利"的情况，文章《木瓜移动手握 1 项专利闯关科创板，研发投入占比仅 0.7%》也提及了木瓜移动在申报科创板时仅拥有 1 项授权专利的客观情况。

木瓜移动在科创板上市过程中无疑面临着巨大的知识产权舆情管理压力。然而，我们却很少见到木瓜移动针对相关负面新闻发声，这足以说明，木瓜移动对知识产权舆情的监控和管理是不到位的。由于相关工作不到位，已经给木瓜移动的品牌形象、商誉及上市进程带来不容小觑的负面影响。

三、企业科创板上市前应进行的知识产权准备工作

正如上文所言，在知识产权方面的准备不足，很可能是木瓜移动向上交所申请终止科创板上市审核的主要原因之一。那么，对于广大拟科创板上市企业而言，需要在科创板上市前做好哪些知识产权准备工作呢？基于木瓜移动案例，结合笔者过去多年以专利主管、知识产权总经理、首席法律顾问以及律师、专利代理师等不同角色深度服务科技企业特别是拟科创板上市企业的实务经验，对企业在科创板上市前应进行的主要知识产权准备工作进行整理和说明，如图 7-11 所示。

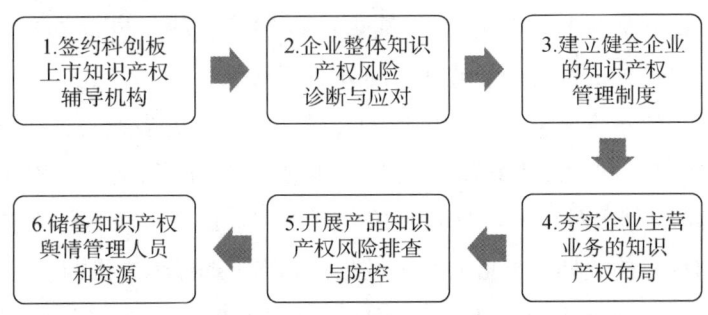

图 7-11　企业科创板上市前应进行的知识产权准备工作

企业在科创板上市前应进行的知识产权准备主要包括如下六项内容，即：①签约科创板上市知识产权辅导机构；②企业整体知识产权风险诊断与应对；③建立健全企业的知识产权管理制度；④夯实企业主营业务的知识产权布局；⑤开展产品知识产权风险排查与防控；⑥储备知识产权舆情管理人员和资源。这些准备工作可以按照图7-11所示的顺序进行，也可以根据实际情况调整先后顺序。如果企业的某些知识产权准备工作已经完成，则在进行上市知识产权准备的过程中可以省略相关步骤，例如，如果企业已经建立完善的知识产权管理制度，则可以省略步骤3。此外，还可以根据实际情况增加某些步骤，例如，在企业内部知识产权管理人员不足的情况下，则需要增加招聘内部知识产权管理人员的工作。

（一）签约科创板上市知识产权辅导机构

企业的知识产权管理水平，往往决定着其科创板上市的前景。如何选择上市知识产权辅导机构，是企业能否在科创板成功上市的重要因素。

对于拟科创板上市企业而言，除需要为股票发行上市聘请保荐机构、会计师事务所、律师事务所、资产评估机构等中介机构外，还应当聘请一家上市知识产权辅导机构，指导和协助企业为上市做好知识产权相关准备，并为企业上市过程中的知识产权问题提供全程专业支持，包括但不限于知识产权布局、知识产权风控、知识产权管理体系搭建与优化、招股书知识产权部分的准备、审核问询中有关知识产权问题的回复、知识产权相关舆情管理，以及上市过程中知识产权诉讼的处理等。科创板上市之所以需要聘请专门的上市知识产权辅导机构，原因主要在于：①为上市担任法律顾问的律师事务所的工作职责仅包括对股票发行上市的各种文件的合法性进行判断、出具法律意见书等内容，并不包括知识产权辅导；②科创企业的知识产权工作是专业性、技术性、实操性极强的领域，负责上市法律服务的证券律师无法为企业提供专业的知识产权服务；③即使企业具有专业的知识产权团队，从避免局限性等角度考量，也需要外部知识产权辅导团队的加入。

考虑知识产权布局、风控等事项均需要比较长的周期，企业最好在决定为科创板上市做准备后，就立即选择合适的上市知识产权辅导机构，启动知识产权辅导工作。选择上市知识产权辅导机构，应重点关注如下两个要素。

(1) 团队实力。不应只关注服务机构的规模，而应当更多地去关注服务团队特别是主办律师的从业经验、执业能力和敬业精神。其中，服务团队是否熟悉企业知识产权管理实务，是否熟悉科创板对知识产权的要求，是否在知识产权管理体系搭建、知识产权布局、诉讼及FTO等领域具有丰富的实操经验，应当是选择辅导机构时的主要考虑因素。

(2) 专业资质。企业上市知识产权辅导，往往不可避免地需要辅导机构出具法律意见（如FTO报告），而且还可能需要辅导机构帮忙应对知识产权诉讼，因此辅导机构是否具有律师资质和专利代理资质,通常会是一个比较重要的考虑因素。

(二) 企业整体知识产权风险诊断与应对

引入知识产权辅导机构后,应当在辅导机构的支持下,尽快通过尽职调查等方式对企业的知识产权管理现状进行整体上的初步风险诊断,识别企业经营各环节可能存在的知识产权风险,特别是知识产权管理维度的风险,形成知识产权风险诊断报告。

对于通过诊断发现的企业在生产经营各个环节可能面临的各类知识产权风险,应当结合企业的实际情况,尽快借助内外部知识产权团队的力量,制定对应的风险防控措施并落地实施。

(三) 建立健全企业的知识产权管理制度

企业应当在辅导机构的支持和协助下,尽快建立健全自身的知识产权管理制度。这既是满足科创板上市对企业内部控制制度的基本要求,也是企业通过制度建立及执行防控自身知识产权管理风险的客观要求。

在企业知识产权管理制度的建立和健全过程中,应当将全业务、全流程和全嵌入作为三项基本原则。其中,全业务,是指企业知识产权管理应当覆盖知识产权的全部类别(包括但不限于商标、专利、软件著作权、普通作品著作权、商业秘密、集成电路布图设计、域名、商号、企业字号、商品包装及装潢等)以及相应的全部业务类型(包括但不限于知识产权申请、知识产权布局、知识产权维护、知识产权运营、知识产权风险防范、知识产权纠纷处理等)。全流程,是指企业知识产权管理应当对与知识产权相关的全部流程进行管理。全嵌入,是指企业知识产权管理应当嵌入与知识产权相关的包括但不限于采购、研发、制造、市场、人力管理、投融资等企业经营的全部环节。

(四) 夯实企业主营业务的知识产权布局

科创属性是科创板最为核心的问题,直接关系到申报企业能否在科创板顺利上市。而知识产权布局是科创属性的根基,也是企业隔离知识产权风险的防火墙,因此,企业在准备科创板上市的过程中,应当给予知识产权布局足够的重视。

企业在准备科创板上市过程中,知识产权布局的第一要务就是满足"科创属性"对知识产权的基本要求。以专利为例,如果需要满足2021年《科创属性评价指引(试行)》的要求,则需要布局形成和主营业务收入相关的发明专利5项以上,或形成核心技术和主营业务收入相关的发明专利50项以上。

此外,企业在进行知识产权布局时,还应当注意打好知识产权布局的"组合拳",根据发明创造的特点组合选择各种合适的知识产权类型进行布局,这其中既包括做好专利组合的布局,也包括做好专利与商标、版权、商业秘密等其他知识产权的组合布局。

(五) 开展产品知识产权风险排查与防控

企业应当在上市前做好产品，特别是核心产品的知识产权风险排查，通过专利检索等识别出可能对自身经营造成不利影响的风险专利或其他风险知识产权。

对于识别出专利侵权风险或其他知识产权侵权风险的情况，应当及时通过获取授权、规避设计、提起专利无效等方式，进行相应的知识产权风险防控，并储备好合适的律师资源以应对可能发生的知识产权争议。

此外，对于某些可能对企业发起知识产权维权行动的实体经营厂商，企业还可以提前准备好对方侵犯自己知识产权的证据或对方知识产权无效的证据，甚至可以提前委托律师准备好起诉状或无效请求书等相关法律文件，以便在需要的情况下第一时间对相关厂商发起知识产权侵权诉讼或提起知识产权无效宣告，从而为自身争取有利的商业竞争地位。

(六) 储备知识产权舆情管理人员和资源

通过木瓜移动的案例我们可以发现，知识产权相关舆情，其实对木瓜移动的品牌形象、上市进程等有着很大的影响。因此，企业在准备科创板上市过程中，应当提前储备好知识产权舆情管理的专业人员（如公共关系管理专家等）与专业资源（如媒体等），以便在后续申报上市过程中，及时地对相关知识产权舆情进行管理，尽量避免相关舆情对企业的上市以及日常商业经营带来不利影响。

第三节 寒武纪科技

一、寒武纪公司发展历程及上市进程

(一) 寒武纪公司发展历程[1]

中科寒武纪科技股份有限公司（以下简称寒武纪）起源于中国科学院计算技术研究所的一个研发团队。该研发团队自2008年起开展处理器架构与人工智能的交叉研究工作，并于2015年研发出世界首款深度学习专用处理器原型芯片。2016年寒武纪正式成立并完成天使轮融资。同年，寒武纪推出世界首款终端人工智能专用处理器"寒武纪1A处理器"，并发布了国际上首个智能处理器指令集 Cambricon ISA。2017年寒武纪完成A轮融资，成为全球智能芯片领域首个独角兽初创公司。同年，集成了寒武纪1A

---

[1] 以下部分文字和数据采自寒武纪公司招股说明书。

处理器的世界首款人工智能手机芯片"华为麒麟 970 芯片"正式发布，并在华为的 Mate10 等款手机中投入大规模商用。2018 年，寒武纪完成数亿美元的 B 轮融资，并于 5 月发布了首款云端智能芯片 MLU100 及相应的板卡产品，成为中国第一家同时拥有终端和云端智能处理器产品的商业公司。同年，集成了寒武纪 1H 处理器的世界首款 7 纳米制程人工智能手机芯片"华为麒麟 980"正式发布，并在华为 Mate20 等多款手机中投入大规模商用。2019 年 6 月寒武纪发布第二代云端 AI 芯片 MLU20 及板卡系列产品，同年 11 月发布边缘端 AI 芯片 MLU220 及模组产品。2020 年 7 月 20 日，寒武纪在上海证券交易所科创板 IPO 成功。

寒武纪面向云、边、端三大场景分别研发了三种类型的芯片产品，分别为终端智能处理器 IP、云端智能芯片及加速卡、边缘智能芯片及加速卡，并为上述三个产品线所有产品研发了统一的基础系统软件平台（包含应用开发平台）。

1. 终端智能处理器 IP

终端智能处理器是终端设备中支撑人工智能处理运算的核心器件，寒武纪的终端智能处理器 IP 产品覆盖了从 0.5TOPS 到 8TOPS 的区间内不同档位的人工智能计算能力需求，其片上缓存的尺寸亦可按照客户需求进行配置，无论是手机 SoC 芯片还是 IoT 类 SoC 芯片都可通过集成公司的处理器 IP 产品快速获得在终端做人工智能本地处理的能力。

2. 云端智能芯片及加速卡

云端智能芯片及加速卡是云服务器、数据中心等进行人工智能处理的核心器件，其主要作用是为云计算和数据中心场景下的人工智能应用程序提供高性能、高计算密度、高能效的硬件计算资源，支撑该类场景下复杂度和数据吞吐量高速增长的人工智能处理任务。寒武纪于 2018 年推出了中国首款高峰值云端智能芯片思元 100，于 2019 年推出了第二代产品思元 270，于 2020 年推出了第三代产品思元 290。

3. 边缘智能芯片及加速卡

边缘计算是近年来兴起的一种新型计算范式，在终端和云端之间的设备上配备适度的计算能力，一方面可有效弥补终端设备计算能力不足的劣势，另一方面可缓解云计算场景下数据安全、隐私保护、带宽与延时等潜在问题。寒武纪于 2019 年 11 月推出了边缘智能芯片思元 220 及相应的 M.2 加速卡，可支持边缘计算场景下的智能数据分析与建模、视觉、语音、自然语言处理等多样化的人工智能应用。思元 220 的推出，标志着公司已经具备了从终端（寒武纪 1A/1H/1M 处理器 IP）、边缘端（思元 220 芯片）到云端（思元 100/270 芯片）完整的智能芯片产品线。

4. 基础系统软件平台

寒武纪为云边端全系列智能芯片与处理器产品提供统一的平台级基础系统软件 Cambricon Neuware（包含软件开发工具链等），打破了不同场景之间的软件开发壁垒，兼具高性能、灵活性和可扩展性的优势，无须烦琐的移植即可让同一人工智能应用程序便捷高效地运行在公司云边端系列化芯片与处理器产品之上。在 Cambricon Neuware 的支持下，程序员可实现跨云边端硬件平台的人工智能应用开发，以"一处开发、处处运行"的模式大幅提升人工智能应用在不同硬件平台的开发效率和部署速度，同时也使云边端异构硬件资源的统一管理、调度和协同计算成为可能。

（二）寒武纪上市进程

寒武纪于 2020 年 3 月 26 日申报科创板，拟融资金额为 28.01 亿元人民币，其保荐机构为中信证券股份有限公司，会计师事务所为天健会计师事务所（特殊普通合伙），律师事务所为北京市中伦律师事务所。寒武纪于 2020 年 4 月 20 日收到问询，经过多轮问询和答复后，于 6 月 2 日上市委会议上审议通过，于 6 月 3 日提交注册，最终于 2020 年 6 月 23 日注册生效。寒武纪公司上市进程如图 7-12 所示。总体历经不到 3 个月就上市成功，是当时科创板历史上上市速度最快的公司（此纪录后来被中芯国际打破）。

图 7-12 寒武纪公司上市进程图

在招股说明书申报稿中，寒武纪公司以 2020 年 2 月 29 日为时间节点，统计出公司已获授权的专利有 65 项（其中中国专利 50 项，海外专利 15 项），PCT 专利申请 120 项，正在申请中的境内外专利共有 1474 项；拥有中国、美国、欧洲、日本、韩国等国家和地区的注册商标共 295 项；拥有计算机软件著作权 26 项；以及拥有集成电路布图设计证书 1 项。另外，对寒武纪在智能芯片领域的核心技术进行了详细的梳理和分析，并对每项核心技术是否涉及专利技术以及拥有的专利申请及授权专利的数量做了详细的统计。后续的审核意见指出需要删除专利申请相关的数据。因此，寒武纪根据要求在后续的修改稿里做了相关删除。

二、寒武纪知识产权布局和风险管控

寒武纪自成立以来的经营模式即为 Fabless 模式，所谓 Fabless 是指无晶圆厂芯片设计企业，自身只从事芯片的设计和销售，而将晶圆制造、封装和测试等步骤分别委托给专业厂商完成。Fabless 模式公司的核心资产之一就在于无形资产，而无形资产的关键之一就在于专利。寒武纪自成立起就深刻地意识到这一点，把知识产权特别是专利的挖掘布局作为公司的重要工作看待。公司成立之初，由寒武纪的核心高管负责公司的专利挖掘和布局；2017 年起知识产权部门正式组建，并从最初的一人逐步扩展到十数人的规模。在 2020 年申报科创板上市前，寒武纪的知识产权部门已经拥有企业专利工程师、知识产权流程工程师、知识产权法务工程师及专职专利涉外翻译工程师的较全面系统的人才体系。

（一）专利布局战略

寒武纪的专利布局的思路是，"为公司发展战略服务，高效高质高量全面布局"，具体如图 7-13 所示。

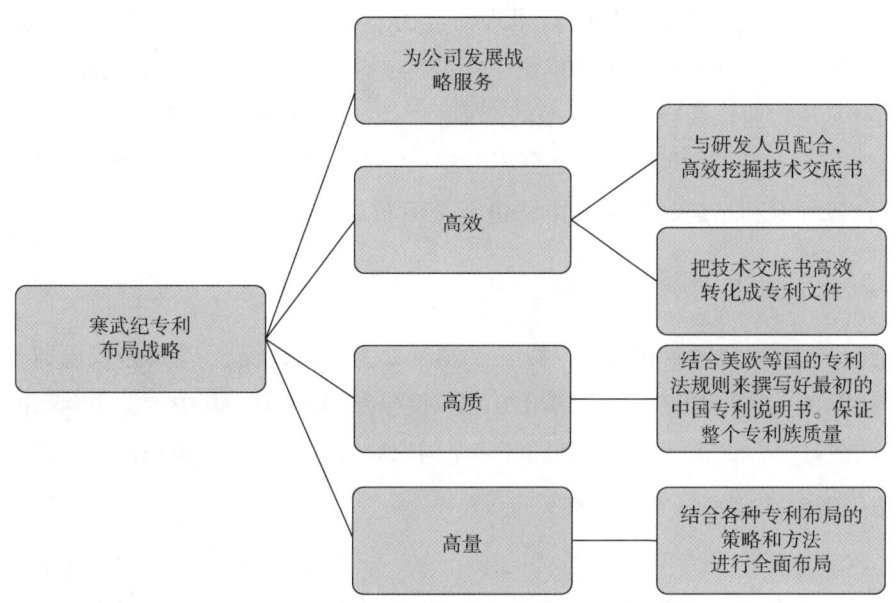

图 7-13　寒武纪专利布局战略

为公司发展战略服务：企业知识产权工作必须基于公司的现状和技术发展阶段，为公司战略服务，并随着公司战略的变化而及时地调整。寒武纪身处人工智能这个新兴的领域，拥有诸多本领域的核心技术，并且作为初创公司处于高速发展状态；寒武纪的企业使命是要成为持续创新的智能时代的领导者。由此，寒武纪需要对其研发出的诸多核心技术创新做好全球专利布局，而不能局限于只在中国申请专利。另外，在公司发展的初期，不可能也没必要把建立严谨细致的知识产权管理体系作为高优先级的工作，而是需要根据公司和业务的高速发展变化而随时逐步地调整知识产权管理的方式方法。

高效：一方面，作为创新型的初创公司，研发人员的研发工作是公司发展的核心工作之一。企业专利工程师需要尽可能高效地和研发人员配合以进行专利的挖掘工作。举例说明，企业专利工程师要尽可能利用碎片化的时间机会（如走廊谈话、茶歇时间）挖掘和沟通专利或技术信息。相比于正式的会议，在这类碎片化的沟通会里不能拘泥于"繁文缛节"，而要聚焦在如何快速高效获得信息和反馈。另一方面，在电子信息技术领域，通常来说专利申请日或最早优先权日是一篇专利高价值与否的关键之一。在挖掘到技术创新点之后，企业专利工程师需要尽可能在保证质量的前提下高效地把技术交底书转化成专利文件，尽快递交申请。

高质：为了更好地保护好寒武纪的技术财富，专利撰写和布局的质量是重中之重。由于各国专利法基本不允许在递交专利文件后给专利说明书增加实质性的内容（美国专利 Continuation-in-part 制度除外），中国专利文件的撰写质量极大地影响了中国专利和后期海外专利的质量。由于需要考虑全球布局，务必结合美国、欧洲等地的专利法规则来撰写好最初的中国专利说明书。这样才能保证整个专利族的质量。这首先需要寒武纪的企业专利工程师有深刻的技术理解能力和丰富的专利撰写经验。其次对合作的外部专利代理机构和专利代理师提出了很高的要求。

高量：芯片行业作为技术密集型的产业，一个公司不能仅仅靠一篇或几篇高价值核心专利"打天下"，高质和高量是分不开的。当然，高量不意味着机械地堆砌数量，而是要结合各种专利布局的策略和方法进行全面布局。

（二）全球专利布局

寒武纪非常重视全球专利布局，截至 2020 年 2 月 29 日，已在全球范围内拥有正在申请中的专利 1400 余项、PCT 专利申请 120 项、授权专利 65 项。其中，发明专利占比超过 95%，而且在美国、欧洲、日本、韩国等多个国家和地区都进行了较全面的专利布局。

1. 选择哪种途径进行专利布局？

通过 PCT 途径申请专利比依据《巴黎公约》申请专利多了 18 个月左右的选择期，但是多了不菲的官费和代理费。通常来说，如果计划未来进入三个以上国家或地区，建议选择 PCT 方式。寒武纪通常选用 PCT 的方式。

2. 是否申请外国专利以及选择在哪些国家申请专利？

需要从专利的重要程度、公司当前和未来的销售市场、竞争对手当前和未来的销售地、制造地、出口地等因素综合考虑决策。从专利价值的国别角度看，由于专利交易市场活跃程度高，司法制度完善，专利诉讼平均赔偿额高等因素，美国专利的价值相对其他国家专利来说是最高的。从海外市场规模而言，美国、欧洲、日本、韩国的市场规模是最大的。从竞争态势来看，全球集成电路市场主要由美国、欧洲、日本、韩国的企业所占据，2019 年全球前十大集成电路厂商中，5 家为美国企业，2 家为欧洲企业，2 家为韩国企业，1 家为日本企业。结合上述多方面因素，寒武纪着重在美国、欧洲、日本、韩国等国家或地区布局其海外专利。

3. 翻译

海外专利申请需要将中国专利文本翻译成英日韩等各国语言。翻译工作看起来似乎是较机械式的工作，在专利布局方面重要性似乎不高，其实不然。一方面，专利文件兼具技术性和法律性两大特性，其翻译难度相对很高；另一方面，翻译质量的好坏是影响外国专利质量的重要因素之一。再一方面；寒武纪身处新兴的人工智能芯片领域的最前沿，其专利文件里涉及的很多技术术语尚未有统一规范的翻译规则，而且很难找到有此领域丰富翻译经验的翻译工程师。出于上述多方面原因，寒武纪并没有选取外部翻译机构，而是在企业内部培养专利翻译工程师。企业专利翻译工程师不仅要对寒武纪的技术和人工智能产业的技术有较深入的理解，而且需要理解中美欧等国专利法的区别，以便将其更准确地翻译成美国和欧洲专利申请文件。相比于外部翻译机构，企业专利翻译工程师的优势在于既专注于寒武纪自身的专利翻译，又能够直接对接到公司内部的专利工程师和研发人员，提高翻译质量和效率。

（三）其他知识产权布局

1. 商标布局

截至 2020 年 2 月 29 日，寒武纪在中国、美国、欧洲、日本、韩国等国家或地区共取得 295 项注册商标。由于篇幅所限，不在此详细列出各项商标的具体信息。寒武纪根据自身所在的行业和产品情况，采取了分级分类全球防御性布局的方式，以 9 类和 42 类为核心，对不同级别的商标布局不同数量的类别和国家。例如，对于公司主商标"寒武纪"，在多个国家的 9、11、12、16、35、41、42、45 等多个类别布局了中文商标"寒武纪""寒武纪科技""中科寒武纪"，英文商标"Cambricon"，图形商标 Cambricon 寒武纪 等多项商标；而对于产品主商标 MLU（思元）系列在多个国家的 9、35、42 等多个类别"MLU""MLU+数字""MLU+字母""思元""思元+数字"等多项商标。特别对于 Cambricon 这个英文主商标，是通过组合的方式造出的特有词汇，不仅具有特色，而且比起英文直译 Cambrian 更容易获得商标的注册，稳定性也更高（图 7-14）。

Cambrian + Silicon

=

Cambricon

图 7-14　Cambricon 商标来源

2. 软著、集成电路布图等布局

截至 2019 年 12 月 31 日，寒武纪共取得 26 项计算机软件著作权和 1 项集成电路布图设计证书。

（四）知识产权风险管控

如招股说明书所述，寒武纪深刻认识到作为企业常规运营风险的一部分，公司知识产权可能在当前和未来存在各类知识产权风险：在业务开展过程中不能保证公司的专有技术、商业机密、专利或集成电路布图设计不被盗用或不当使用，不排除公司知识产权被监管机构宣告无效或撤销的风险，亦不排除公司与竞争对手产生其他知识产权纠纷的可能。此外，公司不排除未能及时对临近保护期限的知识产权进行续展的风险。由于集成电路设计业务的国际化程度较高，不同国别、不同的法律体系对知识产权的权利范围的解释和认定存在差异，若公司未能准确理解，可能会引发争议甚至诉讼，并随之影响业务开展。同时，虽然公司一直坚持自主创新的研发战略，避免侵犯第三方知识产权，但仍不排除少数竞争对手采取恶意诉讼的市场策略，利用知识产权相关诉讼等拖延公司市场拓展，以及公司员工对于知识产权的理解出现偏差等因素出现非专利技术侵犯第三方知识产权的风险。

企业知识产权风险管控包括专利侵权风险、专利有效性风险、商标侵权风险、商标有效性风险、合同知识产权条款风险、软件著作权风险、商业秘密泄露风险等多方面多维度的风险管控工作。而知识产权风险防范和管控是集系统性、专业性、持续性、前瞻性等为一体的工作，而不能作为一次性、临时触发的工作来处理，更需要知识产权部门积极主动和专业的管理。在寒武纪这样的初创公司建立知识产权风险管理体系和执行知识产权风险管理工作，首先务必尽快地融合到公司的管理体系和研发体系中；其次需要建立良好顺畅的跨部门沟通机制，保证第一时间获得研发的最新进展和疑似风险点的汇总；再次通过与专业机构分工协作，确保高效高质地完成对疑似风险点的检索排查工作；最后需要形成工作闭环，做好规避知识产权风险，并将风险排查工作的成果落实到研发和知识产权的进一步工作中（图7-15）。

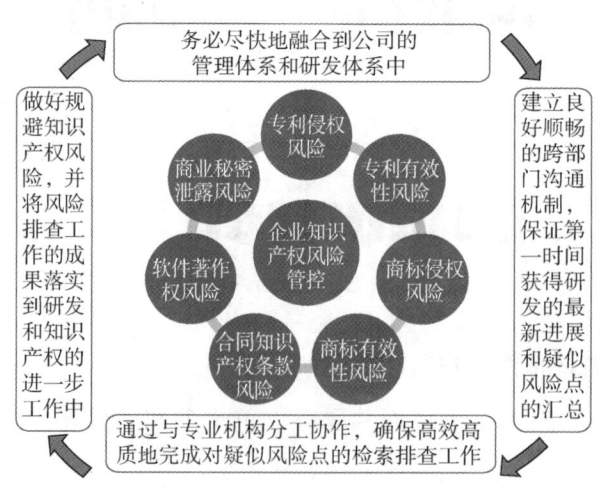

图7-15 寒武纪知识产权风险管控流程体系

三、申报科创板进程中知识产权准备工作

准备工作如图 7-16 所示。

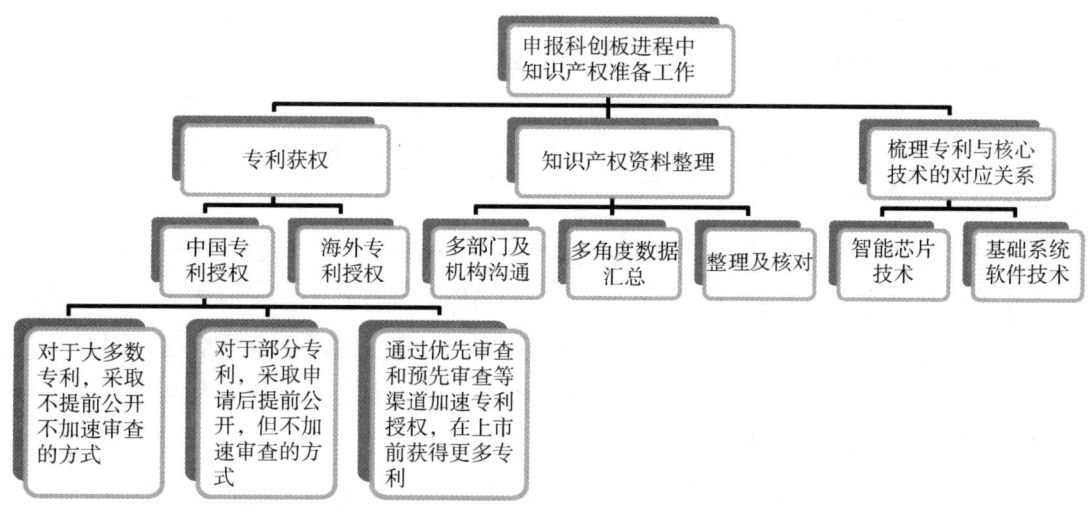

图 7-16 寒武纪申报科创板进程中的知识产权准备工作

(一)专利获权

首先,科创板规则要求一定数量的授权专利作为硬性条件,而且更多的授权专利可以更好地体现企业的科创属性。其次,作为初创公司本身也需要一定数量的高质量授权专利作为知识产权保护的护城河。截止到 2020 年 2 月 29 日,寒武纪共获得 65 项授权专利,其中中国专利 50 项,海外专利 15 项。

1. 中国专利授权

对于中国专利的授权工作,寒武纪知识产权部门基本上分为三级进行管控。

第一级,对于大多数专利,采取不提前公开不加速审查的方式。众所周知,中国发明专利申请可在法定的申请日(或优先权日)起 18 个月公开期限内主动选择时间点进行提前公开,而且不公开时无法启动实质审查。虽然提前公开的好处是可以加速专利授权,但是寒武纪对大多数专利都不提前公开,而是用满 18 个月的保密期,其原因主要包括以下几个方面:首先,在当今世界,除了论文、文章、产品本身以外,公开专利是技术情报的核心组成成分之一。通过尽可能不提前公开自身的专利,寒武纪可以将自身的技术尽可能地晚公开。其次,由于技术的研发和创新是持续性的,专利挖掘也是持续性的工作。而专利审查评价创造性时可以以公开专利作为对比文件,因此尽可能晚公开自己的专利,可以尽可能避免在先专利公开后成为后续专利申请的对比文件,以做到最优的专利布局。最后,由于中国专利申请后的 12 个月内可以撤回,如

果没有提前公开此专利，在这 12 个月还拥有放弃专利申请而采取商业秘密的方式保护的选择权。反之，如果专利在申请后就立刻公开，就丧失了此选择权。

第二级，对于部分专利，采取申请后提前公开，但不加速审查的方式。

第三级，在公司开启申报科创板上市规划时，寒武纪所拥有的授权专利并不多，虽然可以满足科创板的基本要求，但是出于稳妥起见，寒武纪对于部分已经达到法定公开期限（即超过专利申请日 18 个月）的专利和部分可以提前公开的中国专利，通过优先审查和预先审查等渠道加速专利授权（以下详细介绍这两个中国专利加速审查渠道）。

专利优先审查为国家知识产权局对符合规定的发明、实用新型、外观设计专利申请提供的快速审查。❶ 企业申报优先审查需要满足以下条件：①电子申请（纸件申请需转成电子申请）；②发明专利申请需要进入实质审查阶段；③需经全体申请人同意（多个申请人的情况下）。申报材料包括请求书、相关证明文件、现有技术材料、营业执照以及公布进实审通知书，且所有文件盖章。

专利预先审查是对符合规定的专利申请、专利复审、专利无效、专利权评价报告提供的加快审查和授权的通道，是一种前置程序。专利预先审查的申报渠道是各地方的知识产权保护中心。经过知识产权保护中心审查通过之后，国家知识产权局专利局会对相应案件加快审查。专利预先审查需要满足以下条件：①企业注册地当地有知识产权保护中心；②专利申请的技术领域要符合当地保护中心服务的领域，如新一代信息技术等；③申请备案的单位需要具有较好的创新基础和良好的知识产权工作基础，有稳定的知识产权管理团队，建立规范的知识产权管理制度。

预先审查的申报流程包括：①企业需要先进行专利预审备案；②预审通过后，在保护中心平台提交电子申请文件（XML 格式）；③预审审查通过后，需在当日通过电子客户端或交互式平台提交申请文件（必须与经保护中心预审合格的申请文件一致，否则将取消备案主体的备案资格），并在当日缴纳官费。特别值得注意的是，与优先审查不同的是，预先审查阶段不能获得专利申请日，而在通过预先审查后，由各地方知识产权保护中心发给国家知识产权专利局后，再经常规的专利申请步骤获得申请日。而且，分案、同一发明创造同时申请了发明和实用新型，不能递交预先审查。另外，以北京知识产权保护中心的规定为例，企业在专利申请获得授权后，一年内专利权转让超过 5 件且未报备或者报备理由明显不充分的，将被取消预审备案。

2. 海外专利授权

与前文提到的中国专利授权不同，寒武纪对海外专利授权管控基本不考虑提前公

---

❶ 国家知识产权局. 优先审查[EB/OL]. (2020-06-05)[2021-05-30]. https://www.cnipa.gov.cn/art/2020/6/5/art_1557_99790.html.

开的话题,一方面是由于不少外国专利审查流程中不需要通过公开进入实质审查,另一方面是因为寒武纪基本上采取 PCT 方式进入外国,而在外国专利申请时基本上都已经过了中国专利申请后的 18 个月的保密期阶段。

寒武纪知识产权部门对部分美国、欧洲、日本、韩国专利申请采取加速授权的策略,对上述国家或地区专利加速审查方式的比较见本书附录 2。

(二) 知识产权资料整理

上市申报过程中需要对公司已有的知识产权资产进行梳理和统计。此工作看起来似乎简单,但是需要认真细致地沟通和汇总,切不可疏忽大意。

首先,寒武纪知识产权部门与负责 IPO 的部门及外部机构进行多轮深入沟通,确定需要提供的知识产权信息和文件的类型,并确定了截止时间为 2020 年 2 月 29 日。

其次,为保证提供的材料和信息无疏漏,寒武纪知识产权部门从多角度进行数据汇总:①公司的知识产权管理系统内部数据;②各国知识产权局公开数据;③合作的外部代理所和律所提供的文件和信息。

最后,寒武纪的知识产权流程工程师对所有文件进行反复的核对整理,并以 2020 年 2 月 29 日为时间节点确定所有知识产权的最新状态。

(三) 梳理专利与核心技术的对应关系

在准备招股说明书的过程中,寒武纪对拥有的智能芯片领域的核心技术进行了详细梳理,而且对每项核心技术是否涉及专利技术,以及拥有的专利申请及授权专利的数量做了详细的统计。

寒武纪所研发的智能芯片属于通用型智能芯片,即可以广泛支持包括图像处理、语音处理、自然语言处理等多个人工智能应用领域的算法的加速和处理。通用型智能芯片及其基础系统软件的研发需要全面掌握核心芯片与系统软件的大量关键技术,技术难度大,涉及方向广,是一个极端复杂的系统工程,其中处理器微架构与指令集两大类技术属于最底层的核心技术。经过多年的研发创新,寒武纪在智能芯片领域掌握了智能处理器微架构、智能处理器指令集、SoC 芯片设计、处理器芯片功能验证、先进工艺物理设计、芯片封装设计与量产测试、硬件系统设计七大类核心技术;在基础系统软件技术领域掌握了编程框架适配与优化、智能芯片编程语言、智能芯片编译器、智能芯片高性能数学库、智能芯片虚拟化软件、智能芯片核心驱动、云边端一体化开发环境七大类核心技术。

在准备科创板申报材料的过程中,寒武纪知识产权部门首先从相关部门获取核心技术分类和具体介绍,将所有已申请专利分成三类"已取得的专利""PCT 专利申请""正在申请中的专利"后分配给企业专利工程师。企业专利工程师阅读专利文件并与对应的研发同事进行深入沟通后对每个专利一一甄别分类，最后由专利流程工程师汇总统计，确保数据无误。最终统计结果如表 7-4 和表 7-5 所示。

表 7-4 截至 2020 年 2 月 29 日寒武纪智能芯片技术与专利对应表

序号	技术名称	专利或非专利技术	成熟程度	技术来源
1	智能处理器微架构技术	已取得专利 29 项（其中境外专利 8 项），PCT 专利申请 67 项，正在申请中的专利 585 项（其中境外专利 205 项）	成熟稳定	自主研发
2	智能处理器指令集技术	已取得专利 2 项（其中境外专利 1 项），PCT 专利申请 26 项，正在申请中的专利 275 项（其中境外专利 75 项）	成熟稳定	自主研发
3	SoC 芯片设计技术	已取得专利 1 项（其中境外专利 0 项），PCT 专利申请 8 项，正在申请中的专利 65 项（其中境外专利 10 项）	成熟稳定	自主研发
4	处理器芯片功能验证技术	已取得专利 2 项（其中境外专利 0 项），PCT 专利申请 0 项，正在申请中的专利 12 项（其中境外专利 0 项）	成熟稳定	自主研发
5	先进工艺物理设计技术	非专利技术	成熟稳定	自主研发
6	芯片封装设计与量产测试技术	已取得专利 0 项（其中境外专利 0 项），PCT 专利申请 0 项，正在申请中的专利 8 项（其中境外专利 0 项）	成熟稳定	自主研发
7	硬件系统设计技术	已取得专利 4 项（其中境外专利 0 项），PCT 专利申请 0 项，正在申请中的专利 23 项（其中境外专利 9 项）	成熟稳定	自主研发

表 7-5　截至 2020 年 2 月 29 日寒武纪基础系统软件技术与专利对应表

序号	技术名称	专利或非专利技术	成熟程度	技术来源
1	编程框架适配与优化技术	已取得专利 6 项（其中境外专利 1 项），PCT 专利申请 6 项，正在申请中的专利 140 项（其中境外专利 25 项）	成熟稳定	自主研发
2	智能芯片编程语言技术	已取得专利 0 项（其中境外专利 0 项），PCT 专利申请 2 项，正在申请中的专利 34 项（其中境外专利 0 项）	成熟稳定	自主研发
3	智能芯片编译器技术	已取得专利 0 项（其中境外专利 0 项），PCT 专利申请 1 项，正在申请中的专利 33 项（其中境外专利 1 项）	成熟稳定	自主研发
4	智能芯片高性能数学库技术	已取得专利 5 项（其中境外专利 0 项），PCT 专利申请 4 项，正在申请中的专利 147 项（其中境外专利 27 项）	成熟稳定	自主研发
5	智能芯片虚拟化软件技术	已取得专利 0 项（其中境外专利 0 项），PCT 专利申请 0 项，正在申请中的专利 5 项（其中境外专利 0 项）	成熟稳定	自主研发
6	智能芯片核心驱动技术	已取得专利 1 项（其中境外专利 0 项），PCT 专利申请 2 项，正在申请中的专利 49 项（其中境外专利 9 项）	成熟稳定	自主研发
7	云边端一体化开发环境技术	已取得专利 0 项（其中境外专利 0 项），PCT 专利申请 3 项，正在申请中的专利 36 项（其中境外专利 22 项）	成熟稳定	自主研发

除了先进工艺物理设计属于非专利技术外,寒武纪所有的核心技术均布局了大量的专利申请,而且大多数核心技术在申报科创板时已有授权专利保护。通过这次统计分类工作,寒武纪知识产权部门也对所有的专利资产进行了整体梳理,对之后更好地管控专利资产起到了重要的作用。

(四) 知识产权风险排查和诉讼预警

如前所述,在申报科创板之前,寒武纪知识产权部门已经在公司建立了较全面的知识产权风险管控体系。在科创板申报过程中,为了查缺补漏和有备无患,寒武纪知识产权部门还做了以下两方面的工作:①全面排查公司发布的所有文件的专利、商标、著作权等知识产权风险;②建立跨部门的知识产权诉讼纠纷的预警制度,梳理好外部资源、内部各环节负责人、响应制度和对策等。

寒武纪的知识产权工作并非为了科创板上市而去专门规划,而是出于公司自身对于知识产权保护的实际需求而进行的,在上市申报前已经进行了较全面系统的知识产权布局和知识产权管理。而在科创板上市的准备过程中,寒武纪知识产权部门更多的是专注于对知识产权资产和体系的全盘梳理、查缺补漏、汇总整理、填写材料等工作。这些工作粗看既简单又常规,但实质上需要专业且高效的团队配合,而且务必做到认真细致,不出纰漏。

自2020年6月23日成功在科创板上市后,寒武纪并没有停止或减缓专利布局等工作。图7-17和图7-18比较了寒武纪截至2019年的专利申请量/专利授权量和截至2020年的专利申请量/专利授权量,可见专利布局稳步进行,而且新增不少授权专利。

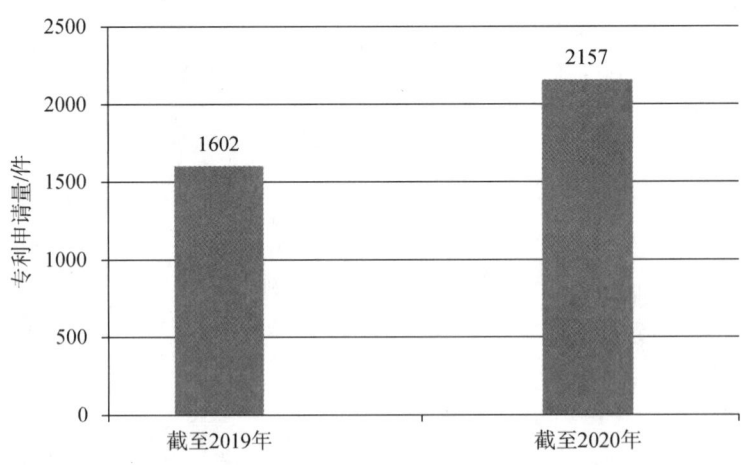

图7-17 截至2019年与截至2020年寒武纪专利申请量

另外,在2020年年报中,寒武纪梳理了各项核心技术截至2020年年底的专利授权量,可见绝大多数的核心技术都已获得一定数量的授权专利的保护(表7-6和表7-7)。

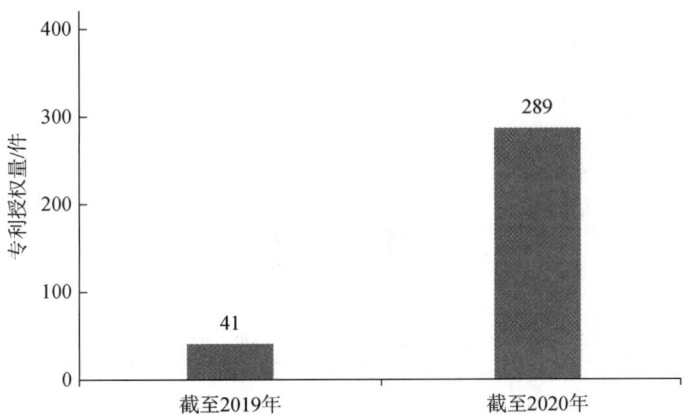

图 7-18 截至 2019 年与截至 2020 年寒武纪专利授权量

表 7-6 截至 2020 年年底寒武纪智能芯片技术与专利对应表

序号	技术名称	专利或非专利技术	成熟程度	技术来源
1	智能处理器微架构技术	已取得专利 125 项（其中境外专利 22 项）	成熟稳定	自主研发
2	智能处理器指令集技术	已取得专利 40 项（其中境外专利 7 项）	成熟稳定	自主研发
3	SoC 芯片设计技术	已取得专利 14 项（其中境外专利 7 项）	成熟稳定	自主研发
4	处理器芯片功能验证技术	已取得专利 6 项	成熟稳定	自主研发
5	先进工艺物理设计技术	非专利技术	成熟稳定	自主研发
6	芯片封装设计与量产测试技术	相关专利正在申请中	成熟稳定	自主研发
7	硬件系统设计技术	已取得专利 20 项（其中境外专利 3 项）	成熟稳定	自主研发

表 7-7 截至 2020 年年底寒武纪基础系统软件技术与专利对应表

序号	技术名称	专利或非专利技术	成熟程度	技术来源
1	编程框架适配与优化技术	已取得专利 22 项（其中境外专利 1 项）	成熟稳定	自主研发
2	智能芯片编程语言技术	已取得专利 9 项（其中境外专利 6 项）	成熟稳定	自主研发
3	智能芯片编译器技术	已取得专利 7 项	成熟稳定	自主研发
4	智能芯片高性能数学库技术	已取得专利 11 项	成熟稳定	自主研发
5	智能芯片虚拟化软件技术	相关专利正在申请中	成熟稳定	自主研发
6	智能芯片核心驱动技术	已取得专利 2 项	成熟稳定	自主研发
7	云边端一体化开发环境技术	已取得专利 4 项	成熟稳定	自主研发

附　录

附录1　科创板政策规范体系表

制度体系	发文机关	文号	名称	简称
法律法规	全国人大常委会	2018年中华人民共和国主席令第十五号	《中华人民共和国公司法》	《公司法》
	全国人大常委会	2019年中华人民共和国主席令第三十七号	《中华人民共和国证券法》	《证券法》
部门规章	证监会	证监会公告〔2019〕2号	《关于在上海证券交易所设立科创板并试点注册制的实施意见》	《实施意见》
	证监会	证监会令【第153号】	《科创板首次公开发行股票注册管理办法（试行）》	《注册办法（试行）》
	证监会	证监会令【第154号】	《科创板上市公司持续监督管理办法（试行）》	《监督管理办法》
	证监会	证监会公告〔2019〕6号	《公开发行证券的公司信息披露内容与格式准则第41号——科创板公司招股说明书》	《第41号准则》
	证监会	证监会公告〔2019〕7号	《公开发行证券的公司信息披露内容与格式准则第42号——首次公开发行股票并在科创板上市申请文件》	《第42号准则》
	证监会	证监会公告〔2021〕8号	《关于修改〈科创属性评价指引（试行）〉的决定》	2021年《科创属性评价指引（试行）》

续表

制度体系	发文机关	文号	名称	简称
业务规则	上交所	上证发〔2020〕90号	《上海证券交易所科创板股票上市委员会管理办法》	—
	上交所	上证发〔2019〕20号	《上海证券交易所科技创新咨询委员会工作规则》	—
	上交所	上证发〔2019〕21号	《上海证券交易所科创板股票发行与承销实施办法》	—
	上交所	上证发〔2020〕101号	《上海证券交易所科创板股票上市规则》（2020年12月修订）	《上市规则》
	上交所	上证发〔2019〕23号	《上海证券交易所科创板股票交易特别规定》	—
	上交所	上证发〔2019〕24号	《上海证券交易所科创板上市保荐书内容与格式指引》	—
	上交所	上证发〔2019〕25号	《上海证券交易所科创板股票发行上市申请文件受理指引》	—
	上交所	上证发〔2019〕26号	《上海证券交易所科创板股票盘后固定价格交易指引》	—
	上交所	上证发〔2019〕27号	《上海证券交易所科创板股票交易风险揭示书必备条款》	—
	上交所	上证发〔2019〕30号	《上海证券交易所科创板企业上市推荐指引》	《上市推荐指引》
	上交所	上证发〔2019〕32号	《科创板创新试点红筹企业财务报告信息披露指引》	—
	上交所	上证发〔2019〕46号	《上海证券交易所科创板股票发行与承销业务指引》	—
	上交所	上证发〔2019〕114号	《上海证券交易所科创板上市公司重大资产重组审核规则》	—
	上交所	上证发〔2020〕40号	《关于红筹企业申报科创板发行上市有关事项的通知》	—
	上交所	上证发〔2020〕50号	《上海证券交易所科创板上市公司证券发行上市审核规则》	—
	上交所	上证发〔2020〕89号	《上海证券交易所科创板股票发行上市审核规则（2020年修订）》	《上市审核规则》

续表

制度体系	发文机关	文号	名称	简称
业务规则	上交所	上证发〔2021〕13号	《上海证券交易所科创板发行上市审核规则适用指引第1号——保荐业务现场督导》	—
业务规则	上交所	上证发〔2021〕17号	《全国中小企业股份转让系统挂牌公司向上海证券交易所科创板转板上市办法（试行）》	—
业务规则	上交所	上证发〔2021〕23号	《上海证券交易所科创板企业发行上市申报及推荐暂行规定（2021年4月修订）》	《上市申报及推荐暂行规定》
监管问答	上交所	上证发〔2019〕29号	《科创板股票发行上市审核问答》	《上市审核问答》
监管问答	上交所	上证发〔2019〕36号	《科创板股票发行上市审核问答（二）》	《上市审核问答（二）》
监管问答	上交所	上证发〔2020〕52号	《上海证券交易所科创板上市公司证券发行上市审核问答》	—
业务指南	上交所	上证函〔2019〕436号	《保荐人通过上海证券交易所科创板股票发行上市审核系统办理业务指南》	—
业务指南	上交所	上证函〔2020〕2034号	《上海证券交易所科创板发行上市审核业务指南第1号——发行上市申请文件》	—
业务指南	上交所	上证函〔2021〕230号	《上海证券交易所科创板发行上市审核业务指南第2号——常见问题的信息披露和核查要求自查表》	《自查表》

附录 2　常用专利加速审查方式

一、专利审查高速路（PPH）

PPH 是专利审查机构之间开展的审查结果共享的业务合作，旨在帮助申请人的海外申请早日获得专利权。具体是指，当申请人在首次受理局（Office of First Filing, OFF）提交的专利申请中所包含的至少一项或多项权利要求被确定为可授权时，便可以此为基础向后续申请受理局（Office of Second Filing, OSF）提出加快审查请求。

PPH 可以分为常规 PPH 和 PCT-PPH。常规 PPH 是指申请人利用首次申请受理局作出的国内工作结果向后续申请受理局提出的 PPH 请求。PCT-PPH 是指申请人利用 PCT 国际阶段工作结果向有关专利局提出的 PPH 请求。❶

常规 PPH 还可以分为以巴黎公约为路径的常规 PPH 和以 PCT 为路径的常规 PCT-PPH。

以巴黎公约为路径的常规 PPH 流程见下图❷。

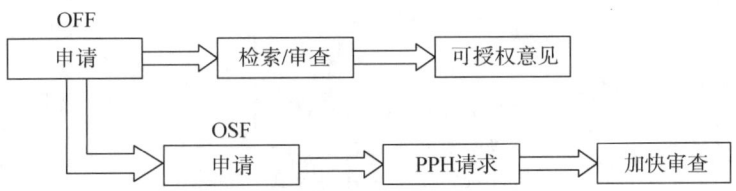

以 PCT 为路径的常规 PCT-PPH 流程见下图❸。

---

❶ 专利审查高速路[EB/OL].[2021-05-27]. https://www.cnipa.gov.cn/module/download/down.jsp?i_ID=42309&colID=339.

❷ 国家知识产权局. 漫话 PPH（三）[EB/OL].（2014-10-16）[2021-05-27]. https://www.cnipa.gov.cn/art/2014/10/16/art_339_42312.html.

❸ 国家知识产权局. 漫话 PPH（四）[EB/OL].（2014-10-16）[2021-05-27]. https://www.cnipa.gov.cn/art/2014/10/16/art_339_42317.html.

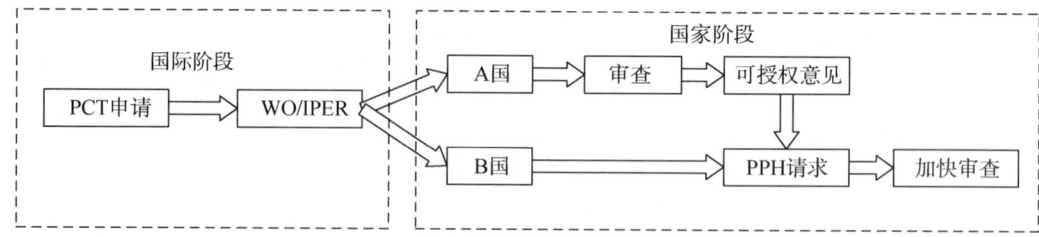

PCT-PPH 的流程见下图。❶

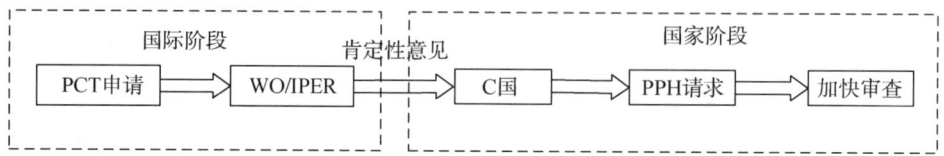

美国、欧洲、日本、韩国等国家或地区都与中国国家知识产权局建立了高速审查通道，对于中国授权专利或 PCT 申请收到有授权前景的检索报告的话，可通过此通道加速授权。

除了 PPH 途径之外，各国有不同的加速审查的途径，接下来针对美国、欧洲、日本、韩国做具体介绍。

二、美国常用加速审查方式❷

加速审查方式	申请条件	请求时机	加快程度	官费	备注
PPH	在先审查决定中至少有一项权利要求有授权前景	美国专利申请尚未开始进行实质审查	PPH 请求通过后 2~3 个月内收到一通	无	PPH 请求所涉及的美国申请权要必须与在先审查的申请权要有实质性的对应。 优势： 1) 无官费； 2) 加快审查速度； 3) 降低成本，答复 OA 的次数减少； 4) 增加授权的可能性。 劣势：审查到授权的周期不确定

---

❶ 国家知识产权局. 漫话 PPH（五）[EB/OL].（2014-10-11）[2021-05-27]. https://www.cnipa.gov.cn/art/2014/10/11/art_339_42310.html.

❷ 参考 USPTO 网站：https://www.uspto.gov/sites/default/files/aia_implementation/fast_exam_table20130912v1017.pdf.

续表

加速审查方式	申请条件	请求时机	加快程度	官费	备注
普通加快审查（Accelerated Examination, AE）	权利要求总数≤20，独立权利要求数量≤3，且不能有多项从属权利要求；在审查员要求时需要进行会晤；审查前需要进行检索，并提交审查支持文件	在递交专利申请的同时递交	5个月内收到一通，12个月内收到最终审查决定	大实体 $140，小实体 $75，微实体 $35	优势：审查及授权速度快 劣势：申请条件多且严格
优先审查（Track One）	权利要求总数≤30，并且独立权利要求数量≤4	在递交专利申请的同时递交；或在提交继续审查（RCE）时	5个月内收到一通，12个月内收到最终审查决定	大实体 $4000，小实体 $2000，微实体 $1000	每年受理上限从10000件增加至12000件。❶与AE相比的优势：1）无须提交USPTO认可的检索报告；2）无须满足会晤等要求；3）申请人只需填表、缴费即可享受优先审查；4）回复快，请求的通过率高。劣势：费用昂贵

三、欧洲常用加速审查方式

加速审查方式	申请条件	请求时机	加快程度	官费	备注
PPH	在先审查决定中至少有一项权利要求有授权前景	欧洲专利申请的实质审查尚未开始	尽快审查	无	申请人提起的欧洲专利申请的权利要求必须和被中国国家知识产权局认定为具有可专利性/可授权的权利要求充分吻合。优、劣势同美国PPH
Early processing❷	PCT进国家申请；缴纳申请费；提交翻译；申请文件的说明书及缴纳检索费用	31个月期限届满前任何时间；如要求优先权，自优先权日起31个月内提出	请求提起之日起开始处理，到国际阶段结束	无	提前进入欧洲国家阶段。优势：1）无官费；2）申请流程简单，只需在申请表勾选即可

---

❶ 参考USPTO网站：https://www.uspto.gov/patents/initiatives/usptos-prioritized-patent-examination-program.

❷ 参考EPO网站：https://www.epo.org/law-practice/legal-texts/html/guidelines/e/e_ix_2_8.htm.

续表

加速审查方式	申请条件	请求时机	加快程度	官费	备注
PACE 程序（the programme for accelerated prosecution of European patent applications）[1]	加快检索： 1) 符合《欧洲专利公约实施细则》62a 条和 63 条的要求； 2) 对于 PCT 进国家案件，如果欧洲专利局不是国际检索单位或补充国际检索单位（（S）ISA），必须放弃《欧洲专利公约实施细则》161（1）条和 162（2）条的权利 加快审查：任何申请	加快检索： 1) 递交申请的同时； 2) 缴纳检索费时 加快审查： 1) 开始审查后的任何时间； 2) PCT 进国家案件，如果欧洲专利局是（S）ISA，可在任何时间提起	加快检索：提交请求后 6 个月内发出检索报告； 加快审查：提交请求后 3 个月内下发审查意见	无	PACE 请求应当在检索和审查阶段分别提起，且在每个阶段只能提起一次。但当前检索过程已明显加快，没有必要在检索阶段提 PACE 请求。 优势： 1) 无官费； 2) 申请流程简单。 劣势：不能申请太多，否则会受到欧洲专利局的限制
Waiver 程序[2]	1) 放弃《欧洲专利公约实施细则》70（2）条的权利（节省 6 个月）：收到检索报告前，放弃 6 个月内对检索报告的答复，直接进入审查程序 2) 放弃《欧洲专利公约实施细则》161 条和 162 条的权利（节省 6 个月）：放弃 6 个月内答复国际检索报告或国际初步审查报告，即主动修改的机会 3) 放弃《欧洲专利公约实施细则》71（3）条的权利（节省 4 个月）：收到准备授权通知书后放弃 4 个月内修改文本			无	优势： 1) 无官费； 2) 申请流程简单。 劣势：放弃答复《欧洲专利公约实施细则》161 条和 162 条后，再也没有主动修改的机会

注意：若已提 PACE 请求，则不能再提 PPH 请求。PPH 跟 PACE 的效果是一样的，而提 PPH 请求需要准备相关文件，因此欧洲案一般选择提 PACE 请求。

---

[1] 参考 EPO 网站：https://www.epo.org/law-practice/legal-texts/official-journal/2015/11/a93.html.
[2] 参考 EPO 网站：https://www.epo.org/law-practice/legal-texts/html/guidelines/e/c_vi_3.htm.

四、韩国常用加速审查方式

加速审查方式	申请条件	请求时机	加快程度	官费	备注
PPH	在先审查决定中至少有一项权利要求有授权前景	提实审请求的同时提出加快审查请求	审查速度无明显差别,均为半年左右	$182	1个月内确认请求是否通过,通过后3~6个月内下发OA或者授权通知书
普通加快审查	委托韩国知识产权局指定的检索单位进行现有技术检索,并提交检索报告			$552	

五、日本常用加速审查方式

加速审查方式	申请条件	请求时机	加快程度	官费	备注
PPH	在先审查决定中至少有一项权利要求有授权前景	提实审请求的同时提出加快审查请求	审查速度无明显差别,均为半年左右	无	PPH与早期审查对比: 1) PPH途径仅保留具有授权前景的权利要求,因此到授权的OA数量相对会少一些 2) 提交权利要求对应表的PPH途径,会比提交对比说明的早期审查代理费用要低一些
早期审查	有国外关联申请; 只能由申请人或其代理人提出(第三人对他人的申请不能提出) 需要提交:1) 外国知识产权局作出的检索结果(国际检索单位等也可) 2) 外国知识产权局的检索中列举的文献与本发明的对比说明			无	